conceito/ concept e/ and
coleção/ collection
ITAMAR MUSSE
org.
EDUARDO BUENO

PRECIOSA

COSAC

DEAREST FLORINDA

FLORINDA

FLORINDAS

Gilberto Gil

Flores negras.
Flores lindas.
Entre tantas outras vindas do suplício.
Trajadas com os trajes esfarrapados dos ancestrais ultrajados.
Filhas da agonia dos martírios.
Destinadas a sucumbirem no escuro porão do imenso sofrimento.
E, no entanto, salvas pelo clarão do sol da vida.
O milagre permanente da semente a brotar em flores redimidas.
Flores ressurgidas no jardim do tempo.
Flores resumidas no resgate da dignidade original.
Ornadas, finalmente, em seus colos e braços, com as jóias da elevação espiritual.
Lágrimas engastadas em anéis de ouro.
Gotas de sangue cristalizadas em rubis.
Florindas, lindas flores, seus colares.
Neste livro de fulgores exemplares!

Onyx flowers.
Exquisite flowers.
Among so many others born of dolour.
Arrayed in the frayed attire of disdained forebears.
Daughters of the martyrs' torment.
Doomed to acquiesce in dark cellars of suffering.
And then for all that, saved by the light of the life-giving sun.
The eternal miracle of the seed burgeoning in salvaged bloom.
Flowers resurrected in the garden of time.
Flowers freed, their dignity restored.
Finally, their necks and arms bedecked with jewels of divine devotion.
Tears inlaid in rings of gold.
Crystalised in rubies—drops of blood.
Florindas, floral flowers, all their splendour.
Fill this book, resplendent in their grandeur!

As mulheres negras, vindas da África ou nascidas no Brasil, marcaram profundamente a história do nosso país. Escravizadas, libertas ou escravas de ganho, elas transformaram a colônia com sua coragem e resistência. Mesmo tendo enfrentado discriminação e dor, suas contribuições foram revolucionárias. Na vida cotidiana, compartilhavam conhecimentos ancestrais, construindo vitórias diárias e moldando a sociedade de forma singular. Suas vestimentas, adornadas com ouro e pedras preciosas, se transformaram em símbolo de poder e influência, destacando seu protagonismo no comércio e na vida social.

O Banco do Brasil e o CCBB celebram esse legado feminino e negro. Os livros *Preciosa Florinda* e *Joias na Bahia nos séculos XVIII e XIX* apresentam a história e a riqueza material e cultural acumuladas por essas mulheres ao longo dos séculos. Porém, o verdadeiro brilho está na força e na influência dessas matriarcas, que foram essenciais na construção de uma identidade brasileira. Aqui, apresentamos essa história que por tantos anos foi mantida em silêncio e trazemos à tona nomes como o de Florinda Anna do Nascimento e de tantas outras mulheres pretas empreendedoras no Brasil.

Para o Banco do Brasil, apoiar projetos como *Preciosa Florinda* valida nosso compromisso de ampliar a conexão do brasileiro com a cultura, por meio de um projeto que reafirma nossas origens e ancestralidade, nossas narrativas e nossos símbolos, a decolonização, dentre outras questões que oferecem caminhos para compreender a construção contemporânea de identidades e a contribuição da população negra na formação do Brasil.

Centro Cultural Banco do Brasil

Black women, whether brought from Africa or born in Brazil, have left an indelible mark on the history of our country. Enslaved, freed, or making their living as street vendors, they transformed the colony through their courage and resilience. Despite enduring discrimination and pain, their contributions were revolutionary. In their daily lives, they shared ancestral knowledge, achieving victories that shaped society in unique ways. Their attire, adorned with gold and precious stones, became a symbol of power and influence, highlighting their prominent role in commerce and social life.

Banco do Brasil and CCBB celebrate this Black and female legacy. The books *Dearest Florinda* and *Jewellery in Bahia in the 18th and 19th Centuries* showcase the history, as well as the material and cultural wealth, accumulated by these women over the centuries. However, the true brilliance lies in the strength and influence of these matriarchs, who were pivotal in shaping Brazilian identity. Here, we present this story that was silenced for so many years, bringing to light names such as Florinda Anna do Nascimento and countless other Black female entrepreneurs in Brazil.

For Banco do Brasil, supporting projects like *Dearest Florinda* reinforces our commitment to strengthening Brazilians' connection to culture through an initiative that reaffirms our origins and ancestry, our narratives and symbols, decolonization, among other topics that provide avenues for understanding the contemporary construction of identities and the contribution of the Black population to the formation of Brazil.

Centro Cultural Banco do Brasil

GIUSEPPE LEONE RIGHINI. PORTO DE SALVADOR NO SÉCULO XIX, 1859. ÓLEO SOBRE TELA, 68 × 145 CM. REPRODUÇÃO/MUSEU DE ARTE DA BAHIA, SALVADOR.

Existem somente estimativas para a população da cidade de São Salvador da Bahia de Todos os Santos, ou cidade da Bahia, como era conhecida, até o censo de 1872. Contam-se, por volta de 1780, quase 40 mil habitantes; em 1807, pouco mais de 51 mil; e, em 1872, aproximadamente 113 mil. Hoje, tem 2.418 milhões habitantes. Considerada uma cidade negra até os dias atuais, tinha dois terços de sua população composta de pessoas negras ou mestiças (escravizadas, libertas e suas descendentes), grande parte delas dedicadas ao trabalho nas ruas e vielas da Cidade Baixa, seja como carregadoras ou como vendedoras das mais variadas mercadorias. A imagem é uma pintura a óleo de parte da cidade de São Salvador da Bahia de Todos os Santos onde se destaca o Solar do Unhão (1), originalmente um engenho de açúcar e, depois, residência urbana da família do visconde da Torre de Garcia D'Ávila. Ainda na Cidade Baixa, aparece a casa Pia Órfãos de São Joaquim (2), igreja e mosteiro de Nossa Senhora do Monte Serrat (3). No mar, o Forte de São Marcelo (4), também conhecido como Forte do Mar. Na Cidade Alta, o Convento de Santa Tereza (5), atualmente Museu de Arte Sacra, o Mosteiro de São Bento (6), a Sé Primacial (7) e a Basílica do Senhor do Bonfim (8).

GIUSEPPE LEONE RIGHINI. PORT OF SALVADOR IN THE 19TH CENTURY, 1859. OIL ON CANVAS, 68 × 145 CM. REPRODUCTION/MUSEUM OF ART OF BAHIA, SALVADOR.

The population of the city of São Salvador da Bahia de Todos os Santos, or simply Bahia, as it was known, can only be estimated before the 1872 census. Around 1780, it had nearly 40,000 inhabitants; in 1807, there were just over 51,000; and in 1872, there were approximately 113,000. Today, it is home to 2.418 million inhabitants. Considered a predominantly Black city even today, two-thirds of its historical population consisted of Black or mixed-race people (enslaved, freed and their descendants). A significant portion of this population was engaged in various occupations in the streets and alleys of the Lower City, either as labourers or as vendors of a wide range of goods. The image is an oil painting depicting a part of São Salvador da Bahia de Todos os Santos. It highlights the Solar do Unhão (1), originally a sugar mill and later the residence of the Viscount of Torre de Garcia D'Ávila. Still in the Lower City, you can see the orphanage Pia Órfãos de São Joaquim (2), the church and monastery of Nossa Senhora do Monte Serrat (3). In the Upper City, there is the Forte de São Marcelo (4), also known as the Forte do Mar. In the Upper City, are the Convento de Santa Tereza (5), currently the Museu de Arte Sacra, the Mosteiro de São Bento (6), the Sé Primacial (7) and the Basílica do Senhor do Bonfim (8).

apresentação

QUEM FOI FLORINDA ANNA DO NASCIMENTO?

Itamar Musse

Após ter passado trinta anos adquirindo joias e outras obras para minha coleção e meu antiquário — que há três gerações compõem o cenário soteropolitano —, certo dia recebi um telefonema auspicioso: um colecionador, que vinha mantendo conversas com alguns herdeiros acerca da venda de um conjunto de joias de baianas, indagou-me se eu teria algum interesse nelas. De imediato, acenei positivamente e, por fim, eu as adquiri, enriquecendo sobremaneira o núcleo dessa coleção.

Incentivado por um amigo, Paolo Vigna, a registrá-las, em 2017 lancei o livro *Joias na Bahia dos séculos XVIII e XIX* (Rio de Janeiro, Editora Capivara), editado e organizado pela historiadora Ana Passos, professora de história da joalheria. Essa primeira iniciativa focou exclusivamente na materialidade das joias, suas classificações e seus agrupamentos, como um inventário minucioso.

Poucos dias antes do lançamento do livro, casualmente deparei com uma fotografia na qual uma senhora negra aparecia sentada, plena de joias nos braços, nos dedos, em torno do pescoço e mesmo lhe cobrindo a cintura. Subitamente, notei que a pulseira que ilustrava a capa do livro era a mesma usada por aquela senhora da foto. Mal pude crer no que via. E minha surpresa só fez aumentar à medida que fui reconhecendo, em seguida, todas as demais joias.

Foi precisamente naquele momento que decidi me empenhar em descobrir a trajetória pessoal da personagem retratada. Afinal, qual seria a história por trás dessas joias?

Tendo como ponto de partida a fotografia, iniciou-se uma pesquisa, conduzida por Zélia Bastos e Joilda Fonseca, que, além de elucidar fatos capitais acerca das condições em que viviam as mulheres negras, forras ou escravizadas, na Bahia dos séculos XIX e XX, revelou o nome completo da retratada: Florinda Anna do Nascimento, carinhosamente chamada de dona Folô.

Florinda Anna do Nascimento nasceu em Cruz das Almas, no Recôncavo Baiano, e passou a vida vinculada à família Ribeiro dos Santos, durante seus 103 anos de vida.

Ao resgatarmos a trajetória de Florinda Anna do Nascimento, acabamos por desvendar, ademais, uma história de conquista feminina, racial, pessoal, de enfrentamento dos preconceitos. Desse modo, o desejo de mostrar uma pequena parte da extraordinária joalheria baiana acabou se transformando em uma história muito mais ampla, reveladora e impressionante — uma história tão única quanto as joias em si.

CONSTRUINDO FLORINDA

Depois dessa descoberta, e a despeito da magnífica pesquisa conduzida por Ana Passos, *Joias na Bahia dos séculos XVIII e XIX* passou a ser um projeto embrionário, pois residia em mim o desejo de expor as joias em seu próprio contexto, e que elas não fossem admiradas somente pela beleza, pelo luxo e pelo valor que trazem, mas, igualmente, pela bravura da cor da pele dessas mulheres que as portaram: as negras baianas.

Foi assim que nasceu o livro *Preciosa Florinda*. E, à medida que o projeto ganhava forma, o fascínio e o interesse pela vida dessa personagem foi contagiando outras pessoas, como historiadores, poetas, professores e artistas, que nestes dois volumes, cada qual com sua voz, trazem à baila diversas interpretações da vida de Florinda e da família com quem ela teria vivido seus 103 anos, os Ribeiro dos Santos.

A partir da fotografia de Florinda, no Instituto Feminino da Bahia, e das joias em minha coleção, Vik Muniz criou a obra *Florinda*, que ilustra a capa deste livro e que já conquistou brilho próprio, ao ser exposta em feiras de arte e galerias. Além de contribuir com essa imagem seminal, o artista também escreveu um texto, tornando-se assim um dos coautores do livro. Minha gratidão, portanto, ao querido amigo e vizinho.

Eduardo Bueno, organizador desta edição, elencou uma constelação de autores consagrados, que abordaram aspectos do período vivido por Florinda. São eles, além do próprio Eduardo Bueno, Sheila de Castro Faria, Lilia Moritz Schwarcz, Mary Del Priore, Giovana Xavier, Carol Barreto, Pedro Corrêa do Lago e Vik Muniz. As autoras Thais Darzé e Tayná Trindade contribuíram com textos para a nova edição de *Joias na Bahia dos séculos XVIII e XIX*, agora expandida e reeditada. Meus agradecimentos a todos, sobretudo a Eduardo Bueno, por ter transformado Florinda em *Preciosa Florinda*, título atribuído por ele ao presente volume.

Durante a edição deste projeto, tive a honra de receber a grande atriz Zezé Motta, que veio a Salvador especialmente para encarnar a alma de Florinda Anna do Nascimento sob o olhar do fotógrafo Christian Cravo. Esse editorial compõe o livro *Joias na Bahia dos séculos XVIII e XIX*. Meus sinceros agradecimentos à querida Zezé e ao fotógrafo, Christian Cravo.

"UMA DONA DE RESPEITO"

Desde que este livro foi se delineando em meus pensamentos, a participação de Sheila de Castro Faria, professora aposentada da UFF, foi se tornando essencial. Eu havia lido sua tese — *Sinhás pretas, damas mercadoras: as pretas minas nas cidades do Rio de Janeiro e de São João Del Rey (1700-1850)* — e me fascinara a história das mulheres de trajetória similar à de Florinda.

Só fui ter com a professora Sheila, porém, no momento em que ambos os livros já estavam na gráfica. Não me restaram dúvidas: suspendi a impressão para que pudesse concretizar meu sonho, com sua imprescindível colaboração. Atrasamos um ano, contudo, para enriquecer sobremaneira nosso projeto.

Sheila teceu sugestões valiosas, elaborou legendas comentadas e, sobretudo, compôs um texto para o livro, "Donas de respeito — Mulheres negras da Bahia". Registros de doações, testamentos, certidões de nascimento e óbito, endereços, datas e fatos precisos foram levantados a fim de concretizar a opção de transformar substancialmente essa personagem tão incrível em crível. Essa tarefa foi brilhantemente conduzida pela ilustre professora, a quem sou eternamente grato.

FLORINDAS

Por fim, agradecimentos são igualmente devidos ao todo-arte Gilberto Gil, que, ante a generosa mediação de sua companheira Flora, a quem sou igualmente muito grato, escreveu um poema inédito, uma ode à Florinda e a tantas outras que, como ela, ainda não foram identificadas, mas em breve o serão.

JOSÉ THEOPHILO DE JESUS. *ALEGORIA AOS QUATRO CONTINENTES: ÁFRICA*. ÓLEO SOBRE TELA, 65 × 82 CM. BAHIA, SÉC. XVIII. ACERVO MUSEU DE ARTE DA BAHIA.

Nascido na Bahia, José Theophilo de Jesus (1758-1847), identificado como "pardo forro", foi discípulo de José Joaquim da Rocha e chegou a estudar em Lisboa. É considerado um dos expoentes das artes da Bahia e responsável pela elaboração de diversos painéis em edifícios na cidade do Salvador. A imagem é uma das quatro que compõem a *Alegoria aos quatro continentes*. Como nunca esteve na África, valeu-se de relatos sobre o continente e imagens de outros pintores para realizar a obra.

JOSÉ THEOPHILO DE JESUS. *ALEGORIA AOS QUATRO CONTINENTES: ÁFRICA* [ALLEGORY TO THE FOUR CONTINENTS: AFRICA]. OIL ON CANVAS, 65 × 82 CM. BAHIA, 18TH CENTURY. COLLECTION MUSEU DE ARTE DA BAHIA.

Born in Bahia, José Theophilo de Jesus (1758-1847), identified as a "pardo forro" [a free person of mixed-race], was a follower of José Joaquim da Rocha and studied in Lisbon. He is considered one of the leading figures in the arts of Bahia and was responsible for creating numerous panels in buildings in the city of Salvador. The image is one of four that make up the *Alegoria aos quatro continentes* [Allegory to the four continents]. As he had never been to Africa, he relied on accounts of the continent and images from other painters to create the piece.

CARLOS JULIÃO. *COROAÇÃO DE UMA RAINHA NEGRA NA FESTA DOS REIS*. AQUARELA SOBRE PAPEL, 28 × 38,4 CM. [S.L.], SÉC. XVIII. PRANCHA XXXVII DO ÁLBUM *RISOS ILUMINADOS DE FIGURINOS DE BRANCOS E NEGROS DOS UZOS DO RIO DE JANEIRO E SERRO FRIO.*

Uma vez que, nas imagens produzidas por Carlos Julião, as legendas foram redigidas por outras pessoas, já no século XX, a denominação "Festas de Reis" se refere a festividades que coroam reis e rainhas negros e que ocorrem no Brasil há séculos. As ilustrações remetem às "congadas", que em geral têm lugar nas festividades de homenagem a Nossa Senhora do Rosário e a São Benedito. Possuem elementos híbridos de culturas africanas, em particular aquelas ligadas a povos de línguas bantas, e do catolicismo popular.

CARLOS JULIÃO. *COROAÇÃO DE UMA RAINHA NEGRA NA FESTA DOS REIS* [CORONATION OF A BLACK QUEEN AT THE FESTIVAL OF THE EPIPHANY]. WATERCOLOUR ON PAPER, 28 × 38.4 CM. [N.P.], 18TH CENTURY. ILLUSTRATION XXXVII FROM THE ALBUM *RISOS ILUMINADOS DE FIGURINOS DE BRANCOS E NEGROS DOS UZOS DO RIO DE JANEIRO E SERRO FRIO* [ILLUMINATED SMILES WITH COSTUMES FOR WHITES AND BLACKS FROM THE UZOS OF RIO DE JANEIRO AND SERRO FRIO].

As the captions in images produced by Carlos Julião were written by other people, in the 20th century, the term "Festas de Reis" refers to festivities that crown Black kings and queens, and that have been taking place in Brazil for centuries. These illustrations are reminiscent of congadas, which in general take place during celebrations honouring Our Lady of the Rosary and Saint Benedict. They incorporate hybrid elements of African cultures, particularly those related to Bantu-speaking peoples, and popular Catholicism.

CARLOS JULIÃO. *REI E RAINHA NEGROS DA FESTA DE REIS*.
RIO DE JANEIRO, S.D. AQUARELA, 45,5 × 35 CM.
ACERVO FUNDAÇÃO BIBLIOTECA NACIONAL, RIO DE JANEIRO.

A eleição de reis e rainhas em festas organizadas por irmandades católicas negras auxiliou na estruturação das comunidades negras e na inserção de seus membros na sociedade mais ampla, criando identidades católicas negras que congregavam diferentes etnias africanas.

CARLOS JULIÃO. *REI E RAINHA NEGROS DA FESTA DE REIS* [BLACK KING AND QUEEN DURING THE FESTIVAL OF THE EPIPHANY]. RIO DE JANEIRO, RJ, BRAZIL N.D. WATERCOLOUR, 45.5 × 35 CM. COLLECTION FUNDAÇÃO BIBLIOTECA NACIONAL, RIO DE JANEIRO, RJ, BRAZIL.

The election of kings and queens in celebrations organized by Black Catholic brotherhoods helped structure Black communities and integrate their members into wider society, creating Black Catholic identities that brought together different African ethnicities.

AUTOR DESCONHECIDO. POLTRONA DE REISADO.
MADEIRA COM PÁTINA, 92 × 60 × 64 CM. MINAS GERAIS,
SÉC. XVIII. ACERVO ARTÍSTICO-CULTURAL DOS
PALÁCIOS DO GOVERNO DO ESTADO DE SÃO PAULO/SP.

Em algumas coroações de reis e rainhas negros,
há o costume de eles se sentarem em cadeiras
com um espaldar alto, similares a tronos europeus.
Deve-se ressaltar que, no Congo, de onde vem
a expressão "congada", empregada para designar
essas festas religiosas, os reis, mas não toda
população, se converteram ao cristianismo
e foram batizados ainda no início do século XVI.
Muitos elementos simbólicos das cortes europeias
foram incluídos nos rituais de coroação africanos,
como mantos, coroas, cetros e trono. Versões
desses costumes acabaram sendo ressignificadas
nas congadas no Brasil. Ressalte-se que o Congo
era a origem de grande parte de escravizados e
escravizadas levados à força ao Brasil.

UNKNOWN AUTHOR. REISADO ARMCHAIR. WOOD WITH
PATINA, 92 × 60 × 64 CM. MINAS GERAIS, 18TH CENTURY.
ARTISTIC-CULTURAL COLLECTION OF THE PALACES
OF THE GOVERNMENT OF SÃO PAULO STATE, SP, BRAZIL.

In some coronations of Black kings and queens,
there is a custom of them sitting in high-backed
chairs, similar to European thrones. It should
be noted that in the Congo, from which the term
"congada" originates, the kings, but not the entire
population, converted to Christianity and were
baptised in the early 16th century. Many symbolic
elements from European courts were included
in African coronation rituals, such as mantles,
crowns, sceptres, and thrones. Versions of these
customs were reinterpreted in the Brazilian
congadas. Congo was the birthplace of many of
the slaves forcibly taken to Brazil.

PÁGINAS ANTERIORES/PREVIOUS SPREAD:
CARLOS JULIÃO. *VESTIMENTA DE ESCRAVAS PEDINTES NA FESTA DO ROSÁRIO*. AQUARELA SOBRE PAPEL, 28 × 38,4 CM. [S.L.], SÉC. XVIII. PRANCHA XXXV DO ÁLBUM *RISOS ILUMINADOS DE FIGURINOS DE BRANCOS E NEGROS DOS UZOS DO RIO DE JANEIRO E SERRO FRIO*.

A representação de escravizadas calçadas na época retratada por Carlos Julião era inusual, sendo mais provável que se trate aqui de mulheres alforriadas. As festas do Rosário foram comuns no Brasil e se espalharam por quase todas as regiões do país e eram frequentemente organizadas por irmandades católicas negras.

CARLOS JULIÃO. *VESTIMENTA DE ESCRAVAS PEDINTES NA FESTA DO ROSÁRIO* [COSTUMES OF BEGGAR SLAVES AT THE FESTIVAL OF OUR LADY OF THE ROSARY]. WATERCOLOUR ON PAPER, 28 × 38.4 CM. [N.P.], 18TH CENTURY. ILLUSTRATION XXXV FROM THE ALBUM *RISOS ILUMINADOS DE FIGURINOS DE BRANCOS E NEGROS DOS UZOS DO RIO DE JANEIRO E SERRO FRIO* [ILLUMINATED SMILES WITH COSTUMES FOR WHITES AND BLACKS FROM THE UZOS OF RIO DE JANEIRO AND SERRO FRIO].

The representation of slave women of the time wearing shoes portrayed by Carlos Julião was unusual, and it is more likely that these were freed women. Rosary festivals were common in Brazil and spread to almost all regions of the country and were often organized by Black Catholic brotherhoods.

F. J. STOBER. *BATISMO DE UM HOMEM NEGRO*. ÓLEO SOBRE TELA, 67 × 52 CM. 1878. COLEÇÃO PARTICULAR.

A pintura é de 1878 e apresenta uma proporção exagerada do padre em relação à pessoa que está sendo batizada.

F. J. STOBER. *BATISMO DE UM HOMEM NEGRO* [BAPTISM OF A BLACK MAN]. OIL ON CANVAS, 67 × 52 CM. 1878. PRIVATE COLLECTION.

The painting is dated 1878, and shows a priest whose size is exaggeratedly large in relation to the person being baptised.

introduction

WHO WAS FLORINDA ANNA DO NASCIMENTO?

Itamar Musse

After thirty years acquiring jewellery and other pieces for both my own collection and my antique store, which has been part of the Salvadoran scene for three generations, one day I received an auspicious phone call: a collector who had been in talks with some heirs about selling a collection of jewellery from Bahian women was inquiring if I might have any interest in them. I immediately responded in the affirmative and eventually bought them, thereby greatly enriching the core of my collection.

Encouraged by a friend, Paolo Vigna, to document them, in 2017 I published the book *Joias na Bahia dos séculos XVIII e XIX* [Jewellery in 18th and 19th centuries Bahia] (Rio de Janeiro, Editora Capivara), edited and organised by the jewellery historian Ana Passos. This initial endeavour focused exclusively on the material nature of the jewellery and its classifications and groupings, in the form of a meticulous inventory.

Just a few days before the book launch, I happened upon a photograph of a seated Black woman, adorned with jewellery on her arms, fingers, around her neck, and even covering her waist. Suddenly, I realised that the bracelet featured on the cover of my book was the same worn by the woman in the photo. I could hardly believe my eyes. And my surprise only grew as I then realised that I recognised all the other jewellery as well.

It was at that moment that I decided to try to uncover the story behind the woman in the photograph, and behind the jewellery. After all, what would be the story behind these jewels?

Using the photograph as a starting point, we began an investigation led by Zélia Bastos and Joilda Fonseca, which not only shed light on pivotal facts about the conditions in which Black women, whether freed or enslaved, lived in 19th and 20th century Bahia, but which also revealed the full name of the woman in the portrait: Florinda Anna do Nascimento, affectionately known as Dona Folô.

Florinda Anna do Nascimento was born in Cruz das Almas, in the Bahian Recôncavo, and spent all of her 103 years with close connections to the Ribeiro dos Santos family.

By tracing the trajectory of Florinda Anna do Nascimento, we ultimately uncovered a story of female, racial, and personal triumph over prejudice. Thus, the desire to showcase a small part of the extraordinary jewellery of Bahia became transformed into a much broader, more revealing, and astonishing tale—one as unique as the jewellery itself.

CONSTRUCTING FLORINDA

After this discovery, and despite the excellent research undertaken by Ana Passos, *Joias na Bahia dos séculos XVIII e XIX* became an embryonic project for me, as I yearned to present these jewels in their own context, so they would not only be admired for their beauty, luxury, and value, but also for the courage conveyed by the skin colour of the women who wore them: the Black women of Bahia.

This is how the book *Dearest Florinda* came to life. As the project took shape, the fascination and interest in the life of this character began to spread to others, including historians, poets, teachers, and artists who, in these two volumes, each with their own voice, bring their own interpretations of Florinda's life and the family with whom she apparently spent her 103 years, the Ribeiro dos Santos family.

Using Florinda's photograph at the Instituto Feminino da Bahia and the jewellery from my collection as references, Vik Muniz created the artwork *Florinda*, which illustrates the cover of this book and has already gained its own resonance from being exhibited in art fairs and galleries. In addition to contributing this seminal image, the artist also wrote a text, thus becoming one of the co-authors. I am therefore deeply grateful to my dear friend and neighbour for his contributions.

Eduardo Bueno, the editor of this publication, gathered together a constellation of respected authors who explored aspects of the period in which Florinda lived. Besides Eduardo Bueno himself, they include Sheila de Castro Faria, Lilia Moritz Schwarcz, Mary Del Priore, Giovana Xavier, Carol Barreto, Pedro Corrêa do Lago, and Vik Muniz. The authors Thais Darzé and Tayná Trindade also contributed with texts to the expanded and re-edited edition of *Joias na Bahia dos séculos XVIII e XIX*. My gratitude extends to all of them, especially Eduardo Bueno, for transforming Florinda into *Dearest Florinda*, the title he has bestowed on this volume.

During work on this project, I had the honour of welcoming the great actress Zezé Motta, who came to Salvador specifically to embody the spirit of Florinda Anna do Nascimento, as captured by the photographer Christian Cravo. This editorial composition is part of the book *Joias na Bahia dos séculos XVIII e XIX*. My sincerest thanks to the lovely Zezé and the photographer, Christian Cravo.

"A RESPECTED WOMAN"

As this book started taking shape in my thoughts, I realised that the participation of Sheila de Castro Faria, retired professor at UFF, was essential. I had read her thesis—*Sinhás pretas, damas mercadoras: as pretas minas nas cidades do Rio de Janeiro e de São João Del Rey (1700-1850)* [Black Senhoras, Market Traders: Black Women from the Gold Coast in the Cities of Rio de Janeiro and São João Del Rey (1700-1850)]—and had been fascinated by the stories of women with trajectories similar to Florinda's.

However, it was only after both books had already been sent to the printers that I approached professor Castro Faria. And so I realised I had to halt the publication to make my dream come fully true, with her invaluable collaboration. We were delayed by a year; nevertheless, it has greatly enriched our project.

Professor Castro provided valuable suggestions, annotated captions, and, above all, crafted a text for the book: "Donas de respeito—Mulheres negras da Bahia" [Women of Esteem—The Black Women of Bahia]. Records of donations, wills, birth and death certificates, addresses and dates, and precise facts were gathered to substantiate the opportunity to make this incredible character believable. This task has been brilliantly executed by Professor Castro, to whom I am eternally grateful.

FLORINDAS

Finally, thanks are equally due to the multi-talented artist Gilberto Gil, who—through the generous mediation of his partner Flora, to whom I am equally grateful—contributed a specially written poem, an ode to Florinda and to many others who, like her, have not yet been identified, but will soon be.

BENJAMIN ROBERT MULOCK. THE CITY OF BAHIA: FROM THE FORTE DO MAR, 1859 E 1861. REPRODUÇÃO/ FUNDAÇÃO BIBLIOTECA NACIONAL, RIO DE JANEIRO.

As ganhadeiras, como eram denominadas as mulheres que vendiam alimentos e mercadorias pelas ruas da cidade de São Salvador, eram negras ou mestiças, escravizadas ou libertas, e atuavam principalmente pelas ruas e vielas da Cidade Baixa. Essas mulheres eram, no mais das vezes, proprietárias de escravizadas, que, com elas, seja em venda fixa ou com tabuleiros na cabeça, alimentavam uma população urbana e bastante fluída, em função do movimento portuário. Vista panorâmica da cidade de São Salvador a partir do Forte do Mar (Forte de São Marcelo), destacando-se, na Cidade Baixa, a Alfândega (1), os cais das Amarras (2) e Dourado (3), a torre do Arsenal da Marinha (4), a Igreja da Conceição da Praia (5). Na parte central da Cidade Alta, localizavam-se as moradias de grandes comerciantes ou as propriedades urbanas de famílias ricas do Recôncavo, como também as principais igrejas, como a Igreja da Ordem 3ª do Carmo (6), conventos como o do Carmo (7) e o Mosteiro de São Bento (8). À esquerda da foto, a rua do Passo (9), onde provavelmente morou Florinda Anna do Nascimento, próxima à Igreja do Santíssimo Sacramento do Passo (10).

BENJAMIN ROBERT MULOCK. THE CITY OF BAHIA: FROM THE FORTE DO MAR, 1859 AND 1861. REPRODUCTION/ NATIONAL LIBRARY FOUNDATION, RIO DE JANEIRO.

The "ganhadeiras", as the women who sold food and goods in the streets of São Salvador were called, were predominantly Black or mixed-race, enslaved or freed. They operated mainly in the streets and alleys of the Lower City. These women often owned slaves of their own who assisted them in their trade, whether from fixed sales points or from trays carried on their heads. They provided sustenance to an urban population that, owing to the bustling port activity, was in constant flux. A panoramic view of the city of São Salvador from the Forte do Mar (Forte de São Marcelo), highlights structures in the Lower City, the Customs House (1), the docks of Amarras (2) and Dourado (3), the tower of the Arsenal da Marinha (4), and the Igreja da Conceição da Praia (5). Houses of large merchants and the urban properties of wealthy families of the Recôncavo were located in the central part of the Upper City, together with the main churches such as Igreja da Ordem 3ª do Carmo (6), convents like the Carmo (7) and the Mosteiro de São Bento (8). On the left of the photo is the street known as Rua do Passo (9) where Florinda Anna do Nascimento probably lived, close to the Igreja do Santíssimo Sacramento do Passo (10).

CITY OF BAHIA

HE FORTE DO MAR

ENTRE RALOS E ESPELHOS

Giovana Xavier

Aos 3 anos, sob a água do chuveiro, a menina Gigi brinca, observada pela avó. Dona Leonor, que tem nome de rainha, é uma senhora austera, elegante e sincera, e sempre zelosa ao extremo com sua "pretinha". Ainda assim, dona Leonor não tem tempo de impedir que Gigi jogue ralo abaixo as bolinhas de ouro e as tarraxas que ornavam seu par de orelhas. Os pequenos objetos reluzentes giram e chacoalham num pequeno redemoinho... E somem para sempre. Informada da proeza, a dinda, provedora de joias e roupas da moda para a garota, não se dá por vencida. Procura o joalheiro. Compra um novo par de brincos, "enfia" nas orelhas de Gigi e, no mesmo dia, começa a pagar mais um "carnê de joias".

Aquele não foi o único par de brincos de ouro que Gigi lançou à correnteza que desaguava no ralo próximo a seus pés. Na verdade, ao longo da vida, ela deu destino semelhante a muitas peças como aquelas, o que despertava um misto de indignação e encanto nas mulheres da família. A menina queria que suas histórias ganhassem o mundo. E é por isso que, aos 42 anos, Gigi, em prece, agradece à mãe, à avó e à tia-dinda pela fantástica oportunidade que lhe foi concedida: a de ser editora da própria história.

E é nessa condição de menina-mulher — que evoca ralos com a palavra escrita — que, na casa que em breve se tornará "velha", me vejo agora cercada de caixas, livros, jornais que anunciam a proximidade da mudança para a casa "nova", como resume Peri, meu menino de 9 anos, no ápice de sua sabedoria-mirim. Em meio a tantas informações espalhadas pela sala, penso nas leituras, nos mundos e nas pessoas que me inspiraram na difícil missão de escrever livremente sobre a beleza negra. E me pergunto por que a tarefa, agora, me parece mais desafiadora. Julgo meus pensamentos e os considero descabidos. Afinal, neste momento colho os louros da receptividade e das boas críticas ao meu último livro, que não por acaso se chama *História social da beleza negra*.

Qual seria, então, a dificuldade de escrever sobre a beleza negra, se já fiz isso antes?

A mente voa e aterrissa em histórias do passado. Elas me levam a lugares que me evocam uma estranha familiaridade: água, ralo, lixo. A beleza negra que limpa o lixo da alma e o faz descer pelo ralo. Escrever sobre o ralo é *ver* e *contar* de baixo, exercendo o poder de desenterrar pessoas e histórias.

Pesa sobre mim, como uma intelectual negra que toma assento neste projeto sobre "joias de crioula", a desafiadora responsabilidade de registrar o que é importante para mulheres negras e o que é importante que se saiba sobre suas histórias. Apresentar essa perspectiva é minha missão. E cá estou para cumpri-la, abençoada pelo abebé de Oxum, o qual seguro com confiança e firmeza, virando-o para mim e para o *outro*. Esse gesto, em si, revela o fabuloso poder que reside no ato de olhar para mim mesma e, dançando, oferecer a possibilidade de as pessoas envolvidas na dança enxergarem-se como jamais puderam antes. *#oraieieu*

As belíssimas peças de Florinda, a poderosa Dona Fulô — as quais me parece descabido nomear "joias de crioula", pois, como diz Lélia Gonzalez, "o negro tem de ter nome e sobrenome" —, fazem parte de uma história de forja: a forja de si e de um sentido existencial de ser mulher negra, o qual se liga à busca pelo equilíbrio entre liberdade da alma e responsabilidade com a comunidade.

Toda essa conversa me leva, assim, a uma segunda história que, sinto, preciso escrever para mim mesma e depois entregá-la ao Universo. Percebo que se trata de um trabalho mágico, já que me vejo agora sentada à suntuosa mesa de mármore da sala de tia Lena e sou surpreendida por sua chegada. Segurando um saquinho de veludo vermelho, a velha, altiva, me fita e, inclinando o corpo para a frente, em reverência, diz: "Toma!".

À Gigi cabe abrir cuidadosamente o saquinho de veludo. Ao virá-lo para despejar o conteúdo em suas mãos, sente que precisa fazer delas uma concha para aparar três anéis de ouro que, de tanto brilharem, ofuscam seu olhar. E a cena que seus olhos testemunham, com as peças em primeiro plano, na palma de suas mãos, tem como trilha sonora a voz imponente de tia Lena: "Escolha um, pois estou ficando velha e estas joias me tiraram de diversos apuros. Vivi, muitas vezes, da penhora delas e, caso algo me aconteça, tenho certeza de que elas lhe servirão também".

Assim, ao contar essa história para mim mesma, fico emocionada com o poder de olhar e interpretar as trajetórias de mulheres negras pelas vias de amor, brilho e luz que explicam como Dona Fulô e minha amada tia Lena foram capazes de articular o refazimento de suas vidas, ancorado em patrimônio sagrado: a alma livre, cultuada por ambas com "indústria e trabalho", conforme afirmavam muitas mulheres pretas empreendedoras no Brasil do século XIX.

Livres pelo amor para amar, Dona Fulô e tia Lena têm algo em comum: o espírito criativo que pavimenta o caminho da beleza negra. Um caminho também refletido no espelho de Oxum (abebé), através do qual as vemos como mulheres negras sábias e conscientes da grandiosidade de suas histórias, empreendedoras de vidas e sonhos. O mesmo espelho, ornado de búzios e pedras preciosas, no qual também podemos nos ver e, ao virá-lo, ofertar ao outro a possibilidade de enxergar a si mesmo de novas formas — nem sempre belas, é verdade, mas necessárias para o crescimento pessoal e para que se concretizem as mudanças sonhadas por nossas ancestrais: mudanças indispensáveis para a construção de um novo futuro.

O futuro que tia Lena, visionária, sonhou e esculpiu para Gigi. O futuro que Dona Fulô espreita, com um sorriso de soslaio, sentada em seu trono como uma rainha adornada de joias.

PLUGHOLES AND MIRRORS

Giovana Xavier

At the age of 3, little Gigi is playing under the shower, watched over by her grandmother. Dona Leonor, the grandmother, named after a queen, is solemn, elegant and sincere, and takes great pains to look after her "little Black girl." Despite her care, Dona Leonor is too late to prevent Gigi from losing her golden beads and the studs decorating her ears down the plughole. The small shiny objects swirl and are sucked down the miniature whirlpool… disappearing forever. When she finds out about the accident, Gigi's godmother, the provider of jewellery and clothes for the little girl, is not fazed. She calls the jeweller and buys a new pair of earrings that she herself places in Gigi's ears; and that day starts another jewellery "instalment plan."

This was not the only pair of gold earrings that Gigi lost to the current down the plughole at her feet. Throughout her life, much of her jewellery met the same fate, something that was the cause of a mixture of indignation and amusement amongst the women of the family. The girl wanted her stories to enchant the world, and so, aged 42, in a prayer Gigi thanked her mother, her grandmother and godmother-aunt for the incredible opportunity she had been given: to become the creator of her own story.

It is in this girl-woman state—conjuring plugholes through the written word—that, in the house about to become the "old house," I now find myself surrounded by boxes, books, and newspapers that remind me of our imminent move to the "new house," as my nine-year-old son Peri concludes with childlike wisdom. In the midst of so much information scattered around the room, I think of the readings, worlds, and people who inspired me in the difficult task of writing openly about Black beauty. And I wonder why the task now seems so much more challenging. I ponder such questions and decide they are unreasonable. After all, I am still glowing in the positive reception and reviews of my latest book, which—

by no coincidence—is entitled *História social da beleza negra* [The social history of Black beauty].

So, as I have written about Black beauty before, what is it that makes it so difficult to write about it now?

My mind hovers and settles on past stories that take me to places that spark a strange feeling of familiarity: water, plughole, waste. The Black beauty that cleanses the soul and washes the dirt straight down the drain. Writing about the plughole requires *seeing* and *depicting* from below, and exerting the power to unearth people and stories.

As a Black academic overseeing this project on the *joias de crioula* [creole jewellery], it is my responsibility to record what is important to Black women and what is important to know about their stories. It is my mission to present this perspective, and I am here to fulfil it, blessed by the Oshum's *abebé*,[1] which I hold confidently and steadfastly, turning it on both myself and on the *other*. This gesture itself reveals the astonishing power that lies in the act of looking at oneself and, through dancing, offering the people involved in dancing the opportunity to see themselves as they had never been able to before. *#oraieieu*.

The exquisite pieces worn by Florinda, the powerful Dona Fulô—which it seems inappropriate to call *joias de crioula* as, according to Lélia Gonzalez, "Black people should have a name and surname"—, are part of a story of forging the self and an existential sense of being a Black woman that is linked to the quest for balance between a free soul and community responsibility.

This leads me to a second story that I feel I need to first write for myself and then deliver to the Universe. I realise it is a magical task, as I now find myself sitting at the sumptuous marble table in Aunt Lena's room, and am surprised by her arrival. Holding a red velvet pouch, the imperious old woman fixes her gaze on me, and bending forwards, as if in reverence, says, "Take one!"

Gigi carefully opens the velvet pouch. When she turns it over to shake the contents into her hands, she forms them into a shell to catch three dazzling shining gold rings. And the soundtrack of the scene in which she holds the rings in her hands is Aunt Lena's imposing voice: "Choose one, because I am getting old. These rings have got me out of various scrapes, and I've managed to survive on several occasions by pawning them. So if anything happens to me, I am sure they will serve you just as well."

In telling this story to myself, I am moved that I am able to see and interpret the paths of Black women through love, luminosity and light, which explain how Dona Fulô and my beloved Aunt Lena

1. The mirror of the river deity Oshum, the goddess of femininity, fertility, beauty and love. [TN]

were able to engineer the reconstruction of their lives rooted in a sacred heritage: as free souls, honoured for their "industriousness and hard work," like many other entrepreneurial Black women in 19th century Brazil.

Freed by love, to be able to love, Dona Fulô and Aunt Lena have something in common: a creative spirit that paves the way for Black beauty. A way that is reflected in the mirror of Oshum, in which we see them as wise Black women aware of the extent of their stories, and the entrepreneurs of lives and dreams. This same mirror, decorated with cowrie shells and precious stones, in which we can also see ourselves, when reversed enables others to see themselves in new ways—not always beautiful, it is true, but essential views for personal growth, and for the changes dreamed of by our ancestors for the future: vital changes for the construction of a new future.

This is the future that my visionary Aunt Lena dreamed of and sculpted for Gigi, and the future that Dona Fulô glimpsed, with her wry smile, sitting on her throne like a bejewelled queen.

VICTOR FROND. VISTA DE SALVADOR, C. 1859.
LITOGRAFIA COM BASE EM FOTOGRAFIA PUBLICADA
NO ÁLBUM *LE BRÉSIL PITTORESQUE*, DE CHARLES
RIBEYROLLES. REPRODUÇÃO/ARQUIVO NACIONAL,
RIO DE JANEIRO

A população negra morava e trabalhava
majoritariamente na Cidade Baixa, onde se ocupava
do transporte de cargas, de pessoas e da venda
de alimentos. Na imagem, observa-se claramente
a divisão entre as partes da cidade, destacando-se,
na Cidade Alta, o Mosteiro de São Bento (1),
o Teatro São João (2), destruído por um incêndio
em 1923, a Casa da Misericórdia (3); e, na Cidade
Baixa, a Igreja da Conceição da Praia (4) e a prisão
do Arsenal da Marinha (5). Ligando as duas partes,
a Ladeira da Conceição da Praia.

VICTOR FROND. VIEW OF SALVADOR, C. 1859.
PHOTOGRAPHY BASED LITHOGRAPH PUBLISHED
IN CHARLES RIBEYROLLES' ALBUM *LE BRÉSIL
PITTORESQUE*. REPRODUCTION/NATIONAL ARCHIVES,
RIO DE JANEIRO

The Black population lived and worked mainly
in the Lower City, where they were engaged in
the transport of cargo, people and the sale of food.
In the image, the division between the two parts
of the city is clear, featuring the Mosteiro de
São Bento (1), the Teatro São João (2), destroyed
by fire in 1923, the Casa da Misericórdia (3);
and in the Lower City, the Igreja da Conceição
da Praia (4) and the prison of the Arsenal da
Marinha (5). Connecting the two parts is the Ladeira
da Conceição da Praia.

SUMÁRIO/
TABLE OF CONTENTS

capítulo 1 / chapter 1

PRECIOSA FLORINDA 46
DEAREST FLORINDA 74

Eduardo Bueno

capítulo 2 / chapter 2

DONAS DE RESPEITO — MULHERES NEGRAS DA BAHIA 94
WOMEN OF ESTEEM — THE BLACK WOMEN OF BAHIA 142

Sheila de Castro Faria

capítulo 3 / chapter 3

FARÓIS DE ORGULHO E IDENTIDADE 180
BEACONS OF PRIDE AND IDENTITY 198

Lilia Moritz Schwarcz

capítulo 4 / chapter 4

UMA SINHÁ NA JANELA DO OITOCENTOS 210
A *SINHÁ* THROUGH THE WINDOW OF THE 19TH CENTURY 232

Mary Del Priore

capítulo 5 / chapter 5

BELEZA NEGRA: UMA HISTÓRIA MINHA QUE CONTÉM MUITAS OUTRAS 244
BLACK BEAUTY: A STORY OF MYSELF THAT HOLDS COUNTLESS OTHERS 262

Giovana Xavier

capítulo 6 / chapter 6

NARRATIVAS DA APARÊNCIA: AS VESTES DE DONA FULÔ 268
NARRATIVES OF APPEARANCE: THE RAIMENTS OF DONA FULÔ 290

Carol Barreto

capítulo 7 / chapter 7

HENRIQUETA E O INSTITUTO FEMININO DA BAHIA 302
HENRIQUETA AND THE INSTITUTO FEMININO DA BAHIA 308

Eduardo Bueno

capítulo 8 / chapter 8

A PRESENÇA NEGRA NOS ESTÚDIOS FOTOGRÁFICOS DO SÉCULO XIX 312
BLACK MODELS IN BRAZILIAN 19TH CENTURY PHOTOGRAPHIC STUDIOS 372

Pedro Corrêa do Lago

capítulo 9 / chapter 9

MIL IMAGENS, PALAVRA ALGUMA 386
A THOUSAND IMAGES, NO WORDS 416

Vik Muniz

capítulo 10 / chapter 10

CARTA À FLORINDA 426
LETTER TO FLORINDA 430

Giovana Xavier

SOBRE OS AUTORES / ABOUT THE AUTHORS 434

capítulo 1

PRECIOSA FLORINDA

Eduardo Bueno

Um mundo novo se abre, mais pleno, agora que o Novo Mundo é velho de meio milênio e que já não há como dissimular que foi construído pelo braço escravizado, pelos fluxos e refluxos no Atlântico negro, pelas travessias transgressivas da Calunga Grande por um féretro sem fim de tumbeiros. Um mundo ao mesmo tempo vertiginoso e pachorrento, alternando-se entre a bonança e as borrascas tropicais, onde o doce açúcar era produzido à custa de muito amargor, onde o ouro era arrancado da terra, com sangue, suor e lágrimas, onde tudo jazia envolto pela névoa perfumosa do tabaco, a ecoar lamúrias pesarosas, mas também cânticos de superação — um mundo de gente tolhida, tal quais os grãos de café por ela plantado, colhido e moído.

Sim, mais pleno, um novo mundo se abre, como as páginas de um livro, para saudar, acolher e solenizar aqueles que, estranhos numa terra estranha — sequestrados, transplantados, extorquidos e usurpados —, foram, ainda assim, capazes de fincar novas raízes e florescer frondosos em solo regado com prantos e suores. Fizeram eclodir novos sabores, novos temperos e novos toares (para além dos estalidos da chibata) e também novos deuses do sol e da chuva, das matas e das fontes, à noite, sob o rufar ancestral dos tambores. Um povo composto de muitos povos, muitas línguas, muitos trajes, muitos gestos — e uma só sina.

Eram axântis, benguelas, iorubás, jejes, fulas, hauçás, malês, tapas, fons, mandigas — etnias múltiplas, línguas complexas, costumes diferentes, aglutinados sob duas denominações genéricas e imprecisas: "sudaneses" e "bantos". Foram trazidos da mãe África em tão larga escala que fizeram do Brasil o país com maior número de escravizados na história. E, não por outra razão, Rio de Janeiro e Salvador, os dois principais portos onde os cativos desembarcavam, tornaram-se cidades majoritariamente negras, intensas e febris — ao mesmo tempo reluzentes de riqueza, com abundância de joias e metais preciosos, e pululantes em indigência.

Foi justamente a partir de Salvador (capital do Brasil até 1763) e do Rio (sede do governo a partir de então) que o ouro brasileiro seguiu para a Europa. E também em função dessa conexão entre ouro — muito ouro — e escravizados aos milhares surgiria, no Brasil — em especial na Bahia, mas também nas Gerais e na nova capital —, um fenômeno único nas Américas e que logo deixaria atônitos os viajantes estrangeiros que o presenciaram: centenas de mulheres negras, recobertas de joias, circulando pelas ruas. Portavam correntes, pulseiras, tornozeleiras, anéis de ouro cravejados de brilhantes, incrustados de diamantes e outras pedras preciosas que reluziam ao sol dos trópicos. Não havia quem não as notasse: tanto as joias como as mulheres que as ostentavam.

Contudo, os anos foram se passando e, por décadas a fio — ao longo de séculos, na verdade —, a historiografia oficial, os livros didáticos, as legendas das pinturas e das fotos dispostas em museus e exposições se propuseram a afirmar, categórica e incisivamente: as peças que adornavam os dedos, o pescoço, os braços, o peito, os pulsos, os lóbulos e tornozelos daquelas escravizadas, ou ex-escravas, forras e libertas, na Bahia, no Rio de Janeiro, em Minas e por outros tantos cantos e recantos do Brasil, *não* pertenciam a elas. Estavam ali com um único propósito: exibir o fausto e a riqueza de seus senhores. Ponto.

E assim, quando se viam diante da necessidade de identificar as personagens que portavam aquelas peças rutilantes — matronas soberbas, solenes, silentes, algumas trajadas e adornadas como rainhas d'além-mar, com carnes fartas e olhares enigmáticos faiscando tais quais as próprias joias —, essas mesmas legendas, nessas mesmas obras e teses, mostravam-se assombrosamente lacônicas. Como uma mensagem cifrada, limitavam-se a registrar breves termos e expressões, como "escrava", "negra baiana", "crioula"; títulos reticentes, mas, ao mesmo tempo, reveladores — ainda que às avessas.

Ao folhear aquelas páginas — algumas das quais nos assombram desde tempos de escola —, ao entrarmos em museus, ao contemplarmos tais imagens, nos livros ou nas telas, nós nos víamos invariavelmente diante de figuras anônimas, sem biografia, sem história. Eram sujeitos ocultos, como se agentes da própria sujeição: figurantes num roteiro que nunca lhes pertenceu, como manequins expondo pertences alheios.

E de repente, na esteira de uma historiografia mais inclusiva, à luz de um novo século, de novos documentos e de pesquisas bem fundamentas, cada vez mais distanciadas do racismo estrutural que, viscoso, jamais deixou de permear todas as instâncias do Brasil, ficou evidente aquilo que, de certa forma, estivera *sempre* na cara (nesse caso, no pescoço, no peito, nos braços): sim, as joias pertenciam àquelas mulheres pretas.

De fato, registros cartoriais, testamentos, inventários, arrolamentos e censos provam sobejamente que as chamadas "escravas de ganho", bem como as forras e libertas, constituíram um dos mais dinâmicos segmentos da economia da Colônia e dos Primeiro e Segundo reinados. Muitas dessas mulheres negras, ditas "ganhadeiras", ascenderam socialmente graças ao trabalho, ao próprio esforço, ao tino e ao discernimento. Algumas se tornaram negociantes conhecidas, em Salvador, no Rio de Janeiro, em São João del-Rey.

Várias tiveram escravas; muitas as alforriaram. Algumas faziam empréstimos, penhores e outras operações financeiras. E boa parte delas possuía joias: artefatos de ouro, prata, diamantes e pedras preciosas, às vezes de alto valor e notável requinte, que conservavam junto ao corpo não apenas como símbolo de suas posses e/ou de sua religiosidade, mas também de sua luta e de suas conquistas. E legavam esse tesouro de juro e de herdade para suas descendentes ou herdeiras, na maior parte das vezes mulheres como elas.

Elas foram chamadas, e se deixaram chamar, de "sinhás pretas". Mas, em vez de meramente reproduzirem o mundo senhorial, foram capazes de subverter as regras, os mandos e desmandos e as estruturas aparentemente inabaláveis da servidão incondicional. E se, por um lado, essas matronas, essas "sinhás", de fato tiveram escravas, e por isso é lícito afirmar que seguiram a estrutura socioeconômica então vigente (até porque ela parecia inalterável em sua essência), por outro a documentação comprova que, assim como tinham sido capazes de escavar brechas e romper muralhas em meio àquela economia quase feudal — notabilizando-se como as ditas "escravas de ganho"—, essas mulheres pretas estabeleceram também uma teia de laços com aquelas que se tornariam suas escravas. Em muitas ocasiões, fizeram delas suas "parceiras", "sócias", sucessoras, herdeiras — e, em certos casos, até mesmo suas amantes. Muitas delas, cedo ou tarde, seriam alforriadas, para na sequência alforriar aquelas que lhes sucederiam.

E várias dessas mulheres pretas trataram de exibir — na verdade, ostentar — aos olhos de todos essa trajetória subversiva e exitosa por meio das joias que traziam no corpo: joias como ferramentas de transformação e libertação; joias como pecúlio e poupança; joias como obras de arte e culto à beleza. Joias como peças de resistência cultural, de ancestralidade, de triunfo na adversidade e, é claro, joias votivas, numa forma concreta e tangível de saudar e dirigir-se aos deuses. À vista de todos.

No interior desse quadro tão transformador, outra fulgurante revelação veio jogar ainda mais luz sobre um assunto por tanto tempo mantido na obscuridade, no encobrimento, imerso num silêncio comprometedor. Ocorre que, na esteira das reviravoltas e redescobertas, uma das fotos mais conhecidas que retratavam aquelas que, até pouquíssimo tempo, eram chamadas simplesmente de "crioulas", ou de "negras baianas" — no caso, "preta que foi cozinheira na casa de..." —, acabou identificada, com nome e sobrenome, com história própria, trajetória pessoal e intrasferível, endereço e profissão, constituindo o esboço de uma biografia que, embora não possa ser recuperada em sua plenitude, configura um percurso não apenas comovente, mas também centenário, pois essa notável mulher viveu mais de cem anos.

Com efeito, após mergulhar em arquivos públicos e no acervo de várias instituições, a pesquisadora Zélia Bastos comprovou que aquela matrona negra, recoberta de joias, com postura altiva, dignidade ancestral e, sob o turbante, um sorriso *à la Gioconda*, não só tinha nome, sobrenome e apelido — chamava-se Florinda Anna do Nascimento e era conhecida como Dona Fulô — como também era dona das joias que a adornam e dos faustosos trajes que a vestem na silenciosa imponência de uma foto que, durante cerca de meio século, foi exibida (e publicada) sem identificação.

Em razão dos documentos resgatados por dona Zélia — dentre os quais o atestado de óbito de Florinda, os endereços onde morou e o mausoléu onde descansa —, o colecionador baiano Itamar Musse, neto e filho de célebres antiquários, pôde constatar que, dentre as mais de trezentas joias de crioula que constituem sua coleção, incluíam-se todas as peças ostentadas por Dona Fulô no histórico registro fotográfico que por décadas esteve exposto, sem nomeá-la, numa vitrine do Museu do Traje e do Têxtil, no Instituto Feminino da Bahia, em Salvador, onde estão também várias peças de roupa que pertenceram à Florinda.

Preciosa Florinda, o livro em suas mãos, nasceu, assim, do desejo de saudar essa trajetória, esse legado e essa conquista — que com certeza não foi exclusiva de Dona Fulô, mas compartilhada por milhares de afro-brasileiras, das quais recentemente foram também redescobertos os nomes, junto com suas joias e vestes. E, à medida que esses percursos vão sendo desvendados, desnudam-se também as voltas, revoltas e reviravoltas dessas existências que, por serem ainda tão pouco conhecidas, continuam a dar a impressão de que o Brasil anda em volteios.

É claro que, de uma capa a outra, este livro se revolve — e se resolve — em torno de Florinda Anna do Nascimento, a "negra baiana", a "preta cozinheira" que, mesmo anônima por décadas, jamais deixou de luzir. Florinda resplandecia não só no fulgor de suas joias, mas também no lampejo de seu olhar e nas linhas recônditas de um sorriso simultaneamente de orgulho e desdém, apenas desenhado nos lábios carnudos, como se, por anos a fio, ela balbuciasse: "Decifra-me...".

Para compor um painel celebratório dessas vidas negras e de seu legado, alguns dos mais brilhantes historiadores, artistas, poetas, curadores e pesquisadores brasileiros foram convidados a produzir textos, fotos e peças sobre essas mulheres, suas joias e suas roupas — *joias e roupas de crioula* —, analisando as circunstâncias históricas sob as quais elas viveram, bem como o significado e o design das joias, o estilo dos trajes, as fotos para as quais posaram, suas artes e ofícios, suas fontes de renda, seu caminho para a liberdade — já que vidas negras importam mesmo séculos depois de terem sido vividas.

FLORINDA NO TEMPO E NO ESPAÇO

O ponto de partida para essa jornada de redescoberta foram as duas fotos conhecidas de Dona Fulô — uma em que ela está de pé e outra, mais conhecida, em que surge, tal qual uma esfinge, sentada com toda a altivez, como num trono. A contemplação de ambas nos captura e cativa, ao mesmo tempo que nos lança numa viagem no tempo e no espaço.

Mas, se o espaço dessa jornada secular é concreto e circunscrito — não deixaremos a Cidade do Salvador e seu Recôncavo, como a própria protagonista possivelmente jamais deixou —, o tempo, mais do que mera abstração, se revela, no caso do Brasil escravocrata, uma espécie de aberração. Perversa aberração.

Se não, vejamos: quando Florinda Anna do Nascimento nasceu — não se sabe exatamente onde, mas estima-se quando: em 1828 —, o Brasil era país escravista havia três séculos quase redondos e ainda restavam sessenta intermináveis anos até que a Lei Áurea fosse assinada. E quando Dona Fulô morreu, em 11 de maio de 1931, nem meio século havia se passado desde que a escravidão fora abolida.

Retraçar a vida de Dona Fulô implica, assim, em desfilar por um século desse Brasil. E se trata de uma viagem tão larga que se inicia na Regência (sim, quando ela nasceu, o imperador d. Pedro II tinha apenas 3 anos e ainda faltavam onze para que ele assumisse o poder, após o Golpe da Maioridade) e só se encerra no difuso alvorecer da Era Vargas. Naquele momento, d. Pedro II, morto havia quarenta anos, era pálida lembrança na memória nacional, e o caudilho Getúlio tomava o poder por meio de outro golpe, amarrando cavalos no obelisco, no Rio de Janeiro, como antes se amarravam escravizados no pelouro.

Um dos documentos resgatados por Zélia Bastos é justamente o atestado de óbito de Florinda Anna do Nascimento, de acordo com o qual ela morreu aos 103 anos, em 1931 (tendo, portanto, nascido em 1828). Isso significa que ela tinha 3 anos quando o tráfico de escravos foi "rigorosamente" proibido no Brasil. A questão é que nunca se traficaria tanto quanto depois da lei que o padre Diogo Feijó, ministro da Justiça e membro da Regência Trina, assinou, em 7 de novembro de 1831.

O artigo 1º da chamada Lei Feijó determinava: "Todos os escravos que entrarem no território ou portos do Brasil, vindos de fora, ficam imediatamente livres". Ocorre que, já ano seguinte, cerca de 30 mil escravizados foram introduzidos no país. Em 1833, seriam 36 mil; em 1838, mais de 40 mil; e em 1843 o número de cativos ilegalmente trazidos para o Brasil atingiu 64 mil. E nenhum deles se tornou "imediatamente livre". A letra fria da lei virou letra morta.

"A história toda da desfaçatez humana não apresenta passagem que possa rivalizar com o desrespeito à lei contra o tráfico de escravos assinada pelo governo do Brasil", atestou o diplomata inglês lorde Brougham em carta que enviou do Rio para Londres em agosto de 1845.[1]

Tão larga a vida de Florinda que ela foi contemporânea da Revolta dos Malês, o levante de escravos islâmicos que assombrou Salvador em janeiro de 1835 e foi sufocado a ferro e fogo. E ela já vivia também quando eclodiu a Sabinada, a revolta "burguesa" e separatista que tentou implantar uma improvável República Bahiense, ferozmente reprimida pelas tropas "legalistas" da Regência, apoiadas pelos grandes senhores de terras do Recôncavo, resultando em 160 prédios destruídos e 4 mil pessoas mortas em Salvador, em março de 1838.

Mas onde nasceu Florinda Anna do Nascimento? Em Áfricas ou nos Brasis? Tantas vezes chamada de "crioula", soa isso como indício seguro de que terá nascido no Brasil. Palavra de origem controversa — agora estigmatizada, virtualmente "cancelada" (como se o foco do problema pudesse estar no léxico e na semântica) —, "crioulo" já foi uma espécie de dístico de honra no Brasil. Ao contrário do "boçal" (africano recém-desembarcado) e diferentemente do "ladino" (ou "esperto", como se dizia do escravizado já familiarizado com a terra de seu exílio), "crioulo" designava o negro nascido no Brasil.

Dona Fulô, portanto, era brasileira. Uma brasileira baiana.

Quem foram seus genitores? Como ela veio ao mundo? Jamais saberemos — e talvez ela própria não o soubesse. Fato é que, desde que se identificam evidências sobre a vida dela, essas sempre a vinculam à família do coronel Joaquim Inácio Ribeiro dos Santos, dono e senhor da fazenda Bom Sucesso, em Cruz das Almas, no Recôncavo. Sendo o coronel casado com Anna Maria do Nascimento, e carre-

1. Lord Brougham apud BROUGHAM, Henry. *The Life and Times of Lord Brougham*. Cambridge: Cambridge University Press, 2015, p. 56.

gando Florinda nome e sobrenome da esposa do proprietário, é lícito supor que esteve desde os tenros anos, se não desde o nascimento, vinculada à fazenda Bom Sucesso.

Vila de Nossa Senhora do Bom-Sucesso foi o primeiro nome dado ao atual município de Cruz das Almas, a 140 quilômetros de Salvador e a cerca de 20 quilômetros de Cachoeira, onde ficava a fazenda. Nossa Senhora do Bom Sucesso é uma das devoções à Virgem Maria, invocada para propiciar a seus devotos "uma boa morte". Curioso notar que, anos mais tarde, Florinda irá se vincular à Irmandade da Boa Morte, uma das mais famosas confrarias afro-católicas da Bahia, constituída apenas por mulheres negras, originalmente de ascendência muçulmana.

Registros históricos mostram que já antes de 1757 a freguesia passou a ser chamada de Nossa Senhora do Bom-Sucesso de Cruz das Almas, pois uma cruz fora erguida na encruzilhada onde se iniciava a trilha para o sertão, o sertão dos mistérios e das riquezas. Convinha, portanto, rezar, por si e pelos que já haviam partido, antes de encarar a jornada de 105 léguas e 21 dias até as nascentes do rio de Contas, nos altos da Chapada Diamantina, onde o ouro de aluvião brotava farto. E a partir de onde logo inundaria Salvador.

Cruz das Almas era uma espécie de fronteira. Os viajantes chegavam ali em geral após terem partido da capital, Salvador, singrado as águas cálidas da baía de Todos os Santos e penetrado no seio da terra por meio do curso esverdeado do Paraguaçu, o rio que parecia oferecer fácil acesso ao interior, mas cuja navegabilidade cessava de chofre na cachoeira que deu origem a... Cachoeira. Sim, a heroica vila e freguesia da Nossa Senhora do Rosário do Porto da Cachoeira, baluarte na defesa dos interesses brasileiros contra os portugueses, nos fragores da luta pela Independência, em 1822, e em especial no glorioso ano de 1823, quando graças ao ímpeto e à coragem dos baianos o rompimento com Portugal se concretizou. Berço da Irmandade da Boa Morte, Cachoeira há de ter sido a primeira cidade que Florinda conheceu.

Cruzando-se o Paraguaçu, a partir do porto rendado pelo casario barroco de Cachoeira, ficava, como ainda fica, à margem direita do rio o arraial de Senhor Deus Menino de São Felix da Cachoeira e, a partir dali, era marcha a pé ou em lombo de mula rumo aos tabuleiros do planalto. O primeiro pouso, antes das fraldas da Serra do Aporá, era justamente a fazenda Bom Sucesso. A paisagem era bruta e dela não destoava a casa, térrea, atijolada, com paredes de adobe, telhado de quatro águas e janelas de madeira inteiriça, sem persianas nem postiços envidraçados, como era regra no sertão. Não se sabe ao certo quando foi construída e a quem pertencera de início — talvez tenha sido dos Ribeiro Santos desde sempre.

Mas ali não brotavam só os umbus frondosos e cajueiros de galhos entrelaçados, mas também as canas que seriam trituradas, como aqueles que as colhiam e moíam, dia e noite, sem cessar. Mas a maldição do açúcar não imperava solitária na região: Cruz das Almas era um polo de lavouras de subsistência, basicamente de mandioca, produzindo o "pão do Brasil" para que os escravizados, amassados nos engenhos, não comessem só o pão que o diabo amassou.

Era também, e acima de tudo, zona fumageira. Negras matronas enrolavam folhas de tabaco em suas coxas grossas, nas 26 fazendas de fumo espalhadas por aquelas paragens. Elas dariam origem às notórias "fábricas de tabaco", dentre elas a célebre Danneman (que d. Pedro II autorizou a portar o nome de Imperial Fábrica de Charutos), além da Suerdieck (de 1888), que teve filial bem no centro de Cruz das Almas. Boa parte das fundadoras da Irmandade da Boa Morte era de trabalhadoras da indústria do fumo. Muitas delas fumavam charutos.

É bem possível que em 1828, ano em que Florinda veio a este mundo onde opulência e indigência sempre marcharam de mãos dadas, a fazenda Bom Sucesso já pertencesse ao coronel Ribeiro dos Santos. Cabe observar que "coronel" não era necessariamente patente militar, mas designação honorífica concedida a grandes senhores rurais pelo Brasil, em especial na Bahia, a partir de 1831, quando a Regência estimulou os fazendeiros a formarem suas próprias milícias e os designou "coronéis".

Terá Florinda passado a infância na fazenda Bom Sucesso? Tudo indica que sim. De qualquer sorte, onde quer que tenha sido, foi infância escravizada, prenhe de lides domésticas: lavando, passando, cosendo, cozinhando, trancada feito pássaro na gaiola. Passeava ela descalça sob a sombra das jaqueiras, dos cajueiros, das mangueiras, após varrer o pátio? Brincou de cabra-cega, de esconde-esconde, de bola de gude? Gozou de folganças, fez traquinagens? Teve Florinda infância? De todo modo, tenha ela nascido na Fazenda Bom Sucesso ou sido levada pequena para lá, Fulô era escrava da casa-grande, não da senzala.

Mas que diferença faz, se liberdade não teve?

Das várias ilações que se podem traçar a partir do espaço onde Florinda teria vindo ao mundo, uma das mais surpreendentes se vincula também ao tempo: afinal, ela nasceu vinte anos antes e a menos de quarenta quilômetros de distância de Castro Alves, o poeta eternamente jovem, lindo e revoltoso que iria cantar a vida (e a morte) dos escravos como ninguém o fizera antes — nem veio a fazer depois. Castro Alves nasceu em março de 1847, numa fazenda não muito diferente da Bom Sucesso, em Cabaceiras do Paraguaçu, na comarca de Cachoeira. Viveu ali até os 7 anos e, o mais espantoso: ao mudar-se para Salvador, em 1854, foi morar com a família na rua do Passo, a mesma onde, alguns anos mais tarde, iria morar Florinda.

Mais ou menos nessa mesma época, o Brasil se viu forçado a proibir de vez o tráfico de escravos, já que em 1831 a Lei Feijó "não pegara". No dia 4 de setembro de 1850, o ministro da Justiça Eusébio Queiroz assinou a lei que levava o nome dele próprio. Ele mesmo, contudo, dirigiu-se ao Senado para lamentar a decisão que fora forçado a tomar: "Se o Brasil inteiro pratica o tráfico, é impossível que seja um crime e acredito que seria mesmo uma temeridade chamá-lo de erro". Mas naquela ocasião a pressão dos ingleses funcionou e o tráfico cessou de vez.

Sendo o coronel Joaquim Ribeiro dos Santos grande senhor de terras e de escravos, há de ter sido informado de imediato de que daquela vez o fim do comércio transatlântico — o "trato dos viventes", como já houve quem assim o chamasse — era para valer. E, após se espalhar pela fazenda Bom Sucesso, não é difícil supor que a notícia tenha chegado aos ouvidos de Florinda. Mas teria mudado algo em sua vida?

De todo modo, dois anos e 23 dias depois da assinatura da lei, a vida dela daria uma extraordinária guinada — talvez a maior e mais importante de todas. Reza a lenda, preservada pela família Ribeiro dos Santos e repassada de geração em geração, que, na manhã de 27 de setembro de 1852, Florinda teria se levantado com "o canto do galo, vestido seus panos, preparado o café e, quando estava com o bolo de fubá no fogão à lenha, ouviu os gritos da senhora". Acudindo ao chamado, deparou com o coronel Joaquim Inácio nervoso, paralisado ante o início dos trabalhos de parto da esposa, Anna do Nascimento de Magalhães Ribeiro dos Santos: "Florinda, o bebê", teria balbuciado o patrão.

Com a presteza e a ajuda indispensável de Florinda, veio ao mundo, naquela manhã da primavera de 1852, o primogênito da família, José Joaquim Ribeiro dos Santos, mais tarde chamado e conhecido como Ribeirinho, destinado a se tornar bem mais famoso que o pai e figura proeminente na sociedade baiana. Não há como afirmar que Florinda, então com 34 anos, tenha sido sua ama de leite — o que é possível de ter ocorrido —, mas foi, com certeza, sua babá. Além de tê-lo trazido ao mundo, foi também quem o criou. A "mãe de aluguel" e o filho emprestado viveriam juntos até que a morte os separasse.

"Florinda" significa "da flora", "pertencente à flor", "da mesma natureza da flor" ou, caso empregado como gerúndio, "aquela que começa a florescer". Pode também advir de "flor linda". Mas ela não era — e quase nunca deve ter sido — chamada de Florinda. Era conhecia por Nega Fulô e, mais tarde, Dona Fulô. Também aqui o poder das palavras é revelador. Afinal, "fulô" era a forma popular de pronunciar a palavra "flor", como o faziam os escravizados, que costumavam suprimir as consoantes L e R e, nesse caso específico, acrescentaram a vogal U e pronunciavam o O como se levasse acento circunflexo.

"Essa nega fulô!" sempre foi expressão corriqueira na Bahia. Mas o significado primordial de "fulo", sem acento, remete aos fulas, ou fulás, povo muçulmano originário da África Ocidental, em especial do Niger, da Nigéria, do Mali, da Guiné e de Camarões. Esse apelido, seus laços com a Irmandade da Boa Morte, o turbante com o qual ela aparece nas fotos: tudo parece indicar que Florinda tinha vínculos com os escravizados de origem islâmica. Seu apreço pelo ouro e pelas joias bem trabalhadas também aponta nessa direção.

COM FULÔ, NA CAPITAL

Florinda Anna do Nascimento pode ter virado a Nega Fulô desde cedo, mas só deve ter começado a se transformar em Dona Fulô, adquirindo um novo *status* no seio dos Ribeiro dos Santos, depois de ter sido responsável pelo parto e pela criação do aguardado herdeiro Ribeirinho. Ou talvez essa transformação tenha se dado quando ela se mudou para Salvador junto com ele, não se sabe com certeza quando, mas possivelmente em 1870, pois aos 18 anos José Joaquim foi para a capital cursar medicina na lendária Faculdade de Medicina da Bahia, a primeira escola de ensino superior do Brasil, fundada por d. João em 1808.

Em Salvador, Ribeirinho e Florinda foram morar no número 50 da rua do Passo, hoje reveladoramente chamada rua Ribeiro dos Santos (embora todos continuem a se referir a ela como rua do Passo). Lá viviam a fina flor da sociedade soteropolitana e os filhos da elite do Recôncavo. As casas do lado oeste da rua ficavam penduradas sobre o talude que separa a Cidade Alta da Cidade Baixa, oferecendo uma vista espetacular para a baía de Todos os Santos.

A rua do Passo se chamava assim porque a procissão dos Sete Passos de Jesus, realizada pelos Carmelitas na Sexta-Feira da Paixão, iniciava-se ali. O primeiro dos sete passos simbólicos de Cristo até o calvário era dado justamente em frente à igreja do Santíssimo Sacramento do Passo, construída em 1736.

Mas o que de fato espanta é Castro Alves ter morado no número 52 dessa mesma rua do Passo. Até os dias de hoje, sua antiga residência, colada à casa onde morou Florinda, segue preservada e abriga um memorial para aquele que foi um genuíno *pop star* de seu tempo. O canto de Castro Alves — em especial o poema *Navio negreiro*, com 34 estrofes retumbantes — comoveu o Brasil e deu grande impulso à causa abolicionista.

Dona Fulô deve também ter presenciado, e muitas vezes, a procissão dos Sete Passos, que se iniciava quase em frente à casa onde morou por anos, agora que ela deixara o interior para trás e vivia na fervilhante cidade da Bahia.

Criada para ser "como um coração no meio do corpo" do Brasil, Salvador logo virou uma cidade entre dois mundos, a capital do Atlântico negro, capaz de transformar oceano em rio — um rio de lágrimas, por certo, mas também mar pulsante de vida e sangue, tal qual vasos comunicantes a unir dois continentes, na transfusão de culturas da Costa da Mina para as costas do Brasil. Era a urbe que "falazava desvairadas línguas", na qual a realeza africana no exílio e a "arraia miúda" se misturavam, quase indistintas. A cidade onde as escravas de ganho exibiam seus tabuleiros, expunham seus mistérios — e as joias que luziam ao sol dos trópicos.

É justo supor que o ambiente urbano tenha aberto novos horizontes e transformado a trajetória de Dona Fulô. Mas outra circunstância que haverá de ter mudado a vida dela se deu com a morte do coronel Joaquim Inácio, seu proprietário, em data desconhecida. Graças ao Inventário de Anna Adelaide Ribeiro dos Santos Dantas, neta do coronel e filha mais velha de Ribeirinho, sabe-se que, antes de morrer, o primeiro patrão de Fulô fez questão de anotar de próprio punho em seu testamento: "Deixo à crioula Florinda Anna do Nascimento a quantia de 500 mil réis em retribuição dos muitos bons serviços que ela tem prestado".

Não era uma fortuna, mas também não era pouco dinheiro. Em 1880, o salário mensal de uma professora era de 45 mil réis mensais, ao passo que funcionários públicos de alto escalão ganhavam 400 mil réis. Uma saca de café valia 12 mil réis, e um escravo podia ser comprado por 350 mil réis. Já a fórmula "em retribuição dos muitos bons serviços prestados", adotada pelo coronel, era recorrente nas cartas de alforria, que foram se tornando cada vez mais frequentes à medida que o século XIX avançava para o fim e a escravidão, mais do que um anacronismo econômico, se desnudava como algo moral e eticamente injustificável.

Terá Florinda sido alforriada? Se o foi, a carta de alforria não foi encontrada. Mas, tendo ou não obtido a liberdade, ela continuaria vivendo sob o mesmo teto que os patrões, passando de pai para as filhas, e isso mesmo após a Abolição da Escravatura, em 13 de maio de 1888, ano em que ela completou 60 anos e, portanto, já teria "direito" à liberdade em função também da Lei dos Sexagenários, assinada em 1885.

O que pode explicar por que Florinda seguiu morando com os Ribeiro dos Santos até o fim de seus dias — embora faltasse muito para que seus dias acabassem — é o fato de, além de ter sido babá de Ribeirinho, ela ter criado também os filhos dele e, desse modo, ter estabelecido um vínculo ainda mais profundo com a família. Ocorre que José Joaquim Ribeiro dos Santos se formou, em 1875, pela Faculdade de

Medicina da Bahia, tendo se especializado em oftalmologia. Não se sabe quando, mas provavelmente assim que formado, se casou com Jesuína da Rocha. O casal teve três filhos. Anna Adelaide, a primogênita, nasceu em agosto de 1877. Em fevereiro de 1882 nasceu Isaura Augusta, a Zazá. Ambas seriam futuras patroas de Florinda e ela viria a morar nos casarões delas. Mais tarde, nasceria o único filho varão, Álvaro Ribeiro dos Santos.

Acontece que a esposa de Ribeirinho, dona Jesuína, morreu cedo, talvez logo após o nascimento do caçula Álvaro. Por isso, depois de ter sido a babá dos três rebentos — como o fora do próprio patrão —, Dona Fulô, então com mais 50 anos, passou a devotar atenção redobrada às crianças, agora órfãs de mãe. Incorporou assim, e de vez, o papel de "mãe preta". E a descrição que Gilberto Freyre faz dessas sinhás parece ajustar-se com perfeição ao caso de Florinda:

> Quanto às mães pretas, referem as tradições o lugar verdadeiramente de honra que ficavam ocupando no seio das famílias patriarcais. Alforriadas, arredondavam-se quase sempre em pretalhonas enormes. Negras a quem se faziam todas as vontades; os meninos tomavam-lhe a benção; os escravos tratavam-nas de senhoras; os boleeiros andavam com elas de carro. E dia de festa, quem as visse anchas e enganjentas entre os brancos da casa, havia de supô-las senhoras bem-nascidas, nunca ex-escravas vindas da senzala.[2]

Pode-se supor, portanto, que Dona Fulô era parte da família e que, mesmo depois de a princesa Isabel ter assinado (a lápis?) a Lei Áurea, ela seguiria vivendo com os Ribeiro dos Santos, de livre e espontânea vontade, por quase meio século. E é difícil supor — por seu porte, por seu passado e por suas joias — que fosse considerada mera empregada ou tratada dessa forma.

Porém, se a abolição aparentemente nada alterou na vida de Florinda, mudou tudo no Império do Brasil, que, como fruta mais que madura, caiu com o golpe militar de 15 de novembro de 1889, um ano e seis meses após o fim da escravidão, que o sustentara. Tudo se transformou também na trajetória de José Joaquim Ribeiro dos Santos. Ele não só se elegeu senador estadual, membro da Constituinte Baiana de 1891, como, em um movimento que parece vinculado a esse, tornou-se um dos mais bem-sucedidos industriais da Bahia, abandonando de vez a medicina e passando a ver a vida com outros olhos, sem maiores vínculos com a oftalmologia.

Em junho de 1890, mediante o "privilégio concedido pela Lei Provincial nº 2649, de 11 de maio de 1890", Ribeirinho fundou a Companhia Fabril dos Fiais, destinada a ser uma das maiores indústrias

2. FREYRE, Gilberto. *Casa-grande e senzala*. São Paulo: Global, 2003, p. 95.

3. CASCUDO, Luís da Câmara. *Vaqueiros e cantadores.* São Paulo: Global, 2005.

têxteis do Nordeste. Três investidores de Manchester e o comerciante Archibald Mac Nair, inglês radicado na Bahia, eram seus sócios. Implantada para "preparar, fiar e tecer juta, linho e algodão, e adquirindo as mais aperfeiçoadas maquinarias e os terrenos e edifícios necessários", a fábrica foi erguida na Freguesia de Pirajá, estrategicamente junto à Estrada de Ferro Bahia and San Francisco Railway. Era a única fábrica de tecidos de juta instalada na Bahia no século XIX e faria a fama e a fortuna do patrão de Florinda.

Os laços de poder, interesses e dinheiro de José Joaquim expandiram-se ainda mais quando, em dezembro de 1895, sua filha mais velha, Anna Adelaide, se casou com João da Costa Pinto Dantas, filho mais velho de Cícero Dantas, o barão de Jeremoabo. O barão era um dos homens mais ricos do Brasil e o maior latifundiário do Nordeste, herdeiro da Casa da Torre de Garcia d'Ávila, dono de mais de sessenta fazendas. Segundo o folclorista Câmara Cascudo, uma "imensa teia que se articulava aos seus dedos e cobria léguas e léguas, numa sucessão de engenhos, fazendas, sítios, povoados",[3] tornava-o o típico coronel do sertão, que registrava as datas de nascimento, casamento e óbito dos amigos e desafetos e percorria a cavalo todos os municípios sob seu comando.

O vínculo entre os Dantas, os Costa Pinto e os Ribeiro dos Santos em breve os aproximaria do comendador Bernardo Martins Catharino, um português que veio sozinho para o Brasil, aos 13 anos, estabeleceu-se em 1875 como comerciante em Feira de Santana e se transformou num dos homens mais ricos e poderosos da Bahia. Como no caso de Ribeirinho, a fortuna começou a sorrir para o comendador Catharino com a fundação de uma indústria têxtil, a Companhia União Fabril, que já em 1892 iria incorporar nada menos do que seis outras fábricas. Ao fundir-se também com a Companhia Progresso Industrial da Bahia, criando um conglomerado gigante, a empresa virou autêntico oligopólio, e não chega a ser surpresa que tenha adquirido a Companhia Fabril dos Fiais, o que fixou de vez a ligação entre os Ribeiro Santos e os Martins Catharino. Essa união, como se verá, acabaria se tornando decisiva para a preservação do legado de Dona Fulô.

Desse modo, pode-se dizer que Florinda Anna do Nascimento, vivendo por vontade própria sob o mesmo teto do agora rico e influente Ribeirinho, conheceu e conviveu com as famílias mais poderosas da Bahia no alvorecer da República — época, aliás, de instabilidade e grande turbulência política, que resultou inclusive no massacre de Canudos, com o qual tanto o senador Ribeirinho quanto o barão de Jeremoabo se envolveram, trocando cartas com a alta cúpula do governo baiano e incentivando a repressão ao arraial de Antônio Conselheiro.

Dona Fulô, portanto, com certeza ouviu falar dos horrores perpetrados contra Antônio Conselheiro, que seus patrões consideravam um inimigo da República, embora ele fosse apenas um alumbrado.

Rico e sempre vinculado aos meandros da política, José Joaquim Ribeiro dos Santos exerceu seus poderes como industrial e deputado até morrer, em maio de 1911, antes de completar 60 anos. Dona Fulô, que fizera seu parto, fora sua babá e a mãe preta que o criara, que havia cuidado de seus filhos e estivera ao lado dele por mais de meio século, há de ter pranteado o patrão, em cuja casa seguia vivendo, embora a escravidão já tivesse acabado havia mais de duas décadas. Então, com mais de 80 anos, Florinda Anna do Nascimento foi morar com Anna Adelaide, filha mais velha do falecido, e com o marido dela, João da Costa Pinto Dantas, que herdara boa parte da fortuna do barão de Jeremoabo, morto em 1903.

O novo lar da octogenária Dona Fulô era uma mansão e ficava no número 304 da recém-construída avenida Sete de Setembro, a via que simbolizava a grande reforma urbana levada a cabo por J.J. Seabra, o governador que vinha se tornando o "dono" da Bahia, na qual iria mandar e desmandar de 1911 a 1924. Sua ascensão coincidiu com o declínio da influência política dos Ribeiro dos Santos, dos Dantas e dos Costa Pinto. Mas cabe ressaltar que J.J. Seabra só assumiu o poder após mandar bombardear Salvador em janeiro de 1912 — um dos episódios mais traumáticos da história da cidade e que Florinda presenciou.

Em maio de 1912, quatro meses depois de as bombas terem feito a capital arder nas chamas de intolerância, Isaura Augusta, a Zazá, irmã mais moça de Anna Adelaide e segunda filha do recém-falecido Ribeirinho, casou-se com Otaviano Diniz Borges, também de tradicional família baiana. Alguns anos depois, não se sabe exatamente quando, Florinda mudou-se para a casa de Zazá, na rua Marechal Floriano, no bairro Canela, em Salvador.

Talvez ela estivesse lá em 1928, quando completou 100 anos de idade. Houve festa para a Preta Fulô? Vestiu-se ela com seus mais requintados trajes, suas saias rodadas com bainha em fita de cetim dourado sobre sete anáguas? Recobriu-se com seus panos da costa, de listras verticais e diferentes espessuras, em tons terrosos, rubros feito sangue, azuis como o céu ou verdes qual as matas? Trajou suas cambraias, suas sedas, seus bordados richelieu? Terá ela mesma preparado os quitutes para adoçar um século de vida? Pediram-lhe a benção?

Como quer que tenha sido, três anos mais tarde, a 11 de maio de 1931, "dona Florinda Anna do Nascimento, de cor preta, 103 anos de idade, solteira, doméstica, natural desse estado, de filiação ignorada e não deixando filhos, faleceu sem testamento, às seis horas da tarde, à rua Floriano Peixoto, número 55, sendo a causa da morte bronquite aguda e a doença gripe catarral", conforme o atestado de óbito assinado por um certo doutor Anthunes Costa.

No dia seguinte, ela seria enterrada no cemitério do Campo Santo, no mausoléu número 124. O mausoléu da família Ribeiro dos Santos.

UM INSTANTÂNEO DE FLORINDA

Acontece que, um bom tempo antes de morrer, Dona Fulô se deixara eternizar num instantâneo, num claro instante. Sim, pois chegou o dia em que ela foi se sentar — ou a pose em pé, sempre mais importante, terá vindo antes? — em frente a um fotógrafo. Qual fotógrafo? Em que estúdio? Em que dia, de que mês, de qual ano? Se soubéssemos ao menos o ano... Mas não o sabemos. Não sabemos sequer se foi por livre e espontânea vontade, se alguém a levou, ou se foi convidada. Forçada não teria sido. Quem teria brio, quem teria peito de forçar uma mulher daquele porte? Mas o fato é que ali está ela, posando para a fotografia que será eterna enquanto durar, como os diamantes.

Quantos anos tem a Florinda Anna do Nascimento ali capturada? Mais de 50 e menos de 70, isso é certo. A foto em si, o cenário, a luz, o enquadramento — tudo sinaliza que se trata de uma foto de fins do XIX e que terá sido tirada depois da abolição. Florinda teria então entre 60 e 65 anos — já estamos na República.

É um retrato de corpo inteiro, como aqueles que eternizam majestades.

Ele nos leva a inquirir sobre o que terá impulsionando a transformação de uma escravizada, vinda de uma fazenda no interior do Recôncavo, em Dona Fulô, uma mulher preta cheia de si, dona de si, metida em trajes de beca, recoberta de joias votivas, encarando o fotógrafo num claro enigma. O dinheiro que ganhou de herança? A eventual, embora remota, possibilidade de ter sido escrava de ganho, uma "ganhadeira"? Ou a vida na cosmopolita Salvador, uma cidade quase africana onde, emulando o que era praxe na terra ancestral, as mulheres negras podiam desfrutar de alguma riqueza e de algum poder?

Pois essas mulheres — a maior parte delas ainda anônimas, como de certa forma foi Florinda ao longo de décadas — contam uma história de superação e desregramento do mundo senhorial, um conto de subversão e insubordinação, de correntes partidas; uma história de pulseiras, não de algemas. Elas passaram a escrevê-la no momento em que começaram a se exibir, altivas, soberbas, presunçosas pelas ruas, nas tavernas, nas repartições, nas esquinas, aonde mulheres brancas que se prezassem jamais poderiam ir, mesmo se quisessem.

E, como é bem sabido, essas sinhás pretas passaram a se mostrar também nas igrejas, pois são famosos os relatos de vários viajantes de acordo com os quais algumas senhoras brancas preferiram ir à missa cedo de manhã, a dita "missa da madrugada", para não se confrontarem com a aparatosa indumentária e o cabedal de joias que mulheres pretas faziam questão de ostentar nos templos, aos domingos. "Enquanto as mulheres brancas envolvem-se em mantos de qualidade inferior", observou o viajante alemão Johann Emanuel Pohl, que esteve em Salvador em 1818, "as pretas entram altivamente ataviadas de correntes de ouro e de rendas na igreja".[4]

Terá, aliás, sido também na Salvador de todos os santos, de todos os cultos, de tantas igrejas — o lar do sincretismo — que Florinda descobriu sua religiosidade, que fez rebrotar antigos laços com o sagrado? As vestes que ela traja na foto a vinculam nitidamente à Irmandade da Boa Morte, a confraria de mulheres pretas, sublimes e reforçadas, metidas em trajes rituais e recobertas de joias, quase uma sociedade secreta, feminista e exclusivista. Seu porte e sua pose remetem a uma ialorixá, suas joias se assemelham às das mães de santo. Estaria Florinda, de algum modo, ligada ao candomblé?

Sabendo-se que era cozinheira — "preta que foi cozinheira na casa de...", atesta a legenda no verso da famosa fotografia —, será preciso acrescentar "de mão cheia"? Basta observar seus dedos largos, seus artelhos, suas unhas aparadas, para visualizá-la com a mão na massa.

O fato é que aí está ela, capturada na fugaz eternidade de um retrato, e seu olhar, seu corpo, suas joias e suas roupas de crioula são seu discurso, seu legado e seu testamento, pois aqui ela exibe o seu melhor. Afinal, Dona Fulô está trajada do jeito, como já houve quem tenha dito, "que as crioulas se vestiam para ir ver Deus". Seus trajes de fato são as vestes características da Irmandade da Boa Morte: a saia preta pregueada à mão, turbante de seda, camisa de tecido finíssimo, admiravelmente bordado, e os pés calçam lindos sapatos de marroquim. Peças requintadas, mas ao mesmo tempo amplas o bastante para acomodar os volumes generosos de uma mulher preta: a blusa desce reta a partir da largura do busto, as mangas são largas o suficiente para não espremer os braços. Trajes em flagrante contraste com as normas da época, que afinavam, literalmente espremiam, o corpo feminino por meio de cintas e do espartilho. Trata-se também de uma indumentária multicultural, a mesclar heranças luso-afro-islâmicas. Um vestuário afirmativo, um figurino de resistência. E uma ode à beleza.

Naturalmente, Dona Fulô está carregada também de joias de ouro e de prata nos braços, no pescoço, nos pulsos, nos dedos. É uma profusão de colares, correntes, pulseiras, crucifixos e anéis em todos os dedos, alguns deles com gemas vermelhas, talvez rubis, ou-

4. POHL, Johann Emanuel. *Viagem ao interior do Brasil*. Belo Horizonte: Itatiaia, 1976.

tros incrustados com diamantes. Nos braços, magníficas pulseiras de placas em ouro com cilindros trabalhados em filigranas e gemas centrais incrustadas, além de pulseiras em copo de ouro repuxado e cinzelado com flores e folhas. Os brincos em pingente, qual pitangas, símbolos de fertilidade e da sexualidade, pendem-lhe dos lóbulos assim como lhe descem pelo peito correntões de ouro, os ditos correntões cachoeiranos, formados por alianças lisas e estampadas com estrelas de seis pontas. Junto a eles, há um crucifixo radioso em ouro com arremates em espiral e três pétalas simbolizando a Santíssima Trindade, emaranhado em um escapulário devocional em ouro. E na cintura, numa clara ode ao sincretismo, lhe descai, sonora, a penca de balangandãs, garantida proteção contra os maus espíritos, um adorno votivo, ao mesmo tempo símbolo de poder e de autoridade terrenos bem como de devoção e submissão aos deuses.

Essa joalheria, única no mundo e exclusiva da Bahia, configura, exatamente como as roupas de crioula, um modelo híbrido, multiétnico, de significados plurais, simbolizando não só o apreço ao ouro e às pedras preciosas e um culto à beleza, mas representando, acima de tudo, a preservação de um legado ancestral, vindo da África, um cântico à autoestima e ao poder das mulheres e, principalmente, uma forma de resistência contra os horrores da escravidão.

Essas peças vestem, protegem e adornam, mas, acima de tudo, desnudam a real natureza dessa Preta Fulô, exposta nesse retrato de corpo inteiro, agora que o Novo Mundo, velho de meio milênio, já não pode mais esconder que foi construído por mulheres como ela.

FOTÓGRAFO DESCONHECIDO. *RETRATO DE DONA FLORINDA* (FRENTE E VERSO). SALVADOR, [S.D.]. ACERVO DO INSTITUTO FEMININO DA BAHIA.

UNKNOWN PHOTOGRAPHER. *RETRATO DE DONA FLORINDA* [PORTRAIT OF DONA FLORINDA (FRONT AND BACK OF THE FOTOGRAPH)]. SALVADOR, [N.D.]. COLLECTION OF INSTITUTO FEMININO DA BAHIA.

12-05-931

Cand Jaz ti já Joaq Rib Lopes
5504

Juizo de Paz do districto de Sant'Anna

Aquiles Marcos da Conceição, Escrivão de Paz Official do Registro Civil do districto de Sant'Anna Certifico que aos 12 dias do mes de Maio de 1931 neste districto de Sant'Anna e meu cartorio compareceu Rosario Guimarães exhibindo attestado do Dr. Arthur Costa, visado pelo Dr. Pedro Nogueira, declarando que hontem ás 6 horas da tarde á rua Florian Peixoto casa nº 55 falleceu, sem testamento, de bronchite aguda, sendo a doença grippe, cathares D. Florinda Anna do Nascimento de côr preta, com 103 annos de idade, solteira, amnutica natural deste Estado, de filiação ignorada, não deixou filhos e se sepultar-se no cemiterio do Campo Santo. E para constar lavrei este termo que assigno com o declarante, depois de lido por mim Aquiles Marcos da Conceição, Escrivão que o escrevi.

Aquiles Marcos da Conceição

JOHANN MORITZ RUGENDAS. *NEGRO BENGUELA — ANGOLA — CONGO — MONJOLO*. C. 1824. LITOGRAFIA (G. ENGELMANN). C. 1824. COLEÇÃO PARTICULAR.
IN: *VIAGEM PITORESCA ATRAVÉS DO BRASIL*.

JOHANN MORITZ RUGENDAS. *NEGROES BENGUELA — ANGOLA — CONGO — MONJOLO*. LITHOGRAPH (G. ENGELMANN). C. 1824. PRIVATE COLLECTION.
IN: *MALERISCHE REISE IN BRASILIEN* [PICTURESQUE VOYAGE THROUGH BRAZIL].

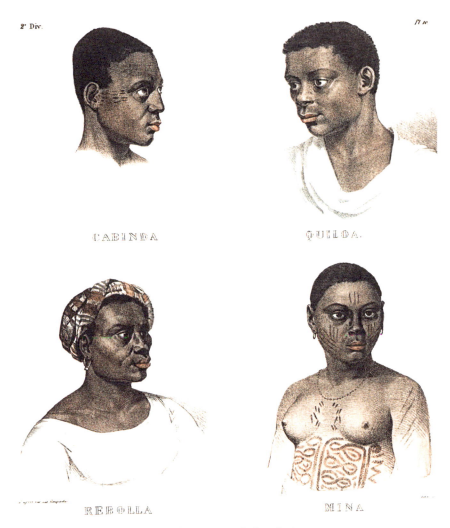

JOHANN MORITZ RUGENDAS. *NEGRO CABINDA — QUILOA — BEBOLO — MINA*. LITOGRAFIA (G. ENGELMANN). C. 1824. COLEÇÃO PARTICULAR. IN: *VIAGEM PITORESCA ATRAVÉS DO BRASIL*.

JOHANN MORITZ RUGENDAS. *NEGROES CABINDA — QUILOA — BEBOLO — MINA*. LITHOGRAPH (G. ENGELMANN). C. 1824. PRIVATE COLLECTION. IN: *MALERISCHE REISE IN BRASILIEN* [PICTURESQUE VOYAGE THROUGH BRAZIL].

JEAN-BAPTISTE DEBRET. *ESCRAVAS NEGRAS DE DIFERENTES NAÇÕES*. LITOGRAFIA (THIERRY FRÈRE) COLORIDA À MÃO. C. 1816-1831. IN: *VIAGEM PITORESCA E HISTÓRICA AO BRASIL*. ACERVO FUNDAÇÃO BIBLIOTECA NACIONAL, RIO DE JANEIRO/RJ.

JEAN-BAPTISTE DEBRET. *ESCLAVES NÈGRES DE DIFFÉRENTES NATIONS* [BLACK SLAVES FROM DIFFERENT NATIONS]. LITHOGRAPH (THIERRY FRÈRE) COLOURED BY HAND. C. 1816-1831. IN: *VOYAGE PITTORESQUE ET HISTORIQUE AU BRÉSIL* [PICTURESQUE AND HISTORIC VOYAGE TO BRAZIL]. COLLECTION FUNDAÇÃO BIBLIOTECA NACIONAL, RIO DE JANEIRO, RJ, BRAZIL.

JOHANN MORITZ RUGENDAS. *ASILO NOSSA SENHORA DA PIEDADE*. LITOGRAFIA (G. ENGELMANN). SALVADOR, 1835. IN: *VIAGEM PITORESCA ATRAVÉS DO BRASIL*. COLEÇÃO PARTICULAR.

JOHANN MORITZ RUGENDAS. *HOSPICE DE N. S. DA PIEDADE, À BAHIA* [ASYLUM OF OUR LADY OF MERCY]. LITHOGRAPH (G. ENGELMANN). SALVADOR, BA, BRAZIL, 1835. IN: *MALERISCHE REISE IN BRASILIEN* [PICTURESQUE VOYAGE THROUGH BRAZIL]. PRIVATE COLLECTION.

ANTÔNIO PARREIRAS. *O PRIMEIRO PASSO PARA A INDEPENDÊNCIA DA BAHIA, 1822*. ÓLEO SOBRE TELA, 120 × 245 CM. 1930. ACERVO PREFEITURA MUNICIPAL DE CACHOEIRA/BA.

ANTÔNIO PARREIRAS. *O PRIMEIRO PASSO PARA A INDEPENDÊNCIA DA BAHIA, 1822* [THE FIRST STEP TOWARDS THE INDEPENDENCE OF BAHIA, 1822]. OIL ON CANVAS, 120 × 245 CM. 1930. COLLECTION CITY HALL OF CACHOEIRA, BA, BRAZIL.

chapter 1

DEAREST FLORINDA

Eduardo Bueno

A new world is opening up now that the New World itself is half a millennium old, and it is no longer possible to ignore the fact that it was built on the backs of the slaves, on the ebbs and flows of the Black Atlantic, and on the transgressive crossings of the Calunga Grande [Great Ocean], with its endless tides of tombs. A world that is both dizzying and difficult, alternating between boom and bust; a world where sweet sugar was produced at a bitter cost, where gold was torn from the earth with blood, sweat and tears, where everything was enveloped in the sweet smell of tobacco, with a soundtrack of laments and songs of survival—a world of people ground-down just like the coffee beans they planted, harvested, and processed.

A new world is indeed opening—like the pages of a book, to greet, welcome and memorialise those who were strangers in a strange land—those who although they were captured, uprooted, abused and appropriated, were still able to put down new roots and to flourish in a land watered by their tears and their toils. They introduced new flavours, new spices and new sounds (beyond the cracking of the whips), and (at night, under the ancient beat of the drums) new deities of the sun, rain, forests and springs. A people made up of many peoples, many languages, many customs, many gestures, but one shared destiny.

They were Ashanti, Mbundo, Yoruba, Ewe, Fula, Hausa, Muslim, Nupe, Fon, Mandinka—multiple ethnic groups, complex languages, different customs, brought together under two imprecise, generic names: "Sudanese" and "Bantu". So many of them were brought from their motherland, Africa, that Brazil became the country with the greatest number of slaves in history. This of course is why Rio de Janeiro and Salvador, the two main ports where the captives landed, became cities with such a large Black population: fertile and febrile—glitteringly rich with an abundance of precious metal and jewellery, and yet also teeming with poverty.

It was from Salvador (the capital of Brazil until 1763) and Rio (the headquarters of the government from that date on) that Brazilian gold started to flow into Europe. It was also due to this connection between gold (so much gold) and the thousands of slaves, that foreign travellers to Brazil—particularly those visiting Bahia, Minas Gerais and the new capital—witnessed in amazement a unique phenomenon in the Americas: hundreds of Black women walking the streets bedecked in jewellery. They wore necklaces, bracelets, anklets, diamond encrusted gold rings, and other precious gems that sparkled in the sun of the tropics. Both the women and the jewellery were impossible to ignore.

However, over the years, decades, and even centuries, the official history, textbooks, and captions for paintings and photos shown in museums and exhibitions all assumed that the jewellery adorning the fingers, necks, arms, breasts, wrists, ears and ankles of those slaves, former slaves, and freed slaves in Bahia, Rio de Janeiro, Minas Gerais and so many other corners of Brazil, *did not* belong to them. They would have been on them for a single purpose: to show off the pomp and wealth of their masters. Full-stop.

And so, when trying to identify the characters wearing these resplendent pieces—imperious women, solemn, silent, some bedecked in their finery like queens from overseas, with full bodies and enigmatic gazes as sparkling as the jewels themselves—, these same captions in these same works and texts, were revealed to be astonishingly lacking. Like coded messages, they were limited to brief terms and expressions like "slave", "Black Bahian woman", "creole"; concise titles that were also revealing—even if misguiding.

When we flip through those pages—some of which have haunted us since school—, when we go to museums and gaze at images like these in books or on screens, we invariably find ourselves facing anonymous figures, with no biography or history. They were hidden subjects, as if they were agents of their own subjugation: extras in a script that never belonged to them, like mannequins wearing the belongings of other people.

And suddenly, in the light of a more inclusive historiography, a new century, new documentation and stronger research that is increasingly distanced from the viscous structural racism that still now permeates Brazil, we can finally see what should have been as plain as the noses on our faces (in this case, around these Black women's necks, chests, and arms): *yes*, the jewellery belonged to *them*.

In fact, registers, records, wills, inventories, receipts, and censuses show decisively that the so-called "*escravas de ganho*"—the *ganhadeiras*[1] and the freed slaves were one of the most dynamic

1. Slave women who worked for personal gain. [TN]

elements in the colonial economy and in that of the First and Second Reigns. Many of these Black women, the so-called *ganhadeiras*, climbed the social ladder through hard work, effort, acumen and acuity. Some became well-known entrepreneurs in Salvador, Rio de Janeiro, and São João del-Rey.

Several had their own slaves, and many freed them. Some were moneylenders, pawnbrokers, or worked with other financial transactions. And most of them had jewellery: gold, silver, diamonds and precious stones, sometimes highly valuable and remarkably elegant, which they wore close to their bodies not only as a symbol of their wealth and/or their religious fervour, but also of their struggles and their achievements. In addition, they then bequeathed this precious inheritance to their descendants and heirs, often women like themselves.

They were called, and allowed themselves to be called *sinhás pretas* [Black madams]. However, rather than merely reproducing the worlds of the slavers, they were able to subvert the rules, commands and countermands, and the seemingly unshakable structures of unconditional bondage. And while, on the one hand, these women, these *sinhás*, did in fact have their own slaves, this meant that all they were doing was following the socio-economic structure in force at the time (which may have seemed impossible to change). On the other hand, the documentation demonstrates that just as these Black women had been able to break through ceilings in the midst of that almost feudal economy—differentiating themselves as *ganhadeiras*—, they were also able to establish an affective network with those who became their slaves. On many occasions, they made them their "business partners", successors, heirs—and, in some cases, even their lovers. Many of them were sooner or later freed, and would then go on to free those who succeeded them.

And many of these Black women made a point of showing (even flaunting) their subversive yet successful rise through their jewellery for everyone to see: jewellery as a tool of transformation and liberation; jewellery as property and savings; jewellery as works of art and the cult of beauty. Jewellery as cultural resistance, ancestry, triumph over adversity, and, of course, votive jewellery—a concrete and tangible form of worship and proximity to the deities. For everyone to see.

Within this transformative picture, another lightning revelation further illuminated this subject so long kept in the dark, overcast and cloaked in an incriminating silence. In amongst these twists and turns is one of the most well-known photos of these women who, until recently, had been simply labelled as "creole woman", or "Black Bahian woman"—or, in her case, "Black woman who was the cook in the house of…" This photograph has finally been identified, with her first name and surname, her personal history, address and profession, constituting the outline of a biography that, although it cannot be recovered in full, is not only a moving, but also a centennial journey, because this remarkable woman lived for over a hundred years.

By looking through public records and a variety of collections, the researcher Zélia Bastos has shown that this Black woman bedecked in jewellery, with her stately pose, ancestral dignity and *Mona Lisa* smile below her turban, not only had a name, surname and sobriquet—she was named Florinda Anna do Nascimento and known as Dona Fulô—but was also the *owner* of the jewellery that adorned her, and the sumptuous clothes she was wearing in this silent yet imposing photo that had been displayed (and printed) without identification for over half a century.

It is down to these documents unearthed by Zélia Bastos—which include Florinda's death certificate, the addresses where she lived, and the name of the mausoleum in which she rests—that the Bahian collector Itamar Musse, grandson and son of celebrated antique dealers, was able to confirm that within his collection of over three hundred pieces of creole jewellery included all the pieces worn by Dona Fulô in this historic photograph. These pieces had been displayed anonymously for decades in a showcase at the Museu do Traje e do Têxtil [Museum of Costume and Textiles], at the Instituto Feminino da Bahia [Bahia Women's Institute], in Salvador, Brazil, which also include several other items of clothing that belonged to Florinda.

Preciosa Florinda, the book in your hands, was thus born of the desire to acknowledge this path, this legacy and this conquest. Nevertheless, this was certainly not exclusive to Dona Fulô, as it was shared by thousands of Afro-Brazilians, whose names, jewellery and clothing have also only recently been discovered. And as these details are revealed, the twists and turns and insurgencies of their lives are also bared, and because so little is still known of them, give the impression that Brazil continues to go round in circles.

Of course, from cover to cover, this entire book revolves—and resolves—around Florinda Anna do Nascimento, the "Black Bahian woman," the "Black cook" who, even though she was anonymous for decades, never lost her shine. Florinda shone not only in the glow of her jewels, but also in her illuminated gaze and in the recondite lines of a smile that is both proud and disdainful, sketched over her full lips, as if for years on end, she had been whispering: "Decipher me…"

Some of the most highly regarded historians, artists, poets, curators and researchers in Brazil have been invited to submit texts, photos and pieces about these women, their jewels and their clothes—*creole jewellery and clothing*—to celebrate these Black lives and their legacy. These experts analyse the historical contexts in which the women lived, as well as the meaning and designs of the jewellery, the style of the garments, the photographs in which they posed, their arts and crafts, their sources of income, and their paths to freedom—because Black lives matter even centuries after they have been lived.

FLORINDA IN TIME AND SPACE

The starting point for this journey of rediscovery were the two familiar photographs of Dona Fulô—one in which she is standing, and another, better known, in which she is portrayed sphinx-like sitting proudly as if on a throne. Both pictures capture and captivate us, and launch us on a journey through time and space.

However, while the space of this secular journey is concrete and circumscribed (we will not be leaving the city of Salvador and the region of the Recôncavo, as the protagonist herself possibly never did), the time, rather than merely abstract, is shown to be a kind of aberration in the case of Brazil. A perverse aberration.

Let us look more closely: when Florinda Anna do Nascimento was born (it is not known exactly where, but it is estimated to have been in 1828), Brazil had been a slaver country for almost three centuries and there were still another sixty interminable years left until the *Lei Áurea* [Golden Law] was signed. And when Dona Fulô died, on 11 May 1931, not even half a century had gone by since slavery had been abolished.

Thus, to retrace the life of Dona Fulô we need to traverse a century of Brazil. This journey is so long that it starts in the Regency (yes, when she was born Dom Pedro II was only 3 years old and there were still eleven to go before he was instated after the *Golpe da Maioridade*), and ends only in the hazy dawn of the Vargas era. At that time, Dom Pedro II, who had died forty years earlier, was just a faint memory in the minds of the nation. The then leader Getúlio Vargas had seized power in a coup d'état, hitching horses to the obelisk at the foot of Avenida Rio Branco in Rio de Janeiro, as slaves had once been strapped to the whipping post.

One of the documents uncovered by Zélia Bastos is the death certificate of Florinda Anna do Nascimento, according to which she died at the age of 103, in 1931 (suggesting that she had been born in 1828). This means she was 3 years old when the slave trade had been "formally" prohibited in Brazil. After the law that Father Diogo Feijó, Minister of Justice and member of the Regency council, signed on 7 November 1831, this meant that slave trafficking was officially forbidden.

Article 1 of the Feijó Law stated: "All slaves entering Brazil's territory or ports from abroad will be immediately freed." The following year, around 30,000 slaves were imported into the country. In 1833, this number was about 36,000; in 1838, there were more than 40,000; and, in 1843, the number of illegally imported slaves reached 64,000. And not one of them was "immediately freed." The cold letter of the law became a dead letter.

According to the English diplomat Lord Brougham in a letter sent from Rio to London in August 1845, "The history of all human misdeeds does not present a passage that could rival the violation of the law against slave trafficking signed by the government of Brazil."[2]

Florinda's life was so long that she lived through the *Malê* uprising—the Muslim slave rebellion in Salvador in January 1835 that was brutally quashed with iron and fire. And she also lived through the *Sabinada* revolt—the "bourgeois" separatist insurgency that attempted to instate an improbable Bahian Republic, and that was fiercely repressed by Regency troops who were supported by the major slave owners of the Recôncavo, resulting in the destruction of 160 buildings and the deaths of four people in Salvador in March 1838.

So where was Florinda Anna do Nascimento born? In Africa or in Brazil? She was so often called "creole woman" that it seems likely she was born in Brazil. A controversial word that is now stigmatised, and virtually "cancelled" (as if the focus of the problem were on lexis and/or semantics), "creole woman" was actually seen as a kind of badge of honour in Brazil at the time. Unlike the "*boçal*" (newly landed Africans), and unlike the "*ladinos*" (or "cunning slaves"—the term used to describe slaves who were already familiar with their land of exile), "creole" was used to designate the people of African descent born in Brazil.

Therefore, Dona Fulô was Brazilian. A Brazilian woman from Bahia.

Who were her parents? How did she come into the world? We will never know—and perhaps she herself did not. What we do know is the details of her life available suggest she had ties to the family of Colonel Joaquim Inácio Ribeiro dos Santos, owner and master of the Bom Sucesso fazenda in Cruz das Almas, in the Recôncavo region. As the colonel was married to Anna Maria do Nascimento, and as Florinda had her master's wife's first and last name, it seems reasonable to assume that since her birth, she had had links to the Bom Sucesso fazenda.

2. Lord Brougham apud BROUGHAM, Henry. *The Life and Times of Lord Brougham*. Cambridge: Cambridge University Press, 2015, p. 56.

Vila de Nossa Senhora do Bom-Sucesso was the first name given to the current municipality of Cruz das Almas, 140 kilometres from Salvador and about 20 kilometres from Cachoeira, where the fazenda was situated. Nossa Senhora do Bom Sucesso [Our Lady of the Good Event] is a Marian devotion invoked by devotees to have "a good death." It is interesting to note that, years later, Florinda became a member of the Irmandade da Boa Morte [Sisterhood of Good Death], one of the most famous Afro-Catholic sisterhoods in Bahia, made up of only Black women, originally of Muslim descent.

Records show that before 1757, the parish had become known as Nossa Senhora do Bom-Sucesso de Cruz das Almas, as a crucifix had been erected at the crossroads at the start of the long road to the backlands: the backlands of mystery and riches. It was customary to pray for oneself and for those who had already departed on the 105 league and 21 day journey to the source of the Contas river in the mountains of the Chapada Diamantina, that were so rich with the alluvial gold that was sent on to Salvador.

Cruz das Almas was a kind of frontier. Travellers generally arrived there having left the capital of Salvador and having bid farewell to the warm waters of the bay of Todos os Santos, journeying to the heart of the country through which ran the emerald waters of the Paraguay river: a river that seemed to offer easy access to the interior, but whose navigability was hindered by the waterfall that gave origin to the city of Cachoeira [literally: waterfall]. The heroic town and parish of Nossa Senhora do Rosário do Porto da Cachoeira was a stronghold of Brazilian interests against the Portuguese in the struggle for Independence in 1822, and particularly in the glorious year of 1823, when, thanks to the strength and courage of the Bahians, the split from Portugal finally took place. The cradle of the Sisterhood of Good Death, Cachoeira must have been the first town that Florinda knew.

Across the Paraguaçu river from the port dotted with the baroque houses of Cachoeira, was and still is the hamlet of Senhor Deus Menino de São Felix da Cachoeira, on the right bank of the river, that was the starting point for the walk or mule ride up to the plains. The Bom-Sucesso ranch was the first stop before the plateaus of the Serra do Aporá. The landscape was harsh and the house was no different: it was single storey, brick, with adobe walls, a mansard roof and solid wood windows without shutters or glass, as was the way in the backlands. The date it was built and its original owner is not known—but perhaps it had always belonged to the Ribeiro Santos family.

The fazenda not only nurtured the intertwined branches of the native plum and cashew trees, but also the sugar cane that would be pressed, just as those who harvested and processed it endlessly day and night. However, the curse of sugar was not the only one in the region: Cruz das Almas was a hub of subsistence farming, usually of manioc, producing the "bread of Brazil" so that slaves, crowded into the mills, did not eat only the bread that the devil kneaded.

More than anything else, Cruz das Almas was also a tobacco growing area. There, Black women rolled tobacco leaves between their ample thighs on the 26 tobacco farms dotted throughout the region. These later gave rise to the notorious "tobacco factories," among them the famous Danneman (which Dom Pedro II authorised to bear the label *Imperial Fábrica de Charutos* [Imperial cigar factory]), and Suerdieck (1888), which had a branch in the centre of Cruz das Almas. Most of the founders of the Sisterhood of Good Death were women who worked in the tobacco industry, and many of them smoked cigars.

It is quite possible that in 1828, the year in which Florinda came into this world—where opulence and destitution marched side by side—, the fazenda Bom Sucesso already belonged to Colonel Ribeiro dos Santos. It should be noted that "Colonel" was not necessarily a military title, but rather an honorary designation granted to large landowners by the state of Brazil, and more particularly of Bahia after 1831, when the Regency encouraged landowners to form their own militias and bestowed on them the title of "Colonels."

Is it possible that Florinda could have spent her childhood at the fazenda Bom-Sucesso? Everything suggests that it is. However, wherever she was, she spent her childhood as a slave, her life filled with domestic chores: washing, ironing, baking, cooking, and locked in like a caged bird. Did she wander barefoot under the shade of the jackfruit trees, cashew trees, mango trees, after having swept the patio? Did she play at blind man's bluff, hide-and-seek, marbles? Did she have playtime? Was she mischievous? Did Florinda have a childhood? Whether or not she was born on the fazenda Bom Sucesso or was taken there as a small child, Fulô was a slave from the big house and not from the slave quarters.

But what difference did it make if she still did not have her freedom?

Of the various conclusions that can be drawn from where Florinda is likely to have come into the world, one of the most surprising is also linked to time. She was born twenty years before, and fewer than forty kilometres from, Castro Alves, the eternally young, beautiful and rebellious poet who serenaded the lives (and deaths) of slaves as no one had done before—or after. Castro Alves was born in March 1847, on a fazenda not dissimilar to that of Bom Sucesso, in Cabaceiras do Paraguaçu, in the region of Cachoeira. He lived there until the age of seven, and what is particularly thought-provoking is that, when he moved to Salvador in 1854, he went to live with his family on Rua do Passo, the same street where Florinda lived a few years later.

Around this same time, Brazil was forced to ban the slave trade, as the 1831 Feijó Law "had not stuck." On 4 September 1850, the then Minister of Justice Eusébio Queiroz signed the legislation that carried his own name. However, he ended up going to the Senate to lament the decision he felt he had been forced to take: "If Brazil as a whole continues with the slave trade, it is impossible for it to be a crime and I believe it would be absurd to call it thus." However, on that occasion, pressure from the British was effective and slave trafficking finally ceased.

As Colonel Joaquim Ribeiro dos Santos was a hugely influential landowner and slaver, he would have been informed immediately that the end of the transatlantic trade—the "trade in the living," as some called it—was nigh. And, after the news spread through the fazenda Bom Sucesso, it is easy to imagine that it soon reached Florinda's ears. But would it have led to change in her life?

Whatever the case, two years and 23 days after the decree was signed, her life took an extraordinary turn—perhaps the greatest and most important of all. As legend goes according to the Ribeiro dos Santos family, on the morning of 27 September 1852, Florinda awoke to "the sound of the cock crowing, got dressed, made the coffee, and when her cornmeal cake was baking on the wood burner, heard the cries of the lady of the house." As she was responding to the call, she found Colonel Joaquim Inácio, who was paralysed with fear by the onset of labour for his wife, Anna do Nascimento de Magalhaes Ribeiro dos Santos: "Florinda, the baby," the slaver is said to have murmured.

On that spring morning of 1852, the first-born of the family came into the world with the swift and invaluable aid of Florinda. José Joaquim Ribeiro dos Santos, later known as Ribeirinho was eventually to become even more famous than his father, already a prominent figure in Bahia. There is no way of knowing if the then 34 year-old Florinda was his wet-nurse, which is possible; however, she was almost certainly his nursemaid. Therefore, in addition to bringing the baby Ribeirinho into the world, she was also responsible for bringing him up. The "surrogate mother" and the borrowed child were to live together until death parted them.

"Florinda" means "from the flora", "belonging to a flower", "of the same nature as a flower" or, is used as a gerund, "starting to blossom." It may also come from "beautiful flower." But she was almost never, if ever, called Florinda. She was known by the name Nega Fulô and then later Dona Fulô. Here too, the power of words is revealing. After all, "Fulô" was the common way—particularly for slaves—to pronounce the word "*flor*" [flower], as they suppressed the consonants L and R, and in this specific case added the vowel U and pronounced the O as if it had a circumflex over it.

"Oh that Nega Fulô!" was a common expression in Bahia. But the principal meaning of "*fulo*", without any accent, refers to the Fulas, or Fulás, Muslims from West Africa, particularly Niger, Nigeria, Mali, Guinea, and the Cameroon. Her sobriquet, her ties to the Sisterhood of Good Death, the turban she wore in the photos: all these suggest that Florinda had connections with slaves of Islamic origins. The esteem in which she held gold and fine jewellery also suggests this.

WITH FULÔ IN THE CAPITAL

Florinda Anna do Nascimento may have been known as Nega Fulô early in life, but she only gained the status of Dona Fulô in the house of Ribeiro dos Santos after she helped with the birth of his long-awaited heir Ribeirinho, for whose upbringing she became responsible. It is also possible that this transformation could have taken place when she moved to Salvador with Ribeirinho, possibly in 1870—when aged 18, he went to the capital to study medicine at the renowned Medical School of Bahia, the first institute of higher education in Brazil, founded by Dom João in 1808.

In the city of Salvador, Ribeirinho and Florinda both lived at 50 Rua do Passo, nowadays known as Rua Ribeiro dos Santos (although everyone still calls it Rua do Passo). Other residents of the street were from the cream of Bahian high society and the children of the Recôncavo elite. The houses on the west side of the street were right on the edge of the hill that separates the Cidade Alta [literally the "higher city"] from the Cidade Baixa [the "lower city"], and had spectacular views over the bay of Todos os Santos.

Rua do Passo was so called because of the Carmelite procession of the Stations of the Cross held every Good Friday. The first of the seven symbolic Stations of Christ to the Cross of Calvary took place right in front of the Santíssimo Sacramento do Passo church built in 1736.

But what is most surprising is that Castro Alves lived at number 52 of the very same street. To this day, his former residence, right next to the house where Florinda lived, is preserved and houses a memorial to the man—who was a pop star of his time. The song by Castro Alves—in particular his poem *Navio negreiro* [slave ship], with 34 resounding stanzas—touched Brazil and boosted support for the abolitionist cause.

Dona Fulô must also have often witnessed the procession of the Stations of the Cross as it started almost in front of the house where she lived for years, now that she had left the countryside behind and had settled in the bustling city of Bahia.

Designed to be "the heart in the centre" of Brazil, Salvador soon became a city of two worlds, the capital of the Black Atlantic, capable of transforming the ocean into a river—a river of tears, for sure; but also a pulsating sea of life and blood, like communicating vessels joining two continents, in the transfusion of cultures from the Slave Coast to the coasts of Brazil. This was the city that "spoke a thousand languages," in which the boundaries between African royalty in exile and "commoners" became blurred, and it was the city where working slaves sold their wares and revealed their secrets—and the jewellery that glittered in the sun of the tropics.

It is fair to assume that the urban environment Dona Fulô found herself in opened up new horizons and transformed her future. Another circumstance that could perhaps have changed her life could have been the undated death of Colonel Joaquim Inácio, her owner. Thanks to the inventory by Anna Adelaide Ribeiro dos Santos Dantas, granddaughter of the colonel and Ribeirinho's eldest daughter, it is known that, before his death, Dona Fulô's original owner made a point of making a handwritten addendum to his will: "I hereby leave the creole woman Florinda Anna do Nascimento the amount of 500,000 Réis in return for the many good services she has provided."

While it wasn't a fortune, neither was it to be sniffed at. In 1880, a teacher would earn 45,000 Réis a month, while a senior civil servant would earn 400,000 Réis. A sack of coffee was worth 12,000 Réis, and a slave could be bought for 350,000. This formula of "in return for the many good services [she has] provided," used by the Colonel, can be seen in numerous emancipation writs that became increasingly common as the 19th century crept towards its end and slavery, more than an economic anachronism, was shown as something morally and ethically unjustifiable.

Is it likely that Florinda was emancipated? If so, the writ of emancipation has never been found. Whether or not she was, she continued to share the same living space as her owners, moving from the father's to the daughters' homes, and this continued even after the abolition of slavery on 13 May 1888, the year in which she turned 60, the date she was "legally" freed, according to the *Lei dos Sexagenários* (the law that decreed all slaves of sixty or older were to be immediately freed) signed in 1885.

One possible reason why Florinda continued to live with the Ribeiro dos Santos family until the end of her days—even though she had so much time left to live—is the fact that, in addition to being Ribeirinho's nursemaid, she also brought up his children and thus forged an even deeper bond with the family. José Joaquim Ribeiro dos Santos graduated in 1875 from the School of Medicine of Bahia, having specialised in ophthalmology. While the exact date is not known, it appears that, after he graduated, he married Jesuína da Rocha. The couple went on to have three children. Anna Adelaide, the oldest child, was born in August 1877. Isaura Augusta—known as Zazá—was born in February 1882. Both grew up to be Florinda's future bosses and she lived in both of their grand homes. Álvaro Ribeiro dos Santos, the couple's only son, was born later on.

Sadly, Ribeirinho's wife, Dona Jesuína, died early, perhaps shortly after the birth of her son, Álvaro. So, after having been the nursemaid of all three children—with the blessing of her owner, the then 50-year-old Dona Fulô dedicated her time to looking after the children, who were now maternal orphans. With this, she took on the role of "Black mother". Gilberto Freyre's description of these *sinhás* seems to fit perfectly with Florinda:

> As for the Black mothers, the traditions refer to the great esteem in which they were held by patriarchal families. Emancipated, they were almost always imposing Black women. Black women whose desires were met; from whom the children asked for blessing; whom the slaves treated like the lady of the house; and who were driven around in coaches. And on feast days, any who saw them proud and haughty among the Whites of the house, treated them like highborn ladies rather than ex-slaves from the senzala.[3]

One can thus assume that Dona Fulô was part of the family, and even after the Princess Isabel signed (in pencil?) the Golden Law, she continued living with the Ribeiro dos Santos family of her own volition for almost half a century. It is hard to believe—from her posture, her past, and her jewellery, that she was considered as a mere maid, or was even treated like one.

However, while abolition apparently changed nothing in Florinda's life, it changed everything in the Empire of Brazil, which, like an over-ripe fruit, fell to the military coup of 15 November 1889, a year and a half after the end of the slavery that had sustained it for so long. Everything also changed for José Joaquim Ribeiro dos Santos. Not only was he elected state senator, a member of the 1891 Bahian Constituency, but, in a move that seems connected to it, he also became one of

3. FREYRE, Gilberto. *Casa-grande e senzala.* São Paulo: Global, 2003, p. 95.

4. CASCUDO, Luís da Câmara. *Vaqueiros e cantadores.* São Paulo: Global, 2005.

the most successful industrialists in Bahia, giving up medicine once and for all and starting to see life through eyes other than those of an ophthalmologist.

In June 1890, through the "privilege granted by Provincial Law No. 2649 of 11 May 1890," Ribeirinho founded the Companhia Fabril dos Fiais, which became one of the largest textile industries in the Northeast. Three investors from Manchester, and the businessman Archibald McNair, an Englishman based in Bahia, went into partnership with him. Set up to "prepare, spin, and weave jute, linen and cotton, and with the latest machinery and the necessary land and buildings," the factory was built in the parish of Pirajá, strategically close to the Bahia railroad and the San Francisco Railway. It was the only jute fabric factory in Bahia in the 19th century and was to make the fame and fortune of Florinda's boss.

José Joaquim's power, interests and wealth grew even further when, in December 1895, his eldest daughter, Anna Adelaide, married João da Costa Pinto Dantas, the eldest son of Cícero Dantas, the Baron of Jeremoabo. The baron was one of the richest men in Brazil and the largest landowner in the Northeast, heir to the Casa da Torre de Garcia d'Avila, and the owner of more than sixty plantations. According to the folklorist Câmara Cascudo, an "immense network of leagues of land at his fingertips, in a succession of mills, farms, small-holdings and villages,"[4] turned him into the stereotypical colonel of the backlands, who recorded the dates of birth, marriage and death of friends and foe and rode on horseback through all the municipalities under his command.

The bond between the Dantas, Costa Pinto and Ribeiro dos Santos families caught the attention of Commander Bernardo Martins Catharino, a Portuguese immigrant who, having arrived in Brazil alone at the age of 13, had set himself up in 1875 as a trader in the town of Feira de Santana and went on to become one of the richest and most powerful men in Bahia. Like Ribeirinho, fortune had begun to smile on Commander Catharino with the founding of his textile business, the Companhia União Fabril, which by 1892 had acquired no fewer than six other factories. When this group merged with the Companhia Progresso Industrial da Bahia, it created a giant conglomerate, and the company became an oligopoly. Unsurprisingly, it then acquired the Companhia Fabril dos Fiais, which finally sealed the bond between Ribeiro dos Santos and Martins Catharino. This union, as we will see, was decisive for the preservation of Dona Fulô's legacy.

Therefore, it seems that Florinda Anna do Nascimento, who had chosen to stay under the same roof as the now rich and influential Ribeirinho, met and mixed with the most powerful families in Bahia at the dawn of the Republic. This period of instability and political turbulence led to the War of Canudos in which both Senator Ribeirinho and Baron Jeremoabo were involved, exchanging letters with the upper echelons of the Bahian government and encouraging the repression of the hamlet of Canudos that had been founded by Antônio Conselheiro. This means that Dona Fulô certainly heard of the horrors perpetrated against Antônio Conselheiro, who his bosses considered an enemy of the Republic, although he was merely a mystic.

Rich and always focussed on politics, José Joaquim Ribeiro dos Santos made full use of his powers as a magnate and politician until his death in May 1911, before he was 60 years old. Dona Fulô, who had delivered him, looked after him, been his Black mother, and who had looked after his children and stood alongside him for over half a century, must have mourned his loss, considering that she had continued to live in his house despite the fact that slavery had been abolished more than two decades earlier. Then, at over 80 years old, Florinda Anna do Nascimento went to live with Ribeirinho's elder daughter Anna Adelaide and her husband João da Costa Pinto Dantas, who had inherited much of Baron Jeremoabo's fortune, after he had died in 1903.

The octogenarian Dona Fulô's new home was a mansion at number 304 of the newly built Avenida Sete de Setembro, the street that symbolised the great urban reforms of J.J. Seabra, the governor who was swiftly becoming the "owner" of Bahia, where he called the shots between 1911 and 1924. His rise coincided with the decline of the political influence of the Ribeiro dos Santos, Dantas and Costa Pinto families. But it should be pointed out that J.J. Seabra only took power after ordering forces to bomb Salvador in January 1912—one of the most traumatic episodes in the city's history, and one that Florinda witnessed.

In May 1912, four months after the bombs had lit up the capital city in the flames of intolerance, Isaura Augusta—Zazá, Anna Adelaide's younger sister and the second daughter of the late Ribeirinho—married Otaviano Diniz Borges, from another traditional Bahian family. A few years later, though it is not known exactly when, Florinda moved to Zazá's house, in Rua Marechal Floriano, in the Canela district of Salvador.

It is there perhaps that she turned 100 years old in 1928. Would a party have been held for the Preta Fulô? Would she have dressed in her finest clothes, her full skirts hemmed with golden satin ribbon worn over seven petticoats? Did she wear her varied shawls with vertical stripes in earth tones, blood reds, sky blues and forest greens? Did she dress up in her laces, her silks, and her richelieu embroidery? Did she herself prepare the sweet treats to commemorate a century of life? Did people ask for her blessing?

As it was, according the death certificate signed by the doctor Antunes Costa three years later, on 11 May 1931, "Dona Florinda Anna do Nascimento, Black, 103 years old, single, a maid, born in this state, of unknown parentage and with no heirs, died without a will at six o'clock in the evening at 55 Rua Floriano Peixoto. The cause of death was acute bronchitis and influenza."

The following day she was buried in the Campo Santo Cemetery in mausoleum number 124—the mausoleum of the Ribeiro dos Santos family.

A SNAPSHOT OF FLORINDA

And so we now know that some time before she died, Dona Fulô allowed an image of herself to be taken for posterity. The day came when she first sat for a photographer—or was the more famous image in which she is standing the first to be taken? Who was the photographer? Where was the studio? On what day, month, year? If only we knew the year at least... But we don't. We don't even know if it was taken voluntarily, whether someone took her to have it taken, or whether she had been invited. What is certain is that she would not have been forced. Who would have had the gall or the guts to force a woman with such poise? But the fact is that there she is, posing for the photograph that, like a diamond, will be eternal for as long as it lasts.

How old was Florinda Anna do Nascimento in this picture? Almost certainly over 50 and under 70. The picture itself, the setting, the lighting, the framing—everything suggests that it is a late 19th century photo and that it was taken after abolition. Florinda would have then been aged between 60 and 65 years old—so we are already in the Republic.

It is a full-body shot, like those registering royalty for posterity.

It leads us to question what lay behind the transformation of a slave woman, from a farm deep in the Recôncavo, into Dona Fulô, a proud and poised Black woman dressed in fine clothes and bedecked in jewellery, staring enigmatically into the camera. Was it the money she had inherited? Was it the slight, although unlikely, possibility of her being a *ganhadeira*, a working slave? Alternatively, was it that life in cosmopolitan Salvador, an almost African city, emulated life in Africa, enabling Black women to enjoy a little wealth and power?

For these Black women—most of whom remain anonymous, as Florinda was for decades—it tells a tale of success and of a dismissiveness of the slavocratic world, a subversive and insubordinate tale of broken bonds and a tale of bracelets rather than handcuffs. They started to write this story the moment they were brave enough to start parading proudly through the streets, taverns, offices, and street corners where White women could never have gone even if they had wanted to.

And, as is well known, these Black *sinhás* also dressed up to go to church, and from the accounts of several travellers it seems that certain of the White society women preferred to go to mass earlier in the morning, to "matins", in order to avoid seeing the elaborate clothing and jewellery that Black women wore for Sunday worship. The noted German traveller Johann Emanuel Pohl, who was in Salvador in 1818, noted that "While White women cover themselves in low-quality shawls [...] the Black woman in church are covered with gold chains and laces."[5]

Was it also in the city of Salvador of the saints, the cults, the countless churches—the home of syncretism—that Florinda discovered her religiosity, which reignited her sacred ancient ties? The clothes she is wearing in the photo clearly connect her to the Irmandade da Boa Morte, the sisterhood of strong majestic Black women dressed in ritual raiment and bedecked in jewellery that was a little like a secret and exclusive female society. Her posture and pose are reminiscent of an *ialorixá*, her jewellery is similar to that of the *mães de santo* priestesses. Could Florinda have had any connections with candomblé?

Knowing that she was a cook—a "Black woman who cooked in the house of...", as written on the back of the famous photograph—, should the word "talent" have been added to complete it? One only needs to look at her thick fingers and toes, and her carefully trimmed nails, to easily imagine her in the kitchen, cooking up a storm.

The fact is that there she is, captured in the fleeting eternity of a portrait, and her gaze, her body, her jewellery and her creole clothes are her speech, her legacy, and her will, for here she is showing her best. Dona Fulô is dressed in the way, as others have already commented, "that the creole women dress to go to see God." Her clothes are in fact the typical garments worn by the Irmandade da Boa Morte: her hand-pleated black skirt, silk turban, exquisitely embroidered fine cotton shirt, and her feet in beautiful Moroccan slippers. Fine clothing indeed, but also generous enough to accommodate the voluminous curves of a Black woman: the shirt drops straight from the bust, the sleeves are loose enough not to squeeze her arms. This clothing is in stark contrast to the fashions of the time, which literally squeezed the female form into girdles

5. POHL, Johann Emmanuel. *Viagem ao interior do Brasil*. Belo Horizonte: Itatiaia, 1976.

and corsets. It is also a multicultural way of dressing, blending Lu-so-Afro-Islamic heritages. It is a positive statement, an image of re-sistance. And an ode to beauty.

Of course, Dona Fulô is adorned with gold and silver jewel-lery on her arms, neck, wrists, and fingers. She wears a profusion of necklaces, chains, bracelets, crucifixes and rings on all her fingers, some of them with red gems, perhaps rubies, others encrusted with diamonds. Her arms carry magnificent gold identity bracelets with filigree cylinders and inlaid gems, as well as elaborate gold plat-ed bracelets decorated and engraved with flowers and leaves. Her drop earrings in the form of *pitangas* [Brazilian cherries], the fruit that is a symbol of fertility and sexuality, hang from her ears. Her gold chains, the so-called waterfalls of gold, made of smooth links with six-pointed stars, hang from her neck. Together with these is a radiant gold crucifix with gold-spiralled ends and three petals symbolising the Holy Trinity, and a devotional gold scapular. And around her waist, in a clear ode to syncretism, hangs her bunch of *balangandã* charms that ward off evil spirits, a votive adornment that is both a symbol of earthly power and authority, and of devo-tion and submission to the deities.

This jewellery is exclusive to Bahia, and is unique in the world. Like the creole women's clothing, it is a hybrid multi-ethnic model of plural meanings, symbolising not only the appreciation of gold and precious stones and a cult of beauty, the preservation of an an-cestral legacy from Africa, and a serenade to women's self-esteem and power, but also chiefly representing a form of resistance against the horrors of slavery.

These pieces clothe, protect and adorn, but, above all, they reveal the true nature of this Preta Fulô, shown in this head to toe portrait, now that the New World, now half a millennium old, can no longer hide that it was built by women like her.

CAMILLO VEDANI. CIDADE DE SALVADOR, BA, C.1860.
COLEÇÃO GILBERTO FERREZ/
ACERVO INSTITUTO MOREIRA SALLES.

A cidade de São Salvador da Bahia de Todos os Santos foi fundada em 1549 para ser sede da Capitania da Bahia e capital da América Portuguesa, função que desempenhou até 1763, quando foi substituída pela cidade do Rio de Janeiro. Mudou de nomenclatura em 1815, passando a ser denominada de Província, assim permanecendo ao longo do século XIX. A historiografia clássica destaca sua vinculação ao modelo de agricultura de *plantation* de cana-de-açúcar, com ampla utilização de mão de obra escravizada, mas o comércio também explica a expressiva capilaridade de sua economia, não só entre o Recôncavo e o Sertão, mas também nas trocas internacionais atlânticas. Na imagem, destacam-se, na Cidade Alta, a Casa de Misericórdia (1), a Sé Primacial (2), o Palácio Arquiepiscopal (3) e a Catedral-Basílica Primacial do Santíssimo Salvador (4). Na Cidade Baixa, o edifício da Alfândega (5), símbolo das trocas internacionais.

CAMILLO VEDANI. CITY OF SALVADOR, BA, C.1860.
GILBERTO FERREZ COLLECTION/
INSTITUTO MOREIRA SALLES COLLECTION

The city of São Salvador da Bahia de Todos os Santos was founded in 1549 to serve as the headquarters of the Captaincy of Bahia and the capital of Portuguese America, a position it held until 1763, when it was replaced by the city of Rio de Janeiro. Its name changed in 1815, and it became known as a province, a designation it held throughout the 19th century. Traditional historiography underscores its attachment to the sugar-cane plantation agricultural model, characterised by the extensive use of slave labour. However, this trade also explains the significant reach of its economy, not only between the Recôncavo and the Sertão, but also in international Atlantic exchanges. In the image, prominent structures in the Upper City are the Casa de Misericórdia (1), the Sé Primacial (2), the Palácio Arquiepiscopal (3) and the Catedral-Basílica Primacial do Santíssimo Salvador (4). In the Lower City, the Customs Building (5), stands out as a symbol of international trade.

capítulo 2

DONAS DE RESPEITO — MULHERES NEGRAS DA BAHIA

Sheila de Castro Faria

Declaro que os bens que possuo foram adquiridos pelo meu trabalho, e suor do meu rosto, com grandes fadigas, em cujo tráfico, adquiri também não pequenas moléstias, que me padeço, sem que mesmo meu marido, ou outro algum parente me ajudasse a ganhar, e muito menos, eu herdasse de pessoa alguma.

Rosa Maria de Paiva Aleluia, Salvador, 1842

Às seis horas da tarde do dia 11 de março de 1931, morreu dona Florinda Anna do Nascimento, ao número 55 da rua Floriano Peixoto. Em seu registro de óbito, consta que tinha 103 anos, era solteira, sem filhos e sem testamento. Foi indicada como natural do estado da Bahia, de filiação ignorada e de cor preta.

Pelo tratamento dispensado a ela, era uma pessoa respeitada pelos que a ela se reportavam, fossem seus conhecidos ou não. Uma preta designada como "dona", nomeação concedida a mulheres proeminentes e da elite, e com essa indicação registrada por um escrivão no cartório de registro civil do distrito de Santana, na cidade de Salvador, não é pouca coisa.

Florinda nasceu como escravizada na fazenda do casal Joaquim Ignácio Ribeiro dos Santos e Anna Maria do Nascimento, de quem recebeu o sobrenome, prática costumeira entre alforriados de grande parte do Brasil escravista. Esse relacionamento com a família Ribeiro dos Santos alcançou pelo menos quatro gerações.

O antiquário baiano Itamar Musse comprou de uma só vez um conjunto de joias de ouro e prata ricamente elaboradas e que, na literatura da arte e da museologia, é conhecida como "joias de crioula". Em 2017, foi lançado o livro *Joias na Bahia dos séculos XVIII e XIX*, editado pela historiadora de arte Ana Passos, no qual apresentava esse conjunto acompanhado de outras peças de seu acervo. Naquele mesmo período, o colecionador tomou conhecimento da foto de uma negra trajada com vestimentas e joias elaboradas e luxuosas, mas sem referência ao nome da retratada, do fotógrafo ou da data. Ao observar detidamente a imagem, ele percebeu que a maior parte das joias compunha o conjunto recém-adquirido e constava no livro que ele lançara.[1] E ali teve início a pesquisa que buscou identificar a mulher do retrato.

Os desdobramentos do trabalho resultaram neste livro e na reedição de *Joias na Bahia*, desta vez com indicações mais precisas sobre a identidade da mulher que portava as joias e sua trajetória de vida. Várias pistas nos levam a crer que a mulher negra da foto é justamente Florinda Anna do Nascimento, falecida em 1931, alforriada provavelmente antes de 1883, mas que manteve, ao que tudo indica, ligação profunda com a família Ribeiro dos Santos até sua morte.

O percurso sobre as relações entre imagem, objetos e personagem e as condições que permitiram a uma mulher negra liberta ter acesso a bens luxuosos são os objetivos deste texto.

FLORINDA E "FOLO": PEÇAS QUE SE ENCAIXAM

A primeira referência a Florinda Anna do Nascimento de que dispomos, em termos cronológicos, é uma doação de 500 mil réis que lhe fez Joaquim Ignácio Ribeiro dos Santos, em testamento datado de 1883:[2]

> Deixo à crioula Florinda Anna do Nascimento a quantia de quinhentos mil réis, em remuneração aos muitos serviços que me tem prestado [...]. Bahia, 31 de outubro de 1883.

A próxima referência é seu registro civil de óbito, transcrito na íntegra a seguir. Foi assinado pelo dr. Pedro Nogueira e levado para o cartório por Rodrigo Guimarães, provavelmente funcionário de agência funerária.

> Juízo de Paz do Districto de Sant'Anna
>
> Aquiles Marcos da Conceição, escrivão de paga Oficial do Registro Civil do distrito de Sant'Anna. Certifico que aos 12 dias do mês de março de 1931 neste distrito de Sant'Anna e meu cartório compareceu *Rodrigo Guimarães* exibindo atestado do Dr. Arthur Cothias, visado pelo Dr. Pedro Nogueira, declarou que ontem às 6 horas da tarde à rua *Floriano Peixoto* casa nº 55 faleceu, sem testamento, de bronquite aguda sendo a doença gripe catarral D. Florinda Anna do Nascimento de cor preta, com 103 anos de idade, solteira, doméstica, natural deste Estado de filiação ignorada, *não deixa filhos* e vai sepultar no cemitério do Campo Santo. E para constar lavrei este termo que assino com o declarante, depois de lido por mim, Aquiles Marcos da Conceição, escrivão que o escrevi.[3]

1. PASSOS, Ana (org.). *Joias na Bahia dos séculos XVIII e XIX*. Rio de Janeiro: Capivara, 2017.

2. Não temos as contas do testamento para saber se esse valor foi de fato entregue a Florinda, mas presumimos que ela o tenha recebido.

3. Arquivo da Santa Casa de Misericórdia da Bahia, cemitério do Campo Santo. Salvador, 13.05.1931. Itálicos nossos.

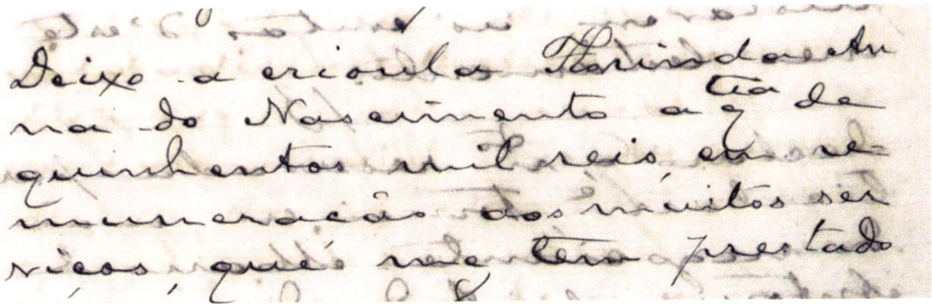

FIGURA 1. EXCERTO DO TESTAMENTO DE JOAQUIM IGNÁCIO RIBEIRO DOS SANTOS, DATADO DE 31 DE OUTUBRO DE 1883. ARQUIVO PÚBLICO DO ESTADO DA BAHIA, 03/1276/1745/35.

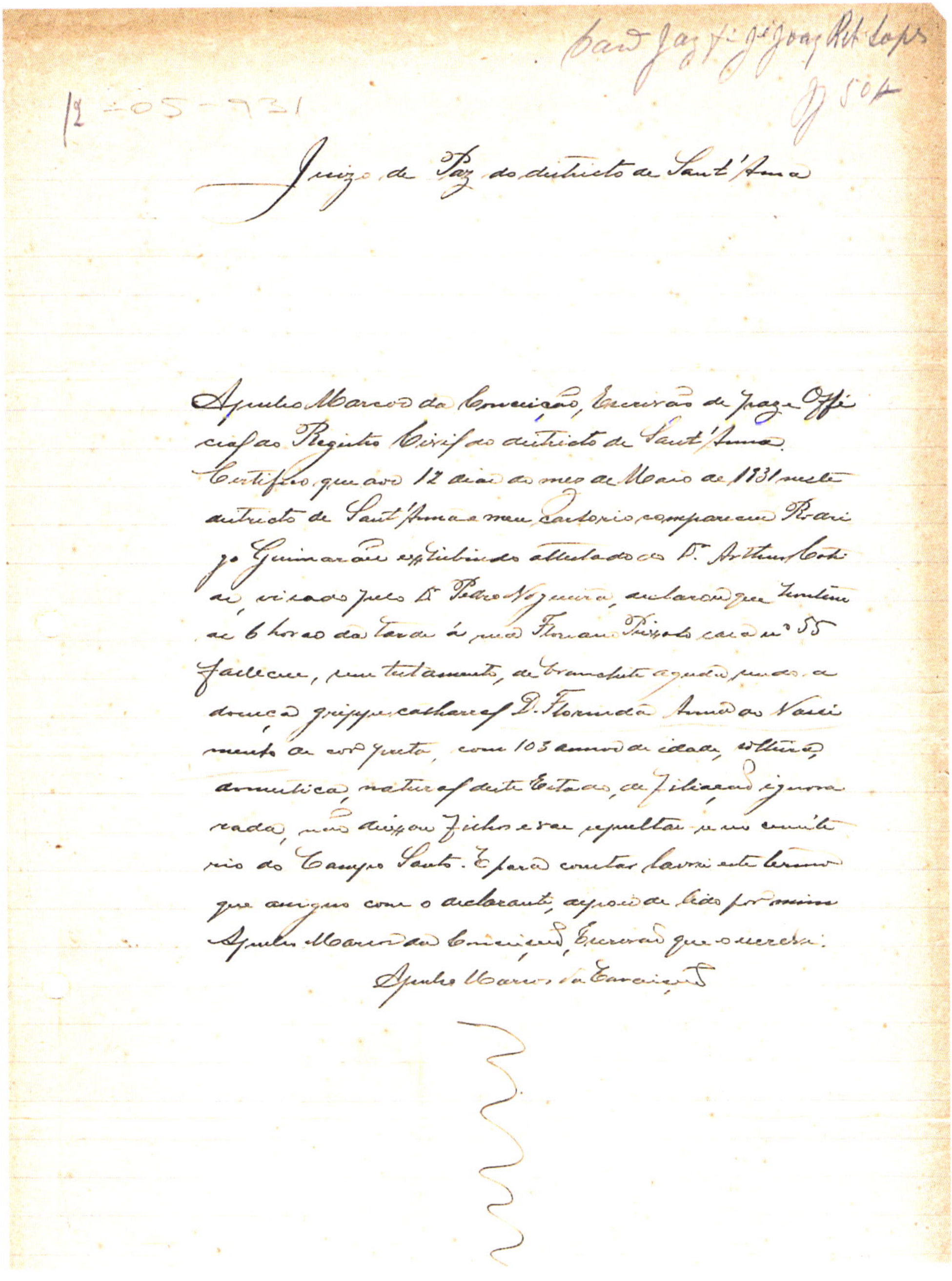

FIGURA 2. REGISTRO CARTORÁRIO DE ÓBITO DE FLORINDA ANNA DO NASCIMENTO DE 12 DE MAIO DE 1931. ARQUIVO DA SANTA CASA DE MISERICÓRDIA DA BAHIA.

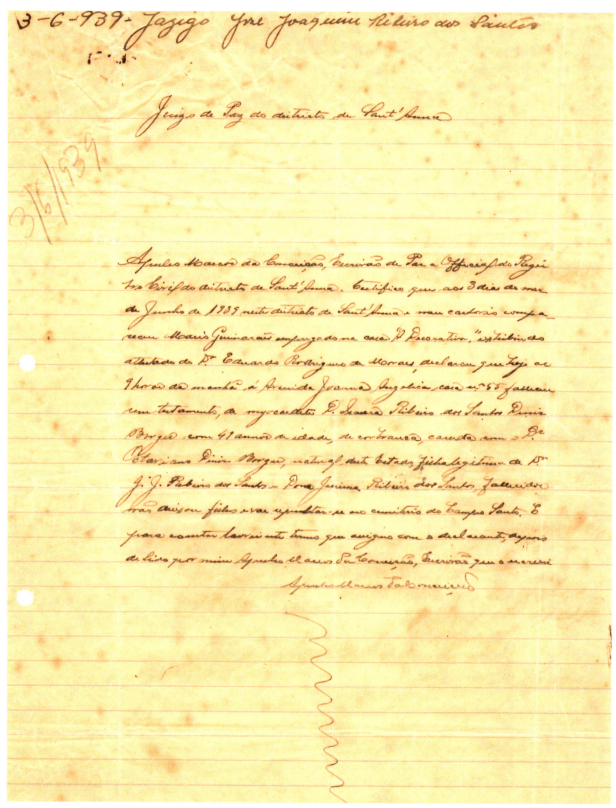

FIGURA 3. REGISTRO DE ÓBITO DE ISAURA AUGUSTA RIBEIRO DOS SANTOS DINIZ BORGES, DE 3 DE JUNHO DE 1939. ARQUIVO DA SANTA CASA DE MISERICÓRDIA DA BAHIA.

4. Relatório do engenheiro civil José Americano da Costa, prefeito do município do Salvador. Salvador: Catilina, 1938. 110p. Relatório 352(047.32)/P923r/RPG-REL.

5. Cf. CERÁVOLO, Suely Moraes. "Pistas biográficas de Henriqueta Martins Catharino e a coleção de arte popular do Instituto Feminino da Bahia". *Revista Brasileira de Pesquisa (Auto) Biográfica*, Salvador, v.5, n.14, maio-ago. 2020, p.693, nota 1.

6. O Museu de Arte Antiga Feminina transformou-se, posteriormente, no Museu do Traje e do Têxtil. Cf. QUEIROZ, Marijara Souza. "O Museu de Arte Antiga do Instituto Feminino da Bahia e o colecionismo de Henriqueta Martins Catharino". In: BRITTO, Clovis Carvalho; CUNHA, Marcelo Nascimento Bernardo da; CERÁVOLO, Suely Moraes (org.). *Estilhaços da memória: o Nordeste e a reescrita das práticas museais no Brasil*. Goiânia; Salvador: Espaço Acadêmico; Observatório da Museologia na Bahia [UFBA/CNPq], 2020.

Foi enterrada no cemitério do Campo Santo, no jazigo perpétuo de José Joaquim Ribeiro dos Santos (1852-1911), uma família rica e de prestígio em Salvador daquela época — situação rara em uma sociedade fortemente marcada pelo recente passado escravista. No monumento, foram fixadas duas guirlandas de flores em bronze, uma com os dizeres "Quantas saudades de minha Folo! Zaza" e outra com a frase "Ao bom pae lágrimas de Zaza".

Isaura Ribeiro dos Santos (1882-1939), Zazá, que assinou as duas coroas do jazigo da família, era neta de Joaquim Ignácio dos Santos e filha de José Joaquim e Jesuína Ribeiro dos Santos. Zazá era casada com Otaviano Diniz Borges, farmacêutico, e essa homenagem sugere que possuía uma ligação forte com Florinda. Constatamos, inclusive, que foi em sua casa que Florinda faleceu.

Em 3 de junho de 1939, Isaura morreu na avenida Joana Angélica, nº 55. Em mudança de nomenclatura urbana da cidade de Salvador, várias ruas, inclusive a Floriano Peixoto (ou Marechal Floriano), haviam se tornado avenida Joana Angélica, conforme decreto municipal de 25 de novembro de 1932.[4] Florinda faleceu na rua Floriano Peixoto, nº 55, e quem compareceu no cartório com o atestado de óbito foi Rodrigo Guimarães. No registro de Isaura, quem apresentou o atestado no cartório foi uma pessoa com o mesmo sobrenome, Mário Guimarães, indicado como "empregado na casa A Decorativa". Hoje, a loja A Decorativa é de artigos funerários, e presumimos que também o era na década de 1930.

Florinda aparece em mais alguns registros que a relacionam à família Ribeiro dos Santos, e são eles que nos permitem associar a "Folo", tal como referida no jazigo, a Florinda Anna do Nascimento. A grafia de "Folo" variou entre os documentos: "Folo", "Folô" ou "Fulô".

Henriqueta Martins Catharino[5] (1886-1969), criadora e presidente do Instituto Feminino da Bahia,[6] comprou em um leilão, em 1946, várias peças de roupas atribuídas a Florinda Anna do Nascimento e as doou ao Museu de Arte Antiga Feminina, também por ela criado e ligado ao Instituto Feminino. Essas peças foram numeradas e registradas, em detalhes, em caderno de entrada com o ano e a indicação de quem as doou. Esses cadernos manuscritos foram datilografados em algum momento após a morte de Henriqueta Catharino (1969).

- A numeração antiga não foi alterada e é comum encontrar números faltando ou fora de ordem. Toda vez que ocorrer um caso destes aparentemente por conta de perda de folhas ou de ação do tempo será sinalizado.

FIGURA 4. CADERNO 1 DE ENTRADA DE PEÇAS NO INSTITUTO FEMININO DA BAHIA, 1929 A 1931.
ARQUIVO DO INSTITUTO FEMININO DA BAHIA. DOCUMENTO SEM PAGINAÇÃO.

| 4681 | Torço de cetim Paris amarelo, com bordado mecânico, de crioula. Pertenceu a Preta Fulo, escrava da família do Dr. Joaquim Inácio Ribeiro dos Santos e foi adquirida em leilão pela presidente do IFB que o ofereceu (todas as peças) ao Museu de Arte Antiga Feminina. | D. Henriqueta M. Catharino |

FIGURA 5. CADERNO 4 DE ENTRADA DE PEÇAS DO INSTITUTO FEMININO DA BAHIA.
JUNHO DE 1946, PEÇA 4681. ARQUIVO DO INSTITUTO FEMININO DA BAHIA.

| 4668 | Saia de fazenda branca com pequenas florzinhas vermelhas na liga vermelha no babado e na orla inferior (saia de crioula). Pertenceu à Preta Fulô, Bahia. Adquirido pela Pres. (estragada). Folô (Florinda Ana do Nascimento). | D. Henriqueta M. Catharino |

FIGURA 6. CADERNO 4 DE ENTRADA DE PEÇAS DO INSTITUTO FEMININO DA BAHIA.
JUNHO DE 1946. ARQUIVO DO INSTITUTO FEMININO DA BAHIA.

Nos registros das roupas de Florinda, há, às vezes, referência de sua ligação com a família Ribeiro dos Santos. Embora ocasionalmente omitam esse vínculo, é certo que se trata da mesma pessoa. Em alguns, indicam não só Joaquim Ignácio, mas também seu filho, José Joaquim Ignácio Ribeiro dos Santos, como antigos senhores de Florinda, um dado que sugere ter ela residido também com José Joaquim.

Henriqueta Martins Catharino foi a principal doadora das peças usadas por pretas baianas. As referências às peças da "preta Fulô", nominação usual nos registros, são as únicas que identificam quem as usou, com uma exceção.

Adquiridas em leilão, provavelmente beneficente, fica a questão: quem estava com essas peças? Isaura, a Zazá, já era falecida. Elas foram preservadas por alguém dos Ribeiro dos Santos ou ligado a essa família, porque sabia a procedência delas. A única mulher viva da geração de Isaura era sua irmã, Anna Adelaide Ribeiro dos Santos Dantas, casada com membro de uma família poderosa da Bahia. Teria ela guardado essas vestes? Ficamos somente com esse questionamento, sem resposta.

FIGURA 7. A SAIA TEM AS CARACTERÍSTICAS REFERIDAS NO NÚMERO 4668 NO CADERNO 4 DO ACERVO DO INSTITUTO FEMININO DA BAHIA. FOTOGRAFIA DE MÁRCIO LIMA.

As primeiras peças atribuídas a pretas baianas remontam ao período de 1929 a 1931. Com o número 48 está indicada a doação de "uma fotografia de duas pretas vestidas à baiana"; no número 994, registram-se "dois pares de botões de crioula (baiana)", ambos doação de Henriqueta Catharino ao Museu de Arte Antiga.[7]

A lista dos doadores parece ser composta de personagens da elite que tinham acesso a bens de escravizadas ou libertas. Há somente uma doadora que é descendente de escravizada, mesmo assim ligada a Henriqueta. Em 1947, Hermínia Natividade doou um colar de coral que pertenceu a sua avó, nascida na África. O registro destaca a posição da doadora, com informações detalhadas sobre ela, se comparado com outros em que somente se escrevia o nome da pessoa na coluna "doador", induzindo-nos a pensar que foi uma concessão, por parte da presidente, ao registrar o nome da antiga "empregada" na doação:

> [no.] 5494, Colar de coral com 106 pedaços, que pertenceu à avó da antiga empregada de D. Henriqueta M. Catharino, Hermínia Natividade. A sua avó africana que deixou a sua mãe nascida na Bahia, falecida em 1920 (também foi crioula baiana). Bahia. Pertenceu a uma preta africana avó da ofertante — Hermínia Natividade (antiga empregada de D.H.M.).[8]

Os itens atribuídos às "crioulas", no período de 1929 a 1951, que constam nos seis primeiros cadernos não se restringiam a vestimentas: há banquinhos com palhinhas, pedaço de pulseira, brincos, argolas, abotoaduras, anéis (tudo de ouro ou prata), colares de contas de materiais variados e alguns itens que, supomos, eram de uso de negros e negras, como numerosos búzios de variadas cores. Há registro, nesse período de tempo, de duas fotos, provavelmente repetidas — ao lado do número 48, é possível ler: "Fotografia de 2 pretas vestidas à baiana", doação de Henriqueta Catharino. Infelizmente, não foi permitido nosso acesso aos demais cadernos.

A FAMÍLIA RIBEIRO DOS SANTOS

Fazer história sobre a vida cotidiana de escravizadas(os) ou libertos(as) é tarefa difícil, posto que são nominados(as) somente pelo primeiro nome. Raramente trazem sobrenome. A possibilidade de homônimos, portanto, é enorme. Uma das formas possíveis de vislumbrar alguns elementos sobre suas trajetórias de vida é acompanhar seus/suas senhores(as). Dessa forma, podemos supor os lugares onde Florinda teria residido e servido enquanto acompanhava essa família.

7. Caderno 1 de entrada de peças no Instituto Feminino da Bahia. 1929-1931. Arquivo do Instituto Feminino da Bahia.

8. Caderno 5 de entrada de peças no Instituto Feminino da Bahia. Fev. 1948 a ago. 1950. Arquivo do Instituto Feminino da Bahia.

Em um dos registros de entradas das peças no instituto, informa-se que Florinda foi "cria" da fazenda "Bom Sucesso", localizada na freguesia de Nossa Senhora do Bom-Sucesso da Cruz das Almas, pertencente ao município de Cachoeira. "Cria" era a forma costumeira como proprietário(a) se referia a escravizados(as) nascidos(as) em sua casa.

Constatamos, porém, que a fazenda de Joaquim Ignácio Ribeiro dos Santos em Cruz das Almas não se chamava "Bom Sucesso", mas "Cruz das Almas", homônima da freguesia onde se localizava: Nossa Senhora do Bom-Sucesso da Cruz das Almas, segundo registro eclesiástico de terras da região realizado em 1857. Talvez tenha havido erro de uma das partes: de quem escreveu o registro de terra ou de quem forneceu os dados para inserir no registro de entrada das roupas de Florinda. Qualquer que seja o nome, tudo indica que Florinda deve ter nascido lá.

FIGURA 8. REGISTRO ECLESIÁSTICO DE TERRAS DA FAZENDA DE JOAQUIM IGNÁCIO RIBEIRO DOS SANTOS. NOSSA SENHORA DO BOM SUCESSO DA CRUZ DAS ALMAS, BAHIA, 1857-1859. ARQUIVO PÚBLICO DO ESTADO DA BAHIA, V.4701.

O documento informa:

Apresentado para o registro no dia quinze de outubro de mil oitocentos e cinquenta e sete. O vigário Colado José d'Araújo Matto-grosso [sic] — Declaração — o abaixo assinado tem na freguesia de Nossa Senhora do Bom-Sucesso da Cruz das Almas termo da heroica cidade de Cachoeira uma fazenda denominada Cruz das Almas, terras próprias, que tem de frente sete mil e quarenta e nove braças, de fundo oito mil, pouco mais ou menos = limita-se pelo Sul com terras de Manoel da Cunha e Almeida, e os herdeiros do finado Bernardino de Sena Rebouças, pelo Norte com terras que foram do vigário Alexandre Ferreira Coelho, e Firmino Batista de Magalhães pelo poente com terras de Francisco Eloy da Silva e D. Maria Angélica do Nascimento, Cruz das Almas 14 de abril de 1857 Joaquim Ignácio Ribeiro dos Santos. O vigário José d'Araújo Matto-grosso.[9]

Foi provavelmente nessa fazenda que o casal Joaquim e Anna morava quando batizaram um filho, em 20 de maio de 1850, mas nascido em 30 de dezembro de 1849, de nome Joaquim, certamente falecido antes do pai, pois não consta no testamento deste, de 1883.

9. Arquivo Público do Estado da Bahia. Governo da Província. Agricultura. Registro Eclesiástico de Terra. Nossa Senhora do Bom Sucesso da Cruz das Almas. 1857-1859. V.4701. Necessário esclarecer que a Lei de Terras de 1850 incluía somente os registros de terras rurais. As urbanas não foram registradas.

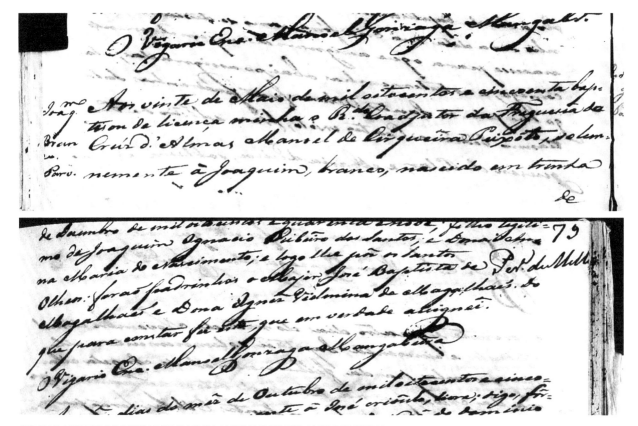

FIGURA 9. ASSENTO DE BATISMO DE JOAQUIM, 20 DE MAIO DE 1850. LIVRO DE BATISMO DA FREGUESIA DE NOSSA SENHORA DE BROTAS, 1847 A ABRIL 1856, PP.78 (VERSO) E 79.

10. CARVALHO JÚNIOR, Álvaro Dantas de. *Cícero Dantas Martins — de barão a coronel: trajetória política de um líder conservador na Bahia. 1838-1903*. Dissertação (Mestrado em História). Universidade Federal da Bahia, 2000, p.361.

11. Registros Eclesiásticos de Terras. Agricultura. Nossa Senhora de Brotas (Capital). 1857-1875. Arquivo Público do Estado da Bahia, n. 4675.

12. *Almanak Administrativo, Mercantil e Industrial da Bahia*, anuário de 1854, p.289; de 1857, p.316; de 1858, p.150. Disponível em: http://bndigital.bn.br/(a)cervo-digital(a)lmanak-administrativo-mercantil-industrial-bahia/706825. Acesso em: 21 fev. 2023.

Outro filho, José Joaquim Ribeiro dos Santos, também parece ter nascido nessa fazenda, segundo dados biográficos,[10] em 27 de setembro de 1852. José Joaquim parece ter grande participação na história de vida de Florinda, embora informações consultadas por nós sobre esse relacionamento careçam de provas documentais explícitas.

Além da fazenda em Cruz das Almas, Joaquim Ignácio tinha mais terras registradas na década de 1850, na freguesia de Brotas, na cidade de Salvador. Essa propriedade foi denominada de "roça":

[no.] 46 Roça de Joaquim Ignácio Ribeiro dos Santos

Roça de Joaquim Ignácio Ribeiro dos Santos, no alto do Sangradouro, freguesia de Brotas, com frente para a ladeira do mesmo nome, fazendo divisas com a entrada da roça de José Rodrigues de Figueiredo Júnior, com quem igualmente divide, e com Antônio Monteiro de Carvalho do lado do norte, o fundo faz também frente para a rua da Valla, fechando do outro lado do poente com terras de Serafim Ferreira Pinto e Antônio José Teixeira Júnior. Bahia vinte e sete de junho de mil oitocentos e cinquenta e oito. Joaquim Ignácio Ribeiro dos Santos. E nada mais continha as declarações que me foram enviadas. Brotas da Bahia, 28 de junho de 1858. Vigário Ernesto de Oliveira Valle.[11]

No oratório da casa edificada nessa "roça", batizou uma filha, Emília, em 1855 (falecida antes do pai, assim como Joaquim, pois tampouco consta no testamento deste). Foi igualmente ali que, em 1883, redigiu seu testamento.

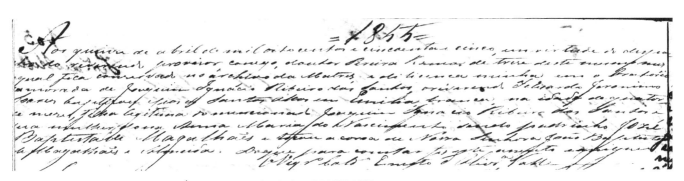

FIGURA 10. ASSENTO DE BATISMO DE EMÍLIA RIBEIRO DOS SANTOS, 15 DE ABRIL 1855. LIVRO DE REGISTRO DE BATISMO DA FREGUESIA DE NOSSA SENHORA DE BROTAS, 1847 A ABRIL 1856, P.105 (VERSO).

Há indícios de que Joaquim Ignácio já residia em Salvador na década de 1850. Foi indicado no *Almanak Administrativo, Mercantil e Industrial da Bahia*,[12] no ano de 1854, na listagem de "Comércio —

negociantes nacionais", com armazém de molhados na rua Nova do Comércio, nº 18. No anuário de 1857, ele reaparece em lista de "negociantes nacionais", mas sem endereço; no ano seguinte, é indicado na lista de "Definidores" da Ordem Terceira de São Francisco. Realmente, em seu testamento de 1883, ele informa:

> Rogo encarecidamente que meu enterro seja feito com toda simplicidade e decência possíveis, e quero ser sepultado em carneiro da V. Ord. 3ª de S. Francisco, de que sou irmão.[13]

13. Testamento de Joaquim Ignácio Ribeiro dos Santos, 31 out. 1883. Arquivo Público do Estado da Bahia, 03/1276/1745/35.

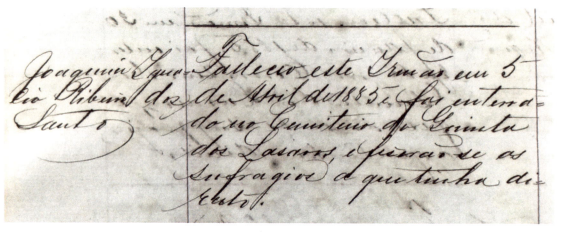

FIGURA 11. REGISTRO DE ENTERRAMENTO DE JOAQUIM IGNÁCIO RIBEIRO DOS SANTOS NO CEMITÉRIO DA QUINTA DOS LÁZAROS, 5 DE ABRIL DE 1885. ARQUIVO DA SANTA CASA DE MISERICÓRDIA DA BAHIA.

A verba testamentária de Joaquim Ignácio parece indicar que Florinda mantinha-se próxima a ele, porque no documento ele atestou: "pelos muitos serviços que me tem prestado". É de supor, então, que Florinda estava com ele e a esposa, na freguesia de Brotas, desde, pelo menos, meados do século XIX e até seu falecimento, em 1885.

Os bens foram herdados por seis filhos, entre eles José Joaquim Ribeiro dos Santos. A "roça" de Brotas ficou para esse filho e sua esposa, Jesuína Ribeiro dos Santos. No inventário de Jesuína, de 1897, a propriedade foi assim descrita:

> Uma roça sita no alto do Sangradouro freguesia de Brotas contendo grandes brejos de plantações com fontes de água nativa e muitos arvoredos frutíferos com grande casa de morar com frente pela ladeira do Patrício, com os cômodos seguintes: varanda na frente toda circulada de larga janelas de peitoril envidraçadas, grande sala de visita, cinco quartos, sala de jantar, cozinha, despensa, em seguida

14. Inventário de Jesuína Ribeiro dos Santos, aberto em 14 out. 1897. Arquivo Público do Estado da Bahia, Tribunal da Apelação, Judiciário, 01-331-632-02.

15. Inventário de Felinto Ribeiro da Rocha, aberto em 15 de junho de 1876. Arquivo Público do Estado da Bahia, Tribunal da Apelação, Judiciário, 05-2051-2522-23.

a esta dois quartos grande pátio com quatro quartos e portão independente para o pátio; toda a casa é circulada de janelas a varanda sobre pilares de alvenaria, toda cimentada e telha vã, paredes de adobe, e dividindo-se esta roça de um lado com a roça de Narcizo Maia (?) e fundos com as casas do casal avaliada em vinte e cinco contos de réis ... 25:000$000.[14]

Havia ainda outro imóvel que, como nesse acima descrito, Florinda pode ter residido na rua do Passo, nº 50, freguesia de mesmo nome. A família de José Joaquim tinha várias propriedades nessa rua, certamente o motivo pelo qual, hoje, ela é denominada rua Ribeiro dos Santos.

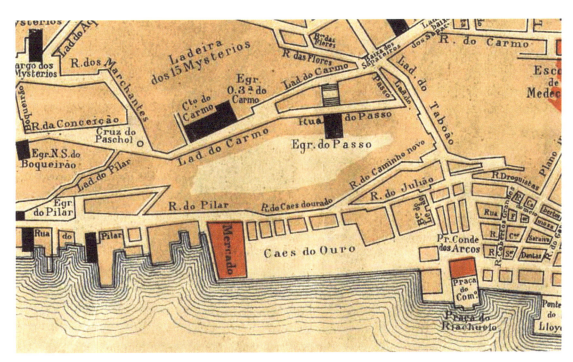

FIGURA 12. DETALHE DO MAPA DA CIDADE DE SALVADOR DE ADOLFO MORALES DE LOS RIOS (1894), EM QUE SE OBSERVA A LADEIRA DO PASSO, HOJE RUA RIBEIRO DOS SANTOS, LOCAL PROVÁVEL DE RESIDÊNCIA DE FLORINDA POR ALGUNS ANOS.

Essa casa, qualificada de sobrado, incluída tanto nº inventário de Jesuína, de 1897, quanto no de José Joaquim, de 1911, havia sido herdade pelo casal no espólio do irmão de Jesuína, Felinto Ribeiro da Rocha, que faleceu sem descendentes em 1876. Nesse ano, valia onze contos de réis.[15] Acreditamos que o casal lá foi residir após assumir esse legado. Era lá, também, que José Joaquim, formado em oftalmologia em 1875, tinha seu consultório. Mas nada indica que Florinda vivia com eles nessa época.

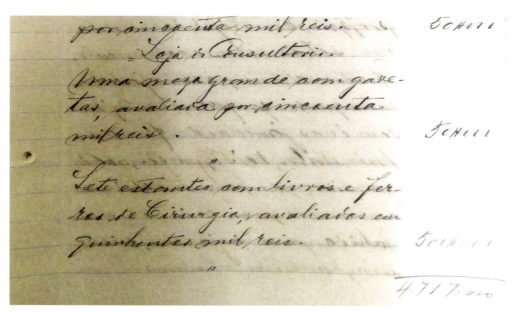

FIGURA 13. MÓVEIS AVALIADOS NA "LOJA DO CONSULTÓRIO", NA RUA DO PASSO Nº 50. INVENTÁRIO DE JESUÍNA RIBEIRO DOS SANTOS, 1897, P.13. ARQUIVO PÚBLICO DO ESTADO DA BAHIA, TRIBUNAL DA APELAÇÃO, JUDICIÁRIO, JUIZADO DE ÓRGÃOS, 01-331-632-02.

Em 1897, o sobrado foi assim descrito e avaliado:

> Um sobrado à ladeira da rua do Paço [sic] freguesia do mesmo nome, de n. 50, edificado em terreno próprio com loja, dois andares sótão sobre o cobrimento. A entrada tem porta e janela com grade de ferro, e a loja tem duas janelas de frente contendo sala, dois quartos, sótão, jardim e ao lado do sótão um cômodo para criados, com saída para o jardim, onde tem banheiro e latrina. O primeiro andar com quatro janelas com grades de ferro contendo duas salas, gabinete, capela, três quartos e varandas. O segundo andar com quatro janelas de peitoril envidraçadas com duas salas, três quartos, dispensa e cozinha. Sótão contém um salão aberto; dividindo-se por um lado com casa do casal inventariado e do outro com a do visconde de Aravelos (?); no prédio acima descrito tem encanamentos: água e gás com lustres em latão as salas e corredores; as muralhas do fundo desse prédio que dão para as casas da rua do Caes Dourado estão pendidas em diversos pontos, pelo que avaliada por vinte cinco contos de réis .... 25:000$000.[16]

Em 1911, quando José Joaquim faleceu, o sobrado tinha praticamente as mesmas características acima descritas, mas seu valor nominal havia diminuído sensivelmente. Foi avaliado em dezoito contos de réis.[17]

Nesse inventário já não constavam terras rurais, nem mesmo a roça/casa do Alto do Sangradouro, freguesia de Brotas. Esse ramo da família afastou-se definitivamente das atividades agrárias. Seus

16. Inventário de Jesuína Ribeiro dos Santos, 1897, p.13 (verso). Arquivo Público do Estado da Bahia, Tribunal da Apelação, Judiciário, Juizado de Órfãos, 01-331-632-02.

17. Inventário de José Joaquim Ribeiro dos Santos, aberto em 5 set. 1911. Arquivo Público do Estado da Bahia, Tribunal da Apelação, Judiciário, Juizado de Órfãos, 01-364-04-06.

bens consistiam em ações de várias empresas, incluindo apólices federais, muitos imóveis alugados, empréstimos a juros e vencimentos como médico da Santa Casa de Misericórdia e diretor presidente da Companhia Fabril dos Fiais, pelos quais recebeu 350 mil réis (350$000) e 1 conto de réis (1:000$000), respectivamente.

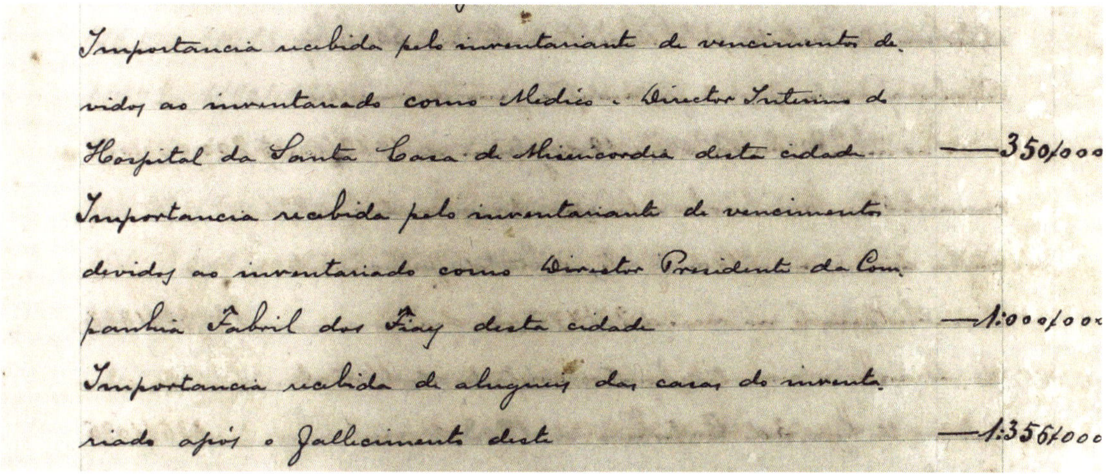

Importancia recebida pelo inventariante de vencimentos devidos ao inventariado como Medico e Director Interino do
Hospital da Santa Casa de Misericordia desta cidade —350$000
Importancia recebida pelo inventariante de vencimentos
devidos ao inventariado como Director Presidente da Companhia Fabril dos Fiaes desta cidade —1:000$000
Importancia recebida de alugueis das casas do inventariado após o fallecimento deste —1:356$000

FIGURA 14. EXCERTO DO INVENTÁRIO DE JOSÉ JOAQUIM RIBEIRO DOS SANTOS, 1911. ARQUIVO PÚBLICO DO ESTADO DA BAHIA, TRIBUNAL DA APELAÇÃO, JUDICIÁRIO, JUIZADO DE ÓRFÃOS, 01-364-04-06, P.36.

Por fim, há uma referência em um artigo sobre a relação entre Florinda e essa família que não encontramos nos cadernos de registros do Instituto Feminino da Bahia. Por demais informativo, e pressupondo que muito não deve ter sido datilografado dos cadernos originais, aqui o reproduzimos:

> Conforme levantamento bibliográfico preliminar (4), Dona Folô chamava-se Florinda Anna do Nascimento, cuja data de nascimento é desconhecida. No entanto, consta que carregou o Dr. Ribeiro dos Santos, nascido em 1851, quando era criada da fazenda Bom Sucesso, do coronel Joaquim Inácio Ribeiro dos Santos e D. Ana Maria do Nascimento, localizada na cidade de Cruz das Almas. No entanto, em algum momento de sua vida foi requisitada para trabalhar na residência do casal Isaura Ribeiro dos Santos Diniz Borges (seu parentesco com a família do Cel. Ribeiro dos Santos não foi explicitado) e Dr. Otaviano Diniz Borges, onde veio a falecer em 11 de maio de 1931. Não é possível discernir se esta residência era em Salvador ou na própria cidade de Cruz das Almas.
>
> (4) Dados recolhidos no Catálogo da Exposição do Museu do Traje e do Têxtil da Fundação Instituto Feminino da Bahia.[18]

18. MONTEIRO, Juliana; FERREIRA, Luzia Gomes; FREITAS, Joseania Miranda. "As roupas de crioula no século XIX, e o traje de beca na contemporaneidade: uma análise museológica". *Cadernos do CEOM*, ano 19, n.24, pp.291-2.

As autoras certamente erraram ao interpretar o texto original, escrevendo "criada", e não "cria", conforme está em outros documentos sobre Florinda. É um termo pouco usual para os pouco familiarizados com estudos sobre escravidão. Mas o termo "carregou" dá a entender que estava no momento do nascimento de José Joaquim, em 1851, o que de fato pode ter acontecido. Quanto ao desconhecimento sobre quem seria Isaura Ribeiro dos Santos Diniz Borges e o local de sua casa, cremos que já está elucidado.

Ela deve ter estado presente também no nascimento dos demais filhos de Joaquim Ignácio — Ana Adelaide, Isaura e Álvaro, este último ainda menor de idade quando da morte do pai.

Tudo o que sabemos em fontes manuscritas sobre Florinda e a família com a qual estava ligada se resume a esses dados. As fotografias, por outro lado, trilham um percurso diferente.

FOTOGRAFIA E MEMÓRIA

Fotografias de negros e negras do século XIX e início do XX geralmente não traziam, escritos à mão na própria foto (na frente ou no verso), os nomes dos retratados, situação bem diferente de álbuns de família ou fotos de pessoas da elite, em que invariavelmente os nomes eram registrados. Essa ausência é um tanto incômoda para nós, historiadoras, mas consideramos ser resultado do analfabetismo, da pobreza e de suas imagens terem sido comercializadas, sem cerimônia, por fotógrafos que atuaram nas últimas décadas do século XIX e primeiras do XX nos grandes centros urbanos do Brasil.

Em algumas situações, os senhores ou empregadores indicavam nome e condição de negro(a) fotografado(a), como foi o caso de "Maria Felismina Borges (Bia). Filha de escravos, nascida após a Lei do Ventre Livre. Foi para o engenho Camuciatá acompanhando d. Ana Adelaide Ribeiro dos Santos Dantas, nora do barão, quando de seu casamento em 1895 e lá faleceu em 1945".[19] Pelo que indica essa referência, Bia era filha de escravizada da família de José Joaquim Ribeiro dos Santos, pois Ana (ou Anna) Adelaide era sua filha, casada com o proprietário da fazenda Camuciatá, João da Costa Pinto Dantas.

Existem duas fotos de uma mulher negra ricamente paramentada: em uma das imagens, a modelo está sentada e, na outra, em pé. Vestida com o mesmo conjunto, supõe-se que tenham sido tiradas no mesmo dia, ainda que não haja nelas indicação da data em que foram tiradas e tampouco o nome do fotógrafo. Estima-se que sejam do fim do século XIX ou do início do XX, época em que esse tipo de fotografia de estúdio foi bastante popular, principalmente para ser vendida como suvenir. Fotógrafos, principalmente estrangeiros, tinham estúdios nos centros urbanos do Brasil. Em Salva-

19. Legenda da imagem no texto de CARVALHO JÚNIOR, Álvaro Dantas de. Op. cit., p.139.

20. Isis Santos analisou vários desses estúdios fotográficos em sua dissertação de mestrado, inclusive indicando a localização dos estabelecimentos. Ver SANTOS, Isis Freitas dos. *"Gosta dessa baiana?": crioulas e outras baianas nos cartões postais de Lindemann (1880-1920)*. Dissertação (Mestrado). Programa de Pós-Graduação em História da Universidade Federal da Bahia, Salvador, 2014.

21. CUNHA, Marcelo Bernardo Nascimento da. *Teatro de memórias, palco de esquecimentos: culturas africanas e das diásporas negras em exposições*. Tese (Doutorado em História). Pontifícia Universidade Católica de São Paulo, São Paulo, 2006.

dor, em particular, havia pelo menos dez[20] entre 1870 e 1910. Os trajes de negros e negras eram especialmente peculiares na Bahia e estimulavam o interesse pelo exótico.

Ela posa com traje muito bem elaborado e muitas joias. Tudo que ela porta tem significado, pois se relaciona a ritos religiosos ligados principalmente a irmandades leigas de pretos de origem africana, como os nagôs, assim denominados genericamente os falantes de línguas iorubanas e jeje, e ao candomblé da Bahia.

Mas quem seria essa mulher?

Uma das fotos foi doada ao Museu do Traje e Têxtil do Instituto Feminino da Bahia em 1963, época em que antiquários e colecionadores particulares se interessavam, havia tempos, por esses objetos peculiares da população negra como representantes de uma cultura específica e explorada pela indústria do turismo.[21] Assim como as fotografias de negros e negras, também era raro que os objetos trouxessem a identificação de quem os usava originalmente, sendo referidos, via de regra, como trajes e joias de "crioula". Não foi bem o caso da imagem em que a mulher aparece sentada, pois no verso da fotografia indicaram sua profissão — cozinheira —, mas não tiveram o mesmo cuidado com o nome:

> Oferta D. Leocádia M. Catharino, agosto 1963. Preta que foi cozinheira da família José de Sá até o ano de 1... [sic].

Ao que parece, o fato de a família de José de Sá ter uma cozinheira trajada daquela forma era mais importante do que identificar pelo nome a mulher retratada. Outra possibilidade é a de as informações terem sido ali registradas bem depois da oferta da foto, sem que o responsável pelas anotações tivesse de fato conhecimento do contexto.

Na outra foto, com a modelo em pé, está registrado no verso que foi oferta de Alberto Moraes Martins Catharino.

Fotos, em especial as que retratavam negros e negras da Bahia, como essas, tinham uma evidente demanda no mercado, com seus diversos e, segundo avaliação de estrangeiros, exóticos tipos. Florinda poderia ser uma dessas modelos? Poderia, como outras, mas, nesse caso, é pouco provável, porque há muito mais a se considerar.

Fotografias de modelos negras, datadas de fins do século XIX e primeira metade do XX, existem em vários acervos fotográficos pelo mundo. Mas essas imagens atribuídas a Florinda não foram reproduzidas em nenhum trabalho a que tivemos acesso nem fizeram parte de coleções vendidas por fotógrafos que atuavam em Salvador, fazendo-nos pressupor que são únicas. Tudo leva a crer que as fotos de Florinda são diferenciadas e foram tiradas por interesse particular da própria retratada ou de terceiros.

Além disso, há o fato de a maioria das joias da fotografia ter sido comprada por um antiquário, em tempos recentes, a partir do espólio da família Catharino. Queremos crer que Alberto de Moraes Martins Catharino foi quem adquiriu esse conjunto de joias e o manteve unido, incluindo as fotos.

Em 1988, inclusive, algumas dessas joias foram apresentadas em uma exposição em Buenos Aires, na Argentina, que resultou no livro *Bahia: momentos del Barroco*, com crédito à "Coleção Alberto Moraes Martins Catharino".[22] Foi levada provavelmente por um descendente de Alberto Catharino, que tinha dois filhos, Alberto e José Martins Catharino, ambos maiores de idade no ano de seu falecimento, 1942.

Há mais uma informação fundamental, relatada por uma pesquisadora, sobre as exposições no então denominado Museu do Traje e do Têxtil do Instituto Feminino da Bahia, que relaciona diretamente as fotos a Florinda. Em algum momento antes do ano de 2009, a pesquisadora Ana Beatriz Simon Factum registrou que a imagem em que a modelo aparece sentada foi exposta em uma vitrine do Museu do Traje e do Têxtil. De acordo com ela, a fotografia estava acompanhada do seguinte texto:

> Florinda Anna do Nascimento, conhecida como Folô, era cria da Fazenda Bom Sucesso em Cruz das Almas, de propriedade do Coronel Joaquim Inácio Ribeiro dos Santos e D. Ana Maria do Nascimento, Folô era crioula. Usava indumentária típica das mulheres de sua condição, mas não era escrava. Não é conhecido o ano de seu nascimento, sabe-se, entretanto, que carregou Dr. Ribeiro dos Santos, nascido em 1951. Faleceu em 11 de maio de 1931. Residia, então, em companhia do casal Isaura Ribeiro dos Santos Diniz Borges e Dr. Otaviano Diniz Borges.[23]

É de fato intrigante a afirmação de que "não era escrava", provavelmente se referindo ao momento da foto. Mas a expressão "cria da Fazenda" indica sua condição escrava e seu nascimento na fazenda Bom Sucesso/Cruz das Almas, de Joaquim Ignácio Ribeiro dos Santos. Em face desse conjunto de dados, concluímos que as fotos realmente são de Florinda Anna do Nascimento.

O traje que veste, conhecido como "traje de beca", representa sua posição cerimonial em solenidades das festas religiosas regionais nas quais as irmandades figuravam com destaque. Nesse contexto, deve-se ressaltar o papel desempenhado pela Irmandade da Boa Morte.

22. Instituto Cultural Brasil-Argentina de São Paulo. *Bahia: momentos del Barroco*. São Paulo: Buriti, 1988. Exposição realizada no Museu Nacional de Arte Decorativa de Buenos Aires, de 29 nov. a 23 dez. 1988.

23. FACTUM, Ana Beatriz Simon. *Joalheria escrava baiana: a construção histórica do design de joias brasileiro*. Tese (Doutorado). Faculdade de Arquitetura e Urbanismo da Universidade de São Paulo, São Paulo, 2009, p.239.

24. Cidade da Bahia era a forma corriqueira com que se referiam à cidade de Salvador.

25. As casas vizinhas eram de propriedade da Irmandade do Santíssimo Sacramento e do Convento do Carmo, e seus ocupantes pagavam foro, ou seja, aluguel.

26. Todas as referências e citações sobre Anna de São José da Trindade encontram-se em: Inventário e Testamento de Anna de São José da Trindade, 1823. Arquivo Público do Estado da Bahia, M. 2311; d. 02, 04/1840/2311/02.

Criada provavelmente em Salvador, a Irmandade da Boa Morte foi transferida para a cidade de Cachoeira, no recôncavo baiano, ainda na primeira metade do século XIX, onde se localizava a freguesia de Nossa Senhora do Bom-Sucesso da Cruz das Almas, na época e no local em que Florinda presumidamente havia nascido, na fazenda denominada Bonsucesso ou Cruz das Almas. Tomando como verdadeira a idade anotada no registro de óbito, Florinda teria nascido em 1828 e vivido até pelo menos meados do século XIX em Cruz das Almas, ou seja, até depois de ter completado trinta anos de idade. Teria ela pertencido a essa irmandade? Talvez, mas o traje de beca também era usado por mulheres de outras irmandades baianas, e as fotos associadas a Florinda foram tiradas bastante tempo depois, e em Salvador.

Outras mulheres também tiveram condições de adquirir essas indumentárias, cada uma com suas próprias trajetórias e características, mas todas aparentemente ligadas de alguma forma a grupos religiosos. O parentesco ritual criado nessas entidades permitia o estabelecimento de laços de solidariedade e identidade, tornando a sobrevivência menos penosa para as que, como Florinda, não tinham família presente.

ANNA DE SÃO JOSÉ DA TRINDADE

Em 16 de janeiro de 1823, testemunhas foram chamadas à casa de Anna de São José da Trindade, na ladeira do Carmo, cidade da Bahia,[24] para legalizar o testamento que ela, por não saber ler nem escrever, havia ditado a Manoel Gonçalves Pereira. Enferma, mas em seu "perfeito entendimento, e siso", determinou as medidas a serem tomadas para seu funeral e para os rituais *post mortem*, e detalhou os bens que seriam doados e a quem.

Suas casas, dois sobrados contíguos e uma loja, em "chãos próprios", faziam divisa, de um lado, com casas da Irmandade do Santíssimo Sacramento da rua do Passo e, de outro, com casas do Convento do Carmo.[25] Vivia com uma filha solteira, Josefa Maria da Conceição, que foi sua testamenteira e inventariante.

Declarou ser natural

da Costa da África de donde fui transitada para os estados do Brasil e cidade da Bahia aonde tenho residido até o presente fui escrava de Teodora Maria da Cruz, por me comprar em lote, a qual me libertou pela quantia de cem mil réis que lhe dei em dinheiro, e uma escrava nova, e por isso me passou a competente manumissão, que conservo em meu poder, e como liberta que fiquei sendo entrei no gozo da mesma liberdade, em a mesma encontro até a presente época [...].[26]

Foi, portanto, uma preta que comprou a própria liberdade, dando, por ela, um considerável valor em dinheiro e uma "escrava nova".[27]

A atividade de Anna de São José estava evidente: comércio de rua, pois em seu inventário foi descrita a propriedade das escravas Maria Angélica, angola, "de maior", e Maria Vitória, de nação hauçá (indicada em seu testamento como jeje), ambas do serviço de "ganhar na rua". Também determinou que sua testamenteira mandasse rezar dez missas pelas almas de "pessoas com quem tive contas e tratei negócios". Richard Graham, quem primeiro analisou esse documento, informa que ela tirou licença, em 1807, para vender de porta em porta ou armar barraca em espaço público.[28]

Além da venda pelas ruas, outro tipo de negócio foi explicitado em seu testamento: o empréstimo a juros, com penhor de joias. Francisco Manoel Figueiredo tomou-lhe emprestado quatrocentos mil réis, e as joias empenhadas — "um jarro e prato de prata, um par de fivelas de ouro de pés", uma coroa de Imagem de Santo Antônio, quatro voltas de colar, um par de botões, dois diademas, todos de ouro, e um anel de prata — acabaram incorporadas ao patrimônio de Anna, pois Francisco morreu e a viúva não pagou a dívida.

Não foi um bom negócio, pois a avaliação total das peças empenhadas alcançou menos da metade do valor emprestado: 196$990.

Anna de São José era solteira e declarou que teve cinco filhos — três homens, já falecidos quando da redação do testamento, e duas filhas vivas: Joana Maria de Santa Justa, casada com o capitão José Ferreira da Silva Feio, e Josefa Maria da Conceição, solteira, que vivia em sua companhia. A filha casada, entretanto, morreu entre março, quando da abertura do inventário, e setembro de 1823, momento da partilha. O capitão, agora viúvo, aparece na partilha assim descrito: "capitão José Ferreira da Silva Feio por cabeça de sua falecida mulher Dona Joana Maria de Santa Justa". Em casos como esse, o viúvo recebe o que caberia à esposa, porque ela, a esposa, ainda era viva quando do falecimento da mãe. Sendo casados por comunhão de bens, o homem teria direito à herança.

Havia um terceiro herdeiro necessário: "um meu neto filho legítimo de meu filho José de Souza [...] e por ser este falecido vem por representação de seu pai a ser meu herdeiro com as duas minhas filhas". Tinha ainda uma neta, Matildes, filha de sua filha Joana com o capitão José Ferreira da Silva Feio, casada com o professor Felipe Carlos Madeira.

Alguns aspectos de sua vida, e morte, nos revelam os caminhos pelos quais seus bens, adquiridos através de trabalho, estratégias e opções pessoais, foram parar em mãos de terceiros,

27. Sobre compra da alforria dando em troca outra(o) escrava(o), ver REIS, João José. "'Por sua liberdade me oferece uma escrava': alforrias por substituição na Bahia, 1800-1850". *Afro-Ásia*, n.63, 2021, pp.232-90.

28. GRAHAM, Richard. *Alimentar a cidade: das vendedoras de rua à reforma liberal (Salvador, 1780-1860)*. São Paulo: Companhia das Letras, 2013.

especialmente de homens. No caso, o marido viúvo de sua filha acabou sendo beneficiário de seu legado.

Ampliando a cena sobre a distribuição de bens pelos partidores do inventário, constata-se que a casa de dois sobrados foi dividida pelos três herdeiros necessários da inventariada: suas duas filhas e um neto. Essa casa, caso algum deles não tivesse recursos para comprar a parte dos outros, seria colocada em leilão, em "hasta pública", em expressão de época. Não temos certeza, claro, mas era o destino comum de imóveis partilhados por herdeiros. Quem comprava? Normalmente, empresários(as), talvez até mesmo outra "Anna de São José", pois, no decorrer do século XIX, com o processo de abolição do tráfico de escravizados e, depois, da própria escravidão, o investimento principal não só de ex-escravas, mas de famílias poderosas, como a Ribeiro dos Santos, foi direcionado para bens imóveis.

Pelas leis então em vigor, um(a) proprietário(a), através de testamento, poderia dispor de um terço de seus bens para quem lhe aprouvesse. Anna de São José fez questão de informar que era solteira. Podia, portanto, dispor de um terço do total de seus bens; os outros dois terços ficariam para seus herdeiros. Anna de São José privilegiou mulheres, mesmo tendo um neto declarado. Os legados foram preferencialmente para suas filhas e netas:

> possuo mais uns bentinhos de armas de ouro com [...] cordões grossos — um rosário grosso de ouro — um breve também de ouro com cordões do mesmo, que se entende quatro voltas, [...] uns corais vermelhos engrazados, ou enfiados em cordões de ouro, que deixo a minha neta Maria juntamente com uma colher e garfo de prata; [...] um crucifixo também de ouro com três varas de cordões do mesmo; outros bentinhos com armas também de ouro e cordões mais finos, que deixo à minha neta Matilde, e dois pares de botões de ouro.

A neta Maria, solteira, foi a mais bem aquinhoada na destinação da terça da falecida, com valor de 198$900; a casada, Matilde, recebeu 59$580. Nada foi doado ao neto.

Anna de São José elencou um conjunto de bens significativo que revela uma grande capacidade de superação de limites quanto à sua origem, pois, vinda da África como escravizada, conquistou a liberdade e se tornou uma bem-sucedida mulher de negócios na virada do século XVIII para o XIX. Não foi a única, nem a mais rica delas, mas é uma das poucas sobre as quais pudemos, hoje, ter acesso a dois documentos: testamento e inventário.

ROSA MARIA DE PAIVA ALELUIA

Rosa Maria de Paiva Aleluia era filha natural de Francisco de Santo Iago, crioulo, e de Maria de Aleluia, de nação jeje. Residia em "frente da fonte de Santo Antônio Além do Carmo" e redigiu seu testamento em 1842[29] — mesmo ano em que veio a falecer, em 30 de julho. Declarou a propriedade do sobrado em que morava, de oito escravos(as) e de vários bens.[30]

Apesar de ter nascido no Brasil e de a própria mãe ter deixado um legado de grande monta para uma ex-escravizada, no valor de 4:000$000, Rosa foi enfática ao esclarecer a origem de sua fortuna:

> declaro que os bens que possuo foram adquiridos pelo meu trabalho, e suor do meu rosto, com grandes fadigas, em cujo tráfico, adquiri também não pequenas moléstias, que me padeço, sem que mesmo meu marido, ou outro algum parente me ajudasse a ganhar, e muito menos, eu herdasse de pessoa alguma; provendo-me em tais termos, livre a minha vontade, ao direito salvo, para instituir por herdeiro, a quem eu quiser, como passo a fazer.

Sem filhos ou outros herdeiros necessários, escreveu que "não tenho filhos, e nem os tenho ilegítimos, sendo-me por isso permitido instituir por herdeiro a quem me parecer conforme a lei".

Com essa convicção, Rosa deixou uma carta lacrada e secreta em poder de Veridiana Maria de Lima, alforriada e considerada por ela pessoa de sua total confiança. A carta foi aberta em janeiro de 1843 e registrada em juízo, por conta de uma petição de seu marido, o "ingrato" que a abandonou. Nela, descreveu uma quantidade expressiva de bens, em particular joias, e a quem deveriam ser destinados. Supomos que ela entrou com processo de separação de corpos e de bens, o que Alexandre não teria aceitado, motivo pelo qual ela redigiu essa carta particular, no intuito de impedir que o ex-marido — como ela o considerava — tivesse acesso a seus bens.[31]

Esses bens eram significativos e incluíam papel-moeda, moedas em metal, ouro e prata lavrados e joias valiosas. Foram resumidos da seguinte forma:

> Dinheiro: 212 moedas de 4$000; 123 moedas do 6$400; Nove dobrões de 25$600; 55 onças hispanhões [sic]; 820 patacões; 3:200$000 em moeda papel; 8:890$000 em dinheiro; Ouro lavrado: 24 libras; Prata lavrada: 50 libras; Joias: uma Medalha de ouro cravada de diamantes; Dez voltas de cordão de ouro;[32] um par de brincos de ouro; um par de brincos de filigrana de ouro; um rosário de ouro; uma jiboia grande com oito palmos e meio de comprido; um cruci-

29. As citações a seguir estão no testamento de Rosa Maria de Paiva Aleluia. Arquivo do Estado da Bahia, Seção Judiciária, Livro de Registro de Testamentos n.29 (1842), 09/04/1842 a 13/01/1843. fls.92-9.

30. Deve-se ressaltar que testamentos não precisam, necessariamente, incluir menções detalhadas dos bens do(a) testador(a). Os inventários *post mortem*, sim, devem apresentar todos os bens passíveis de ter valor no mercado.

31. Os casamentos eram realizados sempre na igreja católica e valiam como aliança civil no que se referia à partilha de bens. Normalmente, eram matrimônios com meação de bens entre os cônjuges, ou seja, todos os bens adquiridos pertenciam a ambos e, quando um deles falecia sem deixar descendência, o remanescente se tornava proprietário do conjunto. O conjunto de bens era denominado de "casal".

32. Indicar o número de voltas de cordão de ouro era comum nos testamentos e inventários a que tivemos acesso. No retrato de Florinda Anna do Nascimento, há um cordão de três voltas, além de colar de bola e outro de argola.

33. Rosa indicou o nome de todas as quatro afilhadas para quem deixou legado e de um afilhado, de nome Severino, mas para o segundo afilhado informou: "deixo a meu afilhado que está em casa de Ana Clara cinquenta mil réis".

fixo de ouro com o Santo Senhor dentro; uma cruz com seis voltas de cordão de ouro; Um relicário com quatro voltas de cordão, tudo de ouro; Prata: uma salva de prata de moo [sic] copo grande; um relógio de patente de caixa de prata; Escravas: Brígida, Esperança, Maria do Bonfim, Emília, Anna crioula, Bárbara crioula, Maria dos Passos; Ouro empenhado em sua mão.

Os legados destinavam-se essencialmente a pessoas do seu círculo pessoal, principalmente mulheres, em especial suas ex-escravizadas, crias e afilhadas. Deixou valores também para alguns — poucos — homens, como João Simões Coimbra (este indicado como seu primeiro testamenteiro) e dois afilhados, sendo que, de um deles, ele nem sequer sabia o nome.[33]

Grande atenção foi dada a Lúcia Maria de Lima, sua cria, para quem a mãe de Rosa, Maria de Lima, havia deixado de legado quatro contos de réis (4:000$000) para compor seu dote, quando se casasse, e ainda a beneficiou com mais dois contos de réis (2:000$000), oito libras de ouro lavrado e dez libras de prata lavrada, tudo "em nome do amor de criação" que lhe tinha, da "fiel companhia" que lhe fez e como "remuneração pelos quatro contos de réis", que eram dela, que colocou "no giro" de seu negócio. Também lhe atribuiu três escravas de nomes Emília, Ana crioula e Bárbara, também crioula, em troca dc Dionísia c Lcopoldina, que havia alforriado, e de Carlota, que havia sido vendida. Argumentou que as escravizadas haviam sido compradas com o dinheiro da própria Lúcia Maria de Lima.

Lúcia Maria de Lima era filha de Veridiana Maria de Lima, ex--escravizada de Rosa e a principal indicada, no testamento, como pessoa de sua total confiança. Rosa foi explícita em seu testamento (que não foi colocado em suspeição), datado de 8 de setembro de 1842:

> a Veridiana Maria de Lima, que libertei, casei e dotei, pelos seus relevantes merecimentos e pelos bons serviços e muita fidelidade com que sempre me prestou, ajudando-me a ganhar o que hoje possuo, fazendo-me constantemente uma fiel companhia até o presente quem também deixo a caixa com as figuras presépio do senhor Deus menino.

Rosa ainda nomeia como herdeira Lúcia, filha legítima de Veridiana e Manoel Cipriano Marques da Silva, já mencionados:

> por que a mesma herdeira [Lúcia Maria de Lima], que instituo, fica pertencendo tudo o que remanescer de meus bens, sendo que ao tempo de meu falecimento ainda seja menor, ficará tudo na administração do meu primeiro testamenteiro, que o reconheço como

[...] muito probo e capaz de ser seu tutor, e por tal nomeio, assinando o respectivo termo no Juízo competente, até que a mesma herdeira tenha idade suficiente para receber sua herança, ou tomar estado; declaro que o é minha vontade, e quero que se cumpra para que os sobrados, em que moro defronte da Fonte de Santo Antônio seja contemplado no quinhão que se fizer a dita minha herdeira; além dos mais bens que lhe possam tocar; no que em nada prejudica a meação de meu marido, que pode pretender nos mais bens do casal; por haver ainda mais casa, móveis, escravos. Que tudo meus testamenteiros, qualquer que aceite esta testamentaria, não ignorarão; 31. Declaro que possuí algumas peças de ouro lavrado, e prata; algumas por justos motivos, e contribuições indispensáveis, me foi obrigada a dispor delas, e por isso já não existem. 32. Declaro que tendo algumas disposições particulares a fazer, mesmo para desencargo de minha consciência, para esse fim, deixo uma carta fechada a meu testamenteiro para este abrir, e dar cumprimento as disposições que na mesma determino, não sendo obrigado a apresentá-la em juízo, por pessoa alguma, em ???? a ex-ofício, porque o reconheço de inteira honra, e capacidade digo honra e capacidade de dar cumprimento a tudo, sem o menor incômodo, devendo por consequência ter a minha carta, sua validade, e devido efeito.

No testamento de Rosa Maria, ditado em 20 de maio de 1842, houve referência explícita à carta lacrada em poder de Veridiana. Mas o viúvo de Rosa, Alexandre Alves Campos, e Thomé Manoel Martins, "por cabeça de sua mulher", em 25 de janeiro de 1843, entraram com uma petição alegando que a carta em poder Veridiana Maria de Lima não havia sido entregue ao testamenteiro, com o objetivo de ocultar os objetos nela descritos. Solicitaram que o documento fosse registrado nos lugares competentes. Foi acrescentado ao lado, na margem da petição, que essa carta havia sido considerada falsa pelo Tribunal do Juri de 17 de junho de 1844. O argumento principal foi por ter sido recebida, pelo viúvo, aberta, como ele próprio declarava na petição:

> mas os suplicantes puderam obter a referida Carta, que lhes veio à mão já aberta, e que não obstante deva ser registrada no Livro competente como parte do testamento, e em outros lugares onde for necessário, e por isso pedem a vossa senhoria se digne mandar fazer o competente registro.

Consideramos que a carta era verdadeira, e realmente continha determinações estabelecidas por Rosa Maria, as quais ela não queria que se tornassem conhecidas principalmente de seu marido

34. Cf. FARIA, Sheila de Castro. *Sinhás pretas, damas mercadoras. As pretas minas nas cidades do Rio de Janeiro e de São João Del Rey (1700-1850)*. Tese (Titular em História do Brasil). Departamento de História da Universidade Federal Fluminense, Niterói (RJ), 2004.

que, de alguma forma, a ela teve acesso. Ela mesma ditou para um escrivão e provavelmente foi apresentada ao seu testamenteiro, que não a registrou, porque eram determinações pessoais e porque ele, o testamenteiro, devia concordar com elas. O objetivo do marido era que os bens nela descritos fossem considerados como bens do casal, de modo que metade deles ficariam a ele pertencendo. A carta, entretanto, como já referido, foi considerada falsa.

Sendo ou não contempladas, as pessoas e entidades que Rosa objetivava beneficiar, em sua carta particular, eram: Senhora do Rosário dos Quinze Mistérios e Nossa Senhora da Conceição do Boqueirão (presumimos que são irmandades); quatro afilhadas e dois afilhados; cinco crias — três mulheres e dois homens; quatro homens, sendo três sem indicação de função ou parentesco e um como primeiro testamenteiro; dez mulheres, somente quatro delas identificadas: a ex-escrava Veridiana Maria de Lima e sua filha Lúcia Maria de Lima (referida como "minha cria"); a irmã (Inês Dantas Barbosa); e uma mulher, Joaquina, que havia prestado serviço de curativos para suas escravas por dez anos, no largo do Rocha.

Impressiona a forma como Rosa tentou impedir que seu marido tivesse acesso a esses bens. Nela, argumentou que a justiça seria ele não ser considerado meeiro de seus bens, porque apartado dela há tempos.

Mesmo que não saibamos com certeza com quais pessoas os bens referidos nas cartas ficaram, se com o meeiro ou com os que Rosa Maria elencou, podemos observar claramente que o objetivo de homens — em especial, os maridos — era se beneficiarem dos recursos adquiridos por mulheres e a extraordinária tentativa de mulheres para impedir esse acesso. Isso pode ser generalizado, porque Rosa não foi a única. Houve muitos casos de mulheres negras que, em épocas distintas, lutaram para manter a tradição de passar para outras mulheres o fruto de seu trabalho.

Mulheres como Rosa, cuja mãe nasceu na África Ocidental (indicada como jeje, no testamento de Rosa), compartilhavam um padrão de sucessão de bens que excluía homens, parentes ou não. O sistema de herança na África Ocidental, em geral, excluía a esposa de receber bens do marido, quando falecido, assim como de homens os receber de suas esposas. A sucessão se dava, via de regra, de pais para filhos e de mães para filhas.[34] Rosa estava utilizando, certamente, estratagemas para garantir a sucessão para pessoas elencadas por ela, pois não tinha filhos, e queria a exclusão de seu marido na partilha dos bens inventariados. Para isso, escondeu uma grande quantidade deles dos registros legais.

MARCELINA DA SILVA

Mais de quarenta anos depois da morte de Rosa, agora em 1885, outra mulher, Marcelina da Silva, natural da "Costa da África", mãe de "uma filha natural de nome Magdalena" e casada com Miguel Vieira da Silva, conforme seu testamento, faleceu, em 27 de junho. O inventariante de seus bens, inicialmente, foi o marido.

A filha, Magdalena, disputou com o marido da mãe o cargo de inventariante. Todos os bens imóveis da mãe estavam em nome dela, o que desagradou sobremaneira o viúvo. Magdalena, por sua vez, afirmou que só soube dessa titularidade depois da morte da mãe. Reclamou da venda de joias feitas por ele para despesas com o funeral, como oratórios, pulseiras e colares. No embate, Magdalena venceu, e substitui o viúvo na função de inventariante um ano depois do início do inventário, em 25 de novembro de 1886.

Os pesquisadores Lisa Castillo e Nicolau Parés tiveram acesso a diversos documentos envolvendo Marcelina da Silva e detalharam sua trajetória de vida. Assim como Anna de São José e Rosa Maria, uma das atividades a que se dedicava Marcelina era o empréstimo de valores a juros. Os autores descreveram uma dessas transações, mas deve ter havido outras. No caso referido, João Domingos dos Santos tomou, em maio de 1850, 350$000 com penhor de uma escrava nagô de nome Felicidade, com prazo de oito meses para pagamento. Uma semana depois de vencer o prazo, Marcelina já entrava com o embargo da escrava para pagar a dívida.[35]

Marcelina[36] tem uma história bastante curiosa, pois, junto com seus ex-senhores, Francisca da Silva e José Pedro Autran — considerados os fundadores do candomblé da Casa Branca — e a filha Magdalena, foi para a África em fins de 1837. Essa viagem provavelmente está inserida no mesmo movimento que levou vários ex-escravizados de religião muçulmana a escaparem da perseguição policial ocorrida após a Revolta dos Malês, de 1835, da Cemiterada, de 1836, e em pleno início da Sabinada, de 1837, em Salvador.

Essas viagens não eram raras, mesmo em período sem crises, pois há, no testamento de Anna de São José, de 1823, referência a ela ter contraído um empréstimo para que seu filho José de Souza preparasse sua viagem para a Costa da Mina. Segundo ela,

> tomei trinta e dois mil réis, a risco, e porque as não pagou paguei eu a dita quantia, e por isso com ela deve entrar a colação o herdeiro seu filho e meu neto assim como com a quantia de sessenta mil réis que tanto dispendi no Ofício de Corpo presente e missas que pela sua alma fiz celebrar.[37]

35. CASTILLO, Lisa Earl; PARÉS, Luis Nicolau. "Marcelina da Silva e seu mundo: novos dados para uma historiografia do candomblé Ketu". *Revista Afro-Ásia*, n.36, 2007, p.130.

36. Os dados indicam pontos em comum entre essas mulheres, em torno de uma religiosidade própria da África ocidental, sobretudo o culto vodum de mulheres jeje que, no caso de Marcelina, está mais explícita, pois se trata de Obá Tossi, a segunda ialorixá do Terreiro da Casa Branca do Engenho Velho de Brotas, que originou o Gantois.

37. Inventário e Testamento de Anna de São José da Trindade. Op. cit.

38. Ibid., p.130.

39. No inventário da esposa de José Joaquim Ribeiro dos Santos, Jesuína Ribeiro dos Santos, foram elencados 37 imóveis urbanos e uma "roça" na freguesia de Brotas, em Salvador. A fazenda de seu pai, denominada Bom Sucesso ou Cruz das Almas, registrada em 1857, não mais fazia parte dos bens da família. Em 1911, quando da morte de José Joaquim, nem mesmo a "roça" no agora denominado distrito de Brotas existia. Cf. Inventários de: Jesuína Ribeiro dos Santos, op. cit.; José Joaquim Ribeiro dos Santos, op. cit.

Não sabemos qual foi a data desse empréstimo ou se esse filho realizou a viagem, mas temos certeza de que os valores investidos nela, assim como os que foram gastos para seu funeral, foram devidamente descontados da herança a que seu neto tinha direito por lei.

Os ex-senhores de Marcelina faleceram na África, mas ela e Magdalena, com dois filhos lá nascidos, voltaram para a Bahia.

Entre 1844 e a data de seu falecimento, 1885, Marcelina se tornou proprietária de pelo menos dezoito escravizados, a maioria constituída de mulheres adultas nagôs e seus(as) filhos(as) crioulos(as). Foi descrita no seu registro de óbito como "ganhadeira", investiu na compra de escravizadas(os) nos anos 1840 e 1850 e, nos anos seguintes, adquiriu imóveis. Foram esses imóveis colocados em nome de Magdalena, para desgosto de Miguel, que somente descobriu o fato quando da morte da esposa.

Marcelina parece ter seguido um padrão comum entre os libertos daquela época: inicialmente, compravam escravos de ganho e, com o lucro deles, investiam depois em imóveis, que, por sua vez, geravam renda com os aluguéis. Se, como vimos, nas décadas de 1840 e 1850 Marcelina investiu principalmente em escravos(as), a partir do fim da década de 1850 ela passou a acumular propriedades imobiliárias.

Isso pode ser explicado também pela alta do preço dos cativos após o fim do tráfico atlântico,[38] investimento comum até mesmo para famílias consideradas brancas, como a dos Ribeiro dos Santos, na segunda metade do século XIX.[39]

A reclamação de Magdalena por ter o marido da mãe disposto das joias sem seu conhecimento ou aceitação, a ausência de legados a parentes do sexo masculino de Anna de São José e a luta de Rosa Maria de Paiva Aleluia para excluir o marido da posse de suas joias demonstram o apreço que essas mulheres tinham por seus objetos de ouro e prata, que não deviam estar em mãos masculinas, mas, sim, em poder de quem elas elencaram como suas herdeiras, quer dos bens, quer da posição social e religiosa que ocupavam.

AS JOIAS E AS VESTES DE FLORINDA: UMA TRAJETÓRIA POSSÍVEL

Analisamos esses três casos de mulheres que deixaram registros documentais sobre suas vidas em três momentos do século XIX: em 1823/4, época próxima a de quando Florinda nasceu; em 1842, quando ela era uma jovem mulher e estava em trânsito entre o interior e a capital da Bahia; e em 1885, época em que provavelmente foi fotografada em algum estúdio fotográfico de Salvador. A importância desses relatos é demonstrar a forma como os bens de mulheres negras enriquecidas eram, quando elas faleciam, dispersados no momento de sua morte, repassados a herdeiras(os), beneficiárias(os) ou até mesmo maridos indesejáveis. Não foi o caso de Florinda, que não pode dispor de seus bens através de um testamento. Eles foram compor as coleções de famílias prestigiadas e ricas da Bahia da primeira metade do século XX.

Entendemos que mulheres como Florinda Anna do Nascimento, vivendo junto ou próxima de uma família de elite, por décadas, devem ter tido dificuldade em se desvencilhar de sua influência. Sem dúvida obtinham ganhos, mas é condição bem diferente da de mulheres que tradicionalmente acumulavam pecúlio, constatado por pesquisas documentais exaustivas sobre negras alforriadas e ricas em Pernambuco, Rio de Janeiro, Minas Gerais etc., e pelos exemplos elencados anteriormente. A maioria delas tinha pelo menos algumas das seguintes características: nascida na África, sem filhos, proprietária principalmente de mulheres escravizadas e de casas, joias e vestes valiosas. As mulheres escravizadas de proprietárias forras ricas tinham condições mais favoráveis para trilhar caminhos autônomos de reafirmação de sua identidade e de sua potência do que uma com o perfil de Florinda.

Mas a foto indica uma evidente e profunda ligação com a comunidade e a sociedade negras de Salvador, pois se vestia e se ornava com elementos simbólicos a elas associados. Podemos até supor que a mulher retratada não era Florinda, mas a indicação, no verso da foto, de ter sido uma cozinheira, a coloca no mesmo contexto: uma negra escravizada ou empregada de família de prestígio naquela sociedade.

Consideramos que é justamente o fato de as joias estarem preservadas em sua quase totalidade que pode explicar a situação incomum de Florinda entre mulheres negras alforriadas que tiveram acesso a bens para comprar suas vestes e adereços. São o traje de beca e as joias a ele correspondente que se destacam na fotografia como símbolo do poder e da importância da mulher retratada.

Alberto M. M. Catharino, como grafado no verso de uma das fotos, era marido de Leocádia M. Catharino, cujo nome completo era Leocádia de Sá Martins Catharino, a doadora, para o Instituto Feminino da Bahia, da foto da mulher negra sentada, e "José de Sá" era seu pai. Portanto, Leocádia doou uma foto de uma pessoa que teria sido cozinheira de sua família e cujas joias acabaram nas mãos da família de seu marido. Estavam todos, fotos, modelo, joias e a família Catharino, ligados.

Alberto M. M. Catharino faleceu em 1942, então uma das fotos teria sido doada antes desse ano, levando-nos a imaginar — mas

40. OLIVEIRA, Maria Inês Corte de. *O liberto: o seu mundo e os outros.* Dissertação (Mestrado em Ciências Sociais). Universidade Federal da Bahia, Salvador, 1979, p.107.

só imaginar — que a compra das joias e o aceso às fotos pela família se deu antes dessa data e depois de 1931.

Também é sugestivo o fato de as indumentárias ricas cotidianas portadas por Florinda Anna do Nascimento terem acabado no acervo de um dos museus criados e presididos justamente por Henriqueta Catharino, irmã de Alberto M. M. Catharino e cunhada de Leocádia. Foi esse casal que ofertou as fotos ao instituto e foram seus herdeiros que, mais tarde, venderiam as joias ao antiquário Itamar Musse.

A trajetória dessas joias é um mistério. Suspeitamos, entretanto, que, quando da morte de Florinda, em 1931, as roupas e as joias que guardava foram para as mãos da família a que ela esteve ligada, os Ribeiro dos Santos. Ressalte-se que Florinda não tinha filhos nem parentes, portanto, sem herdeiros necessários, e faleceu sem testamento. Como já argumentado, em verbas testamentárias era enorme o cuidado de mulheres negras proprietárias de bens em garantir quem receberia suas roupas, joias e escravizadas(os). Em 1931, estavam vivos, da família Ribeiro dos Santos, Anna Adelaide, Isaura Augusta e Álvaro Ribeiro dos Santos. Não seria incomum um deles ter se considerado herdeiro delas e as vendido ao colecionador Catharino. Mas, claro, trata-se aqui apenas de suposições.

Há outras questões importantes. Florinda, em sua condição de nascida no Brasil e ligada a uma família específica da elite, teria conseguido juntar pecúlio suficiente para adquirir o traje de beca e as joias? Tudo indica que sim.

No que se refere a Salvador, Bahia, a historiadora Maria Inês Corte de Oliveira[40] identificou 121 mulheres nascidas na África entre as 147 testadoras do período que vai de 1790 a 1850, ou seja, 82,3% do total, com predomínio das indicadas como oriundas da Costa da Mina. Isso significa que eram elas, as nascidas na África, as que mais tinham condições de acumular pecúlio, uma vez que só fazia testamentos quem tinha bens a deixar. Para a segunda metade do século, essa proporção aumenta, pois a autora calculou 95,8% de testadoras nascidas na África. Mas, mesmo em número reduzido, havia as nascidas no Brasil, compondo o grupo enriquecido de mulheres negras.

No caso dessas africanas, a urgência de redigir um testamento se ampliava por não contarem ascendentes nem descendentes consanguíneos legalmente aptos pela lei a se tornarem seus herdeiros. Tinham, então, de nomear os destinatários de seus bens através de verbas testamentárias. O cumprimento ou a prestação de contas se dava diretamente nos órgãos competentes, sem necessidade de abrir inventário, quando não havia herdeiros necessários.

Sugerimos que era importante para Florinda participar das festas e cerimônias religiosas, e com indumentária adequada. A aquisição dessas peças seria resultado da doação que ela recebera em testamento de Joaquim Ignácio Ribeiro dos Santos, no valor de 500 mil réis? Que quantidade de joias poderia ser compradas com esse valor?

No inventário de Rodrigues Pereira Dutra, barão de Iguape, foram elencadas as seguintes joias e seus respectivos valores: de prata, foram dados a inventário um aparelho para chá completo pesando mil e cem oitavas, avaliada cada oitava a trezentos réis, somando 330 mil réis; diversos objetos do mesmo metal, de "obra antiga", pesando todas elas 11.594 oitavas, avaliada cada oitava a $160 (cento e sessenta réis), somando 1:355$000. Os três objetos de ouro foram assim avaliados: um relógio de ouro, sem uso, avaliado em 100 mil réis; uma cadeia pra relógio de ouro avaliada em 50 mil réis; um relógio de ouro avaliado em 150 mil réis.[41]

Mesmo sendo uma avaliação de joias de ano posterior à morte de Joaquim Ignácio, momento em que Florinda estaria apta a receber a doação, podemos considerar que o valor de 500 mil réis recebidos por ela, significativo, sem dúvida, poderia dar conta de algumas poucas joias das que portava. Ela, certamente, exercia outras atividades que lhe permitia acumular pecúlio. Infelizmente nada em termos documentais pode ser provado.

A antropóloga Heloisa Alberto Torres apresentou sua tese para concorrer à cátedra de Antropologia e Etnografia da Faculdade Nacional de Filosofia da Universidade do Brasil, em 1950. O título do trabalho é bastante sugestivo: *Alguns aspectos da indumentária da crioula baiana*. Torres entrevistou "crioulas", senhoras brancas (ou tidas como tal) e fez um relato pormenorizado sobre a principal peça que representava a crioula: o pano da costa. Mas foi além. Chegou às saias e camisus,[42] em detalhes, definindo o que era usado em cada ocasião. Descobriu que havia trajes para cada atividade: o trabalho cotidiano de rua, a missa na igreja católica, as festas de sua irmandade e os rituais do candomblé. Descreveu o traje de beca em minúcias, porque o viu e entrevistou aquelas que o usavam. Assim, em um trabalho excepcional, conseguiu explicar os motivos práticos de todas essas peças.

Foi uma pioneira, sem dúvida. O que mais nos interessa, entretanto, é o fato de a autora ter realizado pesquisa oral com pessoas ligadas ao Instituto Feminino da Bahia. A antropóloga declarou que as "coleções de vestimentas de crioulas baianas, pertencentes ao Instituto Feminino da Bahia, em Salvador, foram minuciosamente estudadas".[43]

Uma dessas entrevistadas foi justamente Anna Adelaide Ribeiro dos Santos, neta do primeiro senhor de Florinda, Joaquim Ignácio Ribeiro dos Santos, provavelmente por conta dos trajes atribuídos a Florinda e incluídos no acervo do Instituto Feminino, que Torres infor-

41. Inventário de Rodrigues Pereira Dutra, barão de Iguape. Arquivo Público do Estado da Bahia, Tribunal de Justiça, série Inventário, seção Arquivos Judiciários, 02-519-964-17 (1888/1892).

42. Camisu é uma peça de roupa que vai até a cintura, usado no dia a dia. Ver TORRES, Heloisa Alberto. *Alguns aspectos da indumentária da crioula baiana*. Tese (Concurso para provimento da Cátedra de Antropologia e Etnografia). Faculdade Nacional de Filosofia da Universidade do Brasil, 1950, apud *Cadernos Pagu*, n.23, jul.-dez. 2004, pp.413-67, 439-40.

43. TORRES, Heloisa Alberto. Op. cit., p.416.

44. Ibid. Grifos nossos.

45. Cf. "Introdução", em TORRES, Heloisa Alberto. Op. cit.

46. Sentimento semelhante é encontrado no livro BITTENCOURT, Anna Ribeiro de Goes. *Longos serões no campo*. 2v. Rio de Janeiro: Nova Fronteira, 1992.

mou ter analisado profundamente. Que informações poderia Adelaide ter fornecido a Heloisa? Uma, certamente, seria a de que Florinda era uma "crioula ligada à casa dos senhores", no caso, da família da própria entrevistada. Foram, portanto, pessoas ligadas ao Instituto que lhe forneceram as informações sobre as roupas de "crioulas". O fato é que, a partir dessa pesquisa, Heloisa chegou à seguinte conclusão:

> A crioula baiana, sob a inspiração de tradições firmemente implantadas e dominantes na vida familiar e religiosa brasileiras, embalada pela lembrança direta ou tradicional de uma pátria distante a que fora arrancada, resistiu no ambiente a muitos títulos avassaladores que encontrou. Reagiu aos constrangimentos impostos e, numa lenta assimilação de traços de cultura das classes elevadas, *que o seu juízo estimava como mais dignificadores ou mais aptos a conferir prestígio*, deu surto a um *novo tipo cultural*. Caracterizando pela aspiração constante de subir na escala social, que lhe inspirava todos os meios de intromissão na vida íntima da família senhorial; por uma nova expressão feminina no mundo estético; pela direta participação nas atividades econômicas; por uma atuação dominante no terreno da religião que contribuiu para estruturar. Formou conceitos bastante fortes para pautar diretrizes de comportamento e da expressão de *um tipo regional dos mais marcados*.[44]

Florinda Anna do Nascimento poderia ser um exemplo desse "novo tipo cultural" referido por ela. Anna Adelaide Ribeiro dos Santos Dantas nasceu em 1877 e, na década de 1940, quando Heloisa Alberto Torres fez sua pesquisa com entrevistas orais, tinha entre 65 e 70 anos.[45] Fazia parte de uma geração da elite senhorial que conheceu a escravidão quando bem jovem e amargou seu fim. Como muitas de sua época,[46] deve ter criado uma explicação romantizada para definir o relacionamento entre a família e as escravizadas domésticas, em particular com Florinda.

Heloisa Alberto Torres, contudo, foi além e percebeu que havia histórias de vidas de negras bem distantes da influência de famílias de elite ricas e com trajetórias autônomas nas organizações religiosas. Reconheceu o fato propondo uma hipótese:

> A indumentária da crioula baiana constitui-se primeiramente em trajo de gala [traje de beca] e já estava bem caracterizada em meados do século passado [XIX]. Foi das ricas; nunca se difundiu muito porque seu custo era elevadíssimo, mas ainda hoje há velhas que possuem o seu trajo de beca. [...] Não me consta seu uso atualmente.

Da classe social de que esse trajo é um dos característicos, duas correntes derivaram: a da crioula que depois da abolição continuou ligada à casa dos senhores e a da crioula que se incorporou aos negros livres e com eles prossegue no caminho cada vez mais marcado da afirmação da sua classe. A primeira teve o seu apogeu em fins do século passado e primeiras décadas deste; está desaparecendo sensivelmente. A segunda, embora sua representação nas ruas esteja perdendo terreno, *arregimenta-se em grupos sociais religiosos e continua como uma fonte viva de inovações em vários campos de atividade.*[47]

Embora estimativas de idade em registros paroquiais de óbito ou em atestados de óbito civil (após a instauração da República)[48] não sejam de total confiança, o certo é que os 103 anos atribuídos a Florinda em seu registro indicam que teve vida longa. Ela poderia ter sido tudo isto: escravizada da família Ribeiro dos Santos, legatária do valor de quinhentos mil réis pelo testamento de Joaquim Ignácio, cozinheira da família de José de Sá e proprietária das joias que portava na fotografia. Em suma, dependia de sua etapa da vida. Florinda viveu por muito tempo e presenciou mudanças radicais, como o fim efetivo do tráfico atlântico (1850), a abolição da escravidão (1888), a Proclamação da República (1889) e até mesmo uma revolução, a de 1930.

Florinda Anna do Nascimento representa um conjunto de mulheres negras que enriqueceu. Através da materialidade de sua pessoa, de suas posses e de sua história, podemos ter uma ideia de muitas outras que ultrapassaram inúmeras barreiras para conquistar dignidade e respeito.

Deve-se ressaltar que se trata de exceção, pois a maioria das escravizadas, mesmo após ser liberta, se manteve no anonimato e na pobreza, e dessas mulheres só temos conhecimento através de registros seriados ou quantitativos. As que amealharam pecúlio puderam ter seu sucesso comprovado através de testamentos, inventários e, no caso de Florinda, em vestimentas, joias e fotos resguardadas em museus ou em poder de colecionadores. As joias eram de propriedade dessas mulheres, e seus materiais formatos faziam deles mais do que adereços para embelezar: simbolizavam lugares sociais e religiosos e as origens culturais africanas de quem as portava.[49]

Florinda era nascida no Brasil, mas parece ter carregado em sua história de vida uma bagagem cultural africana e mestiça partilhada por outras de seu tempo.[50]

47. TORRES, Heloisa Alberto. Op. cit., p.446.

48. Até a década de 1880, predominavam os registros eclesiásticos como comprovação de direitos civis. A obrigatoriedade do registro civil de nascimento, casamento e óbito demorou muito para ser implementada como norma em todo território brasileiro.

49. A esse respeito, ver, por exemplo: SILVA, Simone Trindade Vicente da. *Referencialidade e representação: um resgate do modo de construção de sentido nas pencas de balangandãs a partir da coleção Museu Carlos Costa Pinto.* Dissertação (Mestrado em Artes Visuais). Universidade Federal da Bahia, Salvador, 2005; MONTEIRO, Juliana. Op. cit.

50. Para conhecer histórias de outras mulheres negras, inclusive as que transitaram pelo Atlântico, ver FARIA, Sheila de Castro; REIS, Adriana Dantas (orgs.). *Mulheres negras em perspectiva: identidades e experiências de escravidão e liberdade no espaço atlântico (séculos XVII-XIX).* Feira de Santana, BA: UEFS Editora; Cantagalo, RJ: Editora Cantagalo, 2021.

51. SILVA, Antônio de Moraes e. *Dicionário da língua portuguesa*. 1.ed. Lisboa: Typografia Lacerdina, 1813 (1789), tomo I, p.349.

À GUISA DE CONCLUSÃO: CRIOULA OU BAIANA?

A utilização do termo "crioula" para se referir a joias e trajes de mulheres negras, encontrado principalmente em trabalhos relacionados à história da arte, para a Bahia, é comum. Historiadores da escravidão, em geral, não usam essa expressão para se referir às personagens que analisam. É inexata, quando referida a um especial período cronológico, como a partir das últimas décadas do século XIX e início do XX, e certamente pejorativa tanto antes quanto agora, porque define uma marca social ao indicar um passado escravizado da pessoa ou de seus familiares.

O termo "crioula" para qualificar os elementos da indumentária negra, como é feito em museus e em trabalhos em história da arte, de letras ou de design, nos intriga. Não foi objeto de questionamento específico por parte de historiadores que, é verdade, pouco transitam em espaços além dos campos específicos de suas áreas de estudo. É necessário fazer esse histórico e, certamente, aqui, não daremos conta de todos os aspectos. Mas é um início.

Primeiro, é preciso entender que pelo menos até o fim da escravidão, no Brasil, o termo "crioula" se referia a uma criança nascida na escravidão, ou seja, filha de mãe escravizada. A condição escrava seguia o ventre; portanto, um filho ou filha de mulher escravizada é referido(a) como "crioulo(a)", independentemente da condição jurídica do pai.

No dicionário de Antônio Moraes e Silva, com primeira edição em 1789, "crioulo" significa "escravo que nasce em casa do senhor; o animal, cria que nasce em nosso poder; v. g., galinha crioula, que nasce e se cria em casa, não comprado".[51] Assim, o termo "crioulo(a)" faz parte de uma situação de escravizados, de propriedade, de mercadoria, não de libertos ou livres.

Obviamente que essas denominações são regionais, mas nada indica que em qualquer lugar do Brasil, no período escravista, como a Bahia, se utilizasse o termo "crioulo(a)" para se referir a uma pessoa liberta. Normalmente, era usada a expressão "pardo(a)", que se referia a uma condição social (não a uma tonalidade de cor): filho(a) de mulher liberta (seja da África ou do Brasil) nascido(a) já livre.

Constata-se que a partir dos anos de 1850, na Bahia, a denominação "crioula" para designar mulher negra foi amplamente utilizada para descrever a mulher negra nascida no Brasil escravizada ou liberta. Daí em diante, o termo parece ter se popularizado — ao ponto de acabar expressando conjuntos simbólicos compostos por trajes e adereços: os trajes e as "joias de crioulas". Mas queremos frisar que esse tipo de indicação resulta no apagamento da memória das culturas africanas.

Será que o termo correto para se referir a essa indumentária e ao conjunto de joias é "joias e trajes de crioula"?

Vejamos como era referido há muito tempo. O jeito de se vestir e se adornar das baianas é referência comum em cronistas do período imperial do Brasil. O pintor francês Jean-Baptiste Debret afirma terem ido em quantidade pessoas da Bahia para o Rio de Janeiro a partir das "perturbações políticas de 1822", e assim descreveu a "negra baiana":

> Desde então apareceram entre as quitandeiras da cidade as negras baianas, notáveis pela sua indumentária e inteligência, umas mascateando musselinas e xales, outras, menos comerciantes, oferecendo como novidade algumas guloseimas importadas da Bahia e cujo êxito foi grande. [...] A negra baiana se reconhece facilmente pelo seu turbante, bem como pela altura exagerada da faixa da saia; o resto de sua vestimenta se compõe de uma camisa de musselina bordada sobre a qual ela coloca uma baeta, cujo riscado caracteriza a fabricação baiana. *A riqueza da camisa e a quantidade de joias de ouro são os objetos sobre os quais se expande sua faceirice.*[52]

Um exemplo de prática da invisibilidade é o livro de Anna Ribeiro Goes Bittencourt (1843-1930), mulher da elite baiana, que, em suas memórias, na década de 1920, assim se referiu aos trajes de escravizadas que participavam de festas da família:

> Havia entre as escravas, mesmo as do trabalho do campo, raparigas bonitas, que se vestiam como certo luxo, à moda das *crioulas baianas*, e que dançavam primorosamente o lundu, esta dança especial da terra.[53]

Anna Ribeiro, como assinava seus escritos, foi morar em Salvador depois de casada com Sócrates de Araújo Bittencourt, estudante de Medicina, em 1865. Foi, portanto, contemporânea de Florinda Anna do Nascimento.

Na segunda metade do XIX, o africano também passou a ter cor. Até então, "africano(a)" era termo pouco usado, pois escravizados e libertos nascidos na África eram indicados pelo lugar de procedência, como "mina", "congo", "guiné" etc. As designações criadas no Brasil para indicar os grupos étnicos dos escravizados africanos identificavam ora a procedência do porto de embarque, ou da região genérica de onde eram provenientes, ora um grupo identificado dentro do Brasil, com características, aos olhos dos avaliadores/escrivães, semelhantes; ora, ainda, a forma pela qual se autonomeavam.[54]

52. Ibid. Grifos nossos.

53. BITTENCOURT, Anna Ribeiro de Goes. Op. cit. v.1, p.169.

54. Cf. SOARES, Mariza de Carvalho. *Devotos da cor. Identidade, religiosidade e escravidão no Rio de Janeiro, século XVIII*. Rio de Janeiro: Civilização Brasileira, 2000.

55. Cf. MATTOS, *Das cores do silêncio: os significados da liberdade no Sudeste escravista. Brasil, século XIX*. Rio de Janeiro: Nova Fronteira, 1998.

56. O termo extrapola a cor: foi utilizado para designar os filhos de espanhóis nascidos na América durante o período colonial e também é sinônimo de "nativo", "aborígene", "autóctone".

57. Quem analisa detidamente todas as fotos é SANTOS, Isis Freitas dos Santos. Op. cit.

Foi no decorrer do século XIX, no contexto dos esforços para se abolirem o tráfico negreiro e a própria escravidão, que começou a aparecer o termo "africano" para designar escravizados procedentes da África. Antes, em nenhum documento eram assim qualificados. A cessação definitiva do tráfico, em 1850, transformou em *africanos* a variedade de indicações anteriores como congo, angola, cabinda, mina, nagô, ioruba, acra, monjolo, entre inúmeros outros. Na Bahia não deve ter sido diferente, embora não tenhamos encontrado trabalho específico que trate do assunto. Tornava-se necessário recriar o vocabulário para designar o lugar social de uma população cada vez mais crioulizada, porque nascida no Brasil.[55]

A expressão "crioulo(a)" teve seu significado ampliado no que diz respeito à origem e ao lugar social dos indivíduos, porque os escravizados da segunda metade do século XIX eram, muitos deles, realmente crioulos: nasceram como escravizados. Quando antes representavam o "negro nascido no Brasil", como hoje é dicionarizado, além de outros significados,[56] passou a ser sinônimo de pessoas negras/pretas independentemente de sua condição social de nascimento (escravizada ou liberta) durante a segunda metade do século XIX. É um termo discriminatório, porque ligado à escravidão e à subordinação.

Tudo indica que o termo hoje amplamente corriqueiro (até no exterior) para qualificar as joias específicas da cultura de negras baianas se originou na forma como fotógrafos, principalmente estrangeiros, se referiam a suas modelos. Um exemplo é emblemático: as legendas impressas em fotos e cartões postais do fotógrafo Rodolfo Lindeman, entre 1880 e 1920. Na imagem A.1, Lindeman legendou a foto: *J. Creoula — Bahia*, com a letra "J" indicando a listagem alfabética impressa nos postais, que ainda trazem a informação: Clichê R. Lindermann, Bahia. Havia as letras D., K., J. e L. todas seguidas de "Creoula".[57]

Queremos crer que foram essas fotos, do interesse de colecionadores e de museus, em particular dos da Bahia, que batizaram de "crioula" as joias e os trajes que, anteriormente, no decorrer do século XIX e no início do XX, eram denominados como "de baiana". Foram assim designados, e o são, até hoje, sem crítica.

Esse termo, "crioula", faz parte de um momento histórico específico, de desestruturação de uma sociedade escravista, época complicada, por certo, porque colocava em outras bases — teoricamente de igualdade pela liberdade da população — pessoas com condições sociais bastante diferentes. Era o caso da relação entre a família Ribeiro dos Santos e Florinda Anna do Nascimento. Florinda era, em termos jurídicos, uma "crioula", porque nascida como escravizada, "cria" da família Ribeiro dos Santos. Família essa que, com certeza, não se preocupou em registrar sua procedência, como os nomes de seus pais. Assim como ocorreu com Florinda, muitas outras mulheres tiveram suas origens parcamente registradas.

Nos cadernos de entrada de peças doadas para o Instituto Feminino da Bahia, liderado por Henriqueta Catharino, as referências às peças de indumentária de negras também são genéricas, e identificadas como de "crioulas". As peças de números 2092a e 29092b foram descritas como "camisa de crioula com a pala em tecido" e "camisa de crioula com a parte superior em esguião de linho", respectivamente, doadas em julho de 1934 por Almerinda C. Silva. Era, portanto, um vocabulário aceito e compreendido por todos. Decerto, fez parte de um momento histórico. Agora, porém, é preciso mudar esse tipo de referência.

FIGURA 15. MODELO FOTOGRAFADA PELO FRANCÊS RODOLPHO LINDEMANN, QUE A DENOMINA DE "J. CREOULA — BAHIA". AHM. CLICHÊ LINDEMANN, BAHIA. CARTÃO POSTAL J. *CREOULA*. ACERVO FUNDAÇÃO GREGÓRIO DE MATTOS. CX. 67, DOC. 02.

FIGURA 16. JAZIGO PERPÉTUO DE JOSÉ JOAQUIM RIBEIRO DOS SANTOS NO CEMITÉRIO DO CAMPO SANTO. SALVADOR, BA. FOTOGRAFIA DE VINÍCIUS BONIFÁCIO SANTOS ALVES.

FIGURA 17. GUIRLANDA EM BRONZE DO JAZIGO PERPÉTUO DA FAMÍLIA DE JOSÉ JOAQUIM RIBEIRO DOS SANTOS NO CEMITÉRIO DO CAMPO SANTO. SALVADOR, BA. FOTO: VINÍCIUS BONIFÁCIO SANTOS ALVES.

FIGURA 18. FOTOGRAFIA DE DUAS PRETAS VESTIDAS À BAIANA. PROVAVELMENTE É A FOTO INSCRITA SOB O NÚMERO 48 DO CADERNO 1 DE ENTRADA DE PEÇAS DO INSTITUTO FEMININO DA BAHIA. ARQUIVO DO INSTITUTO FEMININO DA BAHIA.

FIGURA 19. SOBRADO DA LADEIRA DA RUA DO PASSO NÚMERO 50, HOJE RUA RIBEIRO DOS SANTOS, NO BAIRRO DO PELOURINHO, CIDADE DO SALVADOR, BAHIA. FOTOGRAFIA DE RODOLFO TAVARES.

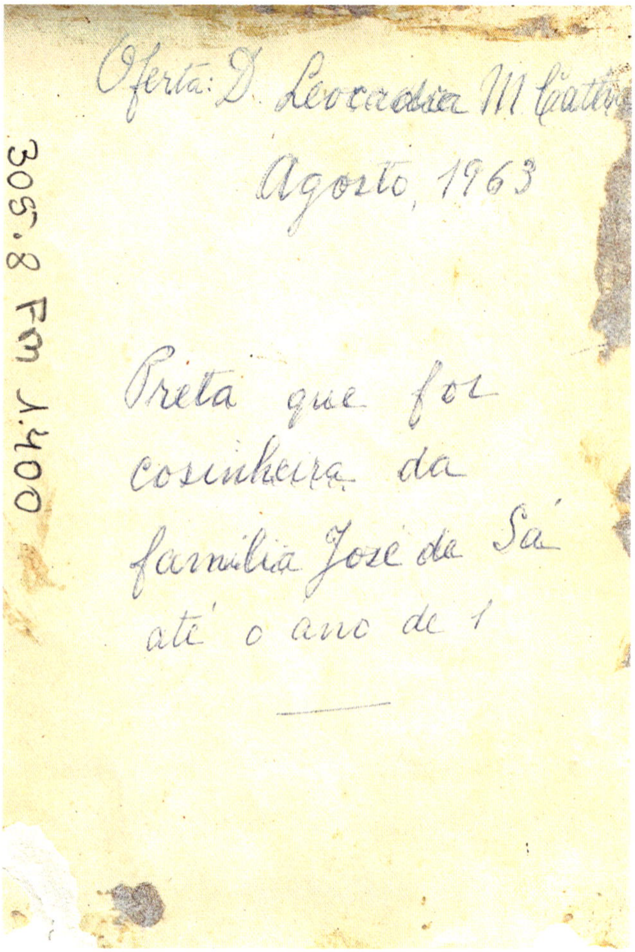

Oferta: D. Leocadia M. Cattin

Agosto, 1963

Preta que foi
cosinheira da
familia José da Sá
até o ano de 1

305.8 Fm 1400

FIGURA 20. FOTÓGRAFO DESCONHECIDO. RETRATO DE DONA FLORINDA. SALVADOR, [S.D.],
COM REFERÊNCIA NO VERSO. ACERVO DO INSTITUTO FEMININO DA BAHIA.

FIGURA 21. FOTÓGRAFO DESCONHECIDO. RETRATO DE DONA FLORINDA.
SALVADOR, [S.D.]. ACERVO DO INSTITUTO FEMININO DA BAHIA.

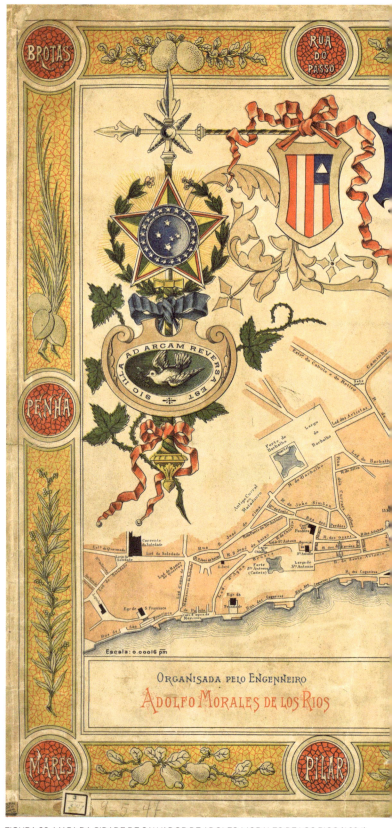

FIGURA 22. MAPA DA CIDADE DE SALVADOR DE ADOLFO MORALES DE LOS RIOS (1894), EM QUE SE OBSERVA A LADEIRA DO PASSO, HOJE RUA RIBEIRO DOS SANTOS, LOCAL PROVÁVEL DE RESIDÊNCIA DE FLORINDA POR ALGUNS ANOS.

chapter 2

WOMEN OF ESTEEM — THE BLACK WOMEN OF BAHIA

Sheila de Castro Faria

I declare that the possessions I own have been acquired through my labour and the sweat of my brow, with great hardships, in the pursuit of which I also acquired no small amount of afflictions that I endure, without any assistance even from my husband or any other relative to help me earn, let alone inheriting from anyone.

Rosa Maria de Paiva Aleluia, Salvador, 1842

At six o'clock in the evening on 11 March 1931, Dona Florinda Anna do Nascimento passed away at number 55 Rua Floriano Peixoto. Her death certificate states that she was 103 years old, unmarried, and left no children or will. She was listed as a native of Bahia, of unknown parentage, and of African descent.

By all indications, she had been respected by all those who knew her. To designate a Black woman as "Dona," a title bestowed upon prominent and upper-class women, and to have this designation recorded by a clerk in the civil registry office of the district of Santana in the city of Salvador, Bahia, is no small matter.

Florinda was born into slavery on the plantation of Joaquim Ignácio Ribeiro dos Santos and Anna Maria do Nascimento, from whom she took her surname, a customary practice among freed slaves in much of slave owning Brazil. Her connection with the Ribeiro dos Santos family spanned at least four generations.

The Bahian antiquarian Itamar Musse acquired a set of intricately crafted gold and silver jewellery known in art and museum literature as "joias de crioula" [crioula jewellery]. In 2017, the book *Joias na Bahia dos séculos XVIII e XIX* [Jewellery in Bahia from the 18th and 19th centuries] was published. It was edited by the art historian Ana Passos and presented these pieces alongside others from Musse's collection. Over the same period, the collector was shown a photograph of a Black woman dressed in elaborate and luxurious attire and jewellery, but without any reference to the subject's name, the photographer, or the date. On closely examining the image, he realised that most of the jewellery worn by the sitter belonged to the set he had recently acquired, and was featured in the book to be published.[1] This marked the beginning of a research project that aimed to identify the woman in the portrait.

The discoveries made through this project have resulted in this book and a reissued edition of *Joias na Bahia*, this time with more precise information about the social context in which the pieces were photographed, and about the person wearing them. There are several clues that suggest that the Black woman in the photograph is indeed Florinda Anna do Nascimento, who passed away in 1931, likely freed before 1883 but who continued to maintain close ties to the Ribeiro dos Santos family.

The aim of this text is to explore the relationship between the objects and Florinda, and to explore the circumstances that enabled a Black woman to have access to such luxurious pieces.

FLORINDA AND "FOLO": PARTS THAT FIT TOGETHER
The first chronological reference we have of Florinda Anna do Nascimento is a gift to her from Joaquim Ignácio Ribeiro dos Santos in a will dated 1883, for the sum of 500,000 Réis:[2]

> I bequeath to the "crioula" Florinda Anna do Nascimento the sum of five hundred thousand Réis, as a payment for the many services she has rendered [...] Bahia, 31 October 1883.

The next reference is the civil death record transcribed in its entirety, as signed by Dr. Pedro Nogueira and delivered to the registry office by Rodrigo Guimarães, presumably an employee of the undertakers.

> Justice of the Peace of the District of Sant'Anna
> Aquiles Marcos da Conceição, Clerk and Official of the Civil Registry office of the district of Sant'Anna. I certify that on the 12th day of March 1931, in this district of Sant'Anna and in my office, *Rodrigo Guimarães* presented a certificate from Dr. Arthur Cothias, endorsed by Dr. Pedro Nogueira. He declared that yesterday, at 6 o'clock in the evening, at 55 Rua *Floriano Peixoto*, Dona Florinda Anna do Nascimento, of African descent, 103 years old, single, a domestic worker, a native of this state, of unknown parentage, *childless*, passed away from acute bronchitis and catarrhal fever, without leaving a will. She is to be buried in the Campo Santo cemetery. I have drafted this certificate, which I sign with the declarant, after being read by me, Aquiles Marcos da Conceição, the clerk who wrote it.[3]

1. PASSOS, Ana (org.). *Joias na Bahia dos séculos XVIII e XIX*. Rio de Janeiro: Capivara, 2017.

2. As the accounts for his will are no longer available, we can only assume that she received the money.

3. Archives from Santa Casa de Misericórdia da Bahia, Campo Santo cemetery, Salvador. 12.05.1931. Author's highlights.

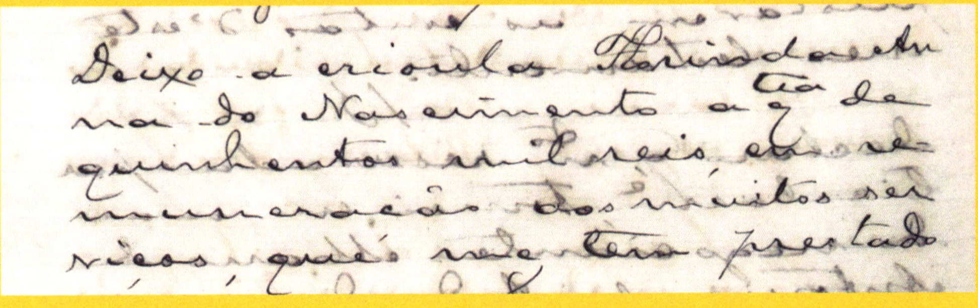

FIGURE 1. EXCERPT FROM THE WILL OF JOAQUIM IGNÁCIO RIBEIRO DOS SANTOS, DATED 31 OCTOBER 1883. PUBLIC ARCHIVES OF THE STATE OF BAHIA, 03/1276/1745/35.

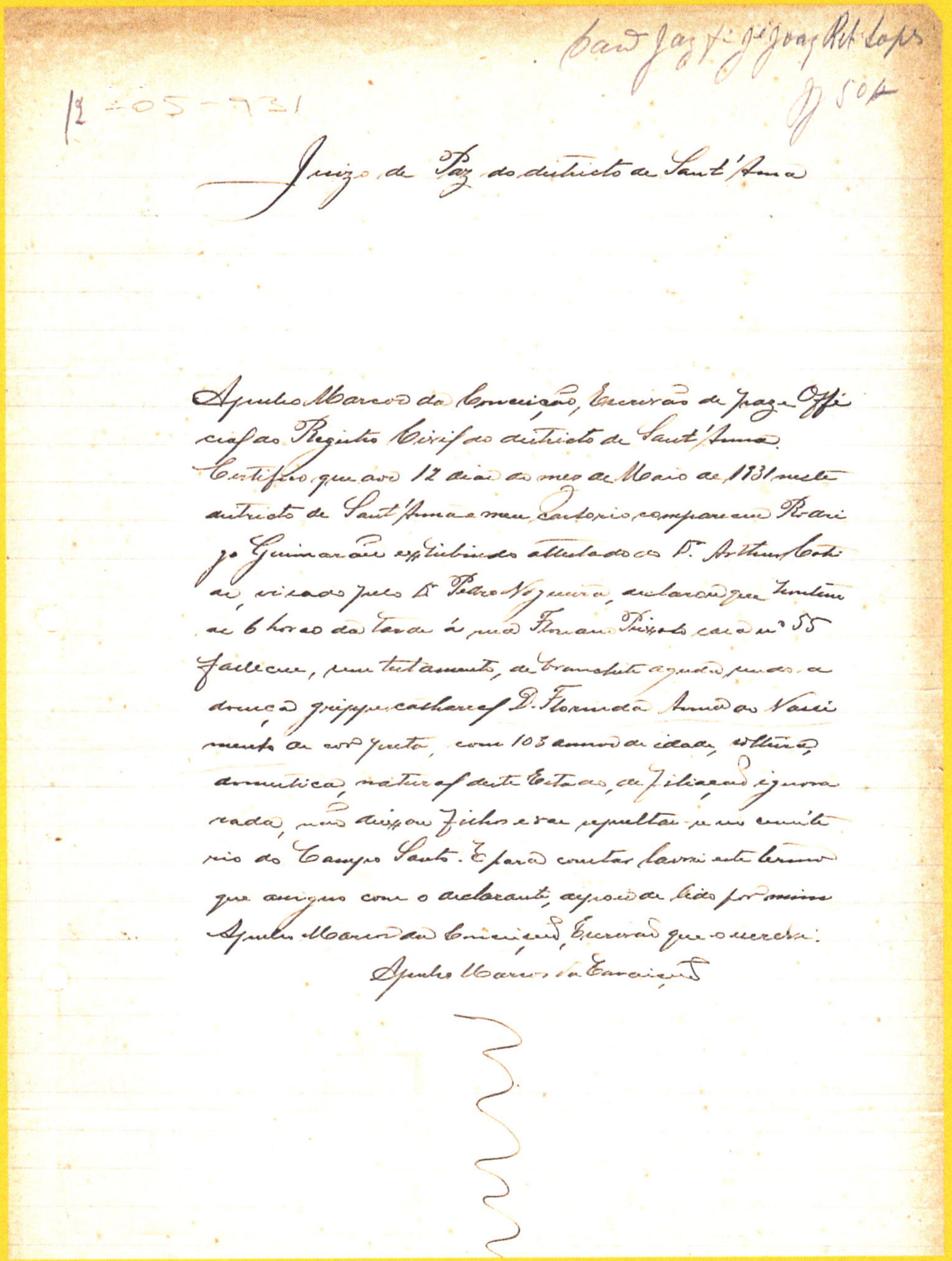

FIGURE 2. DEATH CERTIFICATE OF FLORINDA ANNA DO NASCIMENTO, 12 MAY 1931. ARCHIVE FROM SANTA CASA DE MISERICÓRDIA DA BAHIA.

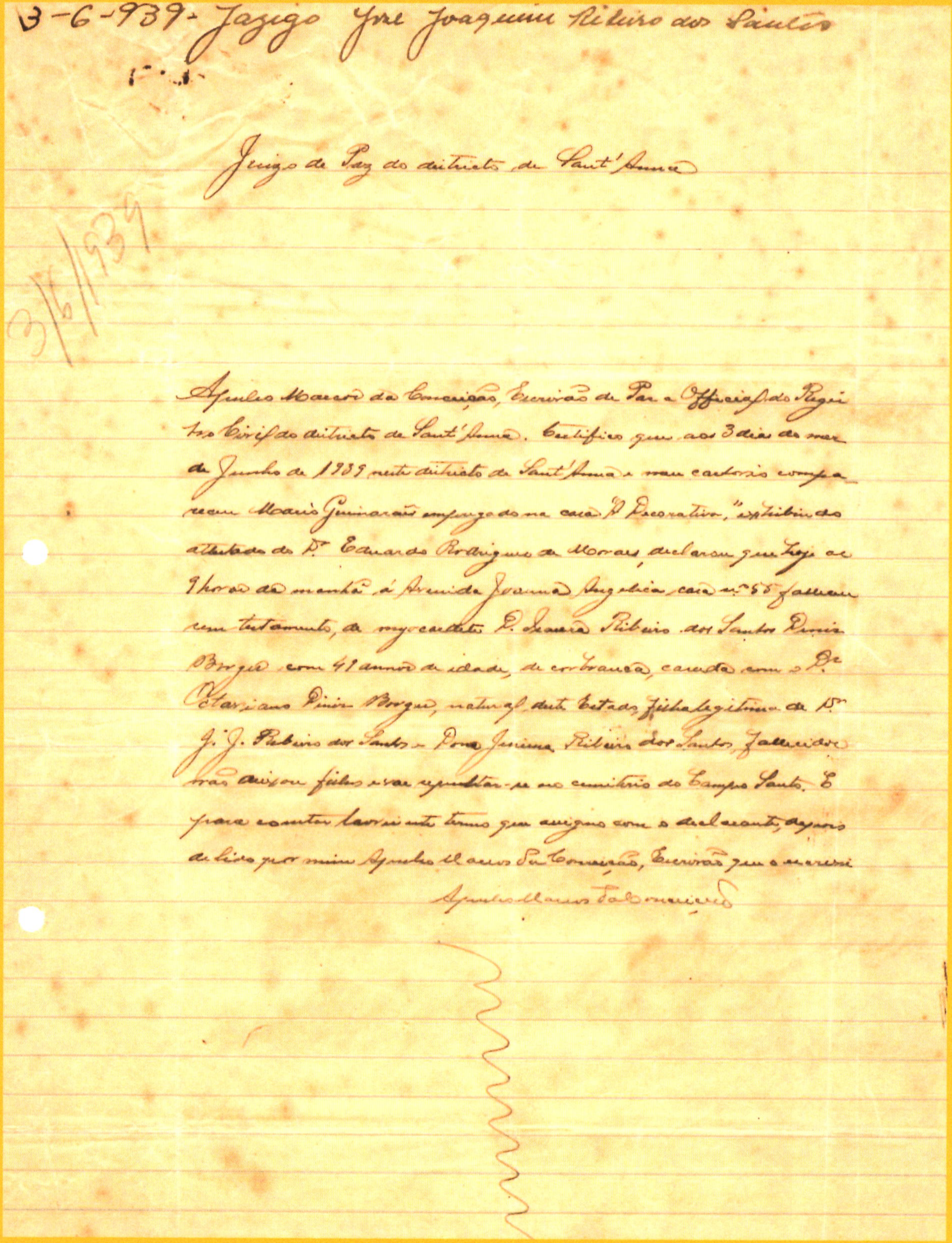

3-6-939. Jazigo José Joaquim Ribeiro dos Santos

Juizo de Paz do districto de Sant'Anna

3/6/939

Aquiles Macedo da Conceição, Escrivão de Paz e Official do Registro Civil do districto de Sant'Anna. Certifico que aos 3 dias do mes de Junho de 1939, neste districto de Sant'Anna e meu cartorio compareceu Mario Guimarães empregado na casa "A Decorativa," exhibindo o attestado de Dr. Eduardo Rodrigues de Moraes, declarou que hoje as 9 horas da manhã á Avenida Joanna Angelica casa nº 55 falleceu sem testamento, de meu cartorio D. Isaura Ribeiro dos Santos Diniz Borges com 41 annos de idade, de corbrança, casada com o Dr. Octaviano Diniz Borges, natural deste Estado, filha legitima de 1º J. J. Ribeiro dos Santos e Dona Josima Ribeiro dos Santos, fallecidos, não deixou filhos e vae sepultar-se no cemiterio do Campo Santo. E para constar lavrei este termo que assigno com o declarante, depois de lido por mim Aquiles Macedo da Conceição, Escrivão que o escrevi.

Aquiles Macedo da Conceição

FIGURE 3. DEATH CERTIFICATE OF ISAURA AUGUSTA RIBEIRO DOS SANTOS DINIZ BORGES, 3 JUNE 1939. ARCHIVES FROM SANTA CASA DE MISERICÓRDIA DA BAHIA.

4. Report of the civil engineer José Americano da Costa, mayor of Salvador city. Salvador: Catilina, 1938. 110p. Relatório 352(047.32)/P923r/ RPG-REL.

5. Cf. CERÁVOLO, Suely Moraes. "Pistas biográficas de Henriqueta Martins Catharino e a coleção de arte popular do Instituto Feminino da Bahia". *Revista Brasileira de Pesquisa (Auto) Biográfica*, Salvador, v.5, n.14, maio-ago. 2020, p.693, note 1.

6. The Museu de Arte Antiga Feminina later became the Museu do Traje e do Têxtil [Museum of Textiles and Clothing]. Cf. QUEIROZ, Marijara Souza. "O Museu de Arte Antiga do Instituto Feminino da Bahia e o colecionismo de Henriqueta Martins Catharino". In: BRITTO, Clovis Carvalho; CUNHA, Marcelo Nascimento Bernardo da; CERÁVOLO, Suely Moraes (org.). *Estilhaços da memória: o Nordeste e a reescrita das práticas museais no Brasil*. Goiânia; Salvador: Espaço Acadêmico; Observatório da Museologia na Bahia [UFBA/ CNPq], 2020.

She was buried at the Campo Santo Cemetery, in the Perpetual Vault of José Joaquim Ribeiro dos Santos (1852-1911). The dos Santos family was a wealthy and respected family in Salvador at that time, so this was a rare occurrence in a society that was still deeply influenced by its recent slave owning past. Two bronze flower wreaths were placed on the monument, one bearing the inscription "How I miss my Folo! Zaza," and the other with the phrase "Tears from Zaza to a good father."

Isaura Ribeiro dos Santos (1882-1939), known as Zazá, who signed both crowns on the family vault, was the granddaughter of Joaquim Ignácio dos Santos and the daughter of José Joaquim and Jesuína Ribeiro dos Santos. Zazá was married to Otaviano Diniz Borges, a pharmacist, and this tribute suggests she had a strong connection with Florinda—indeed, it was also discovered that it was in her house that Florinda passed away.

On 3 June 1939, Isaura died at 55 Avenida Joana Angélica. Due to changes in urban nomenclature in the city of Salvador, several streets, including Floriano Peixoto (or Marechal Floriano), had joined together to become Avenida Joana Angélica after the municipal decree of 25 November 1932.[4] Florinda died at 55 Rua Floriano Peixoto, and it was Rodrigo Guimarães who presented the death certificate at the registry office. For Isaura's record, the person who presented the certificate at the registry office had the same surname, Mário Guimarães, listed as an "employee at *A Decorativa*", and as today *A Decorativa* is a funeral parlour, one would assume it was also the case in the 1930s.

Florinda appears in several other records that connect her to the Ribeiro dos Santos family, and it is through these records that we can associate "Folo," as referred to in the vault, with Florinda Anna do Nascimento. The spelling of "Folo" varies in the documents: "Folo," "Folô," and "Fulô."

Henriqueta Martins Catharino[5] (1886-1969), founder and president of the Instituto Feminino da Bahia,[6] acquired several items of clothing attributed to Florinda Anna do Nascimento at an auction in 1946, which she then donated to the Museu de Arte Antiga Feminina [Museum of Feminine Traditional Art], which she had also founded and which was linked to the Instituto Feminino. These items were numbered and meticulously recorded, along with the year and the name of the donor, in an entry logbook. These handwritten logbooks were typed at some point after Henriqueta Catharino's death in 1969.

- A numeração antiga não foi alterada e é comum encontrar números faltando ou fora de ordem. Toda vez que ocorrer um caso destes aparentemente por conta de perda de folhas ou de ação do tempo será sinalizado.

FIGURE 4. ENTRY IN LOGBOOK 1 FOR ITEMS AT THE INSTITUTO FEMININO DA BAHIA, 1929-1931. ARCHIVE OF THE INSTITUTO FEMININO DA BAHIA. THE DOCUMENT IS NOT PAGINATED.

| 4681 | Torço de cetim Paris amarelo, com bordado mecânico, de crioula. Pertenceu a Preta Fulo, escrava da família do Dr. Joaquim Inácio Ribeiro dos Santos e foi adquirida em leilão pela presidente do IFB que o ofereceu (todas as peças) ao Museu de Arte Antiga Feminina. | D. Henriqueta M. Catharino |

FIGURE 5. ENTRY IN LOGBOOK 4 FOR ITEMS AT THE INSTITUTO FEMININO DA BAHIA. JUNE 1946, ITEM 4681. ARCHIVE OF THE INSTITUTO FEMININO DA BAHIA.

| 4668 | Saia de fazenda branca com pequenas florzinhas vermelhas na liga vermelha no babado e na orla inferior (saia de crioula). Pertenceu à Preta Fulô, Bahia. Adquirido pela Pres. (estragada). Folô (Florinda Ana do Nascimento). | D. Henriqueta M. Catharino |

FIGURE 6. ENTRY IN LOGBOOK 4 FOR ITEMS AT THE INSTITUTO FEMININO DA BAHIA. JUNE 1946. ARCHIVE OF THE INSTITUTO FEMININO DA BAHIA.

Within the records of her garments, there are occasional references, or sometimes the absence thereof, to her connection with the Ribeiro dos Santos family. Although this bond is sometimes omitted, it seems certain that this is the same individual. In some instances, not only Joaquim Ignácio is indicated as her former master, but also his son, José Joaquim Ignácio Ribeiro dos Santos, which suggests that she may have also resided with José Joaquim.

Henriqueta Martins Catharino was the primary donor of garments worn by the Black women from Bahia. The references to the pieces belonging to "preta Fulô," a customary designation in the records, are the only ones that identify who wore them, with one exception.

Acquired at an auction, presumably held for charity, one wonders who it was that owned these garments? Isaura, known as Zazá, had already died. They must have been kept by someone connected to or from the Ribeiro dos Santos family, as they knew where they came from. The only living woman from Isaura's generation was her sister, Anna Adelaide Ribeiro dos Santos Dantas, who was married to a member of a powerful family in Bahia. Could it have been her who had safeguarded the clothing? Sadly this lingering question remains unanswered.

FIGURE 7. THE SKIRT HAS THE FEATURES REFERRED TO IN NUMBER 4668 OF LOGBOOK 4 OF THE COLLECTION AT THE INSTITUTO FEMININO DA BAHIA. PHOTO BY MÁRCIO LIMA.

The earliest items attributed to Black women from Bahia date back to the period between 1929 and 1931. Donation number 48 is "a photograph of two Black women dressed in Bahian attire," while donation number 994 is "two pairs of crioula (Bahian) buttons," both donated by Henriqueta Catharino to the Museu de Arte Antiga.[7]

The list of donors appears to consist of elite figures who had access to the possessions of enslaved or freed individuals. There is only one donor who is a descendant of a former slave, albeit connected to Henriqueta. In 1947, Hermínia Natividade donated a coral necklace that had belonged to her grandmother, who had been born in Africa. The record highlights the position of the donor, providing detailed information about her, in contrast to others where only the name of the person was written in the "donor" column. This leads to speculation that it was a concession on the part of the president to include the name of the former "servant" in the donation:

> [no.] 5494 Coral necklace with 106 pieces, which belonged to the grandmother of the former servant of D. Henriqueta M. Catharino, Hermínia Natividade. Her African grandmother left her mother, born in Bahia, who passed away in 1920 (and who was also a Bahian *crioula*). It belonged to the African grandmother of the donor, Hermínia Natividade (former servant of D.H.M.).[8]

The items attributed to the "crioulas" (Black women born in Brazil) from 1929 to 1951 and listed in the first six logbooks, were not limited to clothing. There are small stools with woven seats, pieces of bracelets, earrings, hoops, cufflinks, rings, all made of gold or silver, necklaces with beads made from various materials, and some items that are assumed to have been used by both Black men and women, such as numerous coloured shells. From this period are records of two photographs, probably duplicates: number 48 "Photograph of 2 Black women dressed in Bahian attire" donated by Henriqueta Catharino. Unfortunately, access was denied to the other logbooks.

THE RIBEIRO DOS SANTOS FAMILY

Writing a history of the everyday life of enslaved or freed individuals is a challenging task since they are almost always only ever identified by their first names; surnames are rarely provided— meaning that the chances of finding people with the same name are vast. One possible way to glimpse some elements of their life trajectories is to follow those of their masters. In doing so, one can speculate about the places where Florinda may have lived and served while she was with this family.

7. Entry in Logbook 1 for items in the Instituto Feminino da Bahia. 1929-1931. Archive of the Instituto Feminino da Bahia.

8. Entry in Logbook no. 5 for items in the Instituto Feminino da Bahia. Feb. 1948 to Aug. 1950. Archive of the Instituto Feminino da Bahia.

One of the entries at the Institute mentions that Florinda was a "cria" from the "Bom Sucesso" plantation in the parish of Nossa Senhora do Bom Sucesso da Cruz das Almas, in the municipality of Cachoeira. "Cria" was the customary term used by owners to refer to slaves born in their own house.

However, Joaquim Ignácio Ribeiro dos Santos's plantation in Cruz das Almas was not called *Bom Sucesso*, but rather *Cruz das Almas*, the same name as the parish in which it was located: Nossa Senhora do Bom-Sucesso da Cruz das Almas, as recorded in the regional church land registry in 1857. Perhaps there was an error made either by the person who wrote the land registry or by the one who provided the information for the clothing entry record. Regardless of the name, everything indicates that Florinda was likely to have been born there.

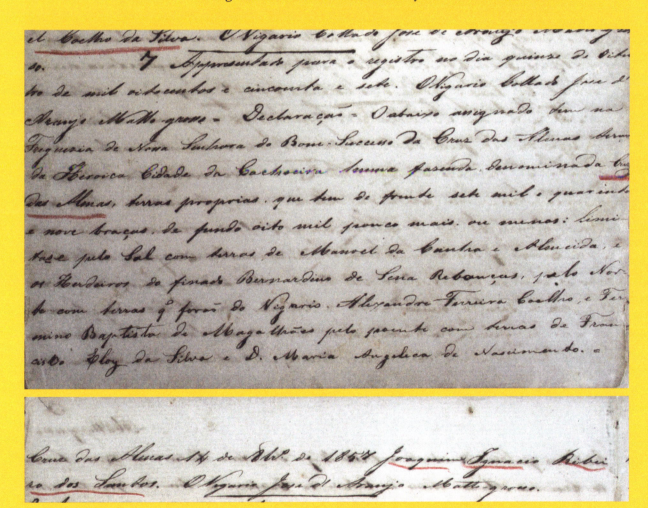

FIGURE 8. CHURCH LAND REGISTRY, NOSSA SENHORA DO BOM SUCESSO DA CRUZ DAS ALMAS, BAHIA, 1857-1859. PUBLIC ARCHIVE OF THE STATE OF BAHIA, V.4701.

The document states:

Presented for registration on the fifteenth of October, eighteen hundred and fifty-seven [15 October 1857]. The incumbent Father José d'Araújo Matto-grosso [sic]—Declaration—the undersigned owns a plantation named Cruz das Almas, with its own lands, located in the parish of Nossa Senhora do Bom-Sucesso da Cruz das Almas, in the town of Cachoeira. It has a frontage of seven thousand and forty-nine braças and a depth of approximately eight thousand. It is bounded on the south by lands belonging to Manoel da Cunha e Almeida and the heirs of the late Bernardino de Sena Rebouças, on the north by lands formerly owned by Father Alexandre Ferreira Coelho and Firmino Batista de Magalhães, and on the west by lands belonging to Francisco Eloy da Silva and D. Maria Angélica do Nascimento. Cruz das Almas, 14 April, 1857. Signed, Joaquim Ignácio Ribeiro dos Santos. Father José d'Araújo Matto-grosso.[9]

It was likely that the couple Joaquim and Anna were living on this plantation when they baptised a son, Joaquim, on 20 May 1850, although he was born on 30 December 1849. He is presumed to have passed away as he is not mentioned in his father's will of 1883.

9. Public archives from the state of Bahia. Provincial Government. Agriculture. Church Land Records. Nossa Senhora do Bom Sucesso da Cruz das Almas. 1857-1859. Vol. 4701. It should be noted that the Land Law of 1850 includes only records of rural land, and not urban land.

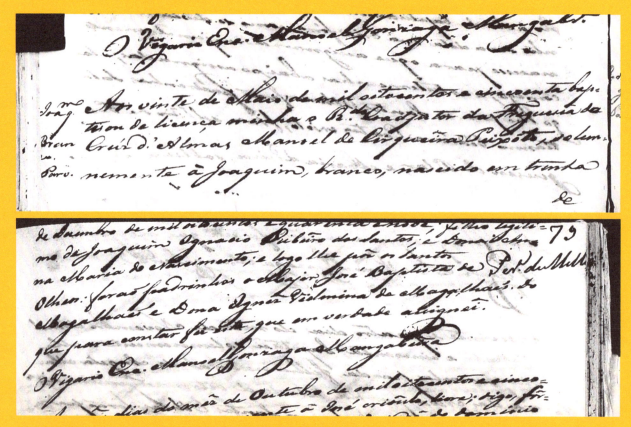

FIGURE 9. BAPTISM CERTIFICATE FOR JOAQUIM, 20 MAY 1850. BAPTISM BOOK OF THE PARISH OF NOSSA SENHORA DE BROTAS, 1847 — APRIL 1856, P.78 REVERSE AND 79.

10. CARVALHO JÚNIOR, Álvaro Dantas de. *Cícero Dantas Martins — de barão a coronel: trajetória política de um líder conservador na Bahia. 1838-1903*. Masters' dissertation for the post-graduate degree in history at the Federal University of Bahia, 2000, p.361.

11. Church land records. Agriculture. Nossa Senhora de Brotas (Capital). 1857-1875. Archive of the State of Bahia, no. 4675.

12. *Almanak Administrativo, mercantil e industrial da Bahia*, yearbook for 1854, p.289; of 1857, p.316; for 1858, p.150. Available at the Digital National Library: http://bndigital.bn.br/acervo-digital/almanak-administrativo-mercantil-industrial-bahia/706825. Accessed on: 21 Feb. 2023.

According to biographical data, another son, José Joaquim Ribeiro dos Santos, was also born on this plantation on 27 September 1852.[10] Although José Joaquim seems to have played a significant role in Florinda's life, the information available regarding their relationship lacks clear evidence of this.

In addition to the plantation in Cruz das Almas, Joaquim Ignácio owned more lands in the parish of Brotas, in the city of Salvador, which were registered in the 1850s. These lands were referred to as *roças* (cultivated fields).

> [No.] 46 Roça of Joaquim Ignácio Ribeiro dos Santos, in the heights of Sangradouro, in the parish of Brotas, with a frontage on the lane of the same name, bordered by the entrance to the roça of José Rodrigues de Figueiredo Junior, with which it also shares a boundary, and by that of Antônio Monteiro de Carvalho on the northern side. The back also has a frontage on Rua da Valla, closing on the western side with land belonging to Serafim Ferreira Pinto and Antônio José Teixeira Junior. Bahia, 27 June 1858. Signed, Joaquim Ignácio Ribeiro dos Santos. With this, and nothing more from the statements sent to me. Brotas da Bahia, 28 June 1858. Father Ernesto de Oliveira Valle.[11]

It was in his oratory that he baptised a daughter, Emília, in 1855 (deceased, like Joaquim, as she is also not mentioned in his will). It was also where he wrote his will in 1883.

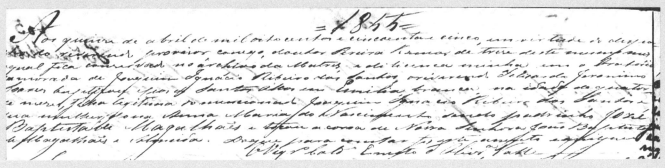

FIGURE 10. BAPTISM CERTIFICATE FOR EMÍLIA, 15 APRIL 1855. BAPTISM BOOK OF THE PARISH OF NOSSA SENHORA DE BROTAS, 1847 — APRIL 1856, P.105 REVERSE.

There are further indications that Joaquim Ignácio resided in Salvador over this period. He was listed in the *Almanak Administrativo, Mercantil e Industrial da Bahia*[12] in 1854, under the category "Comércio—negociantes nacionais" (National Merchants), with a grocery store located at 18 Rua Nova do Comércio. In the 1857 yearbook, he reappears in the national merchant list but without an address. In the following year, 1858, he is listed as a deacon of the Third Order of St. Francis. Indeed, in his will of 1883, he states:

> I earnestly request that my burial be performed simply and with all possible decency, and I wish to be buried in the burial plot of the Third Order of S. Francisco, of which I am a member.[13]

13. Last will and testament of Joaquim Ignácio Ribeiro dos Santos, 31 Oct. 1883, approved on the same day and year. Public archives of the State of Bahia, 03/1276/1745/35.

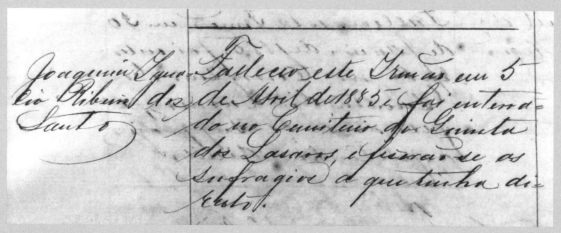

FIGURE 11. BURIAL RECORD OF JOAQUIM IGNÁCIO RIBEIRO DOS SANTOS AT THE QUINTA DOS LÁZAROS CEMETERY, 5 APRIL 1885. ARCHIVE OF THE SANTA CASA DE MISERICÓRDIA DA BAHIA.

Joaquim Ignácio's testamentary clause appears to suggest that Florinda resided with him, as he writes in the present tense: "for the many services she has rendered." This makes it reasonable to assume that Florinda lived with him and his wife in the parish of Brotas from at least the mid-1850s.

The Brotas property was passed down to his son, José Joaquim Ribeiro dos Santos, and it appears that Florinda then went to live with the couple. In the inventory of his wife, Jesuína, in 1897, the property was described as follows:

> A *roça* located in Alto do Sangradouro, in the parish of Brotas, containing large wetlands with plantations, natural water sources, and many fruit trees, with a large dwelling facing Ladeira do Patrício, and with the following rooms: a front veranda with wide glazed windows, a large drawing room, five bedrooms, a dining room, a kitchen, a pantry, and next to it, two large bedrooms, a large courtyard with four further rooms, and an independent gate to the courtyard. The entire house has windows facing the veranda, supported by masonry pillars, all cemented and with vaulted tiles, adobe walls. This is all adjacent to land belonging to Narcizo Maia (?) on one side,

14. Inventory of Jesuína Ribeiro dos Santos, registered on 14 October 1897. Public Archive of the State of Bahia, Appeals Court, Judiciary, 01-331-632-02.

and at the back, borders the houses of the couple, valued at twenty-five million Réis... $25,000,000.00.[14]

There was another property, similar to the one described above, where Florinda may also have resided, at number 50 Rua do Passo, in the parish of the same name. José Joaquim's family owned several properties on this street, which is why it is now called Rua Ribeiro dos Santos.

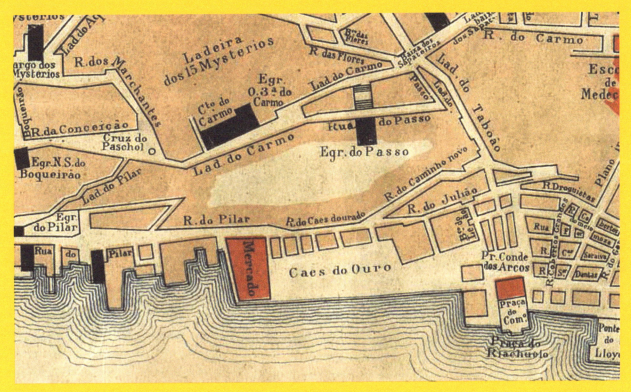

FIGURE 12. DETAIL OF THE MAP OF THE CITY OF SALVADOR BY ADOLFO MORALES DE LOS RIOS (1894), SHOWING THE "LADEIRA DO PASSO," NOW RUA RIBEIRO DOS SANTOS, THE LIKELY LOCATION OF FLORINDA'S RESIDENCE FOR SEVERAL YEARS.

15. Inventory of Felinto Ribeiro da Rocha, recorded on 15 June 1876. Public Archive of the State of Bahia, Appeals Court, Judiciary, 05-2051-2522-23.

This house, a *sobrado* (two-story house), was included in both the inventory of Jesuína in 1897 and that of her husband José Joaquim in 1911. It had been left to the couple in the estate of Jesuína's brother, Felinto Ribeiro da Rocha, who died without heirs in 1879. In that year, it was valued at 11 million Réis.[15] It seems likely that they went to live there after receiving this inheritance. It was also where José Joaquim, who graduated in ophthalmology in 1875, had his medical practice.

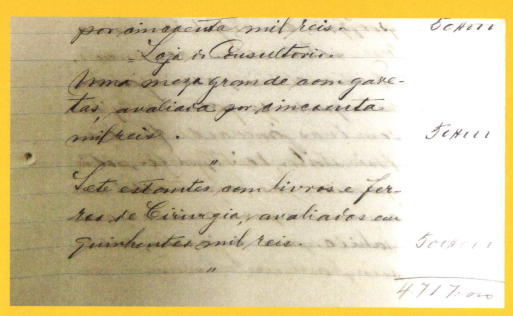

FIGURE 13. FURNITURE VALUED IN THE STORE "LOJA DO CONSULTÓRIO" AT 50 RUA DO PASSO. INVENTORY OF JESUÍNA RIBEIRO DOS SANTOS, 1897, P.13. PUBLIC ARCHIVE OF THE STATE OF BAHIA, COURT OF APPEALS, JUDICIARY, JUIZADO DE ÓRGÃOS, 01-331-632-02.

In 1897, the house was described and appraised as follows:

a house on the slope of Rua do Paço [sic], in the parish of the same name, at number 50, built on its own land with a store, two floors, and an attic above. The entrance has a door and a window with an iron grille, and the store has two front windows containing a living room, two bedrooms, an attic, a garden, and a room for servants next to the attic, with an exit to the garden, where there is a bathroom and a latrine. The first floor, with four windows with iron grilles, contains two retiring rooms, a study, a chapel, three bedrooms, and verandas. The second floor, with four glassed-in windows, contains two living rooms, three bedrooms, a pantry, and a kitchen. The attic is an open room; on one side, it adjoins the house of the deceased couple, and on the other, the house of the Viscount of Aravelos (?). The building described above has plumbing: water and gas pipes, with brass chandeliers in the living rooms and corridors. The rear walls of this building facing the houses on Rua do Caes Dourado are at several angles, hence it is appraised at twenty-five million Réis … $25,000,000.00.[16]

In 1911, when José Joaquim passed away, the house had virtually the same features as described above, but its nominal value had decreased significantly to 18 million Réis.[17]

In this inventory, there were no longer rural lands or even the house in Alto do Sangradouro in Brotas. This branch of the family had definitively moved away from agricultural activities.

16. Inventory of Jesuína Ribeiro dos Santos, 1897, p.13 reverso. Public Archive of the State of Bahia, Appeals Court, Judiciary, Juizado de Órgãos, 01-331-632-02.

17. Inventory of José Joaquim Ribeiro dos Santos, recorded on 5 September 1911. Public Archive of the State of Bahia, Appeals Court, Judiciary, Juizado de Órgãos, 01-364-04-06.

Their assets consisted of shares in various companies, including federal bonds, numerous rental properties, secured loans, and remuneration as a physician at the Santa Casa de Misericórdia and as director-president of the Companhia Fabril dos Fiais, for which he received 350 thousand Réis ($350,000.00) and 1 million Réis ($1,000,000.00), respectively.

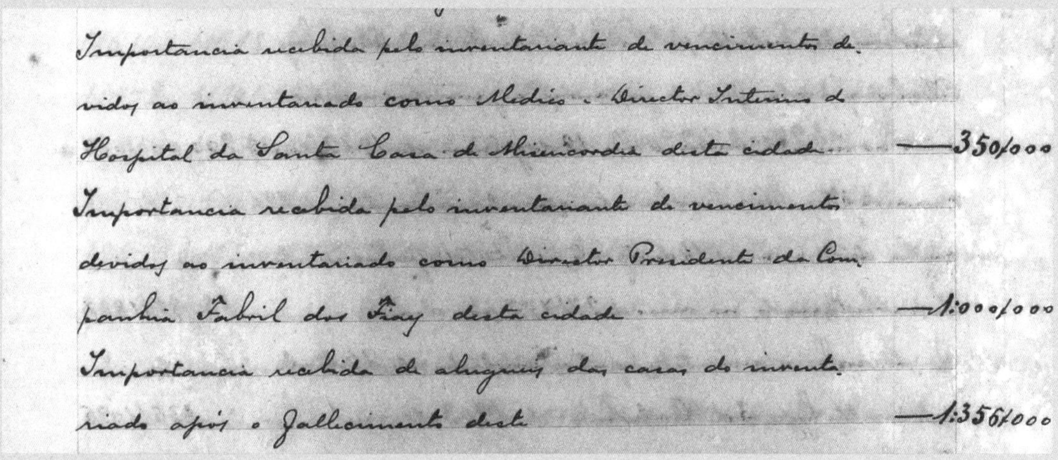

Importancia recebida pelo inventariante de vencimentos devidos ao inventariado como Medico e Director Interino do
Hospital da Santa Casa de Misericordia desta cidade —350/000
Importancia recebida pelo inventariante de vencimentos
devidos ao inventariado como Director Presidente da Com
panhia Fabril dos Fiaes desta cidade —1:000/000
Importancia recebida de alugueis das casas do inventariado após o fallecimento deste —1:356/000

FIGURE 14. EXCERPT FROM THE INVENTORY OF JOSÉ JOAQUIM RIBEIRO DOS SANTOS, 1911. PUBLIC ARCHIVE OF THE STATE OF BAHIA, APPEALS COURT, JUDICIARY, JUIZADO DE ÓRGÃOS, 01-364-04-06, P.36.

Finally, there is a reference in an article about the relationship between Florinda and this family that was not found in the records of the Instituto Feminino da Bahia. Despite being fairly informative, it is assumed that much from the original logbooks was not transcribed, so it is reproduced here:

> According to preliminary bibliographic research (4), Dona Folô was named Florinda Anna do Nascimento, and her date of birth is unknown. However, it is known that she served Dr Ribeiro dos Santos, born in 1851, when she worked at the Bom Sucesso plantation, owned by Colonel Joaquim Inácio Ribeiro dos Santos and D. Ana Maria do Nascimento, in the town of Cruz das Almas. At some point in her life, she was asked to work at the residence of Isaura Ribeiro dos Santos Diniz Borges (her ties to the Ribeiro dos Santos family were not explicit) and Dr Otaviano Diniz Borges, where she passed away on 11 May 1931. It is not possible to know whether this residence was in Salvador or in Cruz das Almas itself.
>
> (4) Data collected from the Catalogue of the Exhibition at the Museu do Traje e do Têxtil in the Fundação Instituto Feminino da Bahia.[18]

18. MONTEIRO, Juliana; FERREIRA, Luzia Gomes; FREITAS, Joseania Miranda. "As roupas de crioula no século XIX, e o traje de beca na contemporaneidade: uma análise museológica." *Cadernos do CEOM*, ano 19, n.24, pp.291-2.

The authors certainly made an error in interpreting the original text, writing "criada" (servant) instead of "cria", as written in other documents about Florinda. It is an unusual term for those unfamiliar with studies on slavery. However, the term "carregou" suggests that she was present at the time of José Joaquim's birth in 1851, which is indeed possible. This would seem to clear up the lack of knowledge of who Isaura Ribeiro dos Santos Diniz Borges was and of her house.

Florinda may have also been present at the births of Joaquim Ignácio's other children, Ana Adelaide, Isaura, and Álvaro, the latter still being a minor at the time of his father's death.

Everything we know from handwritten sources about Florinda and the family she was connected with is taken from this information. However, the photographs reveal more.

PHOTOGRAPHY AND MEMORY

Photographs of Black men and women from the 19th and early 20th centuries generally did not feature the handwritten names of the subjects on the front or back of the photos, a situation quite different from family albums or pictures of the elite, where names were almost always recorded. This lack can be problematic for historians, but it is considered to be a result of illiteracy, poverty, and the blatant commercialisation of their images by photographers operating in the last decades of the 19th and early 20th centuries in the major urban centres of Brazil.

In some situations, the owners or employers would indicate the name and position of the figure portrayed, as was the case with "Maria Felismina Borges (Bia). Daughter of slaves, born after the *Ventre Livre* Law (literally: the law of the free womb), she went to the Camuciatá sugarcane plantation accompanying Dona Ana Adelaide Ribeiro dos Santos Dantas, the Baron's daughter-in-law, on her marriage in 1895, and she passed away there in 1945."[19] This reference suggests that Bia was the daughter of a slave from José Joaquim Ribeiro dos Santos's family, as Ana (or Anna) Adelaide was his daughter, married to the owner of the Camuciatá plantation, João da Costa Pinto Dantas.

There are two photos of a richly adorned Black woman: in one of the images, the model is seated, and in the other, she is standing. Dressed in the same outfit, one can assume they were taken on the same day, although there is no indication of the date or the name of the photographer. It is estimated that they were taken in the late 19th or early 20th century, a time when this type of studio photography was quite popular, particularly for sale as souvenirs. Photographers,

19. Caption for the image in the text by CARVALHO JÚNIOR, Álvaro Dantas de. Cícero *Dantas Martins — de barão a coronel*. Op. cit., p.139.

20. Isis Santos analysed several of these in her Master's dissertation, and also indicated the location of their studios. See SANTOS, Isis Freitas dos. *"Gosta dessa baiana?": crioulas e outras baianas nos cartões postais de Lindemann (1880-1920).* Dissertation. History postgraduate programme at the Universidade Federal da Bahia, Salvador, 2014.

21. CUNHA, Marcelo Bernardo Nascimento da. *Teatro de memórias, palco de esquecimentos: culturas africanas e das diásporas negras em exposições.* Doctoral Thesis (History). Pontifícia Universidade Católica de São Paulo, São Paulo, 2006.

mostly foreign, had studios in urban centres throughout Brazil. In Salvador, in particular, there were at least ten[20] between 1870 and 1910. The attire of Black men and women was unique in Bahia and it aroused the already considerable interest in the exotic.

She poses in a highly decorated costume bedecked with jewellery. Everything she wears carries meaning as it relates to religious rites primarily associated with lay brotherhoods of individuals of African origin like the *Nagôs*, a generic term for speakers of Yoruba and Jeje, and the Candomblé of Bahia.

So who is this woman?

One of the photographs was donated to the Museu do Traje e Têxtil at the Instituto Feminino da Bahia in 1963, a time when antique dealers and private collectors had been interested in these kinds of objects from the Black population for some time, and which represented a certain culture exploited by the tourism industry.[21] Just like the photographs of Black men and women, it was also rare for the objects to carry any identification of the individuals who originally wore them, often referred to simply as "crioula" attire and jewellery. This is not quite the case with the image in which the woman is seated, as her profession—cook—is written on the back of the photograph, however, they did not take the same care with her name:

> Donated by Dona Leocádia M. Catharino, August 1963. Black woman who was cook for the family of José de Sá until the year of 1... [sic].

It seems that the fact the José de Sá family had a cook dressed in such a manner was more important than it was to identify the name of the woman depicted. Another possibility is that the information was recorded there long after the photo was donated, and the person responsible for the annotations may not have had actual knowledge of the context.

On the back of the other photo with the model standing is an annotation stating that it was donated by Alberto Moraes Martins Catharino.

Photos were clearly in demand, especially in Bahia, with its diverse and exotic types of Black people. Could Florinda have been one of these models? It is possible, like others, but in this case, it is unlikely because there is much more to consider.

There are photographs featuring Black models dating from the late 19th and the first half of the 20th century in several collections around the world. However, the photos attributed to Florinda have not been reproduced in any of the work accessed, which leads one to believe that they are unique. They were not part of other collections sold by photographers operating in the city of Salvador. Everything suggests that Florinda's photos are distinct and were taken at the personal instigation of the subject herself or of close third parties.

Furthermore, most of the jewellery in the photograph was purchased only recently from the estate of the Catharino family, and it therefore seems likely that Alberto de Moraes Martins Catharino was the person who acquired it and kept it together with the photos.

In 1988, some of this jewellery was shown in an exhibition in Buenos Aires, Argentina, resulting in the book *Bahia: Momentos del Barroco* [Bahia: Moments of the Baroque], credited to the "collection of Alberto Moraes Martins Catharino."[22] It was likely brought by a descendant of Alberto Catharino, who at the time of his death in 1942 had two adult children, Alberto and José Martins Catharino.

There is another crucial piece of information provided by the researcher Ana Beatriz Simon Factum regarding the exhibitions at the then Museum of Costume and Textiles at the Instituto Feminino da Bahia, which directly links the photos to Florinda. At some point before the year 2009, she noted that the image in which the model is seated had been displayed in a showcase at the Museum of Costume and Textiles. According to her, the photograph was accompanied by the following text:

> Florinda Anna do Nascimento, known as Folô, was brought up on the Bom Sucesso Plantation in Cruz das Almas, owned by Colonel Joaquim Inácio Ribeiro dos Santos and D. Ana Maria do Nascimento. Folô was a crioula woman who wore typical attire for women of her position but was not a slave. The year of her birth is unknown, but it is known that she brought up Dr Ribeiro dos Santos, born in 1951. She died on 11 May 1931, while residing in the home of Isaura Ribeiro dos Santos Diniz Borges and Dr Otaviano Diniz Borges.[23]

The statement that she "was not a slave" is indeed intriguing, and is likely to refer to when the photograph was taken. However, the words "brought up on the Bom Sucesso Plantation" show her slave status and her birth on the Bom Sucesso/Cruz das Almas Plantation owned by Joaquim Ignácio Ribeiro dos Santos. Based on this information, it seems reasonable to conclude that the photos are indeed of Florinda Anna do Nascimento.

The attire she is wearing in the photographs, known as "traje de beca", represents her ceremonial position in regional religious

22. Instituto Cultural Brasil-Argentina de São Paulo. *Bahia: momentos del Barroco*. São Paulo: Buriti, 1988. Exhibition held at the Museu Nacional de Arte Decorativa de Buenos Aires from 29 November to 23 December 1988.

23. FACTUM, Ana Beatriz Simon. *Joalheria escrava baiana: a construção histórica do design de joias brasileiro*. Doctoral thesis. Faculty of Architecture and Urbanism at the University of São Paulo, São Paulo, 2009, p.239.

24. The neighbouring houses belonged to the Brotherhood of the Blessed Brotherhood and the Carmelite Convent, and their occupants paid rent.

festivals where brotherhoods and sisterhoods played a prominent role. In this context, it is worth noting the role played by the *Irmandade da Boa Morte* (Sisterhood of the Good Death).

The *Irmandade da Boa Morte* was likely founded in Salvador, but was later transferred to the town of Cachoeira in the Recôncavo Baiano region in the second half of the 19th century. It was located in the parish of Nossa Senhora do Bom-Sucesso da Cruz das Almas, at the same time and place where Florinda is presumed to have been born on the Bom Sucesso/Cruz das Almas plantation. Assuming the age recorded on the death certificate is accurate, Florinda would have been born in 1828 and would have lived in Cruz das Almas until at least the 1860s, after reaching the age of 30. Could she have belonged to this sisterhood? It is possible, but the "traje de beca" costume was also worn by women from other Bahian sisterhoods, and the photographs associated with Florinda were taken a long time later, in Salvador.

Other women also had the means to acquire such attire, each with their own story and characteristics, but all apparently connected in some way to religious groups. The ritual kinship created within these organisations allowed for the establishment of bonds of solidarity and identity, making survival less arduous for those like Florinda who did not have any immediate family members.

ANNA DE SÃO JOSÉ DA TRINDADE

On 16 January 1823, witnesses were called to the house of Anna de São José da Trindade on Ladeira do Carmo, in the city of Bahia (now known as Salvador), to legalise the will she had dictated to Manoel Gonçalves Pereira because she was unable to read or write. Although she was ill, she was of completely "sound mind" and in addition to setting out the measures to be taken for her funeral and post-mortem rituals, she also detailed which assets were to be left to whom. Her two adjoining townhouses and a shop on her own land were adjacent to houses belonging to the Brotherhood of the Blessed Sacrament on Rua do Passo on one side, and houses belonging to the Carmelite Convent[24] on the other. She lived with an unmarried daughter, Josefa Maria da Conceição, who acted as her executor and estate administrator. Anna de São José declared herself to be

> a native of the African coast, from where I was transported to the states of Brazil and the city of Bahia, where I have resided ever since. I was a slave belonging to Teodora Maria da Cruz, who bought me in a job-lot and freed me for the sum of one hundred thousand Réis, which I gave her in cash and a new slave. I then received the corre-

sponding document of enfranchisement, which I have kept in my possession, and as a freedwoman, I have enjoyed this same freedom until the present day."[25]

It is worth noting that this was a Black woman who purchased her own freedom, paying a considerable amount of money and a "young slave" for it.[26]

Anna de São José's occupation is evident: street vending. Her inventory listed the ownership of two slaves, Maria Angélica, an Angolan woman who was "of age," and Maria Vitória, from the Haussa nation (identified by Anna as Jeje), both of whom were involved in street vending. She also instructed her executor to have ten masses said for the souls of "people with whom I have had dealings and conducted business." Richard Graham, who first analysed this document, states that she obtained a license in 1807 to sell door-to-door and set up a stall in a public space.[27]

In addition to street vending, another type of business was mentioned in her will: money-lending with interest, using jewellery as collateral. Francisco Manoel Figueiredo borrowed $400,000 Réis (four hundred thousand Réis) from her, and the pledged jewellery—"a silver pitcher and plate, a pair of gold shoe buckles," a medallion with the image of Saint Anthony, four necklaces, a pair of buttons, two diadems, all made of gold, and a silver ring—became part of Anna's assets because Francisco died and his widow did not repay the debt.

It was not a profitable transaction as the total value of the pledged items was less than half of the loan amount: $196,990 Réis.

Anna de São José was unmarried and stated that she had five children—three sons who had already passed away at the time of writing the will and two living daughters: Joana Maria de Santa Justa, married to Captain José Ferreira da Silva Feio, and Josefa Maria da Conceição, unmarried and living with her. However, the married daughter died between March, when the inventory was initiated, and September 1823, the time of the division of the estate. The widowed captain is described in the division as "Captain José Ferreira da Silva Feio, on behalf of his deceased wife Dona Joana Maria de Santa Justa." In cases like this, the widower received the portion that would have belonged to the wife because she was still alive when her mother died. Since they were married under the community property regime, the husband would have the right to the inheritance.

There was a third heir: "a legitimate grandson of my son José de Souza [...] and since he is deceased, he becomes my heir by representation of his father along with my two daughters." There was

25. All the references and quotes about Anna de São José da Trindade can be found in the inventory and last will and testament of Anna de São José da Trindade, 1823. Public Archives of the state of Bahia, M. 2311; d. 02, 04/1840/2311/02.

26. For more information on buying freedom and giving in exchange a new slave, see: REIS, João José. "'Por sua liberdade me oferece uma escrava': alforrias por substituição na Bahia, 1800-1850". *Afro-Ásia*, n.63, 2021), pp.232-90.

27. GRAHAM, Richard. *Alimentar a cidade: das vendedoras de rua à reforma liberal (Salvador, 1780-1860).* São Paulo: Companhia das Letras, 2013.

also a granddaughter, Matildes, daughter of her daughter Joana with Captain José Ferreira da Silva Feio, who was married to Professor Felipe Carlos Madeira.

Certain aspects of her life and death reveal the paths through which her acquired wealth, obtained through hard work, and strategic personal decisions, ended up in the hands of third parties, especially men. In this case, the widowed husband of her daughter became the beneficiary of her legacy.

Further regarding the asset distribution among the inventory participants, the two-storey house was to be shared by the three heirs: her two daughters and grandson. In the event that any of them lacked the means to buy out the others' share, the house would be put up for auction, a "public sale" as it was called at the time. One cannot be certain, of course, but it was the common fate of properties shared between heirs. Who purchased such things? Typically, entrepreneurs, perhaps even another "Anna de São José," because throughout the 19th century, as the slave trade and slavery itself were being abolished, the primary investment for not only former slaves but also powerful families such as the Ribeiro dos Santos shifted towards real estate.

It should be remembered that, according to the laws then in force, a property owner in their will could dispose of one-third of their assets to whomsoever they pleased. Anna de São José made a point of mentioning that she was unmarried; therefore, she could dispose of one-third of her total assets to anyone she liked. She favoured women, despite having a declared grandson. The legacies were primarily intended for her daughters and granddaughters:

> I have several small gold bento boxes [...] with thick chains—a thick gold rosary—a gold locket also with chains of the same, which consist of four loops, [...] some red coral bead, strung or threaded on gold chains, which I leave to my granddaughter Maria together with a silver spoon and fork; [...] a gold crucifix with three gold chain rods; other small bento boxes with gold designs and finer chains, which I leave to my granddaughter Matilde, and two pairs of gold buttons.

The unmarried granddaughter Maria was the most fortunate in the distribution of the deceased's assets, with an inheritance value of $198,900.00, while the married Matilde received $59,580.00. Nothing was willed to the grandson. It should be remembered that, according to the laws then in force, a property owner in their will could dispose of one-third of their assets to whomsoever they pleased. Anna de São José made a point of mentioning that she was unmarried; therefore, she could dispose of one-third of her total assets to anyone she liked.

Anna de São José listed a significant set of assets that revealed her remarkable ability to overcome the limitations of her origins. Coming from Africa as a slave, she achieved freedom and became a successful businesswoman at the turn of the 18th to 19th century. She was not the only one, nor was she the wealthiest, but she is one of the few about whom we can access two documents today: a will and an inventory.

ROSA MARIA DE PAIVA ALELUIA

Rosa Maria de Paiva Aleluia was the daughter of Francisco de Santo Iago, a crioulo, and Maria de Aleluia, of the Jeje nation. She lived "in front of the Santo Antônio fountain beyond Carmo" and drafted her will in 1842[28]—the same year in which she passed away on 30 July. She declared her ownership of the townhouse where she lived, and eight slaves, among other assets.[29]

Despite being born in Brazil and her own mother having left her a substantial sum for a former slave, amounting to $4,000,000.00 Réis, Rosa was keen to explain the origins of her fortune:

> I declare that the assets I possess were acquired through my work and the sweat of my brow, with great hardships, in which trade I also acquired the not insignificant afflictions from which I suffer, without any assistance from my husband or any other relative in earning them, nor did I inherit them from anyone; thus, providing for myself in such terms, free in my will, according to the law, to designate as my heir whomsoever I please.

Childless and without any direct heirs, she wrote, "I have no children, legitimate or illegitimate, therefore I am permitted to designate as my heir whomsoever I see fit in accordance with the law."

With this intention, Rosa left behind a sealed and secret letter in the possession of Veridiana Maria de Lima, a freedwoman whom she considered a person of complete trust. The letter was opened in January 1843 and recorded in court, due to a petition from her husband, the "ungrateful" one who had abandoned her. In the letter, she set out a significant number of assets, particularly jewellery, and specified their intended recipients. It is presumed that she initiated a legal separation of property and items, which her husband, Alexandre, did not accept, prompting her to write this private letter with the intention of preventing her ex-husband, as she considered him, from accessing her assets.[30]

28. The following citations are from the last will and testament of Rosa Maria de Paiva Aleluia. Archives of the state of Bahia, Judiciary Department, Wills Registry book no. 29 (1842), 09/04/1842 to 13/01/1843. pages 92-9.

29. It should be mentioned that wills did not have to include detailed descriptions of all the assets of the deceased. Post-mortem inventories did, however, have to detail all the assets that had a market value.

30. Marriages were always held in the Catholic church and were valid as a civil agreement regarding the division of assets. Normally assets were shared between the man and woman, meaning that whatever was acquired throughout the marriage belonged to both, and when one died, the remaining spouse would inherit them. The group of assets were denominated the "couple".

31. It was common to indicate the number of strands in the gold chains listed in the wills and testaments that were accessed, and one of these is portrayed in an oil painting entitled *Baiana*, in the collection of the Museu Paulista, which has 11 strands.

32. Rosa names all four of her god-daughters and one of her god-sons, called Severino, but for the second, she wrote: "I leave to my god-son who is in Ana Clara's house fifty thousand Réis".

These assets were substantial and included banknotes, metal coins, wrought gold and silver, and valuable jewellery. They were summarised as follows:

Cash: 212 $4,000.00 coins; 123 $6,400.00 coins; nine doubloons of $25,600.00; 55 Spanish Onzas [sic]; 820 silver Patacas; $3,200,000.00 in paper money; $8,890,000.00 in coins; wrought gold: 24 pounds; wrought silver: 50 pounds; jewellery: a diamond-studded gold medal; ten strands of gold chain[31]; a pair of gold earrings; a pair of filigree gold earrings; a gold rosary; a large gold snake necklace measuring eight and a half palmas [approximately 2 metres]; a gold crucifix with the Lord inside; a cross with six strands of gold chain; a locket with four strands of gold chain, all made of gold; Silver: a large silver salver; a patent silver-cased pocket watch; Slaves: Brígida, Esperança, Maria do Bonfim, Emília, Anna (crioula), Bárbara (crioula), Maria dos Passos; Gold pledged in her possession.

The legacies were primarily for people from Rosa Maria's immediate circle, especially women (particularly her former slaves), their offspring, and goddaughters. There were also references to a few— very few—men, such as João Simões Coimbra (appointed as her primary executor), and two godsons, one of whom she didn't even know the name.[32]

She gave special attention to Lúcia Maria de Lima, her protégé, to whom her mother, Maria de Lima, had left four million Réis ($4,000,000.00) as a dowry for her future marriage. Additionally, she bequeathed Lúcia a further two million Réis ($2,000,000.00), eight pounds of wrought gold, and ten pounds of wrought silver, all in the name of the affection and care she had for her, the faithful companionship she had offered, and in recognition of the four million Réis she had invested in her business ventures. Rosa also assigned three enslaved women named Emília, Ana (crioula), and Bárbara (crioula) to Lúcia, in exchange for Dionísia and Leopoldina, whom she had emancipated, and Carlota, whom she had sold. She stated that the slave women had been purchased with Maria de Lima's own money.

Lúcia Maria de Lima was the daughter of Veridiana Maria de Lima, a former slave of Rosa's, who was indicated in the will as a person in whom Rosa had complete trust. Rosa was clear in her will dated 8 September 1842 (which was not challenged):

to Veridiana Maria de Lima, whom I freed, married, and provided, for her remarkable merits, and the good service and unwavering loyalty she has always shown me, assisting me in acquiring what I possess today and being a constant faithful companion until now, I also leave the box containing the figurines of the nativity scene.

Rosa named Maria de Aleluia, the daughter of Manoel Cipriano Marques da Silva and Veridiana Maria de Lima, previously mentioned, as her heir.

so this same heir [Lúcia Maria de Lima] shall inherit all that remains of my belongings. If at the time of my passing, she is still a minor, everything shall be under the administration of my first executor, whom I acknowledge as [...] very upright and capable of being her guardian, and I hereby appoint him as such, signing the respective document in the competent court until she is of age to receive her inheritance or enter into marriage. I declare that it is my will and desire that this be fulfilled so that the buildings in which I reside, facing the fountain of Santo Antônio, shall be included in the share given to the aforementioned heir, in addition to any other properties that may rightfully come to her, without affecting the marital estate of my husband, who may claim his share in the remaining marital assets, given that there are still more houses, furnishings, and slaves. These are matters that my executors, whoever accepts this responsibility, shall not disregard. 31. I declare that I possessed several pieces of wrought gold and silver that, due to justifiable reasons and unavoidable expenses, I was compelled to dispose of, and thus, they no longer exist. 32. I declare that having several specific provisions to make, even for the sake of relieving my conscience, I have left a sealed letter with my executor for him to open and carry out the instructions contained therein. He is not obliged to present it to any court, by anyone, in ???? ex officio, as I recognise him to be a person of utmost honour and competence, capable of fulfilling everything without issue. Therefore, my letter is valid and will have the intended effect.

In Rosa Maria's testament, dictated on 20 May 1842, explicit reference was made to the sealed letter in the possession of Veridiana. However, Rosa's widower, Alexandre Alves Campos, and Thomé Manoel Martins "on behalf of his wife," filed a petition on 25 January 1843, claiming that the letter held by Veridiana Maria de Lima had not been handed over to the executor, with the aim of concealing the objects described therein. They requested that the document be registered with the appropriate authorities. A note was added in the margin of the petition, stating that this letter had been deemed false by the Court of Jury on 17 June 1844. The main argument was that the letter was received by the widower in an open state, as he himself declared in the petition:

> but the petitioners were able to obtain said Letter, which came into their possession already opened. Although it should be registered in the proper Book as part of the testament and in other necessary places, they request that Your Lordship kindly order the appropriate registration to be made.

All the evidence suggests that the letter was genuine and indeed contained determinations established by Rosa Maria that she did not want to become known, especially to her husband, who somehow gained access to it. She dictated it to a scribe and it was probably presented to her executor, who did not register it because they were personal instructions and because the executor must have agreed with them.

Whether they were included or not, the individuals and entities that Rosa intended to benefit in her private letter were: Senhora do Rosário dos Quinze Mistério and Nossa Senhora da Conceição do Boqueirão (presumably sisterhoods); four goddaughters and two godsons; five "crias"—three women and two men; four men, three of whom were not further described, and one of whom was the first executor; ten women, only four of whom were identified: a former slave (Veridiana Maria de Lima) and her daughter (Maria Lima, referred to as "my cria"); a sister (Inês Dantas Barbosa); and a woman (Joaquina) who had provided nursing care to her slaves for ten years at Largo do Rocha.

It is impressive how Rosa attempted to prevent her husband from gaining access to these assets. In her letter, she argued that justice would be served by not considering him as a co-owner of her belongings because they had been separated for so long.

We do not know for certain who ended up with the assets mentioned in that letter, whether it was the husband or those listed by Rosa Maria, but it is clear that the aim of men, especially husbands, was to benefit from the resources acquired by women.

Women like Rosa, who was the daughter of a woman born in West Africa (referred to as "Jeje" in her testament), shared a pattern of inheritance that excluded men, whether relatives or not. The inheritance system in West Africa as a whole excluded wives from receiving their deceased husband's assets, as well as men receiving from their wives. In general, succession occurred from parents to children and from mothers to daughters.[33] Rosa was certainly employing strategies to ensure the succession to individuals listed by her, as she had no children, and to exclude her husband.

MARCELINA DA SILVA

More than forty years after Rosa's death, now in 1885, another woman named Marcelina da Silva, originally from the "African Coast," mother to a daughter named Magdalena, and married to Miguel Vieira da Silva, according to her will, passed away on 27 June. Initially, the husband was the executor of her estate.

The daughter, Magdalena, was in a dispute with her mother's husband for several reasons. Firstly, all of the mother's properties were in Magdalena's name, which greatly displeased the widower. Magdalena, in turn, claimed that she had only become aware of this situation after her mother's death. Secondly, the daughter complained about the jewellery he had sold to cover funeral expenses, such as prayer altars, bracelets, and necklaces. Thirdly, although the widower was initially appointed as the executor of the deceased's estate, he was replaced by Magdalena over a year later, on 25 November 1886.

The researchers Lisa Castillo and Nicolau Parés had access to various documents relating to Marcelina da Silva and analysed her life story. Just like Anna de São José and Rosa Maria, one of Marcelina's activities was money lending. The authors described one of these transactions, but there were likely others. In the case mentioned, João Domingos dos Santos borrowed $350,000.00 in May 1850, using a Nagô slave named Felicidade as collateral, with a payment deadline of eight months. Just one week after the deadline, Marcelina was already seeking to claim the slave to settle the debt.[34]

Marcelina[35] has an intriguing story because, along with her former owners, Francisca da Silva and José Pedro Autran—considered the founders of Casa Branca Candomblé—and her daughter Magdalena, she travelled to Africa in late 1837. This journey is likely part of the same movement that led several former slaves of Muslim faith to escape police persecution following the 1835 Malê Revolt, the 1836 Cemiterada, and the beginning of the Sabinada in 1837 in Salvador.

These trips were not uncommon, even in periods without crises, as evidenced in Anna de São José's 1823 will, which mentions her taking out a loan for her son José de Souza to prepare for his trip to the Gold Coast. According to her,

> I borrowed thirty-two thousand Réis as a high-risk loan, and because he did not repay it, I paid the said amount, and therefore, it should be deducted from the inheritance of her son, my grandson,

33. Cf. FARIA, Sheila de Castro. *Sinhás pretas, damas mercadoras. As pretas minas nas cidades do Rio de Janeiro e de São João Del Rey (1700-1850)*. Thesis (in the History of Brazil). History Department of the Universidade Federal Fluminense, Niterói (RJ), 2004.

34. CASTILLO, Lisa Earl; PARÉS, Luis Nicolau. "Marcelina da Silva e seu mundo: novos dados para uma historiografia do candomblé Ketu". *Revista Afro-Ásia*, n.36, 2007, p.130.

35. The data indicates commonalities between the two women, regarding a religion rooted in West Africa, particularly the voodoo cult of the Jeje women which, in the case of Marcelina, is more explicit as it relates to Obá Tossi, the second *ialorixá* of the Terreiro da Casa Branca do Engenho Velho de Brotas, that came before the Terreiro do Gantois.

36. Inventory and Will of Anna de São José da Trindade. Op. cit.

37. Ibid., p.130.

38. In the inventory of José Joaquim Ribeiro dos Santos' wife, Jesuína Ribeiro dos Santos, were 37 urban properties and a "roça" (small farm) in the parish of Brotas, in Salvador. Her father's plantation, known as Bom Sucesso or Cruz das Almas, registered in 1857, was no longer part of the family estate. In 1911, on the death of José Joaquim, nor did even the "roça" in the newly named district of Brotas exist. See the inventories: Jesuína Ribeiro dos Santos (m. 2034, d. 60, Juizado de Órgãos, 1897. Public Archives of the state of Bahia, series Inventory, Judicial section, 01/331/632/02) and José Joaquim Ribeiro dos Santos (m. 704, d. 6; Juizado de Órgãos, 1911, 01/364/04/06).

as well as the amount of sixty thousand Réis I spent on the funeral service and masses celebrated for her soul.[36]

The date of this loan is not known, and nor is it known whether this son made the trip, but it is clear that the invested sums, as well as the funeral costs, were duly deducted from the inheritance to which her grandson was entitled by law.

Marcelina's former masters died in Africa, but she and Magdalena, along with two children who were born there, returned to Bahia.

Between 1844 and the date of her death in 1885, Marcelina became the owner of at least eighteen slaves, mostly consisting of adult Nagô women and their children. She was described on her death certificate as a "ganhadeira" (a woman who earned her living through various means), she invested in slaves in the 1840s and 1850s, and in the following years, she acquired properties, which were registered under Magdalena's name, much to the dismay of Miguel, who only discovered this on his wife's death.

Marcelina appears to have trod a common path shared by emancipated individuals of the time: initially, they would buy slaves to work for them and then, use the profits to invest in property, which in turn generated income through rents. If, as we have seen, Marcelina primarily invested in enslaved individuals during the 1840s and 1850s, by the end of the 1850s, she had begun growing her property portfolio.

This can also be explained by the increase in the price of slaves after the end of the transatlantic slave trade,[37] a common investment even for families who, like the Ribeiro dos Santos family, were considered White, in the second half of the 19th century.[38]

Magdalena's complaint about her mother's husband disposing of the jewellery without her knowledge or consent, the absence of bequests to male relatives in Anna de São José's will, and Rosa Maria de Paiva Aleluia's struggle to exclude her husband from inheriting her jewellery all demonstrate the value these women placed on their gold and silver objects. These objects were not meant to be in male hands but rather in the possession of those they designated as their heirs, both in terms of property and the social and religious position they held.

THE JEWELLERY AND ATTIRE OF FLORINDA: A POSSIBLE PATH
These three cases of women are shown through the documentary records they left about their lives at three different moments in the 19th century: in 1823/4, a time close to when Florinda was born; in 1842, when she was a young woman in transition between the coun-

tryside and the capital of Bahia; and in 1885, a period when she was likely photographed in studio in Salvador. The relevance of these accounts is to demonstrate how the assets of successful Black women were distributed and passed on to heirs, beneficiaries, and even undesirable husbands upon their deaths. This was not the case for Florinda, who could not dispose of her assets through a will. Instead, they became part of the collections of respectable, wealthy families in Bahia in the first half of the 20th century.

One can understand that women like Florinda Anna do Nascimento, living with or in close proximity to an elite family for decades, must have had difficulty disentangling themselves from their influence. She was undoubtedly recompensed, but her situation was quite different from that of women who traditionally accumulated wealth, as evidenced by exhaustive documentary research on freed, wealthy Black women in Pernambuco, Rio de Janeiro, Minas Gerais, and elsewhere, as well as the examples mentioned earlier. The majority of these women possessed at least some of the following characteristics: born in Africa, childless, and mainly owning slave women, as well as valuable houses, jewellery, and garments. Slave women owned by affluent freed women had more chances to pursue their own individual paths to reaffirm their identity and power than someone of Florinda's profile.

However, the photograph indicates a clear and profound connection with the Black community and society of Salvador, as she dressed and adorned herself with their associated symbolic elements. One could even consider that the woman portrayed may not actually be Florinda herself, but the indication on the back of the photograph stating that she was a cook places her in the same context: a Black slave woman or employee of a respected family in that society.

It is precisely the fact that the jewellery is preserved almost in its entirety that explains Florinda's unusual situation among freed Black women who had access to assets to purchase garments and adornments. It is the "traje de beca" and the corresponding jewellery that stand out in the photograph as symbols of power and the importance of the woman portrayed.

Alberto M. M. Catharino, as written on the back of one of the photographs, was the husband of Leocádia M. Catharino, whose full name was Leocádia de Sá Martins Catharino, the person who donated the photograph of the seated Black woman, and "José de Sá" was her father. Therefore, Leocádia donated a photo of a person who may have been a cook in her family and whose jewellery ended up in the hands of her husband's family. The photos, the model, the jewellery, and the Catharino family were all connected.

39. OLIVEIRA, Maria Inês Corte de. *O liberto: o seu mundo e os outros*. Master's dissertation, Masters in Social Sciences at UFBA, Salvador, BA, 1979, p.107.

Alberto M. M. Catharino passed away in 1942, so the photo would have been donated before then, which leads one to speculate—but only speculate—that the purchase of the jewellery and the access to the photographs by the family occurred before that date and after 1931.

It is also intriguing that the rich everyday garments worn by Florinda Anna do Nascimento ended up in the collection of one of the museums created and presided over by Henriqueta Catharino, the sister of Alberto M. M. Catharino and sister-in-law of Leocádia, the couple who donated the photos to the institute, and the heirs, who later sold the jewellery to the antiquarian Itamar Musse.

The path of these jewellery is a mistery. Although, it seems likely that when Florinda died in 1931, her clothes and jewellery ended up in the hands of the family she was connected to, the Ribeiro dos Santos. It should be noted that Florinda had no children or relatives, therefore no immediate heirs, and she died without a will. As previously mentioned, Black women who owned assets took great care in their wills to ensure who would receive their clothes, jewellery, and slaves. In 1931, Anna Adelaide, Isaura Augusta, and Álvaro Ribeiro dos Santos were still alive in the Ribeiro dos Santos family. It would not have been surprising for one of them to consider themselves as her heirs and sell the items to the collector Catharino. However, this is, of course, only supposition.

There are other important questions. Would it have been possible for Florinda, born in Brazil and connected to one particular elite family, to accumulate enough savings to acquire her "traje de beca" and jewellery? Everything indicates that this could have been the case.

Referring to Salvador, Bahia, the historian Maria Inês Corte de Oliveira[39] identified 121 women born in Africa among the 147 testators from the period between 1790 and 1850, representing 82.3% of the total, with a predominance of those indicated as coming from the Gold Coast. This means that it was those born in Africa who were the most likely to accumulate savings since only those who had assets to leave behind would make wills. For the second half of the century, this number increased, and the historian estimates that 95.8% of testators were born in Africa. However, even though relatively small, there was a group of successful Black women who had been born in Brazil.

In the case of these African women, the importance of drafting a will was greater as they did not have consanguineous ancestors or descendants legally eligible by law to become their heirs. They had to appoint the beneficiaries of their assets through these testaments. Compliance and accountability were made directly with the relevant authorities, without any need to open an inventory when there were no direct heirs.

It seems to have been important for Florinda to take part in festivities and religious ceremonies, and to do so dressed appropriately. Is it possible that these items were acquired using the 500 thousand Réis she had received from the will of Joaquim Ignácio Ribeiro dos Santos? What could have been purchased with that sum in 1885 in Bahia?

In the inventory of Rodrigues Pereira Dutra, the Baron of Iguape, the following jewellery and their respective values were listed: in silver, a complete tea set weighing one thousand one hundred ounces, each ounce valued at three hundred Réis, totaling 330,000 Réis; various objects of the same metal, of "old work," weighing a total of 11,594 ounces, each ounce valued at 160 Réis, totaling 1,855,000 Réis. The three gold items were evaluated as follows: a gold watch, unused, valued at 100,000 Réis; a gold watch chain valued at 50,000 Réis; a gold watch valued at 150,000 Réis.[40]

Even though it is an appraisal of jewellery from a year after Joaquim Ignácio's death, a moment when Florinda would have been eligible to receive the donation, we can consider that the sum of 500,000 Réis received by her, undoubtedly significant, could have covered the cost of a few of the pieces she possessed. She most likely engaged in other activities that allowed her to accumulate some savings. Unfortunately, nothing in terms of documentation can be proven.

The anthropologist Heloisa Alberto Torres presented her thesis to compete for the chair of Anthropology and Ethnography at the National Faculty of Philosophy of the University of Brazil in 1950. The title of her work is suggestive: *Alguns aspectos da indumentária da crioula baiana* [Some aspects of the attire of Bahian crioula women]. Torres interviewed crioula women, White women (or those regarded as such), and provided a detailed account of the main garment that represented these crioula women: the "pano da costa". But she went further. She also looked at skirts and "camisus",[41] defining in detail what was worn on each occasion. She discovered that there were outfits for every activity: the daily work on the streets, attending Mass at the Catholic Church, the celebrations of their sisterhoods, and the rituals of Candomblé. She described the "traje de beca" in great detail because she had examined it and interviewed those who wore it. Thus, in an exceptional piece of work, she managed to explain the practical reasons behind all these garments.

She was undoubtedly a pioneer. However, what is most interesting is the fact that the author conducted spoken research with people associated with the Instituto Feminino da Bahia. The anthro-

40. Inventory of Rodrigues Pereira Dutra, Baron of Iguape. Public Archive of the State of Bahia, Court of Justice, Inventory Series, Judicial Archives Section, 02-519-964-17 (1888/1892).

41. *Camisu* is a kind of everyday garment that goes down to the waist, and is different from the shirt worn with the "traje de beca", with a "bib, square neckline, half-length sleeve and ruffled cuffs. Rare ones have lace; more common ones a braided trim". See TORRES, Heloisa Alberto. *Alguns aspectos da indumentária da crioula baiana*. Thesis (completion for the Anthropology and Ethnography course). National Faculty of Philosophy at the Universidade do Brasil, 1950, apud *Cadernos Pagu*, n. 23, July- Dec. 2004, pp.413-67, 439-40.

42. TORRES, Heloisa Alberto. Op. cit., p.416.

43. Ibid. The author's italics.

44. Cf. "Introdução," in TORRES, Heloisa Alberto. Op. cit.

45. A similar sentiment can be found in the book BITTENCOURT, Anna Ribeiro de Goes, 1843-1930. *Longos serões no campo.* (2 vols.) Rio de Janeiro: Nova Fronteira, 1992.

pologist stated that the "collections of garments belonging to Bahian crioula women, housed at the Instituto Feminino da Bahia in Salvador, were meticulously studied."[42]

One of the interviewees was Anna Adelaide Ribeiro dos Santos, the granddaughter of Florinda's first master, Joaquim Ignácio Ribeiro dos Santos. This was likely due to the garments attributed to Florinda and included in the Instituto Feminino's collection, which Torres said she had carefully studied. What information could Adelaide have given Heloisa? One piece would surely have been that Florinda was a "crioula woman associated with the master's household," in this case, the family of the interviewee herself. Therefore, it would have been people associated with the Instituto who provided information about the clothing of "crioula women." The fact is that based on this research, Heloisa arrived at the following conclusion:

> The Bahian crioula women, inspired by firmly established and dominant traditions in Brazilian family and religious life, fuelled by direct or traditional memories of a distant homeland from which they had been uprooted, resisted many overwhelming constraints encountered in their environment. They reacted to these imposed restraints and, through a slow assimilation of cultural traits from the upper classes, *which their judgment deemed more dignified or prestigious*, gave rise to a new cultural type. This type was characterised by a constant aspiration to climb the social ladder, which inspired them to interfere in the intimate lives of the master's family; by a new feminine form or aesthetic expression; by direct participation in economic activities; and by a dominant role in the realm of religion to the structure of which they contributed. Strong concepts were formed to provide guidelines on behaviour and on the expression of *a distinctly regional type*.[43]

Florinda Anna do Nascimento could have been an example of this "new cultural type". Anna Adelaide Ribeiro dos Santos Dantas had been born in 1877, and in the 1940s when Heloisa Alberto Torres was conducting her interviews, she would have been 65-70 years old.[44] She was part of a generation of the elite slaveholding class who experienced slavery when they were young and witnessed its end. Like many of her time[45], she likely created a romanticised explanation to define the relationship between the family and the slaves, particularly with Florinda.

However, Heloisa Alberto Torres went further and realized that there were life stories of Black women that were far removed from the influence of wealthy elite families, and who had independent trajectories within religious organisations. She recognised this and put forward a hypothesis:

> The attire of the Bahian crioula women primarily consisted of the formal "traje de beca", which was well characterised by the middle of the last century [19th century]. It belonged to the wealthy; it never became widespread because it was expensive, but even today, there are elderly women who still have their "traje de beca". [...] I am not aware of its current use. From the social class to which this attire belongs, two trends emerged: one of the crioula women who, after abolition, remained connected to their masters' households, and the other of the crioula women who joined the ranks of free Black individuals and continued on the increasingly marked path of asserting their own class. The first trend reached its peak in the late 19th century and the early decades of the 20th century, but it is now gradually disappearing. The second trend, although losing ground in the sense of representation on the street, *is being maintained in social and religious groups and continues as a vibrant source of innovations in various fields of activity.*[46]

Although age estimates based on parish death records and civil death certificates (after the establishment of the Republic)[47] are not entirely reliable, what is certain is that Florinda lived a long life. She could have been all of these: a slave of the Ribeiro dos Santos family, the recipient of the sum of 500,000 Réis from Joaquim Ignácio's will, a cook for the family of José de Sá, and the owner of the jewellery she wore in the photograph. In summary, it depended on the stage of her life. Florinda lived for a long time and witnessed radical changes such as the effective end of the transatlantic slave trade (1850), the abolition of slavery (1888), the Proclamation of the Republic (1889), and even a revolution in 1930.

Florinda Anna do Nascimento represents a group of Black women who became wealthy. Through the materiality of her person, her possessions, and her history, we can gain insight into many others who overcame numerous barriers to attain dignity and respect.

It should be emphasised that she was an exception because the majority of slaves, even after emancipation, remained anonymous and in poverty, and our knowledge of these women comes mainly from serial or quantitative records. Those who accumulated savings could have their success proven through wills, inventories, and, in Florinda's case, through clothing, jewellery, and photographs preserved in museums or held by collectors. The jewellery

46. Ibid., p.446.

47. Up until the 1880s, ecclesiastical records were predominant as proof of civil rights. The obligation to record births, marriages and deaths took a long time to become a norm throughout Brazil.

48. For more on this, see, for example: SILVA, Simone Trindade Vicente da. *Referencialidade e representação: um resgate do modo de construção de sentido nas pencas de balangandãs a partir da coleção Museu Carlos Costa Pinto*. Dissertation (Master's in Visual Arts). Universidade Federal da Bahia, Salvador, 2005; MONTEIRO, Juliana. Op. cit.

49. To learn about the stories of other Black women, including those who traversed the Atlantic, see FARIA, Sheila de Castro; REIS, Adriana Dantas (orgs.). *Mulheres negras em perspectiva: identidades e experiências de escravidão e liberdade no espaço atlântico (séculos XVII-XIX)*. Feira de Santana, BA: UEFS Editora; Cantagalo, RJ: Editora Cantagalo, 2021.

belonged to these women, and their materials and designs made them more than just adornments for beautification: they symbolised social and religious positions and the African cultural origins of those who wore them.[48]

Florinda was born in Brazil but throughout her life she carried the story of a mixed cultural African heritage shared by others of her time.[49]

BY WAY OF CONCLUSION: "CRIOULA" OR "BAIANA"?

The use of the term "crioula," when describing the jewellery and attire of Black women, mainly encountered in works related to the history of art in Bahia, is commonplace. Historians of slavery do not employ the expression in their field, as it is imprecise—particularly when alluding to the late 19th and early 20th centuries, and it is undeniably pejorative as it connotes a social stigma that signifies a past marked by slavery, either for the individual or their forebears.

The term "crioula," when used to qualify elements of Black attire as seen in museums and in works of art history, literature, or design, is a curious one and has not been subject to specific scrutiny by historians, who often confine themselves to the narrow confines of their own disciplinary boundaries. It is necessary to try to provide historical context, and while it is not possible to be exhaustive here, this is a start.

Firstly, it is essential to comprehend that at least until the abolition of slavery in Brazil, the term "crioula" referred to a child born into slavery—that is, the offspring of an enslaved mother. Thus, a child born to an enslaved woman was also a slave, and termed a "crioulo(a)," regardless of the father's legal status.

In the Antonio Moraes e Silva Dictionary, first published in 1789, "crioulo" is defined as "a slave born in the master's house; the animal offspring born in our possession; e.g., a crioulo chicken, born and raised in the house, not bought." Therefore, the term "crioulo(a)" is irrevocably linked to the condition of slavery—of property and commodity, rather than of liberation or freedom.

Clearly, such designations had regional variations, but there is nothing to suggest that the term "crioulo(a)" was used to refer to a freed person anywhere in Brazil during the era of slavery, including Bahia. Typically, the expression "pardo(a)" was used, signifying a social condition (and not a specific shade of skin)—a child born of a freed mother (whether from Africa or Brazil).

In Bahia, from the 1850s onwards the term "crioula" was broadly used to designate Black Brazilian women, whether slaves or freedwomen. From then on, the term appears to have grown in popularity, to the extent that it came to encompass symbolic collections of garments and accessories: the attire and jewellery of the "crioulas." However, it should be noted that this kind of nomenclature tends to obscure the memories of African cultural heritage.

So, is the correct terminology for this attire and ensemble of jewellery, indeed, "crioula jewellery and attire"?

Let us look at the historical records. The manner of dress and adornment adopted by the "Baianas" is a common reference point in the chronicles of imperial Brazil. The French painter Jean-Baptiste Debret, for instance, recounts that significant numbers of people made their way from Bahia to Rio de Janeiro following the "political disturbances of 1822", and described the "negra baiana" as follows:

> After that, the "negras baianas" began to appear among the market women of the city, and were distinctive in their dress and their wit. Some traded muslin and shawls, while others, less commercially inclined, introduced delicacies imported from Bahia with great success. [...] The "negra baiana" can be readily recognised by her turban and the exaggerated height of her skirt's waistband. The remainder of her attire consists of an embroidered muslin blouse, over which is draped a shawl with a characteristic Bahian pattern. The richness of her blouse and the abundance of gold jewellery are the focal points of her coquetry.

An example of this kind of invisibility can be found in the writings of Anna Ribeiro de Goes Bittencourt (1843-1930), a member of Bahian high society, who, in the 1920s made the following observation about the attire of the slave women who took part in her family's parties:

> There were, among the slave women, even among those who laboured in the fields, some attractive young girls who dressed with a certain degree of luxury, following the fashion of the "crioulas baianas". They were excellent dancers of the lundu, a dance from that region.

Anna Ribeiro, as she signed herself, moved to Salvador after her marriage to Sócrates de Araújo Bittencourt, a medical student, in 1865. She was, therefore, a contemporary of Florinda Anna do Nascimento.

In the latter half of the 19th century, the African identity also began to embrace colour. Until then, term "African" had seldom been used, as both slaves and freedmen from Africa were typically identified by their specific places of origin, such as "Mina", "Congo", "Guiné", etc. Designations devised in Brazil to denote the ethnic groups of enslaved Africans either referred to the port of embarkation; the general area from which they came; a group identified within Brazil with characteristics that were similar in the eyes of assessors and scribes; or a form of self-identification.

It was during the 19th century, amidst efforts to abolish the transatlantic slave trade and slavery itself, that the term "African" began to emerge to designate slaves from the continent. Previously, they had not been so named in any documented form. The definitive cessation of the slave trade in 1850 transformed the previously wide-ranging designations such as Congo, Angola, Cabinda, Mina, Nagô, Yoruba, Acra, Monjolo, and countless others into simply "Africans." While records specific to Bahia are scarce, it is likely that this transformation occurred there as well, and it became necessary to redefine the vocabulary in order to delineate the social standing of a progressively "Crioulised" population, born in Brazil.

The expression "crioulo(a)" expanded in meaning regarding origin and social status because the slaves of the second part of the 19th century were indeed "crioulos" in the literal sense, having been born into slavery. Whereas previously the term had denoted a "Black person born in Brazil," as it is still defined today alongside other meanings, it came to signify all Black people, irrespective of their social status at birth (whether enslaved or free) during the latter half of the century. It is a discriminatory term, intrinsically linked to the institution of slavery and to subjugation.

It appears that the term, now widely used (even beyond national borders) to describe the jewellery of Bahian Black female culture, originated from the way photographers, primarily foreign, referred to their models. One key example are the captions for the photographs and postcards by the photographer Rodolfo Lindeman from 1880 to 1920. In image A.1, Lindeman captioned the photograph: "J. Creoula—Bahia," the letter "J" indicating the alphabetical listing on the postcard, which also bore the information: "Cliché R. Lindermann, Bahia." The letters D., K., J., and L. were also all followed by "Creoula".

We believe that it was these photographs, of interest to collectors and museums, particularly those in Bahia, that gave the name "crioula" to the jewellery and attire that had previously been designated as "Baiana" during the 19th and early 20th centuries. They were thus named, and continue to be so, uncriticised.

The term "crioula" is emblematic of a specific historical moment—a period of the emancipation of a slave society, an unarguably complex era—as it sought through freedom to redefine society on ostensibly equal terms, despite stark differences in social standing. This was the case of the relationship between the Ribeiro dos

Santos family and Florinda Anna do Nascimento. Legally speaking, Florinda was a crioula, born into enslavement and raised as the "cria" of the Ribeiro dos Santos family. This family, like others, did not concern itself with recording her origins, or her parents' names, and, much like Florinda's, the origins of many other women were only partially documented.

In the ledgers of items donated to the Instituto Feminino da Bahia, led by Henriqueta Catharino, references to items of clothing worn by Black women are similarly generic and identified as crioulas.

Items numbered 2092a and 2092b were described as "crioula shirt with fabric yoke" and "crioula shirt with linen upper part," respectively, donated in July 1934 by Almerinda C. Silva. It was, therefore, a vocabulary that was accepted and understood by all. While it was, undoubtedly, a product of its historical moment, it is now, however, imperative to move beyond this kind of reference.

FIGURE 15. A MODEL PHOTOGRAPHED BY THE FRENCHMAN RODOLPHO LINDEMANN, REFERRED TO AS J. CREOULA — BAHIA. AHM. LINDEMANN CLICHÉ, BAHIA. J. CREOULA POSTCARD. GREGÓRIO DE MATTOS FOUNDATION COLLECTION. BOX 67, DOCUMENT 02.

capítulo 3

FARÓIS DE ORGULHO
E IDENTIDADE

Lilia Moritz Schwarcz

Joias já fazem parte da história da própria humanidade, não respeitando geografias, tempos ou espaços. Mais do que meros adereços, esses objetos sempre acumularam variados significados sociais e afetivos. Denotam alegria, amor, luto, poder espiritual, união, proteção, status, mas funcionam também como marcas poderosas de identidades sociais e políticas. Não por acaso, é possível distinguir esses acessórios em uma série de pinturas históricas. Lá estão eles nos braços dos membros da nobreza — homens e mulheres —, no colo de uma imperatriz, no dedo mindinho de um bispo, no pescoço de um governante. Sempre retratadas em minúcias, essas joias faziam parte da própria lógica dos retratos das elites. Não eram, pois, detalhes, mas verdadeiros faroletes: símbolos de prosperidade, opulência e poder.

No Brasil a história não seria diferente. Grandes mandatários, chefes de igreja, monarcas e príncipes, poderosos proprietários, senhoras da elite eram constantemente apresentados usando tais ornamentos. Todavia, se joias eram exibidas nestas terras com a mesma lógica que imperava na Europa, como uma forma de capital simbólico, havia por aqui uma prática que desafiava a convenção. Chama atenção, nesse sentido, como, desde o período colonial, muitas lendas e mitos envolveram as assim chamadas "joias de crioula".

Vistosas, ostentando muito ouro e por vezes incluindo pedras preciosas ou semipreciosas, elas podiam ser vistas nos braços das negras minas, designação que, da mesma maneira que essa sorte de adereços, foi criada já aqui, no Brasil, e se referia a uma rede de amizades, de compadrio ou de comércio. Acessórios desse tipo eram também presença segura nos retratos de crioulas, libertas de segunda geração, que circulavam sobretudo por Salvador — capital do país até 1763 —, mas também pelas ruas do Rio de Janeiro — a partir de então a sede administrativa. Orgulhosas, as negras minas exibiam seus braceletes largos que lhes tomavam boa parte dos dois braços, colares com muitos penduricalhos, correntes grossas, brincos caprichados e cheios de detalhes, argolas com desenhos internos, balangandãs repletos de ícones.

Essas personagens, é claro, chamaram a atenção dos fotógrafos estrangeiros que invadiram o Império a partir dos anos 1850 — e, curiosamente, não apenas por sua exuberância, mas também pelo som que faziam ao se mover pela cidade. Muitos deles descreveram em detalhes os esplendorosos braceletes usados por mulheres negras, que destacavam, ainda mais, seus braços bem torneados. Conhecidos como "copos", devido à forma e ao tamanho, tais adereços eram compostos por duas ou quatro placas unidas por articulações igualmente em ouro. Muitos desses objetos traziam efígies masculinas e femininas, feições africanas ou europeias — frequentemente retratos dos imperadores e imperatrizes — e reluziam muito ao sol dos quentes trópicos.

Também chamativas eram as "pulseiras de placas". Feitos com placas de ouro unidas por peças chamadas de "correntões", esses adornos eram igualmente encontrados no colo dessas mulheres. Na época da menoridade de d. Pedro, não era incomum encontrar pulseiras com a representação do imperador menino, como uma expressão de afeto, ou até de respeito, pelo infante. Pulseiras e colares não eram feitos apenas com ouro; as contas, com suas várias cores, abundavam e disputavam atenção. Eram em geral redondas, lisas ou confeitadas com filigranas e pequenos grãos de ouro, com várias formas e tamanhos.

Brincos eram indispensáveis nas indumentárias das crioulas. O mais tradicional se chamava "pitanga", por conta do formato que emulava o da fruta. No centro da peça, e para realçá-la, incrustavam-se ágatas, corais, contas de vidro ou de metal. Eram também vários os anéis que essas moças traziam nos dedos e que lembravam muito a talha barroca, por vezes mimetizando a decoração das igrejas nesse estilo. Destacavam-se ainda as pencas de balangandãs — feitos de prata, eram considerados peças genuinamente brasileiras. Normalmente usadas na cintura das moças, elas demarcavam a fertilidade e traziam consigo muitos sentidos religiosos e votivos. Cada peça costumava reunir de 20 a 50 objetos que podiam ser movimentados, produzindo uma sonoridade muito particular. Aliás, essa qualidade auditiva dos balangandãs fazia deles amuletos com uma função bem específica: "espantar" más influências.

Embora a maioria dos autores indique uma origem onomatopaica para o termo "balangandãs", outros, como Nei Lopes[1] e Yeda Pessoa de Castro,[2] referem-se a uma origem africana, e mais especificamente banto, dessas joias. O termo, inclusive, variou ao longo do tempo, sendo grafado como berenguendém, breguendém, balanfandã, beredengue...[3]

1. LOPES, Nei. *Novo dicionário banto do Brasil*. Rio de Janeiro: Pallas, 2003, p. 35.

2. CASTRO, Yeda Pessoa de. *Falares africanos no Brasil: um vocabulário afro-brasileiro*. Rio de Janeiro: Topbooks, 2001, p. 166.

3. Ver, por exemplo, SILVA, Simone Trindade V. da. *Cadernos do MAV*, EBA-UFBA, ano 3, n. 3, 2006.

4. QUERINO, Manuel. *Costumes africanos no Brasil*. 2.ed. Recife: Fundaj/ Massangana; Funarte, 1988, p.227.

5. RODRIGUES, Nina. *Os africanos no Brasil*. 7.ed. São Paulo: Companhia Editora Nacional; Brasília: Editora UnB, 1988.

O pesquisador Manuel Querino, quando relata o traje "das mulatas dengosas e crioulas chibantes" em dias de festas religiosas, cita o adereço e o chama de "argola de prata em forma de meia-lua, onde se penduravam as moedas de ouro, prata, de valores diversos, figas e outras teteias".[4] Nina Rodrigues descreveu como "as negras ricas da Bahia carregam no vestuário à baiana de ricos adornos. Vistosos braceletes de ouro cobrem os braços até o meio ou quase tudo; volumoso molho de variados berloques, com a imprescindível e grande figa, pende da cinta".[5]

As pencas de balangandãs eram, por essas e por outras, muito consideradas na joalheria crioula. Costuma-se dizer que elas possuem uma natureza mística que as vincula à proteção contra o mau-olhado e à salvaguarda da fertilidade e da fartura. Esses objetos são em geral constituídos por três diferentes partes: a corrente (que fixa o adorno à usuária), a nave ou galera (uma parte articulada, com abertura lateral, que agrupa os demais objetos incluídos no adereço) e os elementos pendentes (uma grande diversidade de amuletos, talismãs e objetos decorativos). Dentre esses últimos elementos, em sua maioria também feitos em prata, os mais frequentes são as figas, as chaves, as moedas, os cilindros, as romãs, os cachos de uvas, os peixes, a cabeça do imperador e os dentes de animais, remetendo a diferentes tradições, pedidos e desejos. No seu conjunto, eles representavam uma sorte de símbolos ambulantes acerca das crenças vigentes, das ancestralidades e das preferências daquelas que os portavam, orgulhosamente, próximos da cintura e dos quadris.

Interessante lembrar que joias como essas representavam ascensão econômica ou social e proteção contra o mau-olhado, mas também significavam uma forma sagaz de subversão das leis, que durante um bom tempo buscaram coibir o uso desses objetos por parte de escravizadas e forras. Por isso, quando o faziam, as baianas apresentavam, veladamente, mas de maneira insurreta, suas devoções religiosas, suas identidades e formas de inserção social. O certo é que, por meio desses adornos, era possível representar origens africanas e conhecimentos adquiridos no Brasil — saberes que, por aqui, foram se mesclando e se recriando.

Explica Emanoel Araújo, em texto para o Museu Afro-Brasil, que esses eram adornos mais tipicamente baianos e muito diversos: "correntes de elos dobrados; correntões de bolas confeitadas ou lisas; pulseiras com cilindros de ouro e de corais; argolas com pedras semipreciosas; pentes de tartarugas; anéis com lascas de crisólitas, diamantes e figas de coral, encastoadas de ouro e filigranas".

Das tantas fotos clássicas de Marc Ferrez, nessa que aqui reproduzimos podemos ver uma apresentação quase didática acerca da maneira como as mulheres crioulas circulavam pelas ruas. Nesse precioso documento visual, uma mulher negra, muito linda e ricamente trajada, apoia a cabeça com o braço pousado próximo ao rosto e recostado numa espécie de banqueta — com certeza um recurso para evitar que a foto saísse tremida ou borrada. Mas o que causa empáfia é a quantidade de joias que adornam o corpo da modelo, o qual, visto com cuidado, mais se parece com uma espécie de "mostruário de joias". Do colo dessa moça, cujo nome, como o de tantas outras, não sabemos — o que é ao mesmo tempo lamentável e revelador, em paradoxo apenas aparente —, pende uma penca de balangandãs; nos dedos, anéis com vários desenhos e padronagens; nos braços, muitas pulseiras de placa e outros braceletes copo. Ela ostenta ainda correntes e colares de ouro ou com contas e argolas do tipo pitanga.

Tal costume, com certeza inusitado, de serviçais negras usarem tantos adereços, já despertara a curiosidade e o interesse dos viajantes naturalistas que por aqui estiveram a partir de 1815. Por mais que estivessem mais preocupados em recuperar as atividades dessas trabalhadoras urbanas e seu cotidiano, esses cientistas desenhadores não deixaram de incluir em suas produções o profuso e inusitado uso de joias. Na verdade, a riqueza chamava atenção também em função da contradição. No caso brasileiro, eram mulheres escravizadas, libertas e forras, todas negras e a maior parte pertencente a um grupo mais desfavorecido, aquelas que — a despeito de sua situação hierárquica — saíam às ruas ostentando adereços valiosos. Essa imagem refulge, por exemplo, nas obras de Carlos Julião e de Jean-Baptiste Debret, entre outros.

A igualdade no uso de joias, contudo, era relativa e efêmera. Bastava observar esses adereços mais de perto, ou manuseá-los, para notar como eram distintas as joias de crioula daquelas usadas pelas mulheres brancas das elites. Se de um lado as dimensões mais avantajadas dessas joias de crioula pareciam acompanhar a corporalidade exuberante das africanas e de suas descendentes nascidas já no Brasil, de outro lado essas peças pesavam menos, pois eram feitas de fios ou chapas mais finos, sendo assim muito menos onerosos.[6] Não era incomum que fossem mesmo ocas, o que colaborava para reduzir tanto o preço, que se tornava mais acessível, quanto o peso, possibilitando que fossem usadas em grandes quantidades por uma só pessoa.

Não foram poucas as *cartes-de-visite* que apresentaram negras crioulas soberbamente vestidas e briosamente adornadas com suas joias que lhes tomavam os braços, a cintura, os dedos, o colo e as orelhas. E a curiosidade, o espanto e o encantamento eram tamanhos que essas fotos se multiplicaram, encontrando mercado também no exterior. Nessas imagens, eternizadas pelo tempo, lá estão as baianas

6. PASSOS, Ana (org.). *Joias na Bahia dos séculos XVIII e XIX*. Rio de Janeiro: Capivara, 2017.

7. VERGER, Pierre. *Fluxo e refluxo*. Salvador: Corrupio, 1992, p. 103.

8. OLIVEIRA, Octávia Corrêa dos Santos. "Ourivesaria brasileira". *Anais do Museu Histórico*, Rio de Janeiro, v. IX, 1948, p. 30. Ver também CUNHA, Laura; MILZ, Thomas. *Joias de crioula*. São Paulo: Terceiro Nome, 2011.

com os panos da costa, que indicavam a nação ou grupo do qual provinham; as elegantes blusas de renda e saias longas feitas com muito tecido, de modo a conferir densidade; os turbantes imponentes; e as joias de crioula, que ajuntavam dignidade, mas também exoticidade, a essas figuras grandiosas cujos nomes, contudo, se perderam ou foram apagados pela história.

É por isso que esses elementos não eram apenas adereços. Eram símbolos de riqueza, de devoção, de identidade numa sociedade basicamente iletrada e que lia as diferentes formas de distinção social a partir de objetos como esses. Essa era uma comunicação não verbal muito eficaz, pois prontamente decodificada a partir do valor das pedras, da quantidade de ouro, dos desenhos aplicados, dos detalhes contidos nesses verdadeiros tesouros privados da ourivesaria brasileira.

Mas portar uma joia dessas era também um ato de rebeldia, uma vez que durante o período colonial e em parte do Império foi imposto o controle do uso de metais nobres, como forma de proteção aos ourives ou prateiros, em geral de origem portuguesa. E assim a rendosa atividade acabou proibida para negros e indígenas. O resultado imediato, porém, foi inverso à pretensão original: uma parte significativa dessa produção foi mantida na clandestinidade, não se sabendo a autoria, o local e a data de fabricação desses objetos brilhantes e com muito significados neles embutidos.

Já no ano de 1636, firmou-se uma portaria real que estabelecia que "El-Rei, tendo tomado conhecimento do luxo exagerado que as escravas do Estado do Brasil mostram no seu modo de vestir, e a fim de evitar este abuso e o mau exemplo que poderia seguir-se-lhes, Sua Majestade dignou-se decidir que elas não poderiam usar vestidos de seda, nem tecido de cambraia ou de holanda, com ou sem rendas, nem enfeites de ouro e de prata sobre seus vestuários".[7] O "abuso e o mau exemplo" deviam dizer respeito à autonomia que essas pessoas alcançavam, sendo reconhecidas em suas cidades e vilarejos.

Negros, mestiços e indígenas também estavam proibidos de praticar o ofício da ourivesaria por conta de um alvará de 20 de outubro de 1621.[8] Com efeito, o documento explicitava que "mulatos, negros ou índios" eram proibidos de desempenhar tal ofício. No entanto, como os escravizados e as escravizadas dominavam todo o trabalho braçal, muitos profissionais se viram obrigados a contar, em sua oficina, com cativos ou forros negros, que aprendiam o ofício, mas também o ensinavam.

Exemplo importante do uso deliberado e ostensivo dessas joias, com objetivo de impor certa identidade, pode ser encontrado no caso da Irmandade da Boa Morte. Formada nos últimos anos do século XVIII, ela era composta por mulheres negras das nações Queto e Jeje, conhecidas como as nagôs libertas da igreja Barroquinha. A sede ficava na região central da cidade de Cachoeira, na Bahia, onde as membras da irmandade ficaram conhecidas por ajudar na compra de alforrias, bem como na concessão de dotes. E sempre impressionaram a sociedade local, assim como os que por lá passavam, pela maneira como desfilavam pelas ruas de Cachoeira, sempre fartamente cobertas por joias que notadamente incorporavam técnicas moçárabes como a filigrana em prata e ouro, junto com correntões de pescoço, brincos, anéis e demais adornos.[9] A ordem ainda existe em Cachoeira, conta com uma sede, mas suas integrantes são notoriamente arredias quando se trata de comentar sobre seus costumes e adereços.

De todo modo, as leis promulgadas pela metrópole e depois pelo Estado independente não foram seguidas à risca também por outros motivos. Senhores e famílias abastadas gostavam de expor seu poder simbólico, desfilando pelas ruas com suas escravizadas enfeitadas. Por outro lado, muitas escravizadas e forras mantinham relações com seus senhores e viravam personalidades famosas das ruas por conta da maneira como desfilavam, cobertas de ouro.

Dentre elas, destaca-se Chica da Silva, talvez a mais conhecida personagem feminina do Brasil escravista. O cinema e as novelas desde o final do século XX ajudaram a imortalizar a imagem de uma escravizada extremamente bela que manteve um relacionamento duradouro com um homem da elite em pleno período da mineração colonial, conquistando alforria, prestígio e poder. Até pouco tempo atrás havia, porém, mais mitos do que evidências sobre a trajetória de Chica da Silva. De um lado, ela foi associada ao estereótipo da escravizada que seduz um homem livre, branco e rico. De outro, a representação negativa de uma mulher negra extremamente sexualizada, sempre coberta de joias e de adereços e com grande influência sobre seu senhor.

Francisca da Silva nasceu entre 1731 e 1735. Era filha de Maria da Costa, uma africana escravizada natural da Costa, que aparece nos registros como "Gentio da Guiné", sendo talvez uma africana ocidental. Foi batizada como "filha natural", mas há indicações de que seu pai era Antônio Caetano de Sá, um homem branco. Já Chica aparece na documentação como uma escravizada, ora "parda", ora "mulata". Ela nasceu na povoação do Milho Verde, no Arraial do Tijuco, área onde se vivia da mineração de ouro e diamantes, além de agricultura de subsistência. Sabe-se que, ainda pequena, foi vendida ao médico português Manuel Pires Sardinha, aparecendo, então, como uma escravizada doméstica. Em 1749, ela surge num primeiro documento que a registra no Arraial do Tijuco como madrinha num batizado de um escravizado com quem teria um envolvimento.

9. LODY, Raul. *Joias de axé. Fio de contas e outros adornos do corpo. A joalheria afro-brasileira.* Rio de Janeiro: Bertrand Brasil, 1988, pp. 21-2. Ver também GODOY, Solange de Sampaio. *Círculo das contas. Joias de crioulas baianas.* Salvador: Museu Carlos Costa Pinto, 2006.

10. FERREIRA FURTADO, Junia. *Chica da Silva e o contratador dos diamantes: o outro lado do mito.* São Paulo: Companhia das Letras, 2003. Ver também GOMES, Flávio; LAURIANO, Jaime; SCHWARCZ, Lilia Moritz (orgs.). *Enciclopédia negra.* São Paulo: Companhia das Letras, 2021.

Em 1751 nasce Simão, o primeiro filho de Chica, supostamente com o seu senhor, Manuel Pires Sardinha, que tinha a má fama de admoestar sexualmente suas cativas. Em 1753, Pires Sardinha foi denunciado durante uma Visitação Inquisitorial, acusado de concubinato com escravizadas. Na ocasião do nascimento do primeiro filho, Chica tinha entre 18 e 20 anos. É no final da década de 1750, talvez em 1759, que Chica vai aparecer como alforriada, com o nome de Francisca da Silva e, mais tarde, Francisca da Silva Oliveira.

O contratador João Fernandes de Oliveira teria vindo de Portugal e chegado ao Brasil em inícios de 1753. Entrava na colônia como representante de seu pai, que era um conhecido homem de negócios. João Fernandes nasceu em 1727 em Minas. No entanto, aos 13 anos partiu para Portugal, onde realizaria estudos formativos em vários seminários, sendo que, em 1743, já estava matriculado na Universidade de Coimbra. Formou-se em 1748 e no mesmo ano obteve o título de Cavaleiro da Ordem de Cristo. Quando retornou ao Brasil, João Fernandes tinha 26 anos completos. Sabe-se que, ao chegar ao Tijuco, ele logo comprou de Pires Sardinha uma escravizada parda para logo em seguida alforriá-la, em dezembro de 1753.

Chica da Silva e João Fernandes se relacionaram por dezessete anos. Entre 1753 e 1770, tiveram 13 filhos, cerca de 1 a cada 13 meses. Agora, o que nos interessa mais de perto: os registros históricos destacam uma mulher que, entre outras preocupações, prestava muita atenção a vestimentas, adereços, roupas, ouro e joias, tal qual outras mulheres negras libertas, em Minas Gerais e nesse contexto. Ela era descrita a partir de suas "roupas exuberantes" e joias "fartas" com as quais desfilava pelas ruas e impunha seu lugar social. Chica morreu em casa, no dia 16 de setembro de 1796, tendo entre 61 e 65 anos. Em 1770, João Fernandes voltara para Portugal, onde morreu, em 1779, aos 52 anos.[10]

Chica, no entanto, não foi a única forra a se destacar em sua sociedade e a ser descrita, não sem certa ironia, como alguém que portava "ricos ornamentos". Menos famosa, mas igualmente elucidativa, é a história de Bárbara Gomes de Abreu e Lima, conhecida como uma "crioula" que saiu como escravizada de Sergipe Del Rei em direção às Minas e protagonizou um caso exemplar, que acabou ficando registrado em seu testamento, datado do ano de 1735.

No documento por ela legado, declarava que havia "se forrado" nas Minas, aludindo à sua autocompra, e que também havia adquirido a casa onde morava, localizada no Largo da Igreja Matriz da Vila de Sabará — um endereço de vizinhança bastante abastada. Sua rede de amizades era ampla, espalhando-se por várias regiões das províncias de Minas Gerais e pela Bahia. Ela mantinha negócios distribuídos por toda essa área, embora não tenha deixado registrado exatamente o que seriam.

Ao se analisar o testamento de Bárbara, salta aos olhos a quantidade de posses que amealhara, como o conjunto de pequenos bens materiais listados pela testadora. Uma penca de balangandãs, por exemplo, encontrava-se dividida e espalhada entre algumas pessoas próximas de Bárbara. De uso comum entre as negras escravizadas e forras na Bahia, essas pencas compostas por pequenos amuletos eram bem menos usadas nas Minas e pode residir aí um dos motivos para Bárbara ter fragmentado a que possuía.

Contudo, desperta atenção, ainda, o desejo dela de que todos os berloques estivessem reintegrados à penca após sua morte. Na transcrição constam cerca de cinquenta cordões pesando 101 oitavas, "um cordão com uma águia, um pente, uma estrela, uma argola solta, um coração, tudo em ouro". Bárbara lista ainda "um cordão de ouro, um feitio de menino Jesus de ouro pesando cinco oitavas, umas argolinhas de ouro pesando quatro oitavas, uma senhora de feitio de Nossa Senhora da Conceição pesando três oitavas e meia, uns brincos de aljôfar e uns botões de ouro, umas argolinhas de ouro pequenas, uma bola de âmbar, uma volta de corais engranzados em ouro, um coral grande com uma figa pendurada, tudo de ouro, quatro colheres de prata pesando oito oitavas cada uma, quatro garfos de prata e uma faca com cabo de prata, duas memórias de emberessadeiras [sic], dois pares de botões de anáguas abertos no buril" e outros vários móveis e roupas.

O receio de futuros problemas com a Inquisição é um dos motivos que devem ter levado Bárbara a dividir sua penca e a espalhar os pequenos pingentes entre amigos, retirando o sentido transgressor do conjunto. Mantê-los empenhados era, portanto, uma ótima estratégia de defesa. Afinal, ela havia experimentado uma ascensão econômica notável, e a penhora não tinha sido motivada por necessidades financeiras. Além do mais, trazer balangandãs à cintura servia, como já foi dito, de proteção para a portadora. No geral, os pingentes apresentavam representações da fertilidade e da sexualidade femininas, e eram emblemas do poder exercido pelas mulheres sobre o processo de formação das famílias. Alguns dos penduricalhos, entretanto, poderiam carregar significados diversos para os iniciados em práticas religiosas africanas e afro-brasileiras. Esse não era, pois, um simples adorno; ele indicava autoridade, poder, devoção e capacidade de proteção para com os outros.

Outro aspecto importante é que, dentre os objetos descritos no testamento da "crioula", vários deles tinham grande valor no comércio internacional setecentista, que os habitantes das Minas ajudaram

11. Ver GOMES, Flávio dos Santos; LAURIANO, Jaime; SCHWARCZ, Lilia Moritz. Op. cit. E PAIVA, Andréa Lucia da Silva de. "Quando os 'objetos' se tornam 'santos': devoção e patrimônio em uma igreja no Centro do Rio de Janeiro." *Textos Escolhidos de Cultura e Arte Populares*, Rio de Janeiro, v. 11, n. 1, pp. 53-70, 2014.

a fomentar. Objetos como aljôfares (pérolas pequenas), corais, âmbar e certos tecidos chegavam às Gerais depois de atravessar boa parte do mundo. Eles vinham da África, do Oriente Médio, da Índia e da China e, durante a explosão aurífera e comercial do Setecentos no Brasil, esse mercado ampliou-se significativamente. Em suma, Bárbara é um exemplo do florescimento econômico de africanas forras e crioulas, e não por acaso ela adquirira muito ouro em pó e lavrado, dezenas de cordões de ouro, diversos com corais, além de tecidos provenientes de várias partes do mundo.[11]

Joias de crioula eram, assim, o adereço certo para a hora certa. Representavam, de um lado, uma forma de liberdade e de identidade, já que eram usadas por mulheres libertas e alforriadas — e que tinham em sua exposição, por vezes excessiva, uma maneira de sair do anonimato — e, de outro, uma marca de status social e de enriquecimento.

Cabe ressaltar, aliás, que "crioulos", ou "crioulas", era o termo que se usava para designar africanos de segunda geração e já nascidos no Brasil. A palavra que hoje parece pejorativa, nos séculos XVIII e XIX designava uma condição social e também um status simbólico. Muitas vezes, a maior convivência com o degredo americano conferia a eles maiores chances de ascensão. Talvez por isso a designação "negras crioulas", ou "negras minas", ilumina processos de construção de redes de sociabilidade criadas em torno de comunidades de mulheres escravizadas, forras, libertas e livres que com frequência pagavam — com o comércio que realizavam ou com as relações que estabeleciam — por suas próprias alforrias.

São muitas as histórias que descrevem a sina dessas mulheres que, ganhando o mercado das ruas ou vinculando-se afetivamente a seus proprietários, faziam fortunas, acumulavam propriedades, compravam lojas e por vezes tinham, elas mesmas, suas escravizadas. Ostentar status, brilho e abastança era também uma maneira de inserção nesse Brasil da mão de obra forçada e onde a escravidão se transformou numa linguagem da desigualdade e da hierarquia social. Por isso tais joias, além de representarem a liberdade de se expor — e de ser vista —, significavam também uma forma de respeito à ancestralidade e aos ensinamentos acumulados por tantas gerações femininas. Tais adereços eram, ainda, provas materiais e registros históricos de domínios tecnológicos, maestrias artísticas e padrões de gosto herdados de outros continentes, mas recriados nesta América portuguesa.

Não é fortuito, portanto, o fato de essas joias terem aparecido na época da mineração, serem muito desenvolvidas em Salvador, então capital do Brasil e onde a riqueza proporcionada pela descoberta do ouro circulava mais livremente. Afinal, de 1740 a 1820, o Brasil conheceu uma curta mas exuberante Era do Ouro. Nesse breve período, o domínio de além-mar dos portugueses se transformou no maior produtor de ouro, bem como de diamantes e das assim chamadas gemas coradas: pedras preciosas e semipreciosas, sempre cheias de brilho.

No entanto, ao mesmo tempo que a produção mineradora animou a proliferação de joias de crioulas, impulsionou também uma joalheria cujo destino era a população portuguesa residente nas Minas Gerais e na então capital. Unindo as duas pontas desse "rio chamado Atlântico", conforme verseja o pesquisador, diplomata e poeta Alberto da Costa e Silva, adereços paralelos foram também usados por homens e mulheres de origem europeia que procuravam fazer do domínio ultramar uma sorte de corte tropical.[12]

De toda maneira, a lógica das joias de crioula guarda consigo suas particularidades. Se essa era uma joalheria que servia para adornar e distinguir algumas crioulas que se localizavam, a princípio, no grau mais baixo da hierarquia social, dava, ao mesmo tempo, vazão a práticas de devoção, criadas para louvar e homenagear os santos que muitas vezes, por aqui, se transmutavam em orixás. Essas preciosidades faziam parte, portanto, de um complexo universo material e simbólico, que não se resumia ao valor econômico do objeto. Na verdade, elas eram prontamente decodificadas pela sociedade local, tornando--se sinais de prestígio social e de poder, mas também de fé religiosa.

Joias de crioula também resumem um capítulo importante do "fluxo e refluxo" — na feliz expressão do fotógrafo e etnógrafo Pierre Verger — entre África, Portugal e Brasil.[13] Ou seja, nesse grande exílio forçado, responsável pela transladação de mais de 4,8 milhões de africanas e africanos para a América lusitana, foram muitos os costumes, as técnicas, as religiosidades e as redes de sociabilidade que viajaram pelo Atlântico — pela Calunga Grande —, ao passo que já no trajeto se iam criando fortes laços de solidariedade. Tais companheiros de viagem, os malungos, viraram no Brasil integrantes de redes de solidariedade mais amplas. E assim, já no destino final, se misturaram costumes, religiões — e também joias.

Vale destacar, ainda, que mistura não quer dizer ausência de hierarquia. Ao contrário, no Brasil, mistura não elide a diferença de posições e de realidades. Mas o certo é que essas joias acabaram se tornando "brasileiras", mesmo antes dessa América portuguesa se transformar, de fato, em Brasil, e de seus cidadãos se definirem como brasileiros. Tais adereços combinaram, com rara beleza, técnicas advindas de várias procedências e talentos obrigados a se juntarem no translado forçado. Tratava-se de uma ourivesaria que no país se misturou às pedras coloridas que lembravam as tonalidades alegres dos trópicos.

12. COSTA E SILVA, Alberto da. *Um rio chamado Atlântico*. Rio de Janeiro: Nova Fronteira, 2003.

13. VERGER, Pierre. Op. cit.

Por sinal, tanto da Europa como da África vieram os conhecimentos materiais da forja, do cinzelado, do repuxado, da fundição e da filigrana. Por aqui, eram muito procurados os assim chamados negros da Guiné, de origem axânti, justamente por serem aqueles que dominavam essas técnicas. Por sua vez, já no Brasil, essas especializações se confundiram com a ourivesaria popular de Portugal, a qual, em contrapartida, dialogou — por meio do grande império lusitano — com o Oriente Médio e a Ásia.

Esses eram, pois, objetos repletos de história e formados por várias histórias. Objetos de comunicação e dádiva. No entanto, ao mesmo tempo que emanavam sentidos sociais, guardavam o silêncio daqueles impedidos de desenvolver tal arte; a rebeldia dos que eram proibidos de exibir tais objetos; a hierarquia expressa na quantidade de material nobre presente de forma diferenciada em tais adereços. O oco das joias dialogava com os famosos "santos de pau oco" da região das Minas. Se os segundos eram utilizados para transgredir e burlar o comércio aurífero da metrópole, os primeiros carregavam a insurreição daquelas que não se conformavam com a hierarquia pronta e assegurada que encontraram no degredo. Por isso, sempre que podiam, essas mulheres negras expunham com orgulho suas joias de crioula como se fossem troféus de identidade, marcas de liberdade nessa terra da labuta forçada.

Em reveladora fotografia, com data apenas aproximada, uma modelo negra — que na história ficou anônima, muito provavelmente porque o fotógrafo, por ironia também sem nome, queria registrá-la apenas como um "tipo brasileiro" — aparece disfarçando um leve sorriso diante da identidade que lhe conferem suas vestes exuberantes, seu turbante, mas sobretudo seus vários colares, inúmeros braceletes, anéis em todos os dedos e grandes brincos, como se falassem por ela. Não temos como resgatar seu nome ou sobrenome, as coisas que costumava dizer, seus afazeres e experiências ou as ideias que expressava. Entretanto, se a foto esconde sua identidade, as joias revelam o quão complexo era esse mundo que a escravidão legou e como a liberdade era um bem caro de se conquistar, mas fácil de perder.

No documento visual legado do passado, a modelo sorri, timidamente. Ela acabou imortalizada por sua imagem altiva, sua figura imponente, com a mão na cintura, e pelas joias que lhe garantiam um lugar especial nessa sociedade brasileira que, séculos depois, ainda insiste em apagar, rasurar e silenciar as mulheres negras que conformam parte fundamental desta nossa castigada história brasileira. Mas, na foto, a modelo sorri para sempre.

MARC FERREZ. *MULHER NEGRA DA BAHIA*.
SALVADOR,BA, C. 1885. GILBERTO FERREZ,
ACERVO INSTITUTO MOREIRA SALLES.

MARC FERREZ. *MULHER NEGRA DA BAHIA*
[BLACK WOMAN FROM BAHIA]. SALVADOR, BA, BRAZIL,
C. 1885. GILBERTO FERREZ COLLECTION,
INSTITUTO MOREIRA SALLES.

CARLOS JULIÃO. *VESTIMENTAS DE ESCRAVAS*. AQUARELA, 45,5 × 35 CM. RIO DE JANEIRO, SÉC. XVIII. ACERVO FUNDAÇÃO BIBLIOTECA NACIONAL, RIO DE JANEIRO.

CARLOS JULIÃO. *VESTIMENTAS DE ESCRAVAS* [COSTUMES OF FEMALE SLAVES]. WATERCOLOUR , 45.5 × 35 CM. RIO DE JANEIRO, RJ, BRAZIL, 18TH CENTURY. COLLECTION FUNDAÇÃO BIBLIOTECA NACIONAL, RIO DE JANEIRO, RJ, BRAZIL.

JEAN-BAPTISTE DEBRET. *NEGRA COM TATUAGENS VENDENDO CAJUS*. AQUARELA. RIO DE JANEIRO, 1827. ACERVO MUSEU CASTRO MAYA.

JEAN-BAPTISTE DEBRET. *NÉGRESSE TATOUÉE VENDANT DES FRUITS DE CAJOUS* [BLACK TATTOOED WOMAN SELLING CASHEWS]. WATERCOLOUR. MUSEU CASTRO MAYA'S COLLECTION.

chapter 3

BEACONS OF PRIDE AND IDENTITY

Lilia Moritz Schwarcz

Jewellery is a thread through the fabric of human history, irrespective of geography, time, or space. More than mere adornment, jewellery can have a multitude of social and affective meanings. Jewellery can denote joy, love, mourning, spiritual power, union, protection, status; but it can also represent significant social and political identities. It is no coincidence that these accessories are found in numerous historical paintings. They are displayed on the arms of nobles—both men and women—, on the lap of an Empress, on the little finger of a bishop, around the neck of a ruler. Always portrayed in fine detail, jewellery has played a fundamental part in the portraits of the elite: rather than a mere detail, it was a beacon—a symbol of prosperity, opulence and power.

In Brazil, the story was no different. Influential lawmakers, church leaders, monarchs and princes, powerful landowners, and women from the elite were frequently shown wearing such adornments. However, while jewellery was displayed in this country in a similar fashion to that of Europe, e.g. as a form of symbolic capital, there was also a practice that directly challenged such conventions, and since colonial times has engendered the numerous legends and myths surrounding what are known as the *joias de crioula* [creole jewellery].

They were showy, made of gold and precious and semi-precious stones, and could be seen on the arms of the *negras minas* [Black women of Mina origin]—a designation that, just like the jewellery, was created here in Brazil and referenced a network of friends and business partners. Accessories of this kind were also frequently present in the portraits of the *crioulas*, second generation freed women, in the city of Salvador—the capital of the country up to 1763—, and also in Rio de Janeiro. The *negras minas* proudly displayed their wide bangles that covered the lower parts of their arms, their necklaces and pendants, their heavy chains, their elaborate and highly detailed earrings, their hoops with hidden designs, and their icon-covered talismans.

Naturally, these women caught the eye of the foreign photographers who had started to arrive in the country after the 1850s—not only because of their exotic appearance, but also because of the sound they made when moving around the city. Many described in detail the magnificent bracelets worn by the Black women, which served to highlight their shapely arms. Known as *copos*, due to their shape and size, similar to those of a glass, they consisted of two or four gold discs held together by gold links. Many of these portray male and female, African and European figures—often portraits of emperors and empresses—and they glittered brightly in the hot tropical sun.

Another eye-catching item were the "identity bracelets." Made of gold discs linked by pieces known as *correntões*, these accessories are seen in women's laps. When Dom Pedro was not yet an adult, it was not unusual to see bracelets with the portrait of the Child Emperor, worn as an expression of affection, or even respect. Bracelets and necklaces were not made with gold alone; there was also an abundance of eye-catching multi-coloured beads. These were generally round and smooth, or decorated with filigree and tiny gold nuggets of various shapes and sizes.

Earrings were an essential item for the *crioulas*. The most traditional design was known as *pitanga*, as it resembled the small red berry of the same name. Agate, coral, and glass and metal beads were used to highlight the centre of the pieces. The women also wore several baroque style rings on their fingers, which mimicked the decoration of the baroque churches. The silver *balangandã* charms were also popular, as they were considered genuinely Brazilian. Usually worn around the waist, they signified fertility and held many religious and votive memories. Each piece encompassed between 20 and 50 objects that could be moved to produce a very specific sound. This auditory quality of the bracelets gave these amulets the highly valued function of "scaring off" bad influences.

Although most authors suggest the term *balangandã* has an onomatopoeic origin, others such as Nei Lopes[1] and Yeda Pessoa de Castro[2] suggest this jewellery has an African, or more specifically Bantu, origin. The term has though changed over time, having been written as berenguendém, breguendém, balanfandã, beredengue...[3]

In his description of the "garments of the charming mulattas and stylish *crioulas*" on religious feast days, the researcher Manuel Querino cites the ornamentation and appeal of the "silver fob in the

1. LOPES, Nei. *Novo dicionário banto do Brasil*. Rio de Janeiro: Pallas, 2003, p. 35.

2. CASTRO, Yeda Pessoa de. *Falares africanos no Brasil: um vocabulário afro-brasileiro*. Rio de Janeiro: Topbooks, 2001, p. 166.

3. See, for example, SILVA, Simone Trindade V. da. *Cadernos do MAV*, EBA-UFBA, year 3, no.3, 2006.

4. QUERINO, Manuel. *Costumes africanos no Brasil.* 2.ed. Recife: Fundaj/Massangana; Funarte, 1988, p.227.

5. RODRIGUES, Nina. *Os africanos no Brasil.* 7.ed. São Paulo: Companhia Editora Nacional; Brasília: Editora UnB, 1988.

form of a half-moon, from which hang gold and silver coins of varying values, good luck symbols and other amulets."[4] Nina Rodrigues described how "the rich Black women of Bahia wear the highly adorned Bahian costume. Eye-catching gold bracelets cover at least half their arms if not more; and a bundle of charms—including the prerequisite *figa*—hangs from their belts."[5]

The *pencas de balangandã* [bunches of *balangandãs*] were highly esteemed, and it is said they had the power to protect the wearer from the evil eye and that they safeguarded fertility and abundance. They were usually made up of three different parts: the chain (which secures the charm to the wearer), the fob (a side opening articulated piece that carries the charms), and the charms themselves (a wide variety of amulets, talismans and decorative trinkets). Most of the latter are made from silver, and the most common are the *figas*, keys, coins, cylinders, pomegranates, bunches of grapes, fish, the head of the emperor, and the teeth of animals, all of which refer to different traditions, wishes and desires. As a whole, they represented a collection of portable symbols for the prevailing beliefs, ancestries, and personal preferences of those who proudly wore them around their waists and hips.

It is interesting to note that this kind of jewellery represented economic and social ascent and protection against the evil eye, and that it also symbolised a calculated subversion of the law, which for a long time had sought to curb the wearing of such objects by slave women and their free counterparts. Therefore, the Bahian women who wore them were covertly and subversively announcing their religious devotion, identities, and forms of socialisation. What is true is that these adornments made it possible to represent both African origins and the collective knowledge acquired in Brazil—a knowledge that had begun to blossom and grow.

In a text for the Museu Afro-Brasil, Emanoel Araújo explained that these were typically Bahian adornments and were very varied: "handmade chains; heavy strings of beads—embellished or not; bracelets with gold and coral cylinders; earrings with semi-precious stones; tortoiseshell combs; rings with chips of peridot and diamond, and coral *figas* set in gold and filigree."

Of Marc Ferrez's many photos, the one shown here is an almost academic presentation of how *crioulas* looked at the time. In this invaluable visual document, a beautiful and richly dressed Black woman rests her head with her arm close to her face while lying on a type of chaise longue—which was almost certainly a technique employed to avoid blurring or smudging the image. But what takes one aback is the sheer amount of jewellery adorning the woman's body, making her appear almost like a "jewellery stand." On the lap of the young woman, whose name, like that of so many others, is not known—which is both regrettable and revealing in its apparent paradox—, lies a bunch of charms; on her fingers are several rings; and her arms are laden with the weight of numerous identity bracelets and bangles. She also wears gold and beaded chains and necklaces and *pitanga* rings.

This unprecedented scenario, with a Black female servant wearing so much jewellery, drew the attention of the foreign naturalists who had started to arrive in Brazil from 1815 onwards. In addition to their interest in recording the activities of these urban workers and their daily lives, the illustrator-scientists could not resist portraying the luxurious and lavish use of jewellery. Their wealth also attracted attention because of the inherent contradiction. In Brazil, these were slaves and freed women; they were Black and came from the most underprivileged backgrounds—yet despite their position in the hierarchy they still took to the streets to show off their precious jewellery. This glowing image shines through in the works of Carlos Julião and Jean-Baptiste Debret, among others.

However, the equality of this jewellery was relative. One had only to look at it more closely, or to touch it, to notice how different the *joias de crioula* were from those worn by the White women of the elite. While, on the one hand, the larger scale of this jewellery appeared to be commensurate with the exuberant physicality of the Africans and their Brazilian born descendants; on the other hand, these pieces weighed much less, because they were made of thinner wire and sheet, and were thus much less costly.[6] It was not unusual for them to be hollow, and this helped to reduce their price and weight, making them more affordable and meaning that a lot of them could be worn by a single wearer.

There were numerous carte-de-visite portraits showing soberly dressed Black women with their arms, waist, fingers, necks and ears glittering with jewellery. And the reception of curiosity, astonishment and delight was so great that these photos continued to multiply, finding a market abroad. These images, eternalised by time, portray the Bahian women with their shawls that indicate their provenance or the religious sect they belonged to; their elegant lace shirts; their voluminous long skirts made with yards of fabric; their imposing turbans; and their *joias de crioula*, which confer a dignified but also exotic air to these great women whose names have been lost or erased by history.

This is what makes this jewellery so much more than mere adornment. It was a symbol of wealth, devotion, and identity, in

6. PASSOS, Ana (org.). *Joias na Bahia dos séculos XVIII e XIX*. Rio de Janeiro: Capivara, 2017.

7. VERGER, Pierre. *Fluxo e refluxo*. Salvador: Corrupio, 1992, p. 103.

8. OLIVEIRA, Octávia Corrêa dos Santos. "Ourivesaria brasileira". *Anais do Museu Histórico*, Rio de Janeiro, v. IX, 1948, p. 30. Cf. CUNHA, Laura; MILZ, Thomas. *Joias de crioula*. São Paulo: Terceiro Nome, 2011.

9. LODY, Raul. *Joias de axé. Fio de contas e outros adornos do corpo. A joalheria afro-brasileira*. Rio de Janeiro: Bertrand Brasil, 1988, pp. 21-2. See also GODOY, Solange de Sampaio. *Círculo das contas. Joias de crioulas baianas*. Salvador: Museu Carlos Costa Pinto, 2006.

a generally illiterate society that read the different forms of social distinction from objects such as these. It was a highly effective form of non-verbal communication as it was easily deciphered through the value of the gemstones, the weight of the gold, the filigree work, and the detail of these extraordinary personal treasures of Brazilian goldsmithery.

However, wearing jewellery like this was also an act of rebellion, as during the colonial period and in part of the Empire years there were controls over the use of precious metals that had been created to protect the gold and silversmiths who were generally Portuguese. This meant that this lucrative activity was prohibited for Black and indigenous people. However, the result was opposite to that which had been intended: a significant number of these portentous objects continued to be produced clandestinely and anonymously, with their place and date of manufacture unknown.

As early as 1636, a decree was announced that set out that "The King, having learned of the extravagant dress of the slave women in the State of Brazil, has resolved to put an end to such abuses and the bad examples they may engender. Therefore, his Majesty has decided that these women should no longer be permitted to wear silk, cambric or linen dresses, with or without lace, or any gold or silver adornments over their garments."[7] The "abuses and bad examples" are presumed to relate to the autonomy of these people, and to the respect they garnered in their towns and villages.

Black, mestizos and indigenous people were also prohibited from working in the jewellery trade under a decree dated 20 October 1621.[8] This document set out that "mulattos, Blacks and Indians" were prohibited from working in the trade. However, as both male and female slaves were responsible for the majority of manual labour, many professionals were obliged to rely on Black slaves or freemen in their workshops, who then went on to learn, and also teach, the craft.

An important example of the flaunting of this jewellery to achieve a certain identity can be seen in the Irmandade da Boa Morte [Sisterhood of Our Lady of the Good Death]. Founded at the end of the 18th century, its members were Black women of Queto and Jeje provenance, known as the freed Nagôs of the Barroquinha church. Their headquarters were in the centre of the town of Cachoeira, Bahia, where members of the sisterhood were known for their funding of emancipation and for endowments. They consistently impressed local society and passing visitors for the way they paraded the streets of Cachoeira, richly attired and wearing jewellery with noticeably Moorish techniques like silver and gold filigree, heavy chain necklaces, earrings, rings and other adornments.[9] The order still exists in Cachoeira, where it has its headquarters, but its members are notoriously tight-lipped when it comes to commenting on their customs and raiment.

Whatever the case, the laws set out by the local council and the independent state were not adhered to for other reasons. Well-off ladies and gentlemen and their families liked to show off their symbolic power by parading the streets with their decorated slaves. Conversely, many slaves and freed slaves kept up relations with their masters, and became well-known figures on the streets because of the way they flaunted their gold.

Among these was Chica da Silva, perhaps the best-known female character in Brazil from that time. Since the end of the 20th century, films and soaps have helped to immortalise the image of a stunningly beautiful slave who had a long-term relationship with a nobleman in the midst of colonial exploitation, and who achieved liberty, prestige and power. However, until recently, there were more myths than actual evidence about Chica da Silva's rise to fame. On the one hand, she was associated with the stereotype of a slave woman who seduces a free, wealthy White man. However, she was also the negative representation of a highly sexualised Black woman, dripping in jewellery and accessories and with tremendous influence over her "master".

Francisca da Silva was born between 1731 and 1735. She was the daughter of Maria da Costa, an African born slave woman who appears in the records as a "Gentile of Guinea," perhaps coming from West Africa. She was baptised as a "natural daughter," but there are suggestions that her father was actually Antônio Caetano de Sá, a White man. Chica is first documented as a slave who is either "mixed race" or "mulatto". She was born in the settlement of Milho Verde, in Arraial do Tijuco, known for its gold and diamond mines, and its subsistence agriculture. We know that, while still young, she was sold to the Portuguese doctor Manuel Pires Sardinha, in whose house she worked as a domestic slave. In 1749, she first appears in a document that records her as living in the Arraial do Tijuco as the godmother of a baptised slave with whom she had been involved.

In 1751, Chica gave birth to her first son, Simão, who was supposedly fathered by her master, Manuel Pires Sardinha, a man notorious for sexually abusing his slave women. In 1753, Pires Sardinha was denounced during an Inquisitorial procedure, and accused of having extra-marital relationships with slave women. Chica was between 18 and 20 years old at the time of the birth of her first child. It is at the end of the 1750s, perhaps in 1759, that Chica appeared as a freedwoman, under the name of Francisca da Silva and later as Francisca da Silva Oliveira.

10. FERREIRA FURTADO, Junia. *Chica da Silva e o contratador dos diamantes: o outro lado do mito.* São Paulo: Companhia das Letras, 2003. See also: GOMES, Flávio; LAURIANO, Jaime; SCHWARCZ, Lilia Moritz (orgs.). *Enciclopédia negra.* São Paulo: Companhia das Letras, 2021.

The contractor João Fernandes de Oliveira arrived in Brazil from Portugal in early 1753. He had gone to the colony to represent his father, a well-known businessman. João Fernandes was born in 1727 in Minas Gerais, however, at the age of 13, he left for Portugal, where he studied until 1743, and then enrolled at the University of Coimbra. He graduated in 1748, and that same year he was awarded the title of the Military Order of Christ. He returned to Brazil aged 26 and, soon after he arrived at Tijuco, he is known to have bought a slave woman from Pires Sardinha whom he later freed in December 1753.

Chica da Silva and João Fernandes were in a relationship for seventeen years. Between 1753 and 1770, they had 13 children, approximately one every 13 months. What is most interesting is that historical records describe a woman who, while she had other responsibilities, paid great attention to her clothes, accessories, gold and jewellery, similarly to other freed Black women in Minas Gerais. She was known for her "exuberant clothing" and "bountiful" jewellery which she wore as she paraded the streets and cemented her social position. Chica died at home on 16 September 1796, aged between 61 and 65. In 1770, João Fernandes had returned to Portugal, where he died in 1779 at the age of 52.[10]

Chica, however, was not the only woman to stand out and be described, not without a certain irony, as someone who wore "opulent accessories." Less famous, but equally pertinent, is the story of Bárbara Gomes de Abreu e Lima, the *crioula* who had left Sergipe Del Rei as a slave bound for Minas de Gerais, and who was the protagonist of the story recorded in her will of 1735.

In this document, she declared that she had "freed herself" in Minas, alluding to her own emancipation, and stated that she had purchased her home in the Largo da Matriz da Vila de Sabará—a very wealthy neighbourhood. Her network of friendships was wide, and spread across several provinces in Minas Gerais and Bahia. She had businesses throughout the area, although she never recorded their precise nature.

On analysing Bárbara's will, the number of properties and amount of possessions she had accumulated is extraordinary. For example, one *penca de balangandãs* was divided up and shared between several people who had been close to her. Commonly worn by Black slave and freed women in Bahia, these *pencas* [fobs] carrying small amulets were much less common in Minas Gerais, and this could have been one of the reasons why Bárbara divided it up.

However, it also makes her desire for the talismans to be reunited in the *penca* after her death all the more surprising. In the will are about 50 necklaces weighing over 400 grams, "a chain with an eagle, a comb, a star, a loose ring, and a heart, all in gold." She also listed "a chain of gold, a miniature golden Jesus weighing twenty grams, some gold hoops weighing sixteen grams, a 'Lady of the Immaculate Conception' weighing fourteen grams, a pair of tear-drop earrings and some golden buttons, some small gold hoops, an amber ball, a necklace of coral and gold, a large coral piece with a hanging *figa* in gold, four silver spoons weighing thirty-two grams each, four silver forks and a knife with a silver handle, two *emberessadeiras* [sic], two pairs of petticoat buttons" and other furniture and clothing.

The fear of future problems with the Inquisition is one of the reasons that could have led Bárbara to split her *penca* and disperse the amulets amongst friends, thereby removing the transgressive nature of them as a set. Pledging them separately was thus a great defence strategy. She had had tremendous financial success, and so pawning them was not motivated by financial need. Moreover, as already mentioned, wearing the amulets around the waist offered the wearer protection. In general, the amulets were representations of female fertility and sexuality, and were emblems of female power in the process of forming a family. Some of the talismans, however, carried different meanings for those initiated in different African and Afro-Brazilian religious practices. Therefore, they were not merely adornments; they also indicated authority, power, devotion and an ability to protect others.

Another important aspect is that, among the remaining objects described in Bárbara's will, there were several of great value on the 18th century international market, which the inhabitants of Minas Gerais helped to foster. Objects such as small pearls, coral, amber and certain fabrics were imported to the country after crossing half of the world. They came from Africa, the Middle East, India and China, and during the commercial gold rush of the 18th century in Brazil, the market expanded exponentially. Bárbara is an example of the economic growth of African and creole freed women, and it was no coincidence that she had acquired so much powdered and laundered gold, dozens of gold chains, several with coral, and fabrics from various parts of the world.[11]

The *joias de crioula* were in this case the right ornaments for the times. On the one hand they represented a form of freedom and identity and were worn by free and freed women that through their—occasionally excessive—exhibitionism offered a way out of anonymity. On the other hand, they were a sign of social status and wealth.

It should be noted that the terms *crioulo* and *crioula* were used to designate second-generation Africans who had been born in Brazil. The word that is today considered a pejorative term, was

11. Cf. GOMES, Flávio dos Santos; LAURIANO, Jaime; SCHWARCZ, Lilia Moritz. Op. cit. See also PAIVA, Andréa Lucia da Silva de. "Quando os 'objetos' se tornam 'santos': devoção e patrimônio em uma igreja no Centro do Rio de Janeiro". *Textos Escolhidos de Cultura e Arte Populares*, Rio de Janeiro, v. 11, no.1, pp. 53-70, 2014.

12. COSTA E SILVA, Alberto da. *Um rio chamado Atlântico*. Rio de Janeiro: Nova Fronteira, 2003.

used in the 18th and 19th centuries to define social and symbolic status. Frequently, greater coexistence with the term actually conferred them with a greater chance of ascension. Perhaps this is why the terms *negras crioulas* and *negras minas* highlight processes of constructing social networks amongst communities of female slaves and freed women who often paid—through trade or their own connections—for their own emancipation.

There are numerous tales of these women who, either through selling their wares on the streets, or through investing in relationships with their owners, made fortunes, accumulated properties, bought stores and even, on occasion owned their own slaves. Showing off their status, brilliance and wealth was also a way of finding acceptance in this country of forced labour in which slavery was a language of inequality and social hierarchy. Therefore, this jewellery, in addition to representing the freedom to see and be seen, also represented a form of respect for the accumulated ancestry and teachings of so many past generations. These adornments were material evidence and historical proof of technical control, artistic skill and aesthetic standards inherited from other continents, recreated in this Lusophone America.

Thus, it is no coincidence that this jewellery appeared at the same time as the mines, and was created in Salvador, the then capital of Brazil, where the wealth that arose from the discovery of gold circulated more freely. This meant that between 1740 and 1820, Brazil had a short-lived but exuberant Golden Age. In this brief period, the Portuguese empire became the largest producer of gold, diamonds and eye-catching precious and semi-precious stones in the world.

However, while the mines encouraged the proliferation of the *joias de crioula*, they also promoted a type of jewellery that was aimed at the Portuguese residents of Minas Gerais and the then capital. Bringing together the two ends of this "river called the Atlantic," as versified by the researcher, diplomat and poet Alberto da Costa e Silva, similar adornments were also worn by European men and women who sought to make the overseas domain into a kind of tropical paradise.[12]

No matter the case, the logic of the *joias de crioula* has its own particularities. While this was a kind of jewellery that adorned and set apart certain creole women who had come from the lower ends of society, it also enabled devotional practices created to worship and honour the saints who were so often transmuted into *orixás*. These precious objects were therefore part of a complex material and symbolic universe that went beyond mere economic value. They were soon decoded, and became symbols of social prestige and power as well as religious faith.

The *joias de crioula* also introduce an important chapter of the "fluxo e refluxo" [flux and reflux]—to use the expression of the photographer and ethnographer Pierre Verger—between Africa, Portugal and Brazil.[13] In other words, in this vast enforced exile that was responsible for the relocation of more than 4.8 million Africans to Lusophone America, there were many customs, techniques, religions and social networks that also traversed the Atlantic—the *Calunga Grande*—, and that were created along the way. These traveling companions, the *malungos*, arrived in Brazil as members of wider social networks. Thus, at their destination, religion, customs, and jewellery had already began to meld.

It is also worth highlighting that this idea of mixing does not entail an absence of hierarchy. On the contrary, in Brazil mixing does not dilute the difference of positions and realities. What is true, however, is that this jewellery eventually became "Brazilian," even before this Portuguese America became, in fact, Brazil, and before its citizens defined themselves as Brazilians. These adornments masterfully combined techniques and skills from various sources, and obliged people to work together in forced labour. This was a style of jewellery that mixed gold with the coloured gems with hues reminiscent of the tropics.

Incidentally, these techniques of the smithy, the foundry and filigree came from both Europe and Africa. Here, the Ashanti people of Guinea were in high demand as they were considered to be the experts in the field. Already in Brazil, these specialisations were beginning to be muddled with those of the popular Portuguese goldsmiths, who, in contrast, communicated with the Middle East and Asia through the great Lusitanian Empire.

Therefore, these were objects filled with history and consisting of numerous stories. They were objects of communication and blessing. At the same time as they transmitted social meaning, these items also veiled the silence of those forbidden to develop such art; the rebelliousness of those prohibited from displaying such objects; the hierarchy expressed in the quantity of privileged material presented so differently through such ornamentation. The hollowness of the jewellery was in dialogue with the famous "*santos de pau oco*" [hollow saint figurines made of wood]: statues from the region of Minas Gerais. While the latter were used to transgress and defraud the metropolis's gold trade, the former carried the insurrection of those who did not accept the ready-made, guaranteed hierarchy they were used to. Thus, whenever they could, these

13. VERGER, Pierre. Op. cit.

Black women proudly displayed their *joias de crioula* like trophies of their identity, marks of freedom in this land of forced labour.

In a revealing but undated photograph, a Black model—who over time fell into anonymity probably because the photographer, ironically also anonymous, wanted to record her as just a "Brazilian type"—is shown disguising a slight smile in the face of the identity given her by her opulent dress, her turban, and above all her necklaces, bracelets, rings on each finger, and her lavish earrings, almost as if they were speaking for her. We have no way of discovering her first or last name, the things she used to say, her pastimes, experiences or ideas. However, while the photo may hide her identity, her jewellery reveals the complexities of this world bequeathed by slavery and how freedom was so hard to conquer, and so easy to lose.

In this visual historical document, the model smiles timidly. She was immortalised in her haughty image, her imposing figure, with her hand on her waist, and her jewellery that garnered her a special place in this same Brazilian society that, centuries later, still insists on erasing, debasing and silencing the Black women who are constituent part of our tragic Brazilian history. But in the photo the model smiles forever.

capítulo 4

UMA SINHÁ
NA JANELA
DO OITOCENTOS

Mary Del Priore

1. MATTOSO, Kátia M. de Queirós. *Bahia, século XIX — uma província no Império*. Rio de Janeiro: Nova Fronteira, 1992.

São Salvador da Bahia de todos os Santos. Encravada no alto de um morro, a cidade molha os pés num mar turquesa coalhado de saveiros e pequenas embarcações. Na época em que por suas ladeiras circulou a poderosa Florinda Anna do Nascimento, dita Dona Fulô, mudanças se instalavam mansamente. A balança comercial começava a apresentar déficits. Cessado o tráfico de escravizados, o fumo, até então produto de troca, passou a ser adquirido só por alemães. Nos vales úmidos, praias e várzeas do Recôncavo, o açúcar, que antes fazia a riqueza, agora sofria a concorrência no mercado internacional. E, junto com a crise que se esgueirava, mitos caíam por terra. O das terras inesgotáveis de massapê que dispensariam adubos e onde brotavam licuris e cocos-vagem, jacarandás e cedros-rosa. O da glória dos senhores de engenho, antes nos salões iluminados, agora em alcovas escuras e empobrecidas. O da falta de mão de obra, confirmado pelas senzalas vazias e pelo número alto de alforrias. O da falsa democracia racial, pois, assim que podiam, pretos que ascendiam se portavam como brancos e ingressavam na política e nas faculdades de direito e de medicina. O fato não escapou a Alcide d'Orbigny, de passagem, em 1843. Na Bahia, eles se comportavam quase igual aos brancos e tornavam-se funcionários muito distintos, fosse na administração, fosse na magistratura. Ou na observação do Conde Alexis de Saint-Priest, à mesma época: "Eles estão misturados, confundidos com todo mundo". E todas as mudanças fortemente enraizadas nas mentalidades, nas formas de pensar e agir, explica a historiadora Kátia M. de Queirós Mattoso.[1]

Na Cidade Baixa, os músculos do comércio latejavam. Roupas, bijuterias, tecidos, remédios para o corpo e para o humor eram expostos em lojinhas minúsculas e tendas improvisadas, muitas delas tocadas por mulheres mestiças ou pretas como Florinda. Elas tinham trazido das Áfricas o dom dos negócios. Nos tabuleiros, ofereciam canjica, mingau de tapioca, acaçá bem quente. Em casas modestas, preparavam marmitas e davam "de comer". Com horário determinado pelo badalar dos sinos ou pelo estrondo dos canhões, podiam oferecer pão de ló ou quinquilharias. No recenseamento de 1855, elas já aparecem também em outras atividades. São amas de leite, professoras, lavadeiras, domésticas, costureiras ou fiandeiras. Moravam como certa Maria Romana, 30 anos e solteira, com dois filhos, uma pequena escrava e três agregadas, solteiras e livres. Ou então tinham sido, como a própria Florinda, escravas de dentro, alforriadas e herdeiras de seus senhores. Mulheres que, segundo Joseph Ki-Zerbo, foram, durante séculos, o único elo entre a escravidão e o continente de origem, sustentáculo cultural da Diáspora.[2]

A relação das afro-brasileiras com ouro e joias se insere nesse elo dourado. Da mesma maneira que os vestígios mais antigos da humanidade e o aparecimento das primeiras famílias surgiram no continente africano, também lá se descobriram as mais antigas joias do mundo. Elas remontam a 150 mil anos na história e confirmam a teoria de que tais bens faziam parte da vida de nossos ancestrais. E eles foram grandes artistas na fabricação desses objetos para seus reis e sobas, que, vestindo ouro e prata e habitando palácios cujas paredes eram recobertas de esculturas em bronze, eram assim adorados por seus súditos. Câmara Cascudo descreve a rainha Ginga, soberana de Matamba, vitoriosa depois de guerras, entrando nas cidades conquistadas ao som de *elelenu*, o brado de saudação quimbunda, coberta de fios de latão e prata, miçangas e cauris, com a cabeça endurecida por argila vermelha e branca, dezenas de jarreteiras, ligas maciças, braceletes e colares de placas douradas.

Nas Áfricas, desde sempre a joia foi um meio de personalizar o indivíduo e seu mundo. Era símbolo de identidade e crença orgulhosamente exibido em ritos e cerimônias religiosas. Também tinha função medicinal e de proteger quem a portasse, afastando males e conduzindo ao sucesso. Joias tinham valor financeiro, servindo como moeda de troca para quem não tinha cofres, esconderijos ou conta em banco.

No período colonial, a ourivesaria foi a atividade que concentrou um grande contingente de afro-brasileiros. Apesar de Portugal restringir o número de artífices regulamentados, o volume de tendas e empregados só aumentava. A demanda era crescente, e sua presença, visível em colos, cabeças, braços e mãos. Ou nas modas femininas, nas galas masculinas e nos arreios dos animais de sela. A joalheria exigia mestres e oficiais que conhecessem moldes e estilos. Senhores preparavam seus escravos para o ofício e os alugavam como ourives. Muitos se improvisavam joalheiros. Embora quisesse evitar o contrabando de ouro, a Coroa tolerava o número de tra-

2. KI-ZERBO, Joseph. *Histoire générale de l'Afrique noire*. Paris: Unesco, 2004.

3. Ver, por exemplo, RISÉRIO, Antonio. *As sinhás pretas da Bahia: suas escravas, suas joias*. Rio de Janeiro: Topbooks, 2021; e RISÉRIO, Antonio; FALCÓN, Gustavo. *Bahia de todos os cantos: uma introdução à cultura baiana*. Lauro de Freitas (BA): Solisluna, 2020.

4. PAIVA, Eduardo França. *Escravidão e universo cultural da colônia: Minas Gerais, 1716-1789*. Belo Horizonte: Editora UFMG, 2001.

5. MACHADO, Paulo Affonso de Carvalho. *Ourivesaria baiana*. Rio de Janeiro: Guanabara, 1973.

balhadores clandestinos. Com tenda ou loja aberta, só brancos. Os outros trabalhavam meio às escondidas.

Na Bahia, como bem mostrou o antropólogo Antonio Risério,[3] Santo Antônio de Jacobina era, desde 1722, a capital do ouro. Na cidade de Rio das Contas, que teve até casa de fundição, o brilho do metal seduziu milhares de pessoas. Na província, a Chapada Diamantina foi caminho de negros fugidos e bandeirantes, sem contar Lençóis, onde se buscavam nos rios e nas grunas esplêndidos diamantes. A província se cobriu de joias.

E Florinda também. Sua coleção de colares, pulseiras e anéis demonstrava que circular pela cidade era um ato estudado, sempre com o propósito de impressionar os passantes e informar sobre o prestígio de que se desfrutava. Vestir-se bem e portar enfeites e joias era uma preocupação normal entre aquelas que se queriam belas. E até os anúncios de jornal, ao notificar a fuga de escravos, deixavam clara essa preocupação. Cinzas de palmeira e arruda para "espantar feitiço" eram comuns nos cabelos, que podiam ser encarapinhados, crespos, lisos, anelados, cacheados, acaboclados, avermelhados e até loiros, "agaforinhados com pentes de marrafa dos lados" ou alisados com óleo de coco. Na cabeça, eram cuidadosamente arranjados birotes, tranças, coques. Os dentes, quase sempre inteiros e alvos, podiam ser "limados" ou "aparados". Os olhos variavam entre grandes, castanhos, "tristonhos" ou "na flor do rosto", e podiam, ainda, piscar "por faceirice".

O historiador Eduardo Paiva explica que é bem possível que tenham existido especialistas na elaboração de joias-amuleto, comercializadas em larga escala.[4] O antiquário Paulo Affonso de Carvalho Machado estudou as preciosas peças para defesa e proteção, fundidas em areia fina. São diversos os materiais encontrados: do "pau de angola", que com o tempo perdia o cheiro, às ágatas polidas; das cornalinas multicolores aos pedaços de âmbar e azeviche; dos dentes de porco selvagem, os catetos, aos de jacaré; dos chifres de besouro engastados em prata a uma série de madeiras em forma de bola ou bastão. Eles podiam ser votivos, caso da pombinha do Espírito Santo, dos relicários com imagens de santos ou das cruzes e dos ex-votos, que representavam uma graça alcançada na forma de seios, olhos de Santa Luiza, pernas etc.; podiam ser propiciatórios, para trazer boa sorte, fortuna, felicidade e até mesmo amor; ou podiam, ainda, ser evocativos, lembrando recordação distante, como o tambor africano ou a moeda austríaca *thaler*, com a efígie da imperatriz austríaca Maria Teresa.[5]

No século XVIII, o gosto pelas joias era tipicamente português, com detalhes em granulado e filigrana. Os artigos eram vendidos em tendas ou lojas instaladas em ruas predeterminadas, para o controle da atividade. Muitos misturavam ouro com metais menos nobres. No início do século XIX, o professor régio Luiz dos Santos Vilhena, em suas *Notícias soteropolitanas*, ao escrever sobre as senhoras baianas, mostra que o uso de joias começou, em tempos de fartura, nas senzalas:

> As peças com que se ornam são de excessivo valor e, quando a função o permite, aparecem com suas mulatas e pretas vestidas com ricas saias de cetim, becas de lemiste finíssimo e camisas de cambraias ou cassa, bordadas de forma tal que vale o lavor três ou quatro vezes mais que a peça, e tanto é o ouro que cada uma leva em fivelas, cordões, pulseiras, colares ou braceletes e bentinhos, que, sem hipérbole, basta para comprar duas ou três negras ou mulatas, como a que leva. E tal conheço eu que nenhuma dúvida se lhe oferece em sair com quinze ou vinte assim ornadas.[6]

Nas senzalas ou nas ruas, nada impedia mulheres como Florinda de acumular "jimbongo" — em banto, "dinheiros, bens e riqueza", como bem estudou Yeda Pessoa de Castro no já clássico *Falares africanos na Bahia: um vocabulário afro-brasileiro*. E ela acrescenta: em angola, "zimbo", "jimbra", "tutu", "bufunfa"; em iorubá, "owo"; e, em jeje, "akwe".[7]

Na virada para o Oitocentos, a proibição do trabalho com ourivesaria imposta a afro-brasileiros instaurou um mercado paralelo — e, com ele, a influência de elementos nacionais, como frutos e flores, na decoração. Segundo observaram os pesquisadores Laura Cunha e Thomas Milz:

> As joias podiam ser luxuosas ou de confecção simples, desde que fossem volumosas e brilhantes, não importando a liga metálica, geralmente com baixo teor de ouro e as partes ocas. O importante para as crioulas e africanas era o exagero barroco, vislumbrado em composições de vários correntões e pulseiras cobrindo todo o colo e braços, ofuscando a visão de quem observasse com o brilho de tanto ouro.[8]

A figa, isolada ou nos balangandãs, muitas vezes interpretada como um elemento africano e de apologia aos orixás, já estava presente até mesmo nas pinturas renascentistas italianas da Virgem segurando o Menino Jesus. O sincretismo da cultura europeia com a cultura africana e a brasileira evidenciava-se nos adereços. Os cilindros de prata ocos, que aparecem com muita frequência nos balangandãs, eram associados aos trabalhadores escravos urbanos,

6. VILHENA, Luiz dos Santos. *Notícias soteropolitanas e brasílicas*. Salvador: Imprensa Oficial, 1922.

7. CASTRO, Yeda Pessoa de. *Falares africanos na Bahia: um vocabulário afro-brasileiro*. Rio de Janeiro: Academia Brasileira de Letras; Topbooks, 2001.

8. CUNHA, Laura; MILZ, Thomas. *Joias de crioula*. São Paulo: Terceiro Nome, 2011.

9. GODOY, Solange de Sampaio. *Círculo das contas: joias das crioulas baianas.* Salvador: Museu Carlos Costa Pinto, 2006.

10. Ibid.

como representação de liberdade e alforria paga. Os carregadores negros ficavam nas esquinas mais movimentadas, à espera de serviço, "trocando língua" — ou seja, conversando — e fazendo pequenos artefatos de uso doméstico para vender. Esses pontos tinham o nome de canto. Ali, um "capitão do canto" se encarregava de guardar num gomo de bambu, ou seja, no cilindro, o dinheiro recebido por seus serviços. Um dia, o cativo alcançaria a quantia justa para a compra da liberdade.

Mas quais joias eram as mais comuns? Os brincos tinham o significado simbólico de proteger a cabeça, próximos aos orifícios mais expostos aos espíritos malignos. Segundo Solange Godoy, são semelhantes aos portugueses conhecidos como "de chapola" ou "parolos" e aos usados na Martinica.[9] Havia também os de argola, guarnecidos com diversos materiais, como turquesa, coral, cornalina e tartaruga. Os colares, podendo ser feitos de coral ou de ouro, eram correntões de bolas lisas ou confeitadas, de alianças ou de elos simples e filigranados, com ou sem enfeite de pendurar.

Vários ourives tinham aprendizes escravos e forros, e alguns artesãos eram eles próprios ex-escravos, e quase todos iniciados em cultos afro-brasileiros. Em ouro ou prata, a lua representava Oxóssi; o cão de São Lázaro, Omulu; a maçã, Oxum; a palmatória da Sant'Ana Mestra, Nanã, e assim por diante. E Godoy conclui: "O trabalho de todos eles possibilitou a injeção de valores culturais, de objetos e de material africanos e afro-brasileiros na ourivesaria colonial, facilitando a apropriação de representações estéticas europeias pela população negra e mestiça".[10] Muitas vezes, um adorno que, para brancos, parecia não ter especial importância era, para pretos, pardos e mulatos, indicador de autoridade, de poder, de devoção e de proteção. A pluralidade da fé também nele se aninhava.

Na Bahia, os colares eram excepcionalmente longos e, em toda parte, traziam cruzes, rosetas ou flores, imagens do Espírito Santo, Nossas Senhoras da Conceição, custódia, corações e amuletos como romãs, moedas e presas de animais. Eles diminuíam as distâncias entre a negra rica e a branca. As voltas que lhe envolviam o pescoço e lhe caíam pelos ombros se constituíam em um manto protetor. Os colares eram o testemunho da possibilidade de vida plena, vivida enquanto mulher livre, e estandarte de sua importância social não apenas para a sociedade branca, mas também para negros livres e escravos de sua convivência. Em resumo: eram sinais de sucesso.

As pulseiras, por sua vez, podiam ser "de copo", ou seja, cilíndricas, ou "de placas ligadas". Traziam motivos decorativos de flores, frutos ou figuras humanas tratadas como camafeus. Nos camafeus, damas da corte ou pajens de chapéu emplumado ou até a efígie de d. Pedro II menino. Em metal dourado, decoradas com motivos geométricos entre as mulheres provenientes do Congo, as "malungas" denotavam a condição hierárquica de sua possuidora dentro do grupo tribal. Abotoaduras em ouro cinzelado eram usadas na manga da bata ou da camisa. Redondas, com decoração de granulados de ouro e pedras, eram feitas aos pares. Elegantes pentes em tartaruga finalizados em travessas com motivos florais coroavam a cabeça. Os anéis tinham decoração esmerada, lembrando, muitas vezes, a talha barroca que se via nas igrejas.

Os balangandãs, joias-amuleto, sempre possuíram forte caráter religioso por serem um meio pelo qual as escravizadas declaravam sua religião oficial, mesmo que só aparentemente. Essa peça foi, a princípio, vista nas negras de ganho, em praças públicas de Salvador no século XIX. Seu uso se deu, principalmente, entre as mulheres vendedoras — que as ostentavam como protetores do lucro — e também entre as crioulas em dias de festas da Igreja católica. As pencas eram usadas na cintura, "área de forte significado ritual religioso por ser zona que marca fertilidade", conta-nos Raul Lody.[11] E muitas delas eram usadas próximas do baixo-ventre, enquanto algumas chegavam mesmo a tocá-lo. A joia recebeu esse nome — "balangandã", "barangandã", "belenguendén" ou "berenguendén" — em referência ao barulho dos berloques pendurados.

Lody ainda sublinha que nem todas as peças que compunham a penca eram de origem africana ou afro-brasileira. Alguns objetos, como os santos e símbolos do catolicismo, foram absorvidos e relidos, o que gerou um forte sincretismo aliado aos signos referentes à África, seu imaginário, orixás e superstições, adquirindo novos valores simbólicos. Os mais usados foram a pomba do Espírito Santo, de asas abertas, lembrando a cruz; a própria cruz de Cristo ou o galo, também representando a vigilância que São Pedro, ao arrenegar Jesus, não teve. Quanto ao simbolismo das peças, São Jorge ou Oxocê, santo guerreiro e caçador, é representado pela lua, pela espada, pelo cão, pelo veado. São Jerônimo ou Xangô, pelo burro, pelo carneiro, pelo caju, pelo abacaxi e pelo milho. Santo Antônio ou Ogum, pela faca, pelo porco. São Lázaro ou Omolu é representado pelo cão por conta da fidelidade, mas, às vezes, também pelo porco. São Cosme e São Damião são representados pela moringa d'água. Santo Isidoro ou Omolu moço, pelo boi. São Bartolomeu, no culto "caboclo", pelo sol. Sant'Ana ou a mãe-mestra da Virgem Maria, Nanã, tem por símbolo a palmatória. Nossa Senhora da Conceição ou Oxum fica com as uvas. A ferradura é o signo da felicidade; o coração, da paixão — se tem chamas, da paixão ardente; as mãos dadas, da amizade; a romã é a humanidade, explica Lody.[12]

11. Ver LODY, Raul. *Joias de axé: fios de contas e outros adornos do corpo*. Rio de Janeiro: Bertrand Brasil, 2001; LODY, Raul. *Pencas de balangandãs da Bahia: um estudo etnográfico das joias-amuleto*. Rio de Janeiro: Funarte; Instituto Nacional do Folclore, 1988.

12. Ibid.

13. PAIVA, Eduardo França. Op. cit.

14. Ibid.

15. DEL PRIORE, Mary. *Sobreviventes e guerreiras: uma breve história da mulher no Brasil de 1500 a 2000*. São Paulo: Planeta, 2020.

16. SIMARD, Giselle. *Petites commerçantes de Mauritanie — voiles, perles et hené*. Paris: Karthala, 1996.

Do reino Axânti chegavam ao Brasil as mulheres cujos saberes na faiscação do ouro e lavagem das pepitas soltas eram inimitáveis. Bem lembra Paiva que boa parte do ouro explorado durante todo o Setecentos nas Gerais e nas capitanias de Goiás, Mato Grosso e Bahia foi recolhida através de técnicas introduzidas pelos africanos e desconhecidas pelos europeus.[13] Mais além dos conhecimentos sobre a extração do metal, essa população observava um culto intenso a Ogum, senhor do ferro e dos instrumentos de ferro, representados nos balangandãs, tanto nos baianos quanto nos mineiros. E também à Iemanjá, sua mulher, a quem pertenciam o ouro e a prata.

Outra razão para "bem faiscar o ouro" era a miragem da liberdade. A possibilidade de se alforriar graças ao tesouro escondido no corpo ou nos cabelos era grande. Quem encontrasse diamantes singulares também era premiado. Conta-nos Paiva que o incentivo parecia ser bem aproveitado tanto pelo feliz achador quanto pelos companheiros que, para comemorar o feito, faziam uma festa nos moldes dos desfiles reais na África, como viu o viajante inglês John Mawe.[14]

Houve o ouro achado e o ouro comprado. De onde vinham os recursos para adquiri-lo? Como demonstrei em meu livro *Sobreviventes e guerreiras*, estudos recentes demonstram que, logo abaixo dos homens brancos, as mulheres forras tinham as condições mais favoráveis de reunir fortuna na Colônia.[15] Elas formaram a elite econômica do comércio de retalho, que ia da venda de peixe seco a produtos agrícolas, de pérolas a *henné* para os cabelos, de panos coloridos a alimentos. Eram ricas e, por meio de seus bens, equilibravam as relações de poder. Algumas, como a comerciante baiana Rosa Correia, tiveram tanto sucesso em Sabará que importavam seus produtos diretamente de Portugal, como qualquer branco.

A incursão no mundo masculino dos negócios exigia algumas características cultivadas nas Áfricas: além do investimento pessoal no trabalho, a generosidade de coração, a riqueza de alma e a solidariedade étnica garantiam a notoriedade. O sucesso não veio por acaso. Desde sempre, as ahissi, do Benin ao Togo, e as bana-bana, do Senegal à Gâmbia, entre outras, já eram renomadas por mercadejar em seus povoados ou nas grandes capitais, como conta a antropóloga Giselle Simard.[16] Foram atrizes fundamentais do comércio interno do continente. O mesmo espírito empreendedor foi observado nas regiões mineradoras da Bahia, das Gerais e do Mato Grosso. Sobretudo nas cidades litorâneas, caso de Salvador, atuavam como comerciantes, quitandeiras, tecelãs, fiandeiras, sapateiras e prostitutas — e, nas áreas rurais, na agricultura e pecuária. Foram fundamentais para o abastecimento alimentício de parcela da população nos períodos colonial e imperial do Brasil.

E, ao contrário do que se dizia — que todas elas viveram em extrema pobreza após se libertarem —, algumas construíram seu patrimônio, acumularam pecúlio, compraram casas, móveis, animais, escravos, roupas finas e joias. Muitas joias. Eram vitrines vivas. E tudo, como faziam questão de dizer, "por seu trabalho e esforço" ou "por sua indústria e trabalho". Se tais protagonistas viveram numa época e num lugar nos quais sua posição era ambígua e incerta, e em que a distinção entre livres e escravos era nebulosa ou ignorada, as joias permitiam ler a mobilidade social de cada uma.

Mobilidade igualmente nascida de relações estáveis com brancos, como no caso da mulata Rita Sebola, companheira de um rico português, Inocêncio Sebola, e cuja vida de luxo é contada pela contemporânea Anna Ribeiro Góes Bittencourt em suas *Memórias*. Foi seu avô Pedro Ribeiro quem testemunhou, em Salvador, uma saída de Rita para a romaria do Bonfim: "acompanhada de três grupos de lacaias, constando cada um de dez mulheres": o primeiro grupo, de brancas, alugadas; o segundo, de mulatas; e o terceiro, de negras jejes. Rita estava vestida "com uma magnificência que jamais vira mesmo nas princesas que depois estiveram na Bahia: vestido de seda de primeira ordem bordado a ouro e pérolas, sapatos igualmente bordados e toucado riquíssimo".

Cerimônias sociais, sobretudo as missas e festas religiosas, eram oportunidades ímpares para tornar pública a posição que cada uma ocupava na sociedade. E ninguém as desperdiçava. Um admonitório do pároco de São Pedro, paróquia de que é filial a igreja da Barroquinha, datado de 6 de dezembro de 1865, admoestava contra o "luxo de espantar", além dos gastos com orquestras, decoração, fogos de artifício, mesa principesca e licores. Pierre Verger descreve que, saindo a procissão, as crioulas de devoção carregavam o esquife da Senhora até o altar. Eram "negras do partido-alto, endinheiradas, pimponas, as moças cheias de dengue e de momices. Estonteava a indumentária custosa [...] traziam a tiracolo faixa de cetim branco, bordado a ouro".[17]

Era nas procissões nas irmandades de Nosso Senhor da Cruz, na igreja da Palma, na de Nosso Senhor Bom Jesus da Paciência, na igreja de São Pedro e na irmandade de Nossa Senhora do Boqueirão, na igreja do mesmo nome, ou ainda na de Nossa Senhora do Rosário, no Pelourinho, na de Nosso Senhor das Necessidades e da Redenção ou na de Nossa Senhora da Boa Morte, na pequena igreja de Nossa Senhora da Barroquinha, que mulatas, angolanas e congolesas, nagô-iorubás e afro-brasileiras se reuniam. Na festa de Santa Bárbara louvavam Iansã. Na de Nossa Senhora da Conceição, Iemanjá, como explica o mesmo Verger.[18] Nessas ocasiões, com suas mais belas

17. VERGER, Pierre. *Notícias da Bahia — 1850*. Salvador: Corrupio, 1981.

18. Ibid.

19. Ibid.

20 MATTOSO, Kátia M. de Queirós. Op. cit.

vestes — colares de coral com enfeites de ouro e grossas correntes de ouro ornando o colo, o antebraço, até o cotovelo, coberto de braceletes, saia rodada e franzida, camisa finamente bordada —, agitavam-se à volta dos templos, como registrou, em 1859, o viajante e médico alemão Robert Christian Avé-Lallemant. Já no dia da Ascensão do Senhor, as irmãs do sodalício traziam a tiracolo uma fita de seda roxa, também bordada a ouro. A cor designava as dores da Paixão.

Na do Senhor da Cruz, "as crioulas saem à rua com sua roupa de 'ir ver a Deus' [...], panos da costa sobre os ombros, torsos de seda, chinelinhas de veludo trabalhadas a canutilhos de ouro e nas orelhas, no pescoço, nos pulsos até quase os cotovelos, uma profusão incrível de joias. Negras velhas aparentemente pobres no dia a dia, mal vestidas e pedindo esmolas, apreciam nesse dia cobertas de ouro que era uma maravilha. Em nenhuma terra brasileira houve jamais maior riqueza particular em obras de ouro pertencentes à gente do povo como aqui, exceção feita, talvez, a Minas Gerais", cravou Pierre Verger.[19]

Florinda deve ter participado de muitas. E a riqueza das pretas perdurou, pois, em 1965, ao escrever *Mariquinha dente de ouro, a mulata que vestia roupas de linho bordadas de barafunda*, sobre os preparativos para a Festa de Nossa Senhora da Boa Morte, em Cachoeira, o autor refere-se aos xales caríssimos, brincos, colares, pulseiras de ouro maciço das que chamou de "rainhas de ébano".

Com exceção das celebrações litúrgicas, as festas religiosas eram mais expressão do povo do que da Igreja. Elas eram comandadas pela comunidade sem participação do clero. Na cidade, a população estava dividida por cor, riqueza e prestígio, em irmandades religiosas. No início do século XIX, Salvador tinha uma centena delas. As dos homens de cor, segundo Mattoso, eram mais de trinta. Estas, por sua vez, como sublinhou Verger, se dividiam por etnias. Por exemplo: a dos jejes, na Irmandade de Nosso Senhor Redentor; a dos angolanos, nas do Rosário.

Mulheres ou homens, indistintamente, podiam fazer parte de várias irmandades. Nelas, mulatos e negros, vindos do comércio ou dos ofícios, se sentiam iguais aos brancos: tinham a possibilidade de construir e ornamentar suas próprias igrejas, ter seus capelães, seus enterros suntuosos e exibir-se com brilho e grandeza nas procissões que marcavam a vida da cidade — lembra Mattoso.[20] Nos oratórios, vestiam seus santos de devoção ou os chamados "santos de vulto" com o que havia de mais rico: o menino Jesus ganhava chinelinhas de ouro; na cruz, o Salvador era enfeitado com fios de ouro; São Benedito trazia o cajado e o resplendor de prata ou ouro; Santo Elesbão e Santa Ifigênia, vestes com policromia em ouro; na mão de personagens nos presépios, ramalhetes com pequenas flores cravejadas de pedras preciosas e brilhantes.

Regiões do Brasil colonial que tiveram acelerado crescimento econômico propiciaram a forros e a seus descendentes espaços de mobilidade social. E, na leitura de seus inventários e testamentos, a riqueza na forma de joias e o acúmulo de ouro comprovavam a mudança de status. Tais tesouros aparecem com frequência em inventários de negras livres e libertas falecidas, e eram cobiçados não só por seu apelo decorativo como também por serem um investimento que podia ser penhorado em épocas difíceis e recuperado no futuro. Mais para a frente, tais posses podiam ser deixadas para os membros da família, para os parentes ou como esmolas para as irmandades que começavam a se esvaziar, dando lugar aos terreiros.

Sim, pois, nessa sociedade — onde brancos eram menos de 24% da população —, os padres, que outrora viviam amancebados e tinham filhos, agora se romanizavam. Ou seja, tinham de se moralizar, viver em continência, combater a religião popular e os sincretismos tão corriqueiros. A consequência? Os fiéis esfriaram. Sobretudo os afro-mestiços e afro-brasileiros que se chegaram ao candomblé. E Antonio Risério, em trabalho inédito, demonstrou que parte dos terreiros foi fundada por sinhás negras que dominavam o pequeno comércio ou que alugavam escravos para trabalhar em serviços diversos, cobrando por seus rendimentos. "Eram mulheres que monopolizavam as quitandas, as vendas, os tabuleiros", diz Risério. "E, à medida que enriqueciam, elas investiam em imóveis para alugar e terrenos para as macumbas."[21] Algumas dessas mulheres estão por trás da criação de importantes terreiros de candomblé na cidade. Caso das ialorixás Marcelina Obatossí e Yá Nassô, ambas sacerdotisas da Casa Branca do Engenho Velho, ativo até hoje.

As joias na forma de amuletos propiciatórios também serviram para histórias de amor, como romanticamente narrou Charles Expilly, comerciante francês e dono de uma fábrica de fósforos, no livro *Mulheres e costumes do Brasil*: uma escrava chamada Manuela se apaixonou pelo estrangeiro Fruchot. Para enfeitiçá-lo, ela colocou em seu colar figas e medalhas de santos, ficando à espera do amado. Quando o viu, "inclinou para o chão a extremidade das figas de madeira e as pontas de cornalina [...]. Segundo suas ideias supersticiosas, a negra mina estabelecia assim entre ambos uma corrente de simpatia que forçaria o senhor a se aproximar". Deu certo? Sim, ele comprou-lhe a liberdade. "Ela o faz feliz. Ele fez bem", concluiu Expilly.

Fábulas à parte, como bem diz Sheila de Castro Faria, há muitos estudos sobre como se obtinham alforrias e ainda poucos sobre a vida de ex-cativos, como Florinda Anna do Nascimento, depois de

21. RISÉRIO, Antonio. *As sinhás pretas da Bahia: suas escravas, suas joias.* Op. cit.

22. MATTOSO, Kátia M. de Queirós. Op. cit.

23. CALMON, Pedro. *Espírito da sociedade colonial.* Rio de Janeiro: Companhia Editora Nacional, 1935.

24. MATTOSO, Kátia M. de Queirós. Op. cit.

25. Ibid.

livres. Entre 1819 e 1860, época de seu nascimento, o preço da mão de obra escrava sofreu elevação constante. Depois, caiu. A partir de então o preço de uma escrava adulta valia 75% do preço dos homens — informa Kátia de Queirós Mattoso.[22] Afinal, eram eles que detinham as qualificações de ofícios. Isso explica o grande número de mulheres alforriadas, inclusive crianças. No serviço de casa, preferiam-se criadas, e não mais escravas, sobretudo entre altos funcionários, profissionais liberais e padres. O que restava como escravas de dentro eram mulheres idosas, mantidas em casa por comiseração ou costume, como confirmou Pedro Calmon em suas memórias.[23] O prestígio antes associado à posse de escravos, informa Mattoso, esfumava-se: passava até a ser de bom-tom não os possuir.[24]

Alguns historiadores insistem na ideia de que todos os afro-brasileiros foram lançados na pobreza e na precariedade. Mas novas análises revelam que, desde o século XVIII, casais poupavam e ganhavam suas vidas, tendo a mobilidade social como projeto. Como demonstrou a historiadora Kátia Mattoso, na Bahia do século XIX, com uma carta de alforria, os afro-brasileiros mostravam-se inteiramente capazes de integrar-se a certos grupos sociais que tinham poder de mando.[25] E tal dinâmica se dava graças ao talento individual e à capacidade de enriquecer, acumulando, entre outros bens, ouro e joias. Florinda, mais conhecida como Dona Fulô, fez bem de entesourar as suas. Seus senhores tinham empobrecido, pois os engenhos não mais moíam e a escravidão se extinguia molemente. A despeito do prestígio social e dos políticos egressos do grupo, baianos notáveis como João Maurício Wanderley, o barão de Cotegipe, ou José Maria, o Juca, da Silva Paranhos, o Visconde do Rio Branco, morreram pobres. Suas fortunas figuravam bem abaixo das dos negociantes, dos industriais e dos profissionais liberais. Os negócios da moda eram aventuras bancárias ou comerciais. Já os de Florinda eram o ouro!

No final do século, a província mudou de rosto. A letargia se apossava das grandes cidades, Salvador entre elas. Mas, como bem diz Kátia Queirós Mattoso, ali os pobres eram afortunados — "não porque tivessem no bolso com o que comprar supérfluos: à maioria faltava mesmo os 'cobres', para o necessário. Eram ricos, porém, da segurança que lhes conferiam relações sociais arcaizantes, oriundas do sistema escravista, e conservada por toda uma sociedade presa de suas próprias armadilhas". Precavida, conservadora, ou as duas coisas, Florinda preferiu investir em joias. E com essa decisão nos legou um tesouro: uma janela aberta sobre o Oitocentos soteropolitano e sobre a vida de sinhás negras que souberam administrar suas vidas, seus ganhos e suas fortunas.

LADY MARIA CALLCOTT. *FRUITS WOMAN* [MULHER DAS FRUTAS]. AQUARELA. BAHIA, S.D. ACERVO FUNDAÇÃO BIBLIOTECA NACIONAL, RIO DE JANEIRO, RJ.

LADY MARIA CALLCOTT. *FRUITS WOMAN*. WATERCOLOUR. BAHIA, BRAZIL, S.D. COLLECTION FUNDAÇÃO BIBLIOTECA NACIONAL, RIO DE JANEIRO, RJ, BRAZIL.

LADY MARIA CALLCOTT. *HOLIDAY DRESS* [VESTIDO DE FERIADO]. AQUARELA. BAHIA, S.D. ACERVO FUNDAÇÃO BIBLIOTECA NACIONAL, RIO DE JANEIRO, RJ.

LADY MARIA CALLCOTT. *HOLIDAY DRESS*. WATERCOLOUR. BAHIA, BRAZIL, S.D. COLLECTION FUNDAÇÃO BIBLIOTECA NACIONAL, RIO DE JANEIRO, RJ, BRAZIL.

À DIREITA:
LADY MARIA CALLCOTT. *FISH WOMAN* [MULHER DO PEIXE]. AQUARELA. BAHIA, S.D. ACERVO FUNDAÇÃO BIBLIOTECA NACIONAL, RIO DE JANEIRO,RJ.

RIGHT:
LADY MARIA CALLCOTT. *FISH WOMAN*. WATERCOLOUR. BAHIA, BRAZIL, S.D. COLLECTION FUNDAÇÃO BIBLIOTECA NACIONAL, RIO DE JANEIRO, RJ, BRAZIL.

Fish Woman – Bahia –

Holiday Dress

LADY MARIA CALLCOTT. *SELLER OF SMALLWARES, SWEETMEAT, ETC.* [VENDEDORA DE UTENSÍLIOS, CONFEITOS ETC.]. AQUARELA. BAHIA, S.D. ACERVO FUNDAÇÃO BIBLIOTECA NACIONAL, RIO DE JANEIRO, RJ.

LADY MARIA CALLCOTT. *SELLER OF SMALLWARES, SWEETMEAT, ETC.* WATERCOLOUR. BAHIA, BRAZIL, S.D. COLLECTION FUNDAÇÃO BIBLIOTECA NACIONAL, RIO DE JANEIRO, RJ, BRAZIL.

LADY MARIA CALLCOTT. *SELLER OF SWEETMEATS* [VENDEDORA DE CONFEITOS]. AQUARELA. BAHIA, S.D. ACERVO FUNDAÇÃO BIBLIOTECA NACIONAL, RIO DE JANEIRO, RJ.

LADY MARIA CALLCOTT. *SELLER OF SWEETMEATS.* WATERCOLOUR. BAHIA, BRAZIL, S.D. COLLECTION FUNDAÇÃO BIBLIOTECA NACIONAL, RIO DE JANEIRO, RJ, BRAZIL.

LADY MARIA CALLCOTT. *MARKET WOMAN* [MULHER DO MERCADO]. AQUARELA. BAHIA, S.D. ACERVO FUNDAÇÃO BIBLIOTECA NACIONAL, RIO DE JANEIRO, RJ.

LADY MARIA CALLCOTT. *MARKET WOMAN.* WATERCOLOUR. BAHIA, BRAZIL, S.D. COLLECTION FUNDAÇÃO BIBLIOTECA NACIONAL, RIO DE JANEIRO, RJ, BRAZIL.

Market Woman

Seller of Smallwares, Sweetmeats &c —
Bahia

Seller of Sweetmeats (Doce) — Bahia

LADY MARIA CALLCOTT. *MARKET WOMAN* [MULHER DO MERCADO]. AQUARELA. BAHIA, S.D. ACERVO FUNDAÇÃO BIBLIOTECA NACIONAL, RIO DE JANEIRO, RJ.

LADY MARIA CALLCOTT. *MARKET WOMAN*. WATERCOLOUR. BAHIA, BRAZIL, N.D. COLLECTION FUNDAÇÃO BIBLIOTECA NACIONAL, RIO DE JANEIRO, RJ, BRAZIL.

Market Woman

chapter 4

A *SINHÁ* THROUGH THE WINDOW OF THE 19TH CENTURY

Mary Del Priore

1. Dark, clayey and fertile soil. [TN]

2. MATTOSO, Kátia M. de Queirós. *Bahia, século XIX—uma província no Império*. Rio de Janeiro: Nova Fronteira, 1992.

São Salvador da Bahia de Todos os Santos. Perched at the top of a hill, the city of São Salvador da Bahia de todos os Santos paddles its toes in a turquoise sea dotted with yachts and small boats. In the period that the influential Florinda Anna do Nascimento, known as Dona Fulô, traversed its steep streets, change was brewing. The balance of trade was beginning to show a deficit. After the abolition of slavery, the tobacco crop that had been used until then as a product for trade was taken over by the Germans. Throughout the humid valleys, beaches and plains of the Recôncavo region, sugarcane—which had previously been the source of so much wealth—began to lose its traction in the context of new international markets. In parallel with this encroaching crisis, myths also began to crumble. Myths of the seemingly endless *massapê*[1] that required no fertilizer and where licuri and coconut palms, jacaranda and pink cedars flourished; myths of the glory of the slave owners—men who, instead of their previous illustrious surroundings, were now in exile in the shadows; myths of the lack of free workforce, demonstrated by the empty slave quarters and huge numbers of freed slaves. And myths of the fake racial democracy, because as soon as they were able, Black people who managed to climb the social ladder acted just like White people, entering into politics, and the legal and medical professions. This fact did not go unnoticed by Alcide d'Orbigny, who happened to have been passing through in 1843. In Bahia, Black people behaved almost identically to White people, and they became respected workers in both administration and the judiciary. Neither was this fact missed by Count Alexis de Saint-Priest, who commented at the time: "They are all mixed, muddled up together." According to the historian Kátia M. de Queirós Mattoso, all these changes were strongly rooted in their mind-sets, and their ways of thinking and acting.[2]

In the Cidade Baixa [the Lower City], trade was booming. Clothes, costume jewellery, fabric, and remedies for the body and mind were displayed in tiny shops and makeshift stalls, many of which were managed by mixed-race and Black women like Florinda. They had brought their business skills with them from Africa. On their trays, they offered *canjica*, tapioca porridge, and hot *acaçá* (made from corn mush). In simple surroundings, they prepared ready meals to feed the people, and depending on the time, which was measured by the toll of bells or the firing of cannons, they would offer fresh sponge cakes and sweet treats. According to the 1855 census, they also performed other roles. They worked as wet-nurses, teachers, washerwomen, cleaners, seamstresses and spinners. They lived like one Maria Romana, a single thirty-year-old with two children, a young slave and three free servants. Like Florinda, she had also been freed from her slave position by her masters. These were women who, according to Joseph Ki-Zerbo, over centuries were the only link between slavery and their continent of origin, and were the cultural support of the Diaspora.[3]

The relationship of Afro-Brazilians with gold and jewellery is part of this golden chain. Just as the earliest vestiges of humanity and the appearance of families first emerged on the African continent, the oldest jewellery in the world was also discovered there. This has been dated back 150,000 years and confirms the theory that items such as these were a part of our ancestors' lives. They were talented artisans who created such objects for their kings and chiefs who, in gold and silver and in palaces with walls covered in bronze sculptures, were worshipped by their subjects. Câmara Cascudo describes Queen Ginga, the victorious ruler of Matamba, entering the cities she had conquered to the sound of *elelenu*, a Mbunda greeting, dressed in copper and silver thread, beads and cowrie shells, with her head covered in red and white clay, wearing golden anklets, chains, bracelets and necklaces.

In Africa, jewellery has always been used to show individuality. It was a symbol of identity and belief proudly displayed in religious rites and ceremonies. It served a medicinal role in protecting those wearing it, warding off evil and attracting success. It represented financial value, serving as a currency for those without safes, hiding places or bank accounts.

In the colonial period, goldsmithery was populated by Afro-Brazilians. Although Portugal had placed restrictions on the number of registered artisans, the quantity of stalls and workers only increased. Demand was growing, and it was in plain sight on necks, heads, arms and hands, in men and women's fashions, and on the harnesses of beasts of burden. This kind of jewellery required craftsmanship and knowledge of different shapes and styles. Masters trained their slaves in the craft and then hired them out as goldsmiths. Others taught themselves to be jewellers. Although the Crown had

3. KI-ZERBO, Joseph. *Histoire générale de l'Afrique noire*. Paris: Unesco, 2004.

4. Cf. RISÉRIO, Antonio. *As sinhás pretas da Bahia: suas escravas, suas joias.* Rio de Janeiro: Topbooks, 2021; and RISÉRIO, Antonio; FALCÓN, Gustavo. *Bahia de todos os cantos: uma introdução à cultura baiana.* Lauro de Freitas (BA): Solisluna, 2020.

5. PAIVA, Eduardo França. *Escravidão e universo cultural da colônia: Minas Gerais, 1716-1789.* Belo Horizonte: Editora UFMG, 2001.

6. MACHADO, Paulo Affonso de Carvalho. *Ourivesaria baiana.* Rio de Janeiro: Guanabara, 1973.

wanted to discourage gold smuggling, it ended up tolerating the number of illegal workers. Only Whites could set up stalls and shops, so the rest worked in the shadows.

According to the anthropologist Antonio Risério, Santo Antônio de Jacobina in Bahia had been[4] the capital of gold since 1722. In the town of Rio das Contas, which had even had its own smelting house, the shine of the metal lured thousands of people. Inland, the Chapada Diamantina was on the route for runaway Blacks and adventurers to reach the town of Lençóis, where they searched for glittering diamonds in the rivers and mines. The whole area was covered in gemstones.

As was Florinda. Her amassed collection of necklaces, bracelets and rings meant that walking through the city was a conscious act designed to impress passers-by and communicate her status. For those who wanted to look beautiful, it was essential to be well dressed, to wear jewellery, and to accessorise. Even the adverts in the newspapers, notifying the escape of slaves, made this clear. Palm ashes and stems of rue were commonly used in the hair to "ward off evil spirits", hair that could be springy, frizzy, coiled, kinky, curly, wavy, reddish and even blond, "secured with wide-toothed combs on both sides" or straightened with coconut oil. These were carefully done up into braids, buns, pleats. Teeth, usually whole and undamaged, could be "washed" or "trimmed." Eyes varied; they could be large, brown, "doleful" or "sparkling," and could also twinkle "with mischief."

The historian Eduardo Paiva explains that it is quite possible that there were numerous jewellers specialising in making amulets that were then commercialised on a large scale.[5] The antiquarian Paulo Affonso de Carvalho Machado studied this valuable protective jewellery that had been cast in fine sand. He found several components: cuttings from the "chaste tree" [vitex agnus-castus], which over time would lose their smell; polished agates; multi-coloured carnelians; pieces of amber and jet; the teeth of wild boar and alligators; silver-dipped beetle horns; and a variety of wooden ball or club-shaped items. Such pieces might be votive, in the case of the dove of the Holy Spirit, the reliquaries with images of saints, and the crosses or ex-votos representing the fulfilment of a vow with the image of breasts, the eyes of Santa Luiza, legs, etc. However, they could be propitiatory, to bring good luck, fortune, happiness and even love; or even evocative, recalling distant memories like African drums or Austrian *thalers*—coins stamped with the image of the Austrian Empress Maria Teresa.[6]

In the 18th century, the taste for jewellery was typically Portuguese, with granulated and filigree details. The articles were sold in stalls or shops set up in streets that had been set aside for this activity, allowing it to be controlled. Many were made of a mix of gold with less precious metals. At the beginning of the 19th century, in his *Notícias soteropolitanas* [News from Bahia], the royal professor Luiz dos Santos Velhena wrote about the Bahian women, and showed how their use of jewellery had started in the *senzalas*, when gold was plentiful.

> The pieces they wore were extraordinarily valuable and, when the occasion permitted, the society ladies would emerge with their mixed-race and Black women, dressed in rich satin skirts, fine wool capes and cambric or muslin shirts, embroidered in such a way that they were worth three or four times more than the garment itself, and bedecked in so much gold in the form of buckles, ropes, bracelets, necklaces and bracelets and scapulars, that with no exaggeration, they could have bought two or three of the slaves who wore them. And I am sure that anyone would want to go out with fifteen or twenty adorned so lavishly.[7]

In the *senzalas* and in the streets, nothing prevented women like Florinda from accumulating "jimbongo"—in Bantu, "money, goods, and wealth," as Yeda Pessoa de Castro wrote in her classic *Falares africanos na Bahia: um vocabulário afro-brasileiro* [African Languages in Bahia: An Afro-Brazilian vocabulary]. And she adds: in Angola, "zimbo", "jimbra", "tutu", "bufunfa"; in Yoruba, "owo"; and in Ewe, "akwe."[8]

At the turn of the 19th century, the prohibitions against Afro-Brazilians working as goldsmiths had created a parallel market that showed the influence of national elements, such as decorative fruit and flowers. According to the researchers Laura Cunha and Thomas Milz:

> The jewellery could be luxurious or simply made, as long as it was chunky and shiny, regardless of the metal alloy that frequently had a low gold content, or the fact that it was hollow. What was important for the creole and African women was the baroque exaggeration, depicted in the chains and bangles that hung from their necks and arms, and that blinded passers-by with their golden shine.[9]

The symbol of the *figa*, either on its own or in the bunches of *balangandãs*, was often interpreted as an African element and an offering to the Orishas, however, it was present even in the Italian Renaissance paintings of the Virgin holding the baby Jesus. The syncretism of European culture with African and Brazilian culture is clear. The hollow silver cylinders, which often appear in the *balangandãs*, were associated with urban slave workers, as a representation

7. VILHENA, Luiz dos Santos. *Notícias soteropolitanas e brasílicas.* Salvador: Imprensa Oficial, 1922.

8. CASTRO, Yeda Pessoa de. *Falares africanos no Brasil: um vocabulário afro-brasileiro.* Rio de Janeiro: Academia Brasileira de Letras; Topbooks, 2001.

9. CUNHA, Laura; MILZ, Thomas. *Joias de crioula.* São Paulo: Terceiro Nome, 2011.

10. GODOY, Solange de Sampaio. *Círculo das contas: joias das crioulas baianas*. Salvador: Museu Carlos Costa Pinto, 2006.

11. Ibid.

of freedom and emancipation. Black porters used to hang around the busiest corners waiting for jobs, chatting and making small talk, and in the meantime making small household goods to sell. These spots were known as "the corner." There, a "corner captain" was charged with keeping the money received for services in a stick of bamboo: which was represented by the cylinder. One day, the slave would be able to save enough to pay for freedom.

But which pieces of jewellery were the most common? Earrings had the symbolic meaning of protecting the head, close to the orifices that were most vulnerable to evil spirits. According to Solange Godoy, they are similar to the Portuguese versions known as "de chapola" or "parolos," and to those worn in Martinique.[10] In addition, there were earrings in shape of ring/hoop, and decorated with different materials such as turquoise, coral, carnelian and tortoise shell. The necklaces, perhaps of coral or gold, were smooth or decorated chains, with filigree links and with or without pendants.

Some goldsmiths had both slave and free apprentices, and some of the artisans were themselves ex-slaves, almost all of whom had been trained in Afro-Brazilian cults. Irrespective of whether they were in gold or silver, the Moon represented Oshosi; Saint Lazarus's dog represented Omulu; the apple represented Oshun; St Anne's paddle, Nana, and so on. Godoy concludes: "All of their work led to an injection of cultural values, African and Afro-Brazilian objects and jewellery, thus aiding the appropriation of European aesthetic representations by the Black and mixed-race population."[11] Often adornments, which for White people seemed to have little importance, were indicators of authority, power, devotion and protection for the Black, mixed-race and creole community. They were rich in their plurality of faiths.

In Bahia, the necklaces were long and from them hung crosses, rosettes and flowers, images of the Holy Spirit, the Virgin Mary, Our Lady of Good Council, the Sacred Heart, and amulets such as pomegranates, coins, and teeth. They reduced the distance between the wealthy Black people and the White population. The ropes of gold around her neck that fall to her shoulders are almost like a protective mantle. These necklaces were statements of the ability to live a full life, as a free woman, and a symbol of social importance not only for White society, but also for free Blacks and the other slaves among whom she lived. In summary: they were signs of success.

The bracelets were sometimes in the form of bangles or identity bracelets formed of connected plaques. These were decorated with flowers, fruit and human figures in the form of cameos. The cameos showed aristocratic ladies, pages wearing feathered caps, and even the representation of Dom Pedro II as a young child. In gold and decorated with geometric motifs among women from the Congo, these items denoted the hierarchy of their wearers within the tribal group. Brushed gold cuff links were worn on the cuffs of coats and sleeves. They came in pairs, and were round, with decorative details and gemstones. Elegant floral motif tortoise-shell combs crowned the head. The rings were meticulously detailed, often reminiscent of the baroque carvings found in the churches.

The *balangandã* charms, the amulets, had always held a strong religious significance as they were a means for the slaves to declare their true faith, even if only superficially. These pieces would generally have been sported by the Black ganhadeiras in the squares of 19th century Salvador, and they were mainly sported by the female vendors—who wore them as symbolic protectors of their wealth—and also by creole women on Catholic feast days. The bunches of charms were worn around the waist, which according to Raul Lody is associated with "an area of strong religious ritual meaning because it is a zone that marks fertility."[12] In addition, many were worn close to, or even touching the lower abdomen. This jewellery was named "balangandã", "barangandã", "belenguendén" or "berenguendén"—in reference to the sound the charms made when they rubbed together.

Lody also points out that not all the pieces in the *balangandãs* were of African or Afro-Brazilian origin. Some, such as Catholic saints and symbols, were absorbed and reinterpreted, generating a vibrant syncretism between the representations of Africa, its imagery, its orishas and superstitions, and taking on new symbolism. The most common of these were the dove of the Holy Spirit, with open wings, remembering the trinity, the cross of Christ, and the rooster, representing the denials of St Peter. According to Lody, other symbolic pieces are of St George or Oxocê, the holy warrior and hunter, represented by the moon, the sword, the dog, the deer; St Jerome or Shango, represented by a donkey, a ram, a cashew, a pineapple, and by maize. St Anthony or Ogun is represented by a knife and a pig; St Lazarus or Omolu is represented by a dog because of its loyalty, but sometimes also by a pig. St Cosmas and St Damian are represented by a water vessel; St Isadore or the young Omolu is represented by an ox. St Bartholomew, from the "caboclo" cult, is represented by the sun; St Anne or the mother of the Virgin Mary, Nana, is represented by the paddle, and the symbol for Our Lady of the Immaculate Conception or Oshun is a bunch of grapes. Horseshoes are a sign of happiness; hearts signal passion; burning hearts represent burning passion; holding hands symbolise friendship, and pomegranates represent humanity.[13]

The women with the greatest knowledge of gold panning and stratification had learned their craft in the Ashanti kingdom before be-

12. LODY, Raul. *Joias de axé: fios de contas e outros adornos do corpo.* Rio de Janeiro: Bertrand Brasil, 2001; LODY, Raul. *Pencas de balangandãs da Bahia: um estudo etnográfico das joias-amuleto.* Rio de Janeiro: Funarte; Instituto Nacional do Folclore, 1988.

13. Ibid.

14. PAIVA, Eduardo França. Op. cit.

15. Ibid.

16. DEL PRIORE, Mary. *Sobreviventes e guerreiras: uma breve história da mulher no Brasil de 1500 a 2000.* São Paulo: Planeta, 2020.

17. SIMARD, Giselle. *Petites commerçantes de Mauritanie— voiles, perles et hené.* Paris: Karthala, 1996.

ing taken to Brazil. Paiva notes that much of the gold found throughout the 18th century in Minas Gerais, Goiás, Mato Grosso, and Bahia, was collected using techniques introduced by Africans that had been previously unknown to Europeans.[14] In addition to their knowledge of panning, they also kept their strong beliefs in Ogun, the master of iron and iron tools, represented in the *balangandãs*, both in Bahia and Minas Gerais. In addition, they worshipped Yemoja, Ogun's wife, to whom all gold and silver belonged.

Another reason for "carefully panning gold" was the mirage of freedom. The opportunity to buy freedom through treasure hidden on bodies or in hair was extremely tempting. People who found unique diamonds were also blessed. Paiva tells us that the incentives for diamond mining appeared to be enjoyed by both the lucky digger and by his companions who, to commemorate the find, celebrated with a party that resembled the royal parades in Africa, as seen by the English traveller John Mawe.[15]

There was found gold and bought gold. Where did the resources come from to buy it? As I set out in my book *Sobreviventes e guerreiras* [Survivors and Warrior Women], recent studies show that, immediately after White men, the freed women were the most likely to accrue fortunes in the colonies.[16] They were part of an economic trading elite that went from selling dried fish to agricultural products, from pearls to henna, from colourful cloths to foodstuffs. They were rich and they used their assets to keep the balance of power. Some, like the Bahian trader Rosa Correia, were so successful in Sabará that they imported their products directly from Portugal just as the White people did.

This incursion into the male dominated world of business benefited from skills cultivated on the African continent: in addition to their personal investment in the profession, generosity of spirit, kindness of soul and cultural and ethnic solidarity ensured their fame. Their success was no accident. Since forever, the Ahissi, from Benin to Togo, and the Bana-Bana, from Senegal to the Gambia, among others, were known for trading in their villages and in the capital cities, as described by anthropologist Giselle Simard.[17] They were fundamental players in the internal trade of the continent. The same entrepreneurial spirit could be seen in the mining regions of Bahia, Minas Gerais, and Mato Grosso. They worked as traders, especially in the coastal cities. In the case of Salvador, they worked as traders, vendors, weavers and spinners, shoemakers and prostitutes, and in more rural areas they worked in agriculture and livestock farming. They were fundamental in the food supply system for much of the population in colonial and imperial Brazil.

Moreover, contrary to common belief—which was that they lived in extreme poverty after their release—, many built up inheritances, accumulated savings, bought houses, furniture, animals, slaves, fine clothing and jewellery. Lots of jewellery. They were walking window displays. And as they were keen to say, it was all down to "their work and effort" and "their industry and hard work." While these women lived at a time and in a place where their position was ambiguous and uncertain, and where the distinction between being free or being a slave had become nebulous or simply ignored, this kind of jewellery made it possible to interpret the social status of nearly anyone.

Such social mobility was also born of maintaining stable relationships with White people; like the mestiza Rita Sebola who was the companion of a rich Portuguese man, Inocêncio Sebola, and whose luxurious life was described by her contemporary Anna Ribeiro Góes Bittencourt in her memoires. It was her grandfather Pedro Ribeiro who, in Salvador, had seen Rita off on the Bonfim pilgrimage: "accompanied by three groups of servants, each consisting of ten women." The first group were White and had been hired; the second group consisted of mixed-race women, and the third group were Black Ewes. Rita was dressed "with a magnificence that was had never been seen even by the princesses who went later to Bahia: a dress of the highest quality silk embroidered with gold and pearls, elaborately embroidered shoes and richly decorated head-wear."

Public ceremonies, particularly masses and religious festivals, were unique opportunities to flaunt the position that each person had acquired in society. And there were few who wasted them. A caution issued by the parish priest of St Peter's—a branch of the Barroquinha church, dated 6 December 1865, warned against the "luxury of wonder," in addition to money spent on orchestras, decorations, fireworks, laden tables and liqueurs. Pierre Verger describes that, as the procession left, the creole women carried the boat of Our Lady up to the altar. They were "classy, polished Black women full of airs and graces. Their luxurious clothes were breath-taking [...] and they sported white satin sashes, embroidered with gold."[18]

The Angolan and Congolese, Nago-Yoruba and Afro-Brazilian women came together in processions of the churches of Nosso Senhor Bom Jesus da Paciência; São Pedro; Nossa Senhora do Boqueirão; Nossa Senhora do Rosário in Pelourinho; Nosso Senhor das Necessidades e da Redenção; Nossa Senhora da Boa Morte; and in the chapel of Nossa Senhora da Barroquinha. They worshipped Yansan-an at the feast of St. Barbara, and Yemoja at the feast of Our Lady of the Immaculate Conception—as Verger describes.[19] On such occasions, dressed in their most eye-catching costumes—coral necklaces with gold ornaments

18. VERGER, Pierre. *Notícias da Bahia—1850*. Salvador: Corrupio, 1981.

19. Ibid.

20. Ibid.

21. MATTOSO, Kátia M. de Queirós. Op. cit.

and thick gold chains around their necks, bracelets and bangles covering their forearms to their elbows, circular fringed skirts, finely embroidered shirts—, they stood out around the temples, as noted in 1859 by the German traveller and physician Robert Christian Avé-Lallemant. On the day of the Ascension of the Lord, the sisters of the Sodalitium wore gold embroidered red silk sashes across their shoulders. The colour was in honour of the pain of the Passion of Christ.

On the day of the Lord of the Cross, "the creole women go out to the street wearing their outfits for 'going to see God' [...], sporting shawls, silken tunics, velvet slippers with gold sequins, an incredible profusion of jewellery on their ears, necks, wrists and forearms. Old Black women, who, in day-to-day life may have seemed impoverished, badly dressed, and begging, would appear on such days wearing an incredible amount of gold. No other Brazilian state has ever seen greater private wealth held in gold by the common people, other than perhaps Minas Gerais," as described by Pierre Verger.[20]

Florinda must have taken part in many of the above. And the wealth of these Black women persisted, because in 1965, when they wrote *Mariquinha dente de ouro, a mulata que vestia roupas de linho bordadas de barafunda* [Mariquinha gold tooth, the mulatta who wore embroidered linen], about the preparations for the Feast of our Lady of Good Death, in Cachoeira, the authors refer to the expensive shawls, earrings, necklaces, solid gold bracelets for which the "ebony queens" were known.

Apart from liturgical celebrations, religious feasts were much more an expression of the people than one of the Church. They were community, rather than church led. In the city, the population was divided according to colour, wealth and prestige, and into religious fellowships. In the early 19th century, Salvador was home to a hundred of them. According to Mattoso, there were more than thirty that consisted of people of colour. And, as Verger pointed out, these were then further divided into different ethnic groups like those of the Ewe—the fellowship of our Lord the Redeemer—and those of the Angolans—the Brotherhood of the Rosary.

Both women and men could become involved with the different fellowships. In them, according to Mattoso, mixed-race and Black people felt equal to the White people: they were able to build and decorate their own churches, have their own chaplains, lavish burials and proud parades with a grandeur in the processions that punctuated the life of the city.[21] In the oratories, they dressed their icons—known as "Santos de vulto" in the richest of garb: the baby Jesus was given golden slippers; on the cross, the Saviour was adorned with gold thread; St Benedict carried a shiny silver or gold crozier; St Elesbaan and St Iphigenia wore golden raiment; and the characters around the manger held branches with small flowers encrusted with glittering precious stones.

Several regions in colonial Brazil that were starting to see economic improvement introduced offers for spaces for social mobility to freed slaves and their descendants. And, in reading their inventories and wills, their accumulated wealth in the form of jewellery and gold was evidence of their change in status. These kinds of treasures often appear in the inventories of freed and emancipated Black women, and they were coveted not only for their decorative appeal but also for being an investment that could be pawned to use on a rainy day and retrieved at a later date. Looking towards the future, these kinds of possessions could have been left to family members, relatives; or they could have been donations to the brotherhoods, which as they became less popular, had begun to give way to the *terreiros*.

Indeed, in this society, where Whites constituted less than 24% of the population, and where the priests had once lived in unofficial relationships and had had children, such things were now Romanised. In other words, they had to moralise, live in celibacy, and combat the prevailing popular religion and syncretism. What was the consequence? That the faithful relaxed. Particularly the mixed-race Brazilians and Afro-Brazilians who had found candomblé. In an unpublished work, Antonio Risério demonstrated that some of the *terreiros* were founded by Black *sinhás* who dominated small business, or who rented slaves out to work in a variety of jobs, charging for their services. "These were women who monopolised the stalls, the sales, the trays," says Risério. "And, as their wealth increased, they invested in property and land to rent."[22] Some of these women are behind the creation of important candomblé *terreiros* in the city. This is case for the *ialorixás* Marcelina Obatossi and Yá Nasso, both priestesses of the Casa Branca do Engenho Velho, which is active to this day.

Jewellery in the form of propitiatory amulets was also worn to find love, as Charles Expilly—the French merchant and owner of a match factory, romantically described in the book *Mulheres e costumes do Brasil* [Brazilian Women and Customs] in which a slave named Manuela fell in love with the foreigner Fruchot. To charm him, she wore *figa* amulets and saints' medals on her necklace, and waited for her beloved. When she saw him, "she pointed her *figas* and polished carnelians towards the ground [...]. According to her superstitious beliefs, this would allow the girl to set up an empathic current that would bring him closer to her." Did it work? Yes, he bought her freedom. "She makes him happy. He did well," concludes Expilly.

Tales aside, as Sheila de Castro Faria rightly says, there have been numerous studies on how slaves achieved their emancipation,

22. RISÉRIO, Antonio. *As sinhás pretas da Bahia: suas escravas, suas joias.* Op. cit.

23. RISÉRIO, Antonio. *As sinhás pretas da Bahia: suas escravas, suas joias.* Op. cit.

24. CALMON, Pedro. *Espírito da sociedade colonial.* Rio de Janeiro: Companhia Editora Nacional, 1935.

25. MATTOSO, Kátia M. de Queirós. Op. cit.

26. Ibid.

but not as many on the lives of slaves such as Florinda Anna do Nascimento after gaining their freedom. Over the period between 1819 and 1860, when she was born, the price of slave labour continued to rise. And then it fell. According to Kátia de Queirós Mattoso, the price of an adult slave woman fell to 75% of the price for male slaves.[23] After all, it was they who were the skilled artisans. This explains the large number of freed women and children. By this time, servants rather than slaves were preferred for domestic service, particularly in the homes of senior officials, liberal professionals and priests. Those who remained as domestic slaves were elderly women, kept at home through pity or habit, as found in the memoires of Pedro Calmon.[24] Mattoso believes that the prestige formerly associated with slave ownership had vanished, and not having slaves began to be seen as a positive quality.[25]

Some historians continue to insist on the idea that all Afro-Brazilians were cast into poverty and precarious living conditions. However, new analysis has revealed that from the 18th century on, couples earned and saved for themselves, with the aim of achieving social mobility. As historian Kátia Mattoso has shown, in 19th century Bahia, with a letter of emancipation, Afro-Brazilians were fully capable of joining a range of social groups.[26] And this came about through their individual talents and abilities to make their fortunes by accumulating, among other things, gold and jewellery. Florinda, better known as Dona Fulô, was right to treasure hers. Her masters had become impoverished as the mills no longer moved and slavery was dying out. Despite the group's earlier social standing and political clout, notable Bahians such as João Maurício Wanderley, the baron of Cotegipe, and José Maria "Juca" da Silva Paranhos, the Viscount of Rio Branco, died in poverty. Their fortunes ended up well below those of the traders, industrialists and liberal professionals. Fashion businesses were financial and commercial ventures. But Florinda had gold!

By the end of the century, the region had completely changed. Lethargy took hold of the great cities, Salvador among them. However, as Kátia Queirós Mattoso rightly says, there the poor were fortunate—"not because they had enough in their pockets to buy extras—most of them didn't even have enough to pay for the basics; but because they were rich in the knowledge that they had the security of long-standing social relations, coming from the slave system and preserved by a society caught in its own traps." Prudent, conservative, or perhaps both, Florinda chose to invest in jewellery. And this decision has bequeathed us a true treasure: an open window onto Bahia in the 19th century and onto the lives of the Black *sinhás* who took control of their own lives, earnings, and fortunes.

capítulo 5

BELEZA NEGRA: UMA HISTÓRIA MINHA QUE CONTÉM MUITAS OUTRAS

Giovana Xavier

> *Sinto-me sempre escrevendo de mim, mas esse mim contém muitos outros, então escrevo desse coletivo sobre e para essa coletivização.*
>
> Maria Beatriz Nascimento

A longa estrada da beleza negra, no Brasil e no mundo, é pavimentada por trajetórias de transformação, empenho, amor-próprio e conquistas pessoais, como no caso exemplar e luminoso de Florinda Anna do Nascimento. Conhecida como Dona Fulô, a empresária sagrou-se, na Bahia de fins do Oitocentos a meados do século XX, como ilustre representante de uma das mais sólidas e belas tradições femininas africanas: a de empreender vidas e fortunas por meio da criatividade, do talento e do tino para o comércio. Tendo Dona Fulô amealhado sólido patrimônio, é importante titulá-la como uma intelectual negra que, "com indústria e trabalho", empreendeu um novo território existencial para mulheres negras, ensinando-nos, através de sua própria biografia, preciosas lições de autocuidado, educação financeira, seguridade social, planejamento de vida.

Seu sólido pecúlio — fulgurante em colares, brincos, pulseiras, pingentes, braceletes e demais indumentárias — inspira a abertura de novos parágrafos da história do Brasil. Parágrafos estes escritos com o compromisso de chamar atenção para o brilho e para a visão contidos nas ideias de mulheres negras como nosso grande patrimônio — por ser ainda "descoberto", exposto e saudado, até porque, se ele sempre esteve presente na vida real, ainda se mantém distante dos livros didáticos e virtualmente escondido nos mais conservadores manuais de história.

Mas o fato é que a beleza negra tem uma história. E teorizar essa história é minha missão. Ensinada na cultura acadêmica a tratar a ciência como "neutra", "fria", "rígida", tomo nova rota. Concebo a produção científica como trabalho espiritual de construir pontes que permitam ao público ver, sentir, ouvir pessoas que, em diferentes tempos e espaços, escrevem, com corpo, mente e coração, a história da beleza negra. Dentre tais pessoas, destacam-se mulheres negras que, com ousadia e criatividade, relacionam o belo ao "direito universal da humanidade à vida, à liberdade e à busca da felicidade", como registrou a filósofa afro-americana Ana Julia Cooper.[1]

No que se pode chamar de Atlântico Feminino Negro, essa tradição é assumida, no Brasil, não apenas por mulheres como Dona Fulô, mas também por outras como Carolina Maria de Jesus (1914-1977), que, ao seu modo, também se dedicou à missão de teorizar o belo. Embora a maioria dos holofotes se concentre em sua obra *Quarto de despejo: diário de uma favelada*, é no *Diário de Bitita* que a autora *best-seller*, senhora e biógrafa de si mesma, registra com profunda sensibilidade suas percepções sobre o belo. Um belo que abarcava ser tratada como gente, contemplar o "brilho das estrelas" e cultivar o espírito criativo para, através da palavra, lutar pela igualdade de gêneros, pelo ato de amar e ser amada e, especialmente, pelo direito à escrita da própria história.

E o melhor, e o mais relevante, é saber que Carolina Maria de Jesus e Florinda Anna do Nascimento nunca estiveram sós.

No Brasil imperial, percebemos seus pensamentos em linha de continuidade histórica com o da professora maranhense Maria Firmina dos Reis (1822-1917), primeira romancista brasileira, que, generosamente, partilhou impressões sobre o belo associadas ao "raiar da liberdade", capaz de quebrar a "nefanda cadeia da escravidão". A beleza das ideias de Firmina, expressas em seu romance *Úrsula*, publicado em 1859, foi forte o suficiente para alcançar e inspirar novas gerações. Como mostra a própria história do *Progresso*, periódico paulista afro-brasileiro que, em 1929, abriu certame para escolha da "moça preta mais bonita de São Paulo".

Mas além de pontos de vista eternizados na folha escrita, há ainda muito o que se revelar sobre versões de beleza negra esculpidas por mulheres pretas anônimas no cotidiano de cozinhas, quintais, salões, igrejas, terreiros, favelas, quilombos. Espaços do "viver a vida" das classes trabalhadoras, onde essas sujeitas de si mesmas seguem empreendendo conexões de ativismo, trabalho, educação e lazer das quais emergem diversos sentidos de belo. Sentidos estes relacionados a projetos de vida que almejam o direito de "ser amada, respeitada e admirada", como bem frisado em uma propaganda de cosmética negra publicada em 1917 no jornal *New York Amsterdam News*. Amor, respeito e admiração — menos para exibir ao outro esses atributos pessoais e mais para criar novos territórios existenciais para mulheres negras.

1. COOPER, Anna Julia. "Women's Cause Is One and Universal". *World's Congress of Representative Women*, Chicago, 1893.

2. XAVIER, Giovana. *História social da beleza negra.* Rio de Janeiro: Rosa dos Tempos, 2021.

Em um mundo estruturado pela escravidão africana e, mais tarde, por um pós-abolição alicerçado em políticas de desintegração da comunidade negra, "ser amada, respeitada e admirada" revelou-se, desde sempre, uma jornada desafiadora. Diante de um contexto desumanizador, emanar amor, respeito e admiração era sustentar um projeto de existência radical — uma radicalidade que envolvia, ao final de um dia de trabalho exaustivo em *plantations* de cana-de açúcar, algodão e/ou na lida do trabalho doméstico, forjar tempo para si própria. Seja no soltar as tranças, no hidratar a pele com óleo de coco e manteiga de karitê ou no tempo dedicado às rezas de orikis e à contação de histórias. Atos e gestos que se referem ao autocuidado como prática política por meio da qual aprendemos que, para existir, precisamos olhar para dentro, de modo a conhecer o poder de nossas histórias.

Apesar da tamanha desumanização que legislava seus corpos, muitas mulheres negras mantiveram-se senhoras de si, preservando a alma livre e o espírito criativo. Há um senso comum que restringe a ideia de beleza a um dom natural, como um atributo divino. Mas a publicidade da cosmética negra mostra, em especial nos Estados Unidos, alternativas a essa visão. Sua infinidade de profissionais, anúncios, artigos de toalete evidencia que mulheres negras foram pioneiras em expandir percepções do belo levando em conta suas experiências cotidianas.

Através de um complexo mercado, elas criaram definições que conectavam cuidado com o visual a melhores oportunidades de vida para si e suas comunidades. Nos termos propostos por Madam C. J. Walker, era uma beleza negra que representava a "chave para o sucesso", o qual se relacionava às lutas por amor, respeito, admiração, mas também à família, à educação, à casa própria, ao ir e vir e demais direitos humanos que mulheres negras sempre entenderam como prioridades individuais e coletivas e que tantas vezes lhes foram negados.

Nos últimos tempos, com a recepção amorosa do público ao meu livro *História social da beleza negra*,[2] tenho sido tomada por uma avalanche de histórias, contadas e registradas em *e-mails*, *directs*, áudios. Histórias de mães, filhas e netas que ergueram projetos familiares centrados nas relações entre autocuidado, educação e ascensão de classe. É, por exemplo, o trajeto de d. Conceição Santos, que em Itapecirica da Serra (SP) elegeu o sábado, tempo de descanso da extenuante jornada de trabalho semanal, como o "dia da beleza" em seu lar. A ocasião, narrada por sua filha, a historiadora Nayara Cristina dos Santos, envolvia dar aquele trato no cabelo, nas unhas e na pele de seus amados filhos. Tudo isso em paralelo ao minucioso acompanhamento que d. Conceição fazia do desempenho de sua prole nas lições de casa e na caligrafia.

Eu mesma, como praticante da "escrita de mim",[3] revivo os memoráveis passeios de sábado com minha mãe, d. Sonia Regina Xavier da Conceição. Uma genial professora da educação básica que, após a semana integralmente dedicada às crianças da Escola Municipal Senador Câmara, em Realengo, zona oeste do Rio de Janeiro, forjava tempo para dar atenção a mim, sua filha. Desde sempre muito vaidosa, Sonia colocava o relógio para despertar às seis da matina, tomava banho e "empurrava um gole de café". Era o tempo necessário para que eu me "emperequetasse" com a "roupa de sair", escolhida na véspera por minha avó, a costureira d. Leonor Xavier da Conceição.

Prontas, caminhávamos até a estação do Méier para, de trem, desembarcar em Marechal Hermes, reduto suburbano onde havia uma famosa e disputada cabeleireira, a lendária senhora negra setentona que "passava o pente quente sem queimar o couro cabeludo", ocasionando filas quilométricas no pequenino portão de sua morada. O que eu mais gostava na odisseia que era transformar cachos espiralados em linhas retas e quebradiças eram as cenas do próximo capítulo, compostas por pastel, caldo de cana e retorno de ônibus para casa. Mãe e filha, sentadas juntinhas, contando piadas, histórias e vendo as pessoas, pelo vidro, a se mover nas ruas.

Construído por mulheres negras — a "força motriz da raça", termo de Josephine Yates cunhado em 1904, na revista *The Voice of the Negro* —, o conceito de beleza negra vive várias transformações ao longo do tempo. Se nesse período investiam-se severos esforços na construção de um feminino negro comprometido com a "elevação do padrão moral da comunidade", com o passar do tempo as "lutas espirituais pela vida" foram se transformando e gerando novos sentidos de beleza negra — que inspiraram, nos anos 1960, o Black Power, movimento de luta pelos direitos civis para afro-americanos ancorado no fomento à consciência política centrada na autonomia, no orgulho e na autoestima da comunidade negra. Representado por símbolos como cabelo natural e punhos cerrados, tal movimento inspirou afro-brasileiros que, em plena ditadura militar, ousaram propagar sentidos afirmativos de beleza: "negro é amor, negro é amigo, negro é lindo", cantados em 1971 por Jorge Benjor.

Escrever a história da beleza negra é caminhar em espirais que conectam mulheres negras de ontem e de hoje e que nos agraciaram com preciosos legados de criatividade, esperança e liberdade, presentes nas histórias da "patrícia de cor" Maria de Lourdes Vale Nascimento,[4] das *misses* Vera Lúcia Couto (1964), Deise Nunes (1986),

3. NASCIMENTO, Maria Beatriz. "Por um Território (Novo) existencial e físico". In: *Beatriz Nascimento: quilombola e intelectual. Diáspora Africana: Filhos da África*. São Paulo: União dos Coletivos Pan-Africanistas, 2018, pp. 413-32.

4. XAVIER, Giovana. *Maria de Lourdes Vale do Nascimento: uma intelectual negra do pós-abolição*. Niterói: Eduff, 2020.

Raissa Santana (2016), das funkeiras MC Carol e Tati Quebra Barraco, passando pelas letras de Linn da Quebrada e pelas lições de amor das Guerreiras de Bangu e de Mirtes Renata Santana de Souza. Histórias que atravessam o tempo e que olhadas em conjunto evidenciam que Florinda Anna do Nascimento jamais marchou sozinha — nem antes, nem durante, nem depois de seus mais de cem anos de luminosa trajetória. Trajetória que este livro trata de saudar em prosa, verso, fotos, imagens. E em tão íntimas lembranças como essas que ela me evoca, sentada em seu trono, como uma efetiva rainha da Beleza Negra.

DAVID SÁ. *MARIA BEATRIZ NASCIMENTO*.
FOTOGRAFIA. ACERVO DO FOTÓGRAFO.
DAVID SÁ. *MARIA BEATRIZ NASCIMENTO*.
PHOTOGRAPHY. PHOTOGRAPHER'S COLLECTION.

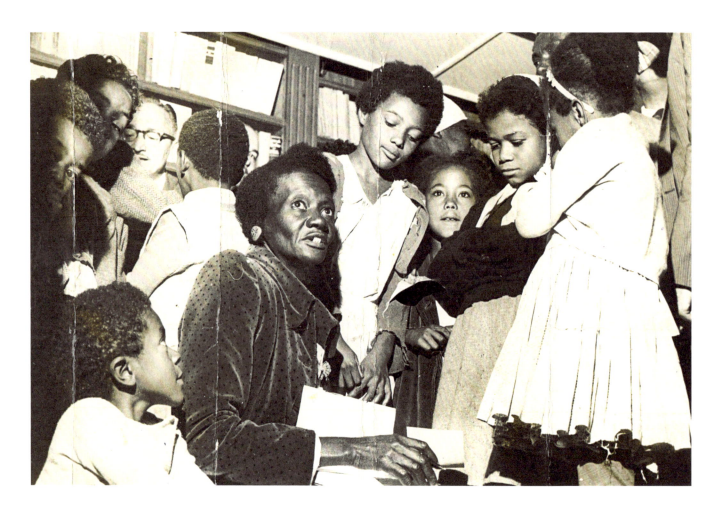

FOTÓGRAFO ANÔNIMO. *CAROLINA MARIA DE JESUS*.
COLEÇÃO "ÚLTIMA HORA", ARQUIVO PÚBLICO
DO ESTADO DE SÃO PAULO, SÃO PAULO, SP.

ANONYMOUS PHOTOGRAPHER. *CAROLINA MARIA DE JESUS*.
"ÚLTIMA HORA" COLLECTION, PUBLIC ARCHIVE
OF THE STATE OF SÃO PAULO, SÃO PAULO, SP, BRAZIL.

PÁGINA AO LADO/RIGHT:

C. M. BELLS. *EDUCATOR AND CIVIL RIGHTS ACTIVIST
ANNA JULIA COOPER, SEATED, WITH BOOK ON HER LAP*
[A EDUCADORA E ATIVISTA DOS DIREITOS CIVIS
ANNA JULIA COOPER, SENTADA, COM LIVRO NO COLO].
LIBRARY OF CONGRESS, WASHINGTON, D.C., EUA.

C. M. BELLS. *EDUCATOR AND CIVIL RIGHTS ACTIVIST
ANNA JULIA COOPER, SEATED, WITH BOOK ON HER LAP*.
LIBRARY OF CONGRESS, WASHINGTON, D.C., USA.

PÁGINAS SEGUINTES/NEXT SPREAD:

*MARIA DE LOURDES NASCIMENTO PARTICIPA DO
LANÇAMENTO DO CONSELHO NACIONAL DAS MULHERES
NEGRAS*. JORNAL QUILOMBO, TEATRO EXPERIMENTAL
DO NEGRO, RIO DE JANEIRO, ANO II, N.9, P.4, MAIO
1950. ACERVO IPEAFRO.

*MARIA DE LOURDES NASCIMENTO PARTICIPATES
IN THE LAUNCH OF THE NATIONAL COUNCIL OF BLACK
WOMEN*. JORNAL QUILOMBO, TEATRO EXPERIMENTAL
DO NEGRO, RIO DE JANEIRO, YEAR II, NO.9, P.4, MAY 1950.
COLLECTION IPEAFRO.

*CARTAZ PROMOVENDO MODAS E PENTEADOS
PARA MULHERES AFRO-AMERICANAS, CRIADO PARA
A GRANDE ABERTURA DA NEGRO INDUSTRIAL FAIR
NA SEDE DO COMITÊ COORDENADO PARA O EMPREGO
DA GRANDE NOVA YORK*. ACERVO BEINECKE RARE
BOOK & MANUSCRIPT LIBRARY, UNIVERSIDADE DE YALE,
NEW HAVEN, EUA.

*PLACARD PROMOTING FASHIONS AND HAIRSTYLES
FOR AFRICAN AMERICAN WOMEN CREATED FOR
THE GRAND OPENING OF THE NEGRO INDUSTRIAL FAIR
AT THE HEADQUARTERS OF THE GREATER NEW YORK
COORDINATING COMMITTEE FOR EMPLOYMENT*.
BEINECKE RARE BOOK & MANUSCRIPT LIBRARY, YALE
UNIVERSITY, NEW HAVEN, USA.

Página 4 — QUILOMBO

Instalado o "Conselho Nacional das Mulheres Negras"

CRIAÇÃO DE UMA ASSOCIAÇÃO PROFISSIONAL DAS EMPREGADAS DOMÉSTICAS, de uma academia de artes domésticas, de teatro e ballet infantis — Objetivos do departamento feminino do TEN na palavra de sua diretora Da. Maria Nascimento

Em cima quando falava Da. Maria Nascimento e os demais componentes da mesa: Dra. Guiomar Teixeira de Matos, Prof. Guerreiro Ramos, bailarina Mercedes Batista e Srta. Milka Cruz — Em baixo, parte da assistência e quando falava o Snr. Albertino Cordovil, secretário da escola de samba Azul e Branco

Maria José, a primeira e graciosa menina inscrita no "Ballet Infantil"

Da. Maria Nascimento lendo para Jorge Ferreira e Marta José a peça infantil "Pinochio" de Ody Fraga

Um grande público acorreu à rua São José, 110 — 1º andar, na noite do dia 18 deste, afim de assistir ao ato de instalação do departamento feminino do Teatro Experimental do Negro, denominado "Conselho Nacional das Mulheres Negras".

Aberta a solenidade pelo sociólogo prof. Guerreiro Ramos, foi por este eminente cientista patrício exposta em traços rápidos a verdadeira situação da gente de côr na sociedade brasileira, acentuando o ilustre orador que no Brasil não enfrentamos uma linha racial conforme acontece nos Estados Unidos. O problema racial aqui é secundário, sendo urgente uma ação educativa e de preparação profissional da gente de côr afim de que ela esteja em condições de acompanhar os estilos de comportamento social das classes superiores.

Além do prof. Guerreiro Ramos, sentaram-se à Mesa as Dra. Guiomar Ferreira de Matos e bailarina Mercedes Batista, a primeira tendo usado da palavra afim de reafirmar seus propósitos de colaborar eficientemente na grande campanha encetada pelo Teatro Experimental do Negro e em particular pelo Conselho das Mulheres Negras que ora se instalava. Franqueada a palavra ao público, falaram os snrs. Ismard Tomás de Aquino, Alberto Cordovil da Silva, secretário da Escola de Samba Azul e Branco, do Salgueiro, Wilson da Silva Gomes, Joviano Severino de Melo, todos aplaudindo o novo organismo do T.E.N. e apresentando sugestões uteis aos objetivos visados pelo Conselho.

Finalmente foi dada a palavra à Sra. Dª Maria Nascimento, idealizadora do Conselho, a qual, aclamada presidente do mesmo, pronunciou as seguintes palavras:

INTEGRAÇÃO DA MULHER DE CÔR NA VIDA SOCIAL

A mulher negra sofre várias desvantagens sociais. Por causa do seu despreparo cultural, por causa da pobreza da nossa gente de côr, pela ausência de adequada educação profissional. Não vamos desconsiderar ainda como fator da inferioridade social desfrutada pela mulher negra, o preconceito de côr existente entre nós e cuja análise não interessa diretamente a estas palavras que estou dirigindo a todas vocês que aqui acorreram para o ato de instalação do departamento feminino do Teatro Experimental do Negro.

Este movimento de elevação cultural e econômica do povo de côr, que por tática do seu fundador se denominou Teatro Experimental do Negro, terá doravante no Conselho Nacional das Mulheres Negras o seu setor especializado em assuntos relativos à mulher e à infância.

Este departamento feminino tem por objetivo lutar pela integração da mulher negra na vida social, pelo seu alevantamento educacional, cultural e econômico.

O Conselho está sendo organizado. Portanto, qualquer pessoa que se interessar pelos seus objetivos, poderá apresentar sugestões. Contanto que sejam sugestões de caráter prático para não cairmos no terreno da demagogia. Desejamos fazer funcionar imediatamente um curso de arte culinária, de corte e costura, de alfabetização. Quanto aos demais cursos que pretendemos instalar, como — datilografia, admissão, ginásio, e outros mais, entrarão em funcionamento de acôrdo com o número de professores voluntários. Quero deixar bem claro não se tratar de uma escola do govêrno ou autarquia, que tem meios para custear os professores. Será, pois, uma campanha voluntária para a elevação do nível educacional da mulher negra. Esperamos que no futuro possam surgir pessoas capazes de compreender o nosso esfôrço e que cooperem financeiramente para o custeamento dos professores e alunos.

Outro objetivo do Conselho é a educação da infância, e para atingir esse objetivo pretendemos manter curso de canto, música, teatro infantil, teatro de bonecos, e balé.

O Conselho não tratará apenas de cursos educacionais. Pretendemos também formar uma associação, uma espécie de club, em que teremos a nossa parte recreativa — por exemplo, entre as associadas haverá uma pianista, uma cantora, uma poetisa, que se apresentará em recitais.

Outras que gostarem de discursos terão a sua discoteca. E assim outros tipos de atividades serão lançadas de acôrdo com o interêsse dos próprios associados.

Será um movimento de grande envergadura, e teremos oportunidade de preparar, descobrir e divulgar elementos de valor.

Muitas pessoas aqui, creio, estão preocupadas em como e onde funcionar tudo isto. Explicarei em poucas palavras.

Nós, os diretores do T.E.N. falando com um grande industrial sôbre os nossos planos, desse desejo imenso de fazer alguma coisa pela nossa gente, imediatamente encontramos o eco e boa vontade de sua parte que forneceu uma sede à rua Mayrink Veiga, 13 — 2º andar, exclusivamente para funcionar todos os departamentos criados pelo T.E.N. Esta grande figura, símbolo da bondade e compreensão, é o Sr. Jael de Oliveira Lima. Ele tem dado inúmeras provas de sua lealdade à causa do negro."

COLABORADORES

Irão funcionar imediatamente os seguintes setores do Conselho Nacional das Mulheres Negras:

Ballet Infantil — de preferência formado de crianças dos morros cariocas, já havendo inscritas várias meninas e meninos do Morro do Salgueiro.

Educação e instrução — vários cursos, desde a alfabetização até ginásio, sob a orientação pedagógica da Dra. Guiomar Ferreira de Matos coadjuvada pelas snrs. Iran dos Rodrigues, Wilson Silva e Milka Cruz.

Curso de Orientação de Mães — em colaboração com o "Centro de Orientação e Reeducação", dirigido pelas Dras. Nely Goethschel, Virginia Pahim e Maria Minhata;

Teatro Infantil — com a colaboração do autor, intérprete e diretor teatral Ody Fraga;

Assistência jurídica — criminalista Dr. Cilso Nascimento

Orientação sociológica — Prof. Guerreiro Ramos

Corte e Costura — Nina de Barros.

Tricot — Sra Natalina Santos Corrêa

Bordados — Catty Silva

Natação — Caramurú de Amaral

Educação Física — Alberto Cordovil

Datilografia — Milka Cruz

Beauty and Success!
Both May be Yours ~ So Easily
There's No Excuse for Not Having Them

Mme. C. J. Walker

A'Lelia Walker

America should be proud of the achievements of her colored citizens. In the short span of sixty years we have accomplished more than any race beginning with similar handicaps. "Freed" in 1866, we were still enslaved by poverty and illiteracy. Now, everywhere are to be seen negro businesses, skilled negro workmen, professional men and women in ever-growing numbers. During the past sixty years the following stupendous changes have taken place:

... from only a few negroes who could read and write, the thirst for education now enables nine-tenths of us to do so.
... from 700 backwoods huts 47,000 churches have arisen, valued at ninety-eight million dollars;
... 600 colored teachers have increased to 48,000 in five hundred colleges, normal and public schools;
... 12,000 negroes who owned their own homes have increased to 700,000;
... the gross wealth of negroes has increased from twenty million dollars to two billion dollars;
... from menial labor we have evolved into the arts, sciences, literature, education, and other phases of American civilization in no small way;
... 70,000 of us conduct our own business, while many other thousands are working into the weave and web of American commerce.
... we have our Tanner, Dunbar, Roland Hayes, Ernest Just, Booker Washington, and many others.

From Cabin to Mansion
~ from Slave to Society Leader
~ from Poverty to "The Greatest Benefactress of Her Race"

Cabin Where Madam Walker Was Born

Born of slave parents in the little cabin shown at left (Delta, Louisiana), Madam C. J. Walker forged ahead to success and influence.

At the age of seven years she was left an orphan by the death of her parents; at fourteen, alone and hopeless, she married in order that she might have a home.

When she was twenty years of age and had one child, a little girl, her husband died and left her on her own resources. She reared and educated her daughter and developed the line of Walker Hair and Toilet Preparations now so famous all over the world.

Improve Your Position!
Consider this woman who started with absolutely nothing and left a great factory and thriving business in all parts of the world, a beautiful home in Indianapolis, a mansion on 136th Street in New York City and a residence fit for a king at Irvington-on-the-Hudson.

Surely this is a fine example of the latent ability to be found in the colored race. Madam Walker applied herself to the tasks in hand, persevered in the face of obstacles and reached enviable achievements.

Let her life be an inspiring lesson, a beacon light to point the way to bigger and better things for you. For that, after all, was Madam Walker's main desire—to see her own race prosper and succeed as never before.

Make More Money!
Having for her motto, "The Improvement of the Outward Appearance of Her Race," Madam Walker proved herself its greatest benefactress by developing eighteen preparations that have helped in the remarkable progress of negroes everywhere.

Furthermore, she arranged her estate so that it would be wisely administered, and two-thirds of the profits should always go towards helping colored education, religion and charity.

You Too Can Enjoy a Lovely Complection

Mme. C. J. Walker's Hair Preparations

Such charms as a clear, lovely complexion and a velvety skin are now within the reach of every one. All women crave beauty as the flowers seek the sunlight. There is no need for ugly, pimply skins or short harsh hair when Madam Walker's preparations are so easy to use and so reasonable in price.

It is often said that "a woman's appearance is an index to her character." Don't let it be said of you that your appearance indicates carelessness, uncleanliness, or ignorance.

Beautiful Hair ~ a Woman's Crowning Glory

Money could not buy the luxurious heads of hair possessed by most women who stand out as leaders in their respective communities, or who wield the most influence, get the best positions, travel widely, etc.

These women properly value and appreciate the tremendous advantage given to any member of the colored race by a beautiful crown of hair. If you have this advantage naturally, then by all means cultivate and keep it.

If your hair is not naturally pleasing, then profit by Madam C. J. Walker's assistance and let her world-renowned hair preparations do for you what they have done for thousands of others.

Villa Le Waro, Irvington-on-the-Hudson
The half-million dollar palatial residence of America's foremost colored woman

ANA MARIA SENA. *A ESCRITORA E PROFESSORA MARIA FIRMINA DOS REIS*. ILUSTRAÇÃO. ACERVO AZMINA.

ANNA MARIA SENA. *A ESCRITORA E PROFESSORA MARIA FIRMINA DOS REIS* [THE WRITER AND TEACHER MARIA FIRMINA DOS REIS]. ILLUSTRATION. COLLECTION AZMINA.

PÁGINA AO LADO/RIGHT (TOP):

FOTÓGRAFO ANÔNIMO. *DEISE NUNES EM 1986, NA CIDADE DO PANAMÁ, PARA REPRESENTAR O BRASIL NO MISS UNIVERSO*. ACERVO FOLHAPRESS.

ANONYMOUS PHOTOGRAPHER. *DEISE NUNES EM 1986, NA CIDADE DO PANAMÁ, PARA REPRESENTAR O BRASIL NO MISS UNIVERSO* [DEISE NUNES IN 1986, IN PANAMA CITY, TO REPRESENT BRAZIL AT MISS UNIVERSE PAGEANT]. COLLECTION FOLHAPRESS.

PÁGINA AO LADO/RIGHT (BOTTOM):

PÉTALA LOPES. *A PROFESSORA E HISTORIADORA JANETE SANTOS RIBEIRO*. ACERVO DA FOTÓGRAFA.

PÉTALA LOPES. *A PROFESSORA E HISTORIADORA JANETE SANTOS RIBEIRO* [TEACHER AND HISTORIAN JANETE SANTOS RIBEIRO]. PHOTOGRAPHER'S COLLECTION.

A PROFESSORA E PSICÓLOGA JACQUELINE GOMES DE JESUS. ACERVO PESSOAL.

PROFESSOR AND PSYCHOLOGIST JACQUELINE GOMES DE JESUS. PERSONAL COLLECTION.

AMANDA NÉRI. *A CABELEIREIRA ELENIR XAVIER DAS DÔRES*. ACERVO DA AUTORA.

AMANDA NÉRI. *A CABELEIREIRA ELENIR XAVIER DAS DÔRES* [HAIRDRESSER ELENIR XAVIER DAS DÔRES]. AUTHOR'S COLLECTION.

RETRATO DE MARIA CONCEIÇÃO DA SILVA DOS SANTOS. ACERVO PESSOAL.

PORTRAIT OF MARIA CONCEIÇÃO DA SILVA DOS SANTOS. PERSONAL COLLECTION.

PAULO LOPES. *CANDIDATE OF PARANA, WINNER OF THE BEAUTY PAGEANT MISS BRASIL 2016* [CANDIDATA DO PARANÁ, VENCEDORA DO CONCURSO DE BELEZA MISS BRASIL 2016]. ACERVO ZUMA WIRE/ALAMY/FOTOARENA.

PAULO LOPES. *CANDIDATE OF PARANA, WINNER OF THE BEAUTY PAGEANT MISS BRASIL 2016.* COLLECTION ZUMA WIRE/ALAMY/FOTOARENA.

chapter 5

BLACK BEAUTY:
A STORY OF MYSELF
THAT HOLDS
COUNTLESS OTHERS

Giovana Xavier

I always feel like I am writing about myself, but this "self" contains countless others, so I am writing this anthology both about and for this collective.
Maria Beatriz Nascimento

Throughout Brazil and the world as a whole, the long road of Black beauty is paved with tales of transformation, commitment, self-esteem and personal conquests, as so beautifully exemplified by the figure of Florinda Anna do Nascimento. Known as Dona Fulô, between the end of the 19th century and early 20th century this businesswoman forged a distinguished reputation as a representative of one of the most coherent and beautiful African female traditions: supporting lives and fortunes through creativity, talent and commercial acuity. Dona Fulô had accumulated some considerable wealth, so it is important to label her as a Black intellectual who, "through industry and hard work," carved out a new existential territory for Black women, her story teaching us precious lessons of self-care, financial acuity, social stability, and life skills.

Her assets—consisting of dazzling necklaces, earrings, bracelets, pendants, bangles and other jewels—have inspired and opened new chapters over the history of Brazil. Chapters that were dedicated to drawing attention to the shimmer and shine of the ideas of Black women as our heritage—which is still yet to be "discovered," revealed and hailed, even though while it has always been present in real life, it has not yet reached the text books and more conservative annals of history.

But the fact is that Black beauty has a history. My mission is to shine light on this. Although I was taught to treat science as "neutral," "cold," and "rigid," I am going to take an alternative route. I think of scientific production as a spiritual task: building bridges that allow the public to see, feel, and hear people who through different times and spaces, have written the history of Black beauty with their bodies, minds and hearts. Of these, Black women stand out for their boldness and creativity, relating what is beautiful to the "right to life, liberty and the pursuit of happiness," as the African-American philosopher Ana Julia Cooper wrote.[1]

In what could be called the Black Female Atlantic, this tradition is supported in Brazil not only by women like Dona Fulô, but also by others such as Carolina Maria de Jesus(1914-1977), who, in her own way also dedicated himself to the mission of forming a theory about beauty. Although most of the spotlight is on her work *Beyond All Pity*,[2] it is in *Bitita's Diary*[3] that the best-selling author and autobiographer sensitively writes about her perception of beauty. This is a beauty that is all encompassing; that contemplates the "brightness of the stars," cultivates creativity in the struggle to achieve gender equality through words, embraces the act of loving and being loved, and demands the right to write one's own history.

What is most important, and most relevant, is knowing that Carolina Maria de Jesus and Florinda Anna do Nascimento were never alone.

In Imperial Brazil, we can see their thoughts historically in line with those of the teacher Maria Firmina dos Reis from the state of Maranhão (1822-1917), the first Brazilian novelist who openly shared her impressions of beauty associated with the "shining beam of freedom" that could shatter the "evil chains of slavery." The beauty of Firmina's ideas, expressed in her novel *Úrsula* published in 1859, was strong enough to touch and inspire new generations. The history of the São Paulo Afro-Brazilian journal *Progresso* shows that in 1929 it set up a beauty pageant for "the most beautiful Black girl in Sao Paulo."

However, in addition to the opinions expressed in the pages, there is still much to discover about versions of Black beauty carved out by anonymous Black women in kitchens, backyards, salons, churches, *terreiros*,[4] shantytowns and *quilombos*.[5] Such spaces for the working classes to "live their lives", where the subjects themselves find connections with activism, work, education and leisure, all lead to a range of understandings of beauty. Understandings such as those related to projects with the goal of "being loved, respected and admired," as stated in a cosmetics advertisement for Black people published in 1917 in the *New York Amsterdam News*. Love, respect, and admiration—less to show off personal attributes to others, and more to forge new existential territories for Black women.

In a world so structured by African slavery and later by a post-abolition based on policies for the disintegration of the Black

1. COOPER, Anna Julia. "Women's Cause Is One and Universal". *World's Congress of Representative Women*, Chicago, 1893.

2. MARIA DE JESUS, Carolina. *Beyond All Pity*. Transl. David St. Clair. London: Souvenir Press, 2005.

3 Id. *Bitita's Diary: The Autobiography of Carolina Maria de Jesus*. Transl. Robert M. Levine. London: Routledge, 1997.

4. The temples of candomblé religion. [TN]

5. A Brazilian hinterland settlement founded by people of African origin, normally escaped slaves. [TN]

6. XAVIER, Giovana. *História social da beleza negra*. Rio de Janeiro: Rosa dos Tempos, 2021.

community, "being loved, respected, and admired" has always proved to be a challenging path. In such an inhumane context, to project love, respect and admiration meant sustaining a radical project of existence—a radicalism that, at the end of an exhausting day of labour in the sugar and cotton plantations, or a day of doing chores in the big house, meant setting aside time for ourselves—letting our hair down, moisturising our skin with coconut oil and Shea butter, or spending time in prayer to the *orikis* and telling their stories. These are actions and gestures that denote self-care as a political practice through which we learn that, to exist, we need to look within in order to find the power of our stories.

Despite the dehumanisation legislated over their bodies, many Black women kept a strong sense of self, and managed to preserve their free souls and creative spirits. There is a generalised sense that constrains the idea of beauty to something natural—a divine attribute. But the cosmetics advertisement for Black people, particularly in the United States, shows there are alternatives to that view. There, the vast number of professionals, advertisements and toiletry products show that Black women were pioneers in extending perceptions of beauty while taking their daily experiences into account.

Through complex marketing, they created definitions that connected physical self-care to better life opportunities for themselves and their communities. Under the terms proposed by Madam C. J. Walker, it was a Black beauty that represented the "key to success," and was related not only to the struggle for love, respect, and admiration, but also to family, education, and the home, and it included the rights, and individual and collective priorities that Black women have so often been denied.

More recently, with the positive reception of the public to my book *História social da beleza negra* [The Social History of Black Beauty],[6] I have been overwhelmed by the flood of stories in emails, direct messages, and audio messages. Stories of mothers, daughters and granddaughters who have constructed family projects centred on the relationship between aspirational self-care, education and class. For example, this is the path that D. Conceição Santos took, when at home in Itapecirica da Serra (SP) she elected Saturdays as rest days and "beautification days" after the exhausting week's toil. As described by her daughter, the historian Nayara Cristina dos Santos, the day involved hair treatments and manicures and pedicures for her beloved children. This was in addition to Dona Conceição's rigorous overseeing of the children's homework and penmanship practice

I myself, as a practitioner of "writing about myself,"[7] still hold dear the memorable Saturday walks with my mother, Dona Sonia Regina Xavier da Conceição. She was a brilliant primary school teacher who, after dedicating a week to the children of the Escola Municipal Senador Câmara in Realengo, still managed to find time to pay attention to me, her daughter. Having always been proud of her looks, Sonia set her alarm for 6 a.m., took a bath and "gulped down some coffee." This left enough time for me to "get dressed up," in clothes picked out for me the evening before by my grandmother, the seamstress Dona Leonor Xavier da Conceição.

Once ready, we would walk to the Méier station to catch the train to Marechal Hermes, a suburban area where a renowned septuagenarian Black hairdresser lived, who used to "use a hair straightener without burning the scalp," and for whom you had to wait in a long line from the tiny gate of her home. What I liked most about this excursion that turned curly ringlets into brittle straight lines was what came next; fried savoury pasties, sugar-cane juice and the bus back home. Mother and daughter, sitting next to each other, telling jokes, stories and watching people through the window going about their daily business.

Built by Black women—the "driving force of the race", the term coined by Josephine Yates in 1904 in the magazine *The Voice of the Negro*, the concept of Black beauty has had numerous iterations over time. While over this period, considerable efforts were made to construct a Black femininity committed to "raising the moral standards of the community," with the passing of time, the "spiritual struggles for life" changed, and started to generate new visions of Black beauty—which inspired the Black Power movement in the 1960s, the civil rights movement for African-Americans aimed at raising political awareness and focused on independence, pride and self-esteem in the Black community. Represented by symbols such as natural hair and clenched fists, this movement inspired Afro-Brazilians who, in the midst of a military dictatorship, dared to disseminate such affirmative approaches to beauty: "negro é amor, negro é amigo, negro é lindo" ["Black is love, Black is friend, Black is beautiful"], sang Jorge Benjor in 1971.

To write the history of Black beauty is to walk through the interconnecting circles of Black women from the past and the present and who have left behind their precious legacies of creativity, hope and freedom. Legacies present in the stories of the "aristocrat of colour" Maria de Lourdes Vale Nascimento;[8] the *Miss Brazil* Vera

7. NASCIMENTO, Maria Beatriz. "Por um território (novo) existencial e físico". In: *Beatriz Nascimento: quilombola e intelectual. Diáspora Africana: Filhos da* África. São Paulo: União dos Coletivos Pan-Africanistas, 2018, pp. 413-32.

8. XAVIER, Giovana. *Maria de Lourdes Vale do Nascimento: uma intelectual negra do pós-abolição.* Niterói: Eduff, 2020.

Lucia Couto (1964), Deise Nunes (1986), and Raissa Santana (2016); the funk musicians MC Carol and Tati Quebra Barraco; the lyrics of Linn da Quebrada; and the lessons in love from the *Guerreiras de Bangu* and Mirtes Renata Santana de Souza. Stories that span time and together show that Florinda Anna do Nascimento never marched alone—either before, during, or after her illuminated lifetime that lasted over one hundred years. The lifetime that this book seeks to hail through prose, verse, photographs and images. And through such personal memories as those she evokes in me, sitting on her throne like a true queen of Black Beauty.

capítulo 6

NARRATIVAS DA APARÊNCIA: AS VESTES DE DONA FULÔ

Carol Barreto

Cresci na cidade de Santo Amaro da Purificação, no Recôncavo Baiano, estado da Bahia, Nordeste do Brasil, onde se encontra a maior concentração de pessoas negras do país. É uma terra na qual aprendi, na prática, a luta feminista e antirracista, desde a intelectualidade registrada nos livros até os modos de produção de conhecimento presentes nas rodas de samba, na capoeira, nos terreiros de candomblé, nas feiras livres, nos almoços de família, dentre outros tantos rituais sociais, muitos deles vivos desde a época da invasão colonial.

Venho aqui interpretar as vestes de Florinda Anna do Nascimento, a portentosa Dona Fulô, a partir do privilégio da minha vivência cotidiana, pois sou daquelas que, tanto no meu terreiro de candomblé como no calendário das festas tradicionais do Recôncavo Baiano, usa trajes e convive com mulheres cujas vestes ainda correspondem aos mesmos modelos registrados em fotografias clássicas, como aquela que eternizou Dona Fulô, em torno da qual se revolve e se resolve este livro.

O *asè* é feito de tradição, e por meio da prática cotidiana e da cultura oral criamos formas de reconstrução dos laços apagados pela violência da escravização. Portanto, a noção de tempo cronológico se confunde com a força de Tempo — orixá — e do tempo espiralado que conecta cotidianamente nosso entendimento sobre a indissociabilidade entre passado, presente e futuro.

Como mulher negra do Recôncavo, tenho materializado, por meio do meu trabalho artístico, os saberes/fazeres que essa terra me ensinou, expressando os modos revolucionários de (re)existência de uma ancestralidade preta que me mostrou, na prática, os parâmetros de resistência que hoje conceituo como "Modativismo" — costurando a relação entre moda e ativismo numa palavra só. Criei esse termo pela impossibilidade de dissociar, na minha trajetória, a criação em moda dos ativismos necessários à reivindicação de condições dignas de existência para mulheres negras, junto de outras pautas com as quais sempre estive envolvida.

Modativismo nasce a partir do reconhecimento e da problematização do meu lugar de existência como ponto de partida para a criação, e por meio da constatação de que para nós, mulheres negras, a moda é também um campo no qual se produzem e se mantêm as desigualdades, bem como uma esfera de materialização dos marcadores sociais das diferenças e das matrizes produtoras das desigualdades, posicionando-nos numa escala subalternizada entre as hierarquias raciais/sociais.

Desde os aspectos intangíveis à materialidade vestimentar, a moda é um dos elementos que compõem as narrativas da aparência, pois somam-se ao vestuário, ainda, a cosmética e os adornos, mas centralmente também as características da nossa corporalidade, do nosso gestual e do nosso comportamento, entre outros elementos etéreos que compõem a construção da imagem, como a nossa posicionalidade.

Quando falamos sobre imagem, não podemos nos ater apenas às especificidades do visual. Como um todo complexo, produzido pelo acionamento das percepções elaboradas por diversos sentidos, a construção da imagem advém de uma produção discursiva que é resultante das práticas sociais constituídas pela cultura. Desse modo, analisar as vestes de grandes mulheres, como Dona Fulô, apenas por meio de descrições "técnicas" da materialidade de seu vestuário é um caminho insuficiente para refletirmos sobre a potência da aparência e da moda como campo expressivo das relações de poder.

Por isso, reitero a importância da compreensão da moda como um plano de manifestação discursiva, pois ela materializa e dá visibilidade a elementos componentes da prática social. Segundo as proposições do linguista britânico Norman Fairclough sob a perspectiva da análise do discurso crítica, o discurso advém justamente da prática social.[1] Portanto, a moda, como um campo de expressão da nossa subjetividade, desenhada na nossa exterioridade, resulta das práticas sociais vigentes e delas se torna indissociável.

Como mulher negra e nordestina, sou alvo — vítima, mesmo — de muitos estereótipos que compõem as imagens de inferioridade e de funcionalidade que foram produzidas sobre o visual de milhares de pessoas negras como eu, ao longo da história do Brasil, e, por esse motivo, tenho me utilizado da moda — tanto por seus processos criativos e produtivos quanto pela criação e pela análise de imagens de moda e produtos audiovisuais — como ferramenta de contribuição para a desconstrução do racismo, do cis-hétero--patriarcado e das demais matrizes produtoras das desigualdades,

1. FAIRCLOUGH, N. *Discurso e mudança social*. Brasília: Editora UnB, 2001.

aliando as minhas práticas em moda com o campo das lutas feministas interseccionais.

Durante cerca de oito anos fui professora de História da Moda, Teoria da Moda, Planejamento de Coleção, Fotografia de Moda, dentre outros componentes curriculares que pretendiam balizar a produção criativa de dezenas de estudantes de graduação em Design de Moda, que eram majoritariamente mulheres negras. Na ausência de dados históricos que pudessem ser comunicados numa aula como a de História da Indumentária e da Moda, eu dispunha de poucos dados e registros sobre as vestes de mulheres negras e, por isso, precisava realizar um trabalho extra de pesquisa para ministrar aulas que fossem minimamente respeitosas à minha pessoa, à minha origem e à minha ancestralidade, como uma contribuição à produção de uma memória legítima que pudesse servir como base criativa, de modo que as estudantes tivessem a seu dispor algo além do limitado acesso aos registros históricos das vestes das rainhas e da aristocracia europeias, que eram as narrativas que compunham a grande maioria dos livros didáticos.

Tanto em sala de aula como nos meus escritos, busco trazer à tona o debate sobre o poder da invisibilidade estratégica dos nossos feitos na memória do país, analisando a produção de estereótipos como uma ferramenta de subalternização. Na inexistência de parâmetros que auxiliem a compreensão das complexidades da nossa existência no passado, foi necessário firmar o compromisso de contribuir para, juntas, desenharmos um futuro de possibilidades mais exitosas, contribuindo para a criação de espelhos positivos da negritude — sob a perspectiva do afrofuturismo — para a construção de uma ideia de futuro no qual, acima de tudo, possamos considerar que estaremos vivas e, a partir daí, desenharmos diferentes caminhos através da produção de repertório de valor para criar outros mundos possíveis.

Durante todos esses anos, era como se tivesse de *reensinar* às mulheres como eu que, mesmo em meio às mazelas do racismo, podemos sonhar, compreendendo que é a partir das possibilidades abertas pelo caminho da imaginação que traçamos rotas de futuros possíveis e plausíveis e, assim, podemos provocar a abertura de um outro campo de possibilidades, desenhando o modo como desejamos aparentar desde o campo tangível até o etéreo, rompendo com a brecha estreita e inferiorizada que foi determinada para a nossa existência, definida, pela branquitude, como algo meramente funcional e utilitário.

Introduzo este texto situando o meu lugar de existência, de modo a ressaltar que o convite para escrever sobre as vestes de Dona Fulô — e de outras mulheres negras que, contemporâneas dela e ostentando suas joias e vestes sofisticadíssimas, foram capazes de romper com todo o aparato estético de subalternidade imposto pelos brancos — configura, acima de tudo, um convite feito a uma mulher negra, conterrânea de Dona Fulô e que pode, hoje, diferentemente do passado, produzir conhecimento científico a partir de um parâmetro de intelectualidade preta — que não reforça o binarismo assimétrico entre a intelectualidade mental e a intelectualidade manual — por compreender que meu lugar de origem tem muito mais a me ensinar do que aquilo que está registrado no meu *curriculum* acadêmico.

No entanto, esse convite acionou a memória de uma fase de pesquisa realizada no Museu do Traje e do Têxtil do Instituto Feminino, em Salvador, no ano de 2014, e que, não por acaso, é o museu onde se encontram não só a foto clássica de Dona Fulô, reproduzida nestas páginas, como também alguns de seus mais conhecidos trajes. Naquela época eu já era docente do Bacharelado em Estudos de Gênero e Diversidade da Universidade Federal da Bahia (UFBA) e do Núcleo de Estudos Interdisciplinares sobre a Mulher (Neim), e obtivemos recursos para contratação das três bolsistas para pesquisar sobre memória e indumentária de mulheres negras.

Constituindo-se como parte da minha atuação no campo dos estudos de gênero, cultura e linguagem, o interesse perseguido naqueles fóruns era compreender os modos de classificação do acervo quando de objetos oriundos de — ou pertencentes a — pessoas pretas. Como pesquisadoras, analisamos, num recorte da iconografia do século XIX, as consonâncias com o momento presente ainda estruturado pelo racismo, e propúnhamos uma reflexão a respeito da maneira como, na esfera das aparências, o corpo — visto como desenho e registro — e a moda — na sua intangibilidade material — se articulam como linguagem composta não apenas de seu caráter material, mas também das técnicas e processos de documentação e dos escritos produzidos sobre esses objetos-entidades.

Nos diários de campo da equipe, pudemos acessar os relatos com respeito às interdições provocadas pelo questionamento sobre quais eram as posições ocupadas por mulheres negras naquele contexto e que as monitoras — jovens mulheres negras estudantes de museologia — também não conseguiam responder, pois o treinamento que recebiam não perpassava pelas informações que nos interessavam. Nas visitas técnicas também questionamos o fato de que na única vitrine composta com manequins em vestes de mulheres negras, existia uma placa com os dizeres "Roupa de Escrava", enquanto as roupas características de mulheres brancas eram acompanhadas de placas com seus nomes completos. Assim, observamos como nos espaços oficiais de criação da história o apagamento da

2. FLORES, Joana. *Mulheres negras e museus de Salvador: diálogo em preto e branco*. Salvador: Fundo de Cultura, 2017, pp. 118-9.

identidade de mulheres negras reitera o acordo de uma produção de memória aliada à "normalidade", do mesmo modo como eram escondidas as fotografias que mostravam casais de mulheres lésbicas.

A escritora Joana Flores realizou uma pesquisa de mestrado no mesmo Museu do Traje e do Têxtil do Instituto Feminino da Bahia, no ano de 2014, analisando a exposição permanente e a localização dos registros de vida de mulheres brancas e negras no contexto do período colonial. Em seu livro *Mulheres negras e museus de Salvador: diálogos em branco e preto*, ela relata o desconforto causado pelo desenho da expografia, por conta dos recursos de iluminação e outros elementos cenográficos, mas centralmente pela ausência de maiores cuidados e também pelo relapso, se não inexistente, tratamento estético da vitrine onde estão os manequins que representam mulheres negras, quando comparada àquelas onde estão as vestes das mulheres brancas.

A autora também problematiza a repetição dos modelos de vestuário que conduzem a interpretação das narrativas visuais de mulheres negras nos museus baianos — sempre portando saias, batas, torços e panos da costa — como uma insistente referência ao cenário da escravização. Joana Flores questiona como esse modo de representação de mulheres negras, sob o olhar da branquitude, funciona como um recurso para reiterar a condição de "coisa" a elas imputada. Do mesmo modo, chama a atenção para a insuficiência de informações na legenda dessa vitrine, pondo em evidência a diferença das legendas que aparecem acompanhadas de textos descritivos nas vitrines que exibem as vestes de mulheres brancas:

> Uma única legenda traz as informações acerca dos trajes apresentados, com as seguintes características: "torço, saia, camisas (ou bata), pano da costa". Os colares não foram descritos na legenda, assim como as roupas não apresentam nenhuma referência à(s) proprietária(s) ou doadoras(es). No canto direito da vitrine, sobre a base, um porta-retratos com uma figura feminina, sentada, em posição frontal, com roupas semelhantes às dos manequins, aludindo à figura da escravizada. A mulher do retrato não traz identificação pessoal, ou mesmo legenda. Compõem, assim, o cenário interno da única vitrine que faz referência à mulher negra na exposição.[2]

Analisando o contexto da exposição permanente do museu, Joana Flores reflete sobre a maneira como o pequeno espaço reservado às mulheres negras e os elementos ali dispostos se revelam de fundamental importância para a construção das narrativas que são ali apresentadas e que atuam de modo a reforçar as hierarquias raciais no Brasil. Em frente a essa vitrine está exposta a carta assinada pelo célebre compositor Antônio Carlos Gomes e endereçada à princesa Isabel, datada de 29 de julho de 1888 e enviada de Milão. O manuscrito é o documento que ressalta e reforça, segundo a autora, a atitude benevolente da princesa — extensiva ao coletivo branco colonizador — na dita abolição da escravatura.

A partir dessa análise, podemos compreender os modos de construção discursiva da identidade e da diferença como campos opostos, mas interdependentes, como discute Tomaz Tadeu da Silva.[3] É importante destacar como, na descrição e na documentação de imagens históricas, poucas palavras podem reforçar padrões histórico-culturais ainda vigentes na sociedade atual e que impõem limites às condições de existência das pessoas a depender de suas características culturais.

Viviane Ramalho e Viviane Resende, autoras livro *Análise de discurso crítica*, numa revisão introdutória e consistente, apresentam os aspectos desse tipo de análise, focando nas proposições de Norman Fairclough. Ao explorar, numa análise comparativa, os vínculos entre discurso e poder, elas propõem que podemos contribuir "para a noção de que mudanças em práticas discursivas, a exemplo do aprimoramento de técnicas de vigilância, são um indicativo de mudança social".[4]

Ainda hoje, no campo da criação científica, pouco se problematiza a respeito de quem tem o poder de nomear[5] e da forma como a linguagem é produtora de realidades.[6] Destaco, portanto, que a maneira como estão disponibilizados os parcos registros dessas mulheres, tidas como anônimas, determina a produção de uma memória constituída a partir de inferências, mas sem acesso possível às próprias narrativas, como elaboração de um processo de autodeterminação que nos traz um diagnóstico pesaroso, porém relevante, sobre a importância de um trabalho coletivo como este que construímos neste livro e na exposição que dele poderá resultar.

MEMÓRIAS AQUILOMBADAS

Para compreender plenamente o significado das vestes de Dona Fulô, é importante ressaltar que a fotografia era uma forma de registro dos costumes que era mais usual entre as famílias brancas e ricas; ou seja, era pouco acessada pela maioria das mulheres negras. Assim, o dia da fotografia tornava-se uma ocasião especial, emq que vestir-se para ser fotografada poderia ser tão importante quanto — se não mais do que — um evento social da elite de então.

Importando referências dos padrões europeus de excelência de gênero, raça e sociabilidade, a sociedade brasileira se constitui a partir

3. SILVA, Tomaz Tadeu da. "A produção social da identidade e da diferença". In: *Identidade e diferença: a perspectiva dos Estudos Culturais*. Petrópolis: Vozes, 2011.

4. RESENDE, Viviane de Melo; RAMALHO, Viviane. *Análise de discurso crítica*. São Paulo: Contexto, 2006, p. 20.

5. BUTLER, Judith. *Problemas de gênero: feminismo e subversão da identidade*. Rio de Janeiro: Civilização Brasileira, 2010.

6. SILVA, Tomaz Tadeu da. Op. cit.

7. MONTEIRO, Juliana; Ferreira, Luzia G.; Freitas, Joseania. "As roupas de crioula no século XIX e o traje de beca na contemporaneidade: símbolos de identidade e memória". *Mneme: Revista de Humanidades*, Natal, v. 7, n. 18, out.-nov. 2005, p. 396.

de tais parâmetros e assim passa a definir condições de existências específicas às pessoas — mais ou menos privilegiadas — à medida que dominem a linguagem da moda e da aparência (não apenas por meio da roupa, mas também do mobiliário, da arquitetura, dos padrões de consumo, dos hábitos de sociabilidade e da coreografia do gestual e do comportamento) para os quais serão direcionados seus investimentos na produção de status social, com base numa matriz de definições branco-euro-centradas e cis-hetero-normativas.

As vestes que encenam a conhecida fotografia da nossa homenageada, a emblemática e refulgente Dona Fulô, configuram um conjunto de elementos bastante conhecidos nas ruas do nosso Recôncavo, composto de algo que podemos comparar ao traje de beca, inicialmente usado por mulheres negras, livres e trabalhadoras, que surge como derivado do traje de crioula. No trecho a seguir, as pesquisadoras do campo da museologia Juliana Monteiro, Luzia Ferreira e Joseania Freitas descrevem o traje usado pelas senhoras da Irmandade da Boa Morte, na cidade de Cachoeira, na Bahia:

> Na contemporaneidade, o traje é composto das seguintes peças: *camisu* de crioula de algodão branco bordado em richelieu, saia preta de cetim plissada, pano da costa de veludo que tem duas cores, um lado preto e o outro vermelho, um torso branco de algodão também bordado em richelieu, um lenço de algodão também branco bordado em richelieu que é amarrado à cintura, e um *chagrin* (sapato de couro) branco. O traje é completado com os adornos, correntões cachoeiranos de ouro ou imitação, contas de orixás e com braceletes em ouro ou imitação. É relevante salientar que o traje de beca sofreu mudanças no decorrer do tempo, principalmente com relação aos tecidos com os quais eram feitas as peças, assim como os adornos, pois atualmente há poucas peças de ouro.[7]

Sim, as vestes de Dona Fulô e de suas contemporâneas e conterrâneas presentes neste livro são roupas de *asè*: vestes utilizadas no cotidiano e nas festividades dos terreiros de candomblé e que, por motivos diversos, se estenderam ao cotidiano dessas mulheres, recobrindo-as de significações e dando visibilidade às estratégias de subversão dentro do padrão imposto pelo contexto colonial, expressando a complexidade dos sofisticados modos de resistência de mulheres pretas no Brasil. Em muitas fotografias em que aparecem outras mulheres negras portando suas imponentes joias, podemos observar um traje por muito tempo conhecido, no século XIX, como roupa de crioula, uma imagem específica de mulheres negras nascidas no Brasil:

Do ponto de vista estético e formal, a roupa que se originou de tal conjuntura é o que ficou conhecido como traje de crioula, formado basicamente por uma saia rodada, o *camisu*, com bordado conhecido como *richelieu* ou com renda renascença, o torço ou turbante, branco ou colorido, e o pano da costa, podendo em diferentes ocasiões ser acrescido das joias, como correntões e balangandãs, e da bata sobre o *camisu*, que, segundo Viana (s/d, s/n), foi imposta pelo governador Manuel Vitorino, nos primeiros anos da República, às negras — ganhadeiras ou não — como forma de controlar a exposição de seus corpos nas ruas.[8]

Assim, observamos que essa foi uma construção formada no Brasil por meio de diferentes influências, e, portanto, não um traje tipicamente africano. Diante disso, as pesquisadoras informam que o termo "crioula" se constitui em uma nomenclatura definidora de pessoas negras nascidas no Brasil e inseridas entre posições menos vulneráveis à intensidade da tortura imposta pelas famílias brancas, pois aquelas eram pessoas que saíam para mercadejar e também prestavam serviços no interior das casas. Cabe ressaltar que as roupas de todo mundo eram então costuradas por mãos de mulheres negras e que as técnicas aprendidas para a confecção dessas peças, com o tempo, foram se tornando característica identitária dessas mesmas mulheres. Compostas de elementos oriundos da indumentária de candomblé, essas vestes integravam na silhueta de resistência também elementos da cultura dominante, como nos revela a pesquisadora de indumentária e vestimentas negras Hanayrá Negreiros Pereira:

> Destacamos aqui as mulheres negras que aprendiam com os seus parentes mais velhos o ofício da costura e desenvolviam "modas e modos" de vestir, que se tornaram símbolos da estética e vestimentas afro-brasileiras até os dias atuais. A figura dessas mulheres funde-se às imagens das mulheres dos candomblés que da Bahia, desaguaram em outros cantos brasileiros, gerando as indumentárias femininas que são geralmente compostas pela combinação: torço, camisu, bata, pano da costa, saiotes, saia rodada e chinelas, itens de indumentárias, frequentemente vistos nos dias atuais nos terreiros de candomblé.[9]

A autora estuda as roupas de *asè*, e sua pesquisa perfaz uma análise dos registros históricos de mulheres negras a partir de um olhar integrado à sua comunidade, terreiro de nação Angola. Em seu estudo, ela detalha o quanto a roupa, no contexto do século XIX, era elemento marcador da ascensão social e monetária, que, aliás, são as-

8. Ibid., p. 390.

9. PEREIRA, Hanayrá Negreiros de Oliveira. *O axé nas roupas: indumentária e memória negras no candomblé angola de Redandá*. Dissertação (Mestrado em Ciências da Religião) — Pontifícia Universidade Católica de São Paulo. São Paulo, 2017, p. 61.

10. Ibid., p. 87.

11. Ibid., p. 94.

pectos diferentes, na medida em que a obtenção de dinheiro não significava, para mulheres negras, uma consequente ascensão social.

Uma vez que ainda vivenciamos, na atualidade, o fenômeno da exclusão independentemente dos recortes de classe social, não alcançaremos a exata dimensão dos entraves coloniais mesmo que comparemos a contemporaneidade com o recorte analisado. Diante disso, Hanayrá Negreiros Pereira destaca que é necessário compreender tais vestes em sua esfera litúrgica e como elemento de proteção:

> Nas comunidades afro-religiosas, tanto as dos séculos XVIII e XIX quanto as dos séculos XX e XXI, a vestimenta e os ornatos fazem também parte do ritual, como parte da manutenção de uma memória negra. As joias de crioulas, para além de adornos, servem de amuletos protetivos para as suas portadoras e podem ser encaradas como itens de resistência, pois contam histórias de uma determinada cultura, carregam crenças de uma comunidade e servem de combate, através da estética, adornando corpos negros subjugados. As vestes nos contam as histórias das mulheres que exerciam diversos ofícios, subvertiam códigos e sistemas escravagistas através de suas roupas e criavam uma estética própria. É através das fotografias antigas, dos testamentos resgatados pela historiografia e por anúncios e trechos de notícias antigas que podemos ter dimensão de como surgiu essa estética que permanece, com nuances provocadas pelos tempos contemporâneos, quase igual.[10]

A autora confirma, assim, o que podemos perceber da similaridade entre as roupas usadas por mulheres contemporâneas de Dona Fulô e as vestes dos candomblés atuais, o que torna indissociável o ato de vestir, no âmbito estético, do seu aspecto litúrgico, ao trazer a ideia de que "o zelo com a estética pode ser percebido também como forma de devoção".[11] Hanayrá descreve, por exemplo, os significados e usos do turbante como elemento de proteção do nosso Ori e como modo de expressão das hierarquias no interior das comunidades religiosas. No mesmo campo de significações estão as roupas, construídas por meio de técnicas de manipulação e beneficiamento têxtil como também a criação de tecidos artesanais feitos em tear manual e outros adornos: como os bordados richelieu, as rendas renascença, as rendas de bilro, dentre outras complexas técnicas de produção de tecido exclusivo a partir de meios que demandavam semanas de trabalho ininterrupto.

Assim como as joias, que são amuletos de proteção e muitas vezes são consagradas com banho de folha e outras formas de imantação energética, as vestes possuem função de proteção tanto física quanto espiritual, compreendendo sua importância na proteção do corpo físico, assim como do corpo etérico, conforme referenda ainda a mesma autora: "as vestimentas e adornos para o candomblé também assumem funções rituais, sendo que cada ornato ou peça de vestuário desempenha uma função que está ligada à 'liturgia afro--brasileira'".[12] Portanto, o uso e a especificidade das vestes não se limitam ao momento dos rituais e muito menos se circunscrevem ao espaço geográfico do terreiro, pois em muitas funções externas precisamos estar trajadas adequadamente, como forma de intensificar o campo de força protetiva espiritual com que lidamos.

> 12. Ibid., p. 124.

No cotidiano do terreiro, posso observar como a roupa de *asè* não se resume ao "fardamento" para uma ocasião específica, mas que se modelam, também, a partir de estudo tácito de ergonomia. A modelagem da bata e do camisu permite, mesmo quando costurados em tecido plano, que nossos braços se movimentem com conforto, sejam nas danças do Xirê, no trabalho ou nos rituais internos, bem como a parte que adentra a saia protege as partes íntimas da transparência do tecido branco das saias. O Ojá de cabeça ou de peito, assim como o pano da costa, mantém os pontos de energia — ou chacras — protegidos e seguram os diversos fios de contas atados ao corpo.

"TEM QUE BOTAR PRA QUARAR"

Aprendemos, como uma forma de ladainha, a cobrir nosso corpo com uma ritualística ancorada em memórias que são perpassadas pela cultura oral, desenvolvendo, assim, os saberes/fazeres ancestrais que produzem o reencantamento dos espaços a partir dos repertórios constituídos pelo *asè*. Quarar as vestes brancas é um processo muito delicado, e entre o sabão de coco e o contato com o sol está presente a nossa estrutura de devoção e cuidado com nossos *axós* (denominação em iorubá para as vestimentas de candomblé). Em retratos mentais da memória afetiva familiar está presente a imagem de um quarador que ficava em frente à casa onde ainda vivem meus avós maternos, na avenida Ferreira Bandeira, bairro histórico da cidade de Santo Amaro, Bahia. Podia-se testemunhar ali o encontro diário das mulheres pretas de candomblé que lá se reuniam para lavar, alvejar e quarar suas vestes brancas.

O *asè* é a base do nosso universo simbólico, organizado pelos complexos processos de reexistência dos cultos religiosos que nascem no interior de famílias pretas no Recôncavo Baiano. Por isso, elaborar reflexões sobre os trajes de Dona Fulô é como reencantar o imaginário no qual, entre os têxteis e as joias, estão presentes os deuses e os mortos (ancestrais familiares) que se misturam aos vivos e que, na beira dos nossos rios, ainda existem em meio às mãos e às vozes das senhoras que lavam suas vestes com total dedicação.

Acessar os dados históricos que caracterizam e interpretam as vestes de mulheres negras que aparecem em registros fotográficos do século XIX não nos traz tantas respostas sobre quem elas de fato foram. Revelam, porém, que, transgressoras das limitações impostas às suas existências, carregavam em sua corporalidade toda a expressão de poder que reverberava em produção de sentido e significado no interior das comunidades de quilombo e de terreiro, onde modos de existência digna eram possíveis. Costumo dizer, nas minhas aulas, que toda pessoa preta, habitante do Brasil, deve agradecer o fato de hoje estarmos vivas e de podermos reconhecer as narrativas sobre a nossa origem, a luta e a resistência das mulheres negras de *asè*.

Sem os terreiros de candomblé e outros espaços de práticas de religiões de matriz africana ou demais comunidades de agrupamento de resistência, não teríamos a possibilidade de reconstrução do nosso senso de família e de unidade. Por meio da força dessas mulheres, podemos até hoje ter acesso à noção de cuidado espiritual e material, através de um parâmetro pré-colonial a respeito de o que é saúde física, mental e energética, acessando também o senso de comunidade e coletividade, bem como conectando-nos a uma vivência da nossa ancestralidade por meio das pistas da nossa cultura original, mesmo que distantes do nosso continente originário.

Escrevo este texto pisando o chão das terras por onde transitaram Dona Fulô e muitas outras mulheres pretas cujas imagens aparecem nos livros, museus e registros históricos, mas sempre sem nome, como se não tivessem sido senhoras de si e de suas histórias. Sou filha de Maria do Carmo Gomes Barreto, neta de Honorinda Gomes Barreto e bisneta de Lúcia Guimarães Gomes. A partir daí, não consigo ter dados suficientes para saber e honrar a minha origem ou precisar a minha ancestralidade. Com o apagamento violento das nossas memórias, reivindico a minha ancestralidade no aqui e agora, fazendo uma desconstrução crítica e cotidiana sobre o que sei sobre mim e sobre mulheres como eu. Refinando o meu olhar cada vez que caminho nessas ruas, imagino, sonho e redesenho os passos dessas mulheres nessas mesmas praças por onde cresci. Se precisamos de motivos e bases para sonhar, no Recôncavo isso nunca me faltou. Por isso estou aqui para falar do hoje, sem deixar de fazer um cântico ao passado e erguer uma prece para o futuro.

SAIA EM ALGODÃO AZUL ESTAMPADO SOBRE ANÁGUA E
ACABAMENTO EM BORDADO À BAINHA (NÃO ESTÃO À MOSTRA);
BATA EM LINHO, LEVEMENTE ACINTURADA E COM MANGAS
TRÊS-QUARTOS, NERVURAS À FRENTE ENCIMADAS POR UMA
RICA GOLA EM RICHELIEU, QUE SE REPETE NOS PUNHOS
E NA BAINHA DA BATA. RICOS COLARES EM CONTAS
CONFEITADAS DE OURO E CRUCIFIXO (PROVAVELMENTE
ÚLTIMO QUARTEL DO SÉCULO XVIII). CABEÇA COBERTA POR
TURBANTE, COM ACABAMENTO EM BORDADO.

SKIRT IN BLUE, PRINTED COTTON OVER PETTICOAT AND
FINISHED WITH EMBROIDERY AT THE HEM (NOT SHOWN);
LINEN ROBE, SLIGHTLY BELTED AND WITH THREE-QUARTER
SLEEVES, PINTUCKS AT THE FRONT TOPPED BY A RICH
RICHELIEU EMBROIDERY COLLAR, WHICH IS REPEATED ON THE
CUFFS AND HEM OF THE ROBE. RICH NECKLACES WITH GOLD
BEADS AND CRUCIFIX (PROBABLY FROM THE LAST QUARTER
OF THE 18TH CENTURY). HEAD COVERED BY TURBAN, FINISHED
IN EMBROIDERY.

MODELO/MODEL: NANCI MEIRE CORREIA MACHADO
FOTÓGRAFO/PHOTOGRAPHER: MÁRCIO LIMA

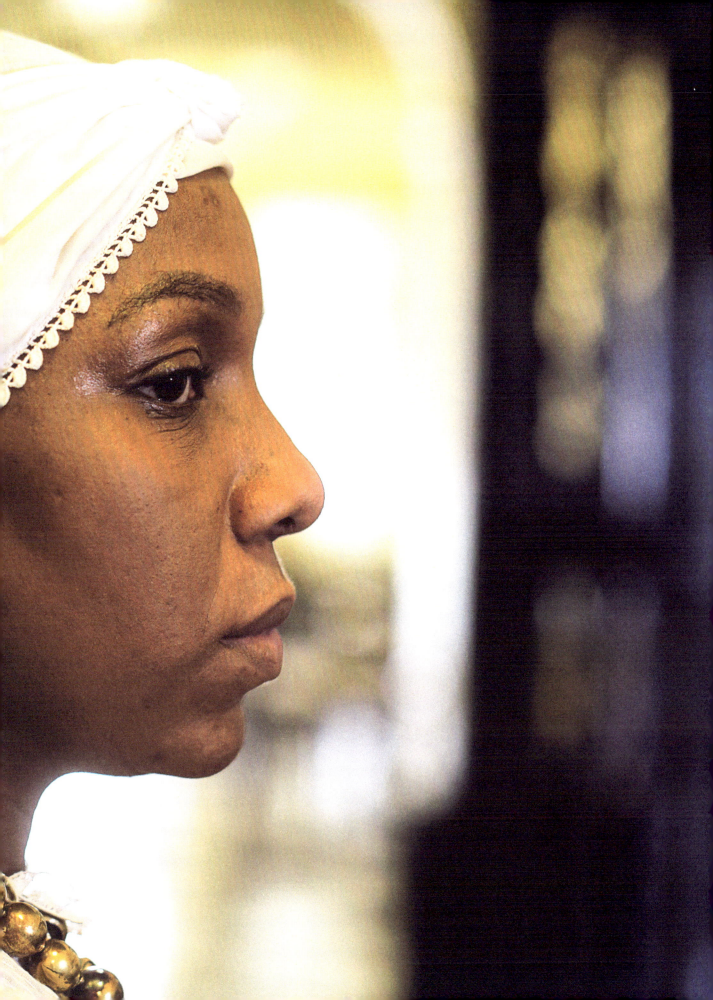

SAIA EM ALGODÃO BRANCO COM PADRONAGEM; CAMISU DE LINHO BRANCO, COBERTO POR UMA SEGUNDA CAMADA COR-DE-ROSA, COM PEQUENAS NERVURAS À FRENTE; PUNHOS E BAINHA DA CAMISA RICAMENTE FINALIZADOS EM RICHELIEU, ENCIMADA POR PANO DA COSTA EM TONS VERDES E RÓSEOS SOBRE BRANCO — AS JOIAS E O TURBANTE SÃO OS MESMOS DAS PÁGINAS 279-83.

SKIRT IN WHITE COTTON WITH PATTERN; WHITE LINEN SHIRT, COVERED BY A SECOND, PINK LAYER, WITH SMALL PINTUCKS AT THE FRONT; SHIRT CUFFS AND HEM RICHLY FINISHED IN RICHELIEU, TOPPED BY A SHAWN IN GREEN AND PINK TONES ON WHITE—THE JEWELS AND TURBAN ARE THE SAME SHOWED ON PAGES 279-83.

MODELO/MODEL: NANCI MEIRE CORREIA MACHADO
FOTÓGRAFO/PHOTOGRAPHER: MÁRCIO LIMA

chapter 6

NARRATIVES OF APPEARANCE: THE RAIMENTS OF DONA FULÔ

Carol Barreto

1. *Rodas de samba* are similar to jam sessions, where musicians play samba in a circle (generally in bars, squares or other public venues) while the audience gathers around them, singing along and dancing; capoeira is a Brazilian martial art created by enslaved Africans in Brazil and very popular to this date; *terreiros de candomblé* are the temples of candomblé religion. [TN]

I grew up in the town of Santo Amaro da Purificação, in the Recôncavo Baiano, the state of Bahia, Northeastern Brazil, which is home to the largest concentration of Black people in the country. It is there I learned of feminist and anti-racist struggles, from books, from the passed down wisdom of the *rodas de samba*, capoeira, and *terreiros de candomblé*,[1] and from markets, family meals, and other social practices, many of which have been preserved since colonial times.

I am going to interpret the raiments of Florinda Anna do Nascimento, the glamorous Dona Fulô, through my own experience, as I and other women I know wear garments that resemble those seen in these photographs, in my own *terreiro de candomblé* and in the calendar of the traditional celebrations of the Recôncavo Baiano.

The *asè* consists of daily traditions, rituals, and oral culture, and through these, we are able to reconstruct the bonds erased by the violence of slavery. The concept of chronological Time is confused with its power—orisha—and the spiralised time that everyday connects our awareness of the lack of differentiation between past, present and future.

As a Black woman from the Recôncavo, I have used my art to materialise the wisdom and traditions I have learned, expressing the revolutionary paths of the re-existence of a Black ancestry that showed me the dimensions of a resistance that I call *Modativismo* [Fashionactivism], a term that brings together *moda* [fashion] and activism in a single word. I coined this word because I found it impossible to dissociate creativity in fashion from the activism required to achieve a decent standard of living for Black women, this, among other projects in which I was involved.

Modativismo is born of the recognition and difficulties of my own position, and is a starting point for creation via the realisation that for us as Black women, fashion is both an unequal playing field and a materialisation of the social differences and sources of inequality that cause us to be given a lower ranking in racial/social hierarchies. From its intangible aspects to its materiality in clothing, fashion is just one element in the narrative of appearance that also includes make-up, accessories, and most importantly, our physical, gestural and behavioural characteristics, among other intangible elements such as positionality, that together fuel the construction of image.

When we talk about image, we cannot just limit ourselves to visual specificities. As a complex whole that consists of perceptions triggered by numerous senses, the construction of image comes from a discourse that is a result of culturally constructed social practices. This means that any attempt to analyse the raiments of influential women like Dona Fulô through merely technical descriptions of their materiality is not enough to comprehend the full strength of appearance and fashion as a field of power relations.

Here, I should emphasise the importance of understanding fashion as a discursive manifestation, as it materialises elements that are part of society and makes them visible. According to Norman Fairclough, from the perspective of critical discourse analysis, discourse comes from social practice.[2] Therefore, fashion as a field for expressing our subjectivity, designed through our physical exteriority, results from prevailing social practice and means the two are indissociable.

As a Black woman from the Northeast, I, along with thousands of Black people like myself throughout the history of Brazil, am the victim of stereotypes that compose the images of inferiority and functionality that have been created. For this reason, I have used fashion both in its creative and productive processes, and in the creation and analysis of fashion images and audio-visual products, as a way to encourage the deconstruction of racism, of the cis-hetero-patriarchy, and of other models that lead to inequality, bringing together my fashion practices with intersectional feminist struggles.

I have been a lecturer for nearly eight years in Fashion History, Fashion Theory, Collection Planning, and Fashion Photography, among other courses intended to guide the creative production of dozens of undergraduate Fashion Design students who are mostly Black women. In the absence of historical data that can be taught in classes such as the History of Clothing and Fashion, and with little data and few records of Black female

2. FAIRCLOUGH, N. "Discourse and Social Change". In: *Language in Society*, vol. 22. Cambridge: Polity, 1992.

clothing, I took the decision to set up a research project that would help me to offer classes that were at least respectful to me, my origins, and my ancestry: classes that would contribute to the creation of a legitimate memory. These would also serve as a creative foundation for students to have a broader creative base than just the historical records of the raiments of European queens and aristocrats, which were the narrative in the vast majority of textbooks available.

Both in the classroom and in my writings, I try to foster debate on the strategic invisibility of our achievements within the national memory, and to analyse the creation of stereotypes as a tool of subordination. Without a compass to help us understand the complexities of our past existence, we needed to strengthen our commitment to setting out a more auspicious future, and to contributing to the creation of more positive views of *negritude* from the perspective of afro-futurism. We also needed to construct an idea of the future in which we can consider that we are alive, and from there forge new paths through the creation of an archive that opens up onto other possible worlds.

Over these years, it was as if I had to re-teach women like myself, who even suffering the evils of racism, are able to dream and understand that the opportunities created by our imaginations enable us to map future pathways, to open up further possibilities, and to design how we want to appear both tangibly and intangibly, breaking away from the constricted, inferior space set aside for us by White people that used to define us as merely functional or utilitarian.

I am introducing this text by contextualising my own existence to emphasise that the invitation to write about the raiments of Dona Fulô and her contemporaries, who by flaunting their jewellery and sophisticated clothing subverted the subordinating aesthetic constructs imposed by White people, was an invitation to a Black woman, a compatriot of Dona Fulô, who unlike the past is now able to generate academic knowledge from the perspective of Black intellect (one that does not reinforce an asymmetric binarism between mental and manual intellect) by understanding that my place of origin has much more to teach me than what is written in my *curriculum vitæ*.

This invitation triggered memories of a research project at the Museu do Traje e do Textil [Museum of Fashion and Textile] of Instituto Feminino [Women's Institute], in Salvador, Bahia, 2014. At the time, I was a lecturer on the Gender and Diversity Studies Degree at the Federal University of Bahia (UFBA), and was working with the Women's Interdisciplinary Studies Centre (Núcleo de Estudos Interdisciplinares sobre a Mulher, or simply Neim), and we were given funding for three scholarships to research Black women's memory and dress.

Bringing together my work in the field of Gender, Culture and Language Studies, the aim was to try to understand the classifications of objects owned by Black people in the collection. As researchers, we looked at a part of the iconography of the 19th century and found consonances with a present that continues to be structured by racism. We have considered how in the sphere of appearance, the body (seen as both design and record) and fashion (in its material intangibility) articulate as a composite language, not only in their material character, but also through the techniques and processes of documentation and writing produced about these object-entities.

From the team's field journals, we were able to access reports about the difficulties created by questioning the roles held by Black women in the context, and that the monitors—young Black female museology students—were unable to answer, as the training they had received had not covered the information that interested us. Our research visits also led us to question the fact that in the only display case showing mannequins wearing Black women's clothes, there was merely a plaque on which was written *Roupa de Escrava* [Slave woman's clothing], while the clothes that were characteristic of White women were accompanied by plaques stating their full names. This led us to realise that, just as in the official spaces of history creation, the erasure of the identities of Black women reiterates the assumption of a memory production allied to "normality", in the same way that photographs showing lesbian couples were hidden.

The author Joana Flores undertook her Master's research project in 2014 at the Museu do Traje e do Textil of the Instituto Feminino in Salvador, Bahia, where she conducted an analysis of the permanent exhibition and the location of the records of White and Black women in the colonial context. In her book *Mulheres negras e museus de Salvador: diálogos em branco e preto* [Black Women and the Museums of Salvador: Dialogues in White and Black], she describes her discomfort with the exhibition design, in part due to the use of lighting and other props, but most critically, due to the lack of care and attention to the display case housing the mannequins that represent Black women, in comparison with those that house White women's clothing.

She also questions the repetition of clothing styles, which leads to the interpretation of the visual narratives of Black women

3. FLORES, Joana. *Mulheres negras e museus de Salvador: diálogo em preto e branco.* Salvador: Fundo de Cultura, 2017, pp. 118-9.

4. SILVA, Tomaz Tadeu da. "A produção social da identidade e da diferença". In: *Identidade e diferença: a perspectiva dos Estudos Culturais.* Petrópolis: Vozes, 2011.

in the Bahian museums (always wearing skirts, tunics, turbans and shawls) as an insistent reference to slavery. Joana Flores critiques how this form of representation of Black women imposed by whiteness is used to accentuate their condition as "things." She goes on to criticise the lack of information in the caption for this display case, and she describes the differences between the captions and descriptive texts in the display cases housing garments worn by White women:

> A single caption offers information about the garments on show, with the following features: "torço, saia, camisas (ou bata), pano da costa" [turban, skirt, shirts (or tunic), shawl]. The necklaces are not described in the caption, and there are no references to their owner or donor(s). At the base of the right hand corner of the display case is a portrait of a seated female figure, sitting face on, wearing clothing similar to those worn by the mannequins, alluding to slavery. The woman in the portrait is not identified, nor is there any caption. Together, these make up the only display case that refers to Black women in the exhibition.[3]

In her analysis of the context of the museum's permanent exhibition, she looks at how the elements that make up this small space reserved for Black women are fundamental to the construction of the narratives offered, and how together, they bolster racial hierarchies in Brazil. In front of this cabinet is a letter addressed to the Princess Isabel and signed by Antonio Carlos Gomes, dated Milan, 29 July 1888. According to Flores, it is this manuscript that encouraged the princess' compassion and support—shared by the majority of White colonisers—for the supposed abolition of slavery.

Flores' analysis facilitates an understanding of the discursive forms that construct identity and difference as opposite but interdependent fields, something argued for by Tomaz Tadeu da Silva.[4] It is important to note how, in the description and documentation of historical images, just a few words can reinforce the historical-cultural patterns that still exist in our society, and can limit standards of living for those who still depend on their cultural features.

In a new, thorough revision of their book *Análise de discurso crítica* [Critical Discourse Analysis—CDA], the authors Viviane Ramalho and Viviane Resende present aspects of CDA with a focus on Norman Fairclough's model. In a comparative analysis that explores the links between discourse and power, they suggest that we can contribute "to the notion that changes in discursive practices, such as the improvement of monitoring techniques, are an indication of social change."[5]

Even today, in the cientific field, researchers rarely question who has the power to name,[6] or the way in which language is a producer of realities.[7] For this reason, I would stress that the fact there are so few records of these anonymous women determines a production of memories made of inferences. Because we are unable to access their narratives in order to elaborate a process of self-determination, this brings us to the rueful but important realisation of the importance of group projects such as the one we are building in this book and exhibition.

EMANCIPATED MEMORIES

To understand the significance of Dona Fulô's raiments, it is important to remember that photography tended to be used to record the apparel of wealthy White families, and was rarely accessed by Black women. It was a special occasion, when dressing to be photographed was as important as or more important than an elite social event.

Importing references from European standards of excellence in gender, race, and sociability, Brazilian society modelled itself along similar lines, and started to define specific lifestyles for people—more or less privileged—as they begin to dominate the language of fashion and appearance (not only through clothing, but also furniture, architecture, consumer patterns, social mores, gestures and behaviours), investing in the creation of social status based on a set of White, Euro-centred, cisheteronormative definitions.

The garments worn in this familiar photograph of Dona Fulô are part of several commonplace elements on the streets of the Recôncavo, and consist of something comparable to the *traje de beca* attire initially worn by Black, free and working women, and based on the *traje de crioula*.[8] In this passage, the museology researchers Juliana Monteiro, Luiza Ferreira and Joseania Freitas describe the costumes worn by the women from the Irmandade da Boa Morte [Sisterhood of Our Lady of the Good Death], in the town of Cachoeira, Bahia:

> Nowadays the garments consist of the following: richelieu embroidered white cotton creole shirt, embroidered white cotton creole chemise, black satin skirt, a reversible black and red velvet shawl, a white richelieu embroidered cotton turban, a white richelieu

5. RESENDE, Viviane de Melo; RAMALHO, Viviane. *Análise de discurso crítica*. São Paulo: Contexto, 2006, p. 20.

6. BUTLER, Judith. *Problemas de gênero: feminismo e subversão da identidade*. Rio de Janeiro: Civilização Brasileira, 2010.

7. SILVA, Tomaz Tadeu da. Op. cit.

8. Literally, "Creole clothing." [TN]

9. MONTEIRO, Juliana; FERREIRA, Luzia G.; FREITAS, Joseania. "As roupas de crioula no século XIX e o traje de beca na contemporaneidade: símbolos de identidade e memória". *Mneme: Revista de Humanidades*, Natal, v. 7, no. 18, Oct.-Nov. 2005, p. 396.

10. *"Ganhadeiras"* is the term used to describe the Black freed women who would go out to wash clothes, or sell produce from their baskets around the towns and cities to make money to support their families. [TN]

11. Ibid., p. 390.

embroidered cotton scarf tied around the waist, and white leather slippers. The costume is completed with accessories, gold or imitation gold chains, Orixá beads, and gold or imitation gold bangles. It is important to note that the *"traje de beca"* has changed over time, mainly in relation to the fabrics used and the accessories, as nowadays there are far fewer gold pieces.[9]

Indeed, Dona Fulô's raiment and that of her contemporaries and compatriots in this book are those of *asè*. These are clothes for everyday life and for celebrations in the *terreiros de candomblé*, which, for a variety of reasons extended into these women's daily lives, imbuing them with meaning, showing the strategies of subversion within the expectations of the colonial context, and expressing the complexity of the sophisticated modes of resistance of Black women in Brazil. Many of the photographs that show other Black women wearing their magnificent jewellery show the 19th century clothing known as traje de crioula. The researchers depict this as a specific image of Black women born in Brazil:

> From an aesthetic and formal point of view, the clothing that was inspired by this outfit became known as *"traje de crioula."* It included a circular skirt, a lace or richelieu embroidered chemise, a white or coloured turban or headscarf, a shawl that can be accessorised with jewellery such as chains and bangles for different occasions, and a tunic over the chemise that, according to Viana (date unknown), was prescribed by Governor Manuel Vitorino in the first years of Republic on Black women—*"ganhadeiras"*[10] or not—as a way to control the exposure of their bodies on the streets.[11]

This led to the realisation that this construct had formed in Brazil from several different influences, rather than just a single typical African costume. In face of this, the researchers declared that the term *crioula* was used to characterise Black people born in Brazil who held posts that were less vulnerable to the torments imposed by White families on other slaves. This is because *crioulas* were the women who went out to market and who worked inside the homes. It is important to remember that everyone's clothes were hand-sewn by Black women, so one can see that over time, the techniques they learned and used to create these became a part of these women's identity. Consisting of elements from candomblé, these garments were integrated into the silhouette of resistance, together with elements of the dominant culture, as Hanayrá Negreiros Pereira, the scholar of Black clothing and fashion writes:

> Here we highlight the Black women who learned the craft of sewing from their older relatives and who developed "fashions and styles" of dress, that became the symbols of Afro-Brazilian aesthetics and garments still seen today. The images of these women are fused with those of the candomblé women who moved to other areas of Brazil from Bahia, and led to the female attire usually composed of turban, chemise, tunic, shawl, petticoats, circular skirts and slippers, often seen in the present day in the *terreiros de candomblé*.[12]

The author studies the clothing of *Asè*, and her research looks at the historical records of Black women from the perspective of someone from within the community, a *terreiro* of the Angolan nation. In her research, she describes how in the 19th century context, clothing could signify both social and monetary ascent. These are two very distinct areas, as having money did not necessarily imply a rise in social status for Black women.

Even though we still experience exclusion—irrespective of class, even when comparing contemporary life with the study sample—we still do not know the true extent of colonial limitations. In view of this, Pereira emphasises the need to understand these garments both in liturgical practices and as protective elements:

> In Afro-religious communities, both in the 18th and 19th centuries and the 20th and 21st centuries, dress and ornamentation are part of the ritual, and a way of perpetuating a Black memory. *Crioula* jewellery was not mere adornment; it was also a protective amulet for its wearer. Additionally, it can be seen as an item of resistance, as it tells stories of a particular culture, carries the beliefs of a community, and represents resistance by adorning subjugated Black bodies. These clothes tell us the tales of women who hold a range of roles, subverting mores and slaver systems through their clothing, and creating their own aesthetic. Old photographs, the testaments rescued by historians, and announcements and clippings from old newspapers, give us an idea of how this aesthetic came about and remains almost unchanged, despite different contemporary nuances.[13]

12. PEREIRA, Hanayrá Negreiros de Oliveira. *O axé nas roupas: indumentária e memória negras no candomblé angola de Redandá*. 2017. Thesis (Master's degree in Religion Sciences) — Pontifícia Universidade Católica de São Paulo. São Paulo, 2017, p. 61.

13. Ibid., p. 87.

14. Ibid., p. 94.

15. Ibid., p. 124.

With this, the author confirms what we can see for ourselves: the similarity of the clothes worn by Dona Fulô's contemporaries with the garments worn in the candomblés today. This makes the aesthetic act of dressing indissociable from its liturgical aspect, with the idea that "the attention paid to aesthetic appearance can also be seen as a form of devotion."[14] The author describes the meanings and uses of the turban as an element of protection from the god *Ori*, and as a way of expressing the hierarchies within religious communities. In the same field of meaning are the clothes, made using different processes and techniques, and the creation of hand-woven fabrics and other decorative elements such as richelieu embroidery, Renaissance lace, and bobbin lace, alongside other complex fabric production techniques that could require weeks of uninterrupted work.

Like the jewellery pieces, which are protective amulets often consecrated with herbal baths and other forms of energy invocation, the garments function as a form of both physical and spiritual protection, important to the protection of the physical and the ethereal body. The author writes: "the garments and adornments for candomblé also take on ritual functions, and each adornment or item of clothing performs a function connected to the 'Afro-Brazilian liturgy'."[15] Therefore, the use and features of the garments are not limited to the rituals, and much less to the geographical limits of the *terreiro*, because we need to be appropriately dressed for numerous other day-to-day functions in order to strengthen the protective spiritual force field we work with.

In the daily routine of the *terreiro*, I note how the clothes of *Asè* are not just a "uniform" for a specific occasion; they are also ergonomically, studiously fashioned. The design of the tunic and chemise, even when made from flat-weave fabric, allows the arms to move comfortably, whether in *Xiré* dances, at work, or in internal rituals. In addition, the garment worn under the skirt protects one's intimacy from the transparency of the white fabric of the skirts. The *Ojá* head or chest scarf, like the shawl, protects the energy points—or chakras—and holds the numerous strings of beads to the body.

"YOU GOTTA LAY IT OUT TO BLEACH"

Almost as a litany, we learn to cover our bodies with a ritual rooted in memories passed down orally, perpetuating the ancestral knowledge and skills that recreate and re-enchant the spaces through the concept of *asè*. Maintaining the Whiteness of the garments is a delicate process, and used together, coconut soap and sunlight are our devotional structure and care for our *axós* (a Yoruba term for the clothing of candomblé). Mind portraits from my affective family memory include the image of a clothes airer in front of the house where my maternal grandparents still live, in Avenida Ferreira Bandeira, an historic neighbourhood in the town of Santo Amaro, in Bahia. There, you could watch the daily meetings of the Black candomblé women who gathered to wash, bleach and sundry their white garments.

Asè is the basis of our symbolic universe, organised by the complex processes of re-existence of the religious cults born within Black families from the Recôncavo Baiano. Reflecting on the raiments of Dona Fulô is like re-enchanting the imaginary that, amongst the fabrics and accessories, are the gods and the dead (family ancestors) who mix with the living and who on the banks of our rivers still exist in the hands and voices of the women who wash their garments with such dedication.

A look at the historical records that describe and interpret the clothes of Black women in photographs from the 19th century does not bring many answers as to who they were. All we know is that they transgressed all the restrictions imposed on them, and their bearing conveyed the expressions of power that reverberated in feeling and meaning throughout the *quilombo*[16] and *terreiro* communities, where it was possible to live a more dignified existence. In my classes, I often say that all Black people living in Brazil should be grateful for the fact that we are alive today, and that we know the stories of our origins, and the struggle and resistance of the Black women of *Asè*.

Without the *terreiros de candomblé*, other Africa based religious practices, and other community resistance groups, we would not have been able to rebuild our sense of family and of unity. It is through the strength of these women that we are still able to access the notion of spiritual and material care, via a pre-colonial understanding of what is physical, mental and energetic health, a sense of community and collectivity, and an experience of our ancestry inspired by our original culture, despite being so far from our original continent.

I am writing this text on the soil where Dona Fulô and many other Black women walked, and whose images appear in books, museums and historical records, but who are nameless. I am the daughter of Maria do Carmo Gomes Barreto, granddaughter of Honorinda Gomes Barreto and great-granddaughter of Lucia Guimarães Gomes, and after that, there is not enough information

16. *Quilombo* is a Brazilian hinterland settlement founded by people of African origin, normally escaped slaves. [TN]

available to be able to know and honour my origins or to determine my ancestry. With the violent erasure of our memories, I claim my ancestry in the here and now, taking a routine critical tally of what I know about myself and women like me. Distilling my gaze each time I walk these streets, I imagine, dream and recreate the steps of these women in the same squares where I grew up. If we need reasons and roots to dream, the Recôncavo has never let me down, and that is why I am writing about it today!

capítulo 7

HENRIQUETA E O INSTITUTO FEMININO DA BAHIA

Eduardo Bueno

A história de como essas roupas e essas joias — bem como essas duas fotografias — chegaram até nós é tão intrigante quanto sua própria trajetória. Envolve uma mulher que, a seu modo e em seu tempo, percorreu caminho tão extravagante quanto o de Florinda, embora nascida em meio aos privilégios da opulência e da branquitude — apesar de eles nunca terem sido extensivos às mulheres na mesma escala que aos homens.

Henriqueta Martins Catharino, filho do riquíssimo comendador Bernardo Martins Catharino, era rebelde, libertária e insubmissa. Mulher culta e abastada, usou seu poder e seu dinheiro para promover causas igualitárias, feministas e em defesa dos direitos dos negros.

Primeiro, criou o projeto chamado "Propaganda de boas leituras", que consistia em divulgar e estimular jovens da sociedade baiana a lerem. Montou assim uma biblioteca de 22 mil volumes, que franqueou a todos os baianos, mais para a qual era conduzidas basicamente mulheres pobres e solteiras, de cuja instrução ela cuidava.

Em dezembro de 1923, Henriqueta criou a Escola Comercial Feminina, cujo objetivo era "proporcionar às mulheres formação profissional e moral mais consistente, capaz de dar-lhes condições de garantirem a própria subsistência para que não se vejam obrigadas ao casamento, se não o desejarem, nem a viverem à custa de parentes". Ao lado da escola, funcionavam cursos gratuitos de datilografia, estenografia, francês e inglês.

Quando a mãe morreu em 1924, e Henriqueta obteve parte na herança, bem como a antecipação da herança paterna, transferiu a escola e suas várias seções para um casarão suntuoso na Av. Sete de Setembro, próximo de onde Florinda morava com Anna Adelaide Ribeiro dos Santos. Teriam elas se conhecido? É provável. Em março de 1929, a escola foi oficializada pelo governo estadual e passou a se chamar Instituto Feminino da Bahia. Para lá Henriqueta levou todas as obras de arte e de artesanato que vinha colecionando ao longo de anos e criou o Museu de Arte Antiga e o Museu de Cultura Popular, além de estabelecer o Ginásio Feminino da Bahia, com cerca de quatrocentas alunas.

Em 1933, depois de fundar a Frente Negra, uma das primeiras entidades, se não a primeira, de defesa racial criada por brancos na Bahia, ela organizou uma exposição de trajes e roupas de valor histórico. Com o sucesso da mostra, passou a solicitar doações às famílias de posse da Bahia. Esse foi o embrião de Museu do Traje e do Têxtil. Entre 1935 e 1937, para abrigar o acervo com mais de 5 mil peças, Henriqueta deu início e fim à construção do casarão de mais de 5 mil metros quadrados no Politeama, bairro central de Salvador, onde até hoje funcionam a Fundação Instituto Feminino da Bahia e o próprio Museu do Traje e do Têxtil.

Em 1946, num leilão na igreja da Piedade, ela adquiriu doze saias e outros trajes que pertencem a Dona Fulô. Supõem-se que as roupas de Florinda tenham sido postas a leilão por sua "herdeira", Anna Adelaide, que não apenas conhecia Henriqueta como era amiga da cunhada dela, Leocádia de Sá Martins Catharino, casada com Alberto Martins Catharino, irmão de Henriqueta, filho mais velho e principal herdeiro do comendador. O leilão foi feito para arrecadar fundos para a celebração dos 400 anos da fundação de Salvador, em 1949, e os trajes de Dona Fulô constam do catálogo daquela mostra. Hoje, quatro conjuntos completos dos lindos trajes de Florinda fazem parte da exposição permanente do museu.

Em agosto de 1963, Leocádia Catharino doou para o instituto as duas fotografas de Florinda. No verso da mais conhecida delas, aquela na qual ela está sentada tal qual um rainha, aparece escrito: "Preta que foi cozinheira da família de José de Sá até o ano de 1...". A ausência da data — não há nem mesmo o nove secular, que dirá a década e o ano — aumenta o mistério, embora fique claro que, além de trabalhar para os Ribeiros dos Santos, Florinda foi cozinheira também na casa de José de Sá, pai de Leocádia de Sá Martins Catharino, cunhada de Henriqueta.

Foi graças a essa espécie de mensagem cifrada que a pesquisadora Zélia Bastos investigou o inventário de Leocádia e de seu marido Alberto Martins Catharino e percebeu que ele havia adquirido de Anna Adelaide Ribeiro do Santos o conjunto das joias de Florinda. Levadas para uma exposição sobre o barroco brasileiro na Argentina, naquele mesmo ano de 1963, causaram lá o mesmo espanto e fascínio que seguem provocando em todos aqueles que a vêm hoje e sempre.

E tudo isso porque Florinda, suas vestes e seus adornos não se resumem à Florinda Anna do Nascimento nem apenas às suas reluzentes joias e suas finas roupas de crioula. Pois tanto Florinda quanto Fulô, bem como sua herança material e imaterial, são várias, são inúmeras, são muitas, são incontáveis: anônimas ou reputadas, esquecidas ou celebradas; ganhadeiras, forras, ancestrais. E se esse livro quer saudar, resgatar e celebrar Dona Fulô, o faz para celebrar, resgatar e saudar também todas as mulheres pretas, escravizadas ou libertas, forras e livres — bem como mulheres brancas — que usaram seu poder e sua posição para construir um país mais equânime, como Henriqueta Catharina, graças ao qual os pertences e a memória de Dona Fulô foram preservados.

E é por isso, e ainda mais, por todas as palavras e as imagens a desfilar por estas páginas que Florinda Anna do Nascimento não jaz congelada numa posse muda, em foto sem seu nome, pois tanto ali como aqui eis-nos a contemplar suas mãos laboriosas, seus pés célebres a sutiliza de seu sorriso, a faísca que alumia os olhos, enquanto ela segue assentada como num trono, de onde, recoberta de vestes votivas e joias sagradas, espera que soprem os ventos da mudança.

Florinda, em teu retrato de corpo inteiro, hás de viver na plenitude de um mundo novo que se abre, agora que o Novo Mundo, velho de meio milênio, não pode mais esconder que foi construído por mulheres como tu.

chapter 7

HENRIQUETA AND THE INSTITUTO FEMININO DA BAHIA

Eduardo Bueno

The story of how these clothes, jewellery, and two photographs came to us is as intriguing as they are themselves. It involves a woman who, in her own way and in her own time, trod a path as fantastic as Florinda's, despite being born with the privileges of wealth and Whiteness—although as a woman, such privileges were considerably fewer than those extended to men of the same class.

Henrietta Martins Catharino, daughter of the affluent Commander, Bernardo Martins Catharino, was a wilful, rebellious libertarian. Educated and wealthy, she used her power and money to promote equality, feminism, and Black rights.

She first set up a project called "Propaganda de boas leituras" [Promoting great readings], which aimed to promote and encourage the younger members of Bahian society to read. This led to the creation of a library of 22 thousand volumes accessible to all Bahians, but that were particularly targeted at poor and single women, in whose education she had an interest.

In December 1923, Henriqueta founded the Escola Comercial Feminina [Women's Business School], with a goal of "offering women a more resilient professional and moral training that would allow them to be independent and not obliged to marry, or to rely on the kindness of relatives." Free courses were offered next to the school in typing, stenography, and French and English.

When her mother died in 1924, and Henriqueta came into part of her inheritance together with part of her future paternal inheritance, she moved premises to a luxurious building on Av. Sete de Setembro, near where Florinda lived with Anna Adelaide Ribeiro dos Santos. Is it possible they could have met? It is indeed. In March 1929, the school was officially recognised by the state government, and became known as the Instituto Feminino da Bahia [Bahia Women's Institute]. Henriqueta moved all the art and crafts that she had collected over the years to the new building, and there set up the Museu de Arte Antiga, the Museu de Cultura Popular, and the Ginásio Feminino da Bahia [Bahia Women's Gymnasium], with around four hundred students.

In 1933, after founding the Frente Negra [Black Front], which was one of the first—if not *the* first—of its kind created by White Bahians, she organised an exhibition of costumes and clothing with historical value. With the success of the show, she began to ask for donations from landowning families in Bahia. This was the embryo of what was to become the Museu do Traje e do Têxtil [Museum of Fashion and Textile]. To house this collection of over 5,000 pieces, between 1935 and 1937 Henriqueta oversaw the construction of the over 5,000 m^2 building in Politeama, one of Salvador's central neighbourhoods. It still houses today the Fundação Instituto Feminino da Bahia and the Museu do Traje e do Têxtil.

In 1946, at an auction in the church of Piedade, she acquired twelve skirts and other garments that had belonged to Dona Fulô. It is assumed that Florinda's clothes were auctioned by her "heir", Anna Adelaide, who not only knew Henriqueta, but was also a friend of her sister-in-law, Leocádia de Sá Martins Catharino, who was married to Alberto Martins Catharino, Henriqueta's older brother, and was the Commander's first-born son and principle heir. The auction was held to raise funds to celebrate, in 1949, the 4th centenary of the foundation of Salvador, and some of Dona Fulô's garments can be seen in the exhibition's catalogue. Today, four of Florinda's beautiful outfits are part of the museum's permanent exhibition.

In August 1963, Leocádia Catharino donated the two photographs of Florinda to the institute. On the back of the best known, the one in which she is seated like a queen, is written: "Black cook for the family of José de Sá until the year 1..." The absence of the date—there is no mention of the nineteenth century let alone the decade and year—increases the mystery; although there is evidence that, besides working for the Ribeiros dos Santos, Florinda was also a cook in the house of José de Sá, the father of Leocádia de Sá Martins Catharino, and Henriqueta's sister-in-law.

It was due to this kind of veiled message that the researcher Zélia Bastos began to look more closely at the inventory of Leocádia and her husband Alberto Martins Catharino, and realised that he had acquired Florinda's jewellery collection from Anna Adelaide Ribeiro do Santos. Shown at an exhibition in Argentina about the Brazilian Baroque in 1963, they caused the same amazement and fascination they continue to provoke in everyone who sees them.

All this because Florinda, her garments and accessories are not limited to Florinda Anna do Nascimento, and neither are her glittering jewels and exquisite costumes. Both Florinda and Fulô and their material and immaterial inheritance, are diverse, numerous, many, countless: anonymous or reputable, forgotten or celebrated; workers, freed women, ancestral. And while this book is here to hail, resurrect and celebrate Dona Fulô, it is also here to celebrate, resurrect and hail all Black women, enslaved or freed—and White women like Henriqueta Catharina who used their power and their position to build a fairer country, and thanks to whom Dona Fulô's belongings and memory have been preserved.

And this, with all the words and images held in the pages of this book, is why Florinda Anna do Nascimento is not frozen in time in an anonymous photograph. Both then and now, we can see her hard-working hands, her sturdy feet, the subtlety of her smile, and the spark behind her eyes, all while she sits as if on a throne, from which, dressed in votive raiments and sacred jewellery, she waits for the winds of change.

Florinda, in your head to toe portrait, you can now live in the fullness of a developing world; now that the New World, which is now five centuries old, can no longer hide the fact it was built by women like you.

capítulo 8

A PRESENÇA NEGRA NOS ESTÚDIOS FOTOGRÁFICOS DO SÉCULO XIX

Pedro Corrêa do Lago

Ao trazer contribuições diversas e valiosas a respeito de temas até recentemente pouco explorados — quando não virtualmente ignorados — pela historiografia, em torno das chamadas "joias de crioula" usadas por mulheres negras, ex-escravizadas, alforriadas ou libertas, sobretudo da Bahia, este livro permite, igualmente, uma discussão sobre as circunstâncias em que começou a ser construída, no Brasil, a imagem fotográfica do negro produzida em estúdios.

De fato, os numerosos retratos realizados por fotógrafos profissionais a partir dos anos 1850 revelam um número crescente de adornos de ouro e de prata criados por ourives brasileiros e exibidos por mulheres pretas retratadas em estúdio. Assim, a fotografia desempenha um papel fundamental de documento histórico ao registrar os diferentes tipos de joias usadas por essas mulheres e a quantidade progressivamente maior que algumas delas carregavam no dia a dia.

Nesse contexto, cabe uma análise do desenvolvimento, nas décadas de 1850 a 1900, do retrato de estúdio da população de origem africana no Brasil. Em meio a esse largo movimento de meio século, a vontade do negro é em grande medida ignorada. Tal processo ocorre, portanto, num primeiro momento, à inteira revelia dos retratados e, somente muito mais tarde, à medida que vai se encerrando o século XIX, decorrerá também da própria determinação deles.

É fundamental ressaltar como foi longa e acidentada essa marcha até que os afro-brasileiros pudessem finalmente deixar de ser sujeitos passivos diante da câmera e tomassem a iniciativa de encomendar e produzir suas imagens pessoais, de acordo com o que sabiam ser e não com o que se queria que fossem.

A ideia inicial de reunir para este livro diversos textos sobre o tema das chamadas sinhás pretas e suas joias teve origem numa fotografia já conhecida, mas algo misteriosa, cujos segredos começaram a ser desvendados quando a retratada ganhou um nome (fig. 1). A partir desse nome, Florinda Anna do Nascimento, encontrou-se finalmente uma história, que neste caso se revela exemplar.

A sinhá preta anônima nessa fotografia era, até o começo do milênio, mesmo para os estudiosos, apenas um "tipo" de baiana cuja figura fora captada em estúdio desconhecido e numa data incerta, mas provavelmente no início do século XX, talvez para servir de cartão-postal e atender à curiosidade de turistas. Chamava a atenção (e conferia a essa fotografia sua principal característica) a quantidade e a riqueza dos adornos de ouro e de prata que a imponente senhora ostentava.

Descobriu-se com a pesquisa das últimas décadas que, ao contrário de quase todos os modelos negros retratados na segunda metade do século XIX, Florinda teria posado para o retrato, ao que tudo indica, por vontade própria, comparecendo ao estúdio, por volta de 1900, como cliente, desejosa de tornar-se detentora da própria imagem para preservá-la e compartilhá-la como quisesse. Também numa segunda fotografia, tirada no mesmo dia (fig. 2), seu olhar se mantém fixo na câmera, expressando altivez e orgulho de sua sobrevivência e, sobretudo, de sua trajetória, exibindo nas joias parte de seu patrimônio, símbolo de sua história e de seu sucesso.

Para chegar a fotografias tiradas nessas condições, em que a retratada parece ter grande domínio sobre a feitura de sua imagem, foi necessária uma evolução de décadas, durante as quais era negado aos afro-brasileiros qualquer controle sobre suas feições registradas no papel, preservadas em sua perenidade apenas para outros. Somente a partir dos anos 1880 as imagens de negros produzidas em estúdios profissionais deixaram de ser o resultado exclusivo das escolhas dos fotógrafos e passaram a ser, pelo menos em parte, produzidas de acordo com os desejos dos retratados, agora partícipes na construção de sua própria imagem.

Um breve retrospecto se impõe para melhor entender como se deu o desenrolar desse processo. Inventada em 1839, a fotografia só permitia, inicialmente, a obtenção de uma imagem única, por meio da dispendiosa daguerreotipia. A partir do desenvolvimento da fotografia sobre papel, nos anos 1840, tornou-se possível obter muitas tiragens idênticas de um mesmo negativo. Com isso, cerca de quinze anos mais tarde, a tecnologia passaria a ser acessível a uma grande parte da população, que podia agora tirar seu retrato em estúdios fotográficos por um preço módico. De fato, do final dos anos 1850 em diante, com a popularização do formato *cartes-de-visite* (6 cm × 10 cm), criou-se o costume, entre as famílias burguesas, de formar álbuns com as pequenas imagens dos membros da família

314

e dos amigos, obtidas a baixo custo (fig. 3). Logo se tornou uma verdadeira febre a intensa troca de retratos entre conhecidos, um tipo de registro que sobreviveu até hoje, às centenas de milhares, em museus e coleções particulares.

Até então, fixar a própria imagem num retrato era um luxo limitado aos mais ricos, que podiam pagar um artista para desenhá-los ou mesmo pintá-los sobre tela. Por muitos séculos permaneceu impensável, para a imensa maioria da população, eternizar seus traços. É por isso não conhecemos o rosto de muitas figuras importantes do passado, as quais não dispuseram, em vida, de recursos suficientes para posar para um retratista.

Essa novidade nos hábitos e nas aspirações de uma parte considerável da população, sobretudo europeia e norte-americana de meados do século XIX, tornou-se um fenômeno que acabou atingindo proporções semelhantes entre os habitantes das capitais brasileiras no decorrer da década de 1860. Por um valor baixo, era então possível para famílias inteiras reconhecer-se naqueles pequenos pedaços de cartolina vendidos às dezenas pelos retratistas. É claro que, apesar de relativamente baratos para a população branca, esses retratos eram ainda inacessíveis à grande população escravizada, para quem as prioridades eram outras mais imediatas e muito mais básicas.

Ainda assim, dispomos hoje de um grande número de fotografias de estúdio (tanto no formato *carte-de-visite* como em outros tamanhos) que perfazem uma amostra significativa da população negra que vivia no Brasil, em sua maioria escravizada. Essas imagens foram realizadas por alguns dos maiores fotógrafos, quase todos estrangeiros, estabelecidos no Brasil a partir dos anos 1850.

Mas em que circunstâncias eram fotografados negros no Brasil no século XIX? Parece claro que, com bastante frequência, por iniciativa quase exclusiva do fotógrafo e ignorando-se a vontade do retratado. Muito raramente, ou quase nunca, os retratos de negros eram realizados por encomenda ou por desejo do próprio fotografado.

Até os anos 1870/1880, quase todas as fotografias de afrodescendentes — das quais dispomos hoje no Brasil — eram feitas por imposição direta de brancos, sempre confrontados com um total desinteresse, ou mesmo desprezo, de seus modelos involuntários. Os olhares desafiadores ou de desdém são frequentes nas imagens de negros fotografados contra a vontade (fig. 4, 5 e 6). Esses registros, mesmo que incômodos, não eram descartados, mas, ao contrário, valorizados pelos fotógrafos, talvez por considerá-los mais curiosos e vendáveis.

É muito conhecida a crença de povos indígenas cujos membros se recusavam a ser fotografados por temer que o processo lhes roubasse a alma. Supondo que certas etnias africanas partilhassem sentimento semelhante, essas fotografias tiradas à força se tornariam ainda mais dolorosas.

Quando escravizado, o modelo negro das fotos brasileiras até os anos 1870 é sempre passivo. Sabe que aquele retrato lhe vai ser roubado, ainda que conserve sua alma. Sua própria imagem no papel jamais irá lhe pertencer. Quando muito, o modelo escravizado é indiferente e posa da mesma maneira como exerceria qualquer outra tarefa que lhe fosse imposta. O escravizado posa por intimação do escravizador, mas a imagem obtida assim não é consentida.

E por que motivo desejavam os fotógrafos atuantes no Brasil registrar imagens de negros escravizados? Em grande parte para atender à curiosidade de estrangeiros de passagem pelo país e que queriam levar de volta a suas terras traços "insólitos" ou "pitorescos" — meros *souvenirs* —, dos quais os negros escravizados faziam parte, uma vez que a escravidão era certamente o aspecto — acima de tudo perverso — mais gritante da sociedade brasileira, mais "exótico" e menos familiar aos olhos dos europeus, que constituíam a imensa maioria dos visitantes estrangeiros no país. Essas fotos eram vistas como *"conversation pieces"* (pretextos de conversa), destinadas a causar espanto ou surpresa nos familiares e amigos daqueles raros viajantes que se haviam aventurado pelo Brasil na segunda metade do século XIX.

Alguns dos maiores fotógrafos estrangeiros atuantes no Brasil dos anos 1850-1900 retrataram negros em estúdio, alguns ocasionalmente; outros produziram séries de dezenas de imagens logo que compreenderam o potencial comercial dessas fotografias em seus catálogos, assim como junto às papelarias que vendiam suas fotos — como, no Rio de Janeiro, a famosa Casa Leuzinger. Por ordem cronológica de produção, foram estes o francês R. H. Klumb, o alsaciano Auguste Stahl, o alemão Alberto Henschel, o açoriano Christiano Júnior, o brasileiro de origem francesa Marc Ferrez e o francês Rodolpho Lindemann, cujas imagens de negros serão estudadas a seguir para ilustrar a evolução do retrato de estúdio de negros ao longo dos primeiros cinquenta anos da fotografia no Brasil.

Também João Ferreira Villela, no Recife, retratou eventualmente negros em seus estúdios nas décadas de 1870/1880, e Militão Augusto de Azevedo teve na mesma época, em seu ateliê de retratista em São Paulo, a clientela constantemente renovada dos alunos da Faculdade de Direito, vindos de todas as províncias do país e não raro afrodescendentes. O Museu Afro Brasil levantou 150 imagens

1. Para tanto, contou certamente com alguma cumplicidade de Stahl, que deve ter considerado que o pedido da retratada não afetaria os parâmetros exigidos por Agassiz, o cientista que lhe encomendava essas imagens.

de afro-brasileiros na produção de Militão desse período, das quais um terço é de mulheres, já em sua maioria retratadas por vontade própria nesse período mais próximo à Abolição.

O pioneiro entre os fotógrafos de estúdio que retrataram negros no Brasil parece ter sido R. H. Klumb, que gozava de tal confiança da família imperial que se tornou professor de fotografia das princesas Isabel e Leopoldina, filhas de d. Pedro II. Dele nos resta um único retrato de negra, a imagem em estereoscopia de uma bela moça em trajes estampados referentes à sua etnia (fig. 7), talvez uma escravizada doméstica pertencente ao próprio fotógrafo ou talvez ao Paço, pois Klumb não parece ter explorado comercialmente a venda de fotografias de negros.

Cronologicamente, o alsaciano Augusto Stahl vem em seguida, autor das poucas imagens de negros que talvez revelem alguma empatia pelos retratados (fig. 8, 9 e 10). Para muitos, Stahl é o artista de maior talento da fotografia do século XIX no Brasil. Trabalhou inicialmente em Pernambuco, até 1860, quando se mudou para a capital, tornando-se o primeiro a realizar uma série de imagens de escravizados como parte da produção fotográfica vendida a turistas, que no seu caso era composta sobretudo de vistas urbanas e rurais.

Stahl é autor de alguns dos mais sensíveis retratos de escravizados e também daquela que talvez seja a imagem de estúdio mais misteriosa de uma mulher preta no Brasil, em que o fotógrafo se revelou capaz de extrair da modelo um claro sorriso ao apresentá-la numa pose elaborada, envolta num manto e com joias vistosas aparentes apenas no braço esquerdo (fig. 11). Seria esse um raro exemplo de retrato autorizado? Teria a modelo, conhecida do fotógrafo, influenciado de alguma forma na composição da imagem? É improvável que algum documento ainda por ser encontrado possa nos esclarecer a esse respeito, mas as conjecturas abrem um horizonte mais amplo em meio a um universo ainda tão fechado. Em todo caso, essa imagem sempre fascinou os estudiosos e continua aberta a várias interpretações.

Há, também de Stahl, uma série de fotografias perturbadoras com propósito declaradamente "antropológico", que mostra africanos nus de frente, de costas e de perfil, em imagens compostas, destinadas a polêmicas pesquisas científicas, de cunho racista, produzidas por encomenda do cientista suíço-americano Louis Agassiz, que visitou o Brasil em 1865 (fig. 12). Entre elas figura um tríptico surpreendente de uma mulher, obrigada a posar nua, mas que quis manter colar, pulseira e anéis, num raríssimo exemplo de afirmação de sua identidade (fig. 13).[1]

A motivação comercial dá sentido à quase totalidade da ampla produção do alemão Alberto Henschel, bem como da do português Christiano Júnior, quando estes se propuseram a fotografar modelos negros. A esses fotógrafos se deve a maior parte das imagens de afrodescendentes produzidas nas décadas de 1860-1870 que chegaram até nós. Seu interesse é registrar os mais variados "tipos", com suas características diversas e marcantes, quando não com suas cicatrizes tribais.

De Henschel, atuante em Pernambuco, na Bahia e no Rio, sobretudo nos anos 1870, identifica-se hoje um grande conjunto dessas "imagens etnográficas", conservado em duas instituições alemãs (em Mannheim e em Leipzig), que conta com mais de cinquenta *cartes-de-visite* diferentes.[2] O fotógrafo alemão parece mais interessado pelos rostos, e quase sempre os modelos são retratados no máximo com parte do busto. É claro o intento de registrar nesse grupo de fotos — que Henschel compõe como uma série — a variedade de feições da população escravizada brasileira, podendo servir a um estudo "científico" das diferentes etnias africanas importadas à força para o Brasil (fig. 14, 15, 16, 17, 18 e 19).[3]

Quase todas as mulheres usam as joias discretas a que podiam ter acesso — um uso que o fotógrafo parece encorajar por afirmar o pertencimento delas à etnia de origem e assim contribuir para o apelo pretendido pelo retratista (fig. 20).

Mas Henschel via sobretudo nessas *cartes-de-visite* um grande potencial de venda a estrangeiros, e é dele, por volta de 1870, a imagem de estúdio de produção mais ambiciosa do período, uma elaborada encenação que mostra uma escrava de ganho fumando cachimbo e oferecendo, "na rua", uma grande variedade de frutas debaixo de um enorme guarda-sol. Para essa composição, Henschel escolheu inclusive o formato maior, chamado de *carte-cabinet*. As pulseiras, o brinco e o colar da retratada parecem ainda simples e de fatura mais rudimentar que as joias ostentadas pelas ditas sinhás pretas do final do século. Embora num cenário totalmente reconstruído em estúdio, Henschel quer representar nessa fotografia uma típica "escrava de ganho", uma entre milhares de mulheres negras que, nas ruas, movimentavam a economia informal brasileira (fig. 21). Duas outras imagens comerciais do estúdio Henschel, que mostram mulheres sentadas e que foram tiradas por volta de 1875, já evidenciam "pulseiras de placas" mais elaboradas, cuja confecção certamente se deve a ourives brasileiros (fig. 22 e 23).[4]

A postura é algo diversa nas fotos de Christiano Júnior, atuante no Rio de Janeiro, e nas do inglês João Goston, que traba-

2. Vários outros exemplares avulsos também existem em museus e coleções privadas brasileiras.

3. E por isso as séries foram adquiridas ainda no século XIX pelos museus etnográficos alemães.

4. Alguns estudiosos das chamadas "joias de crioula" observaram que tais pulseiras poderiam se assemelhar a algemas, e os colares, a correntes.

lhou na Bahia. Ambos estão menos interessados nos rostos e muito mais nas atividades dos escravizados, que Christiano e Goston fotografam geralmente de corpo inteiro, obrigando-os a mimetizar a respectiva profissão ou seus principais afazeres mediante alguns vinténs — uma vez que os escravizados não pertenciam aos fotógrafos e possivelmente posavam nos estúdios em troca de alguma remuneração, por menor que fosse (fig. 24, 25 e 26). Deve-se a Christiano Júnior a maior série de imagens de escravizados dos anos 1860, a qual totaliza mais de oitenta *cartes-de-visite* diferentes que o fotógrafo produziu em 1864-1865. Sua coleção era anunciada como de "tipos de pretos", ou como uma "coisa muito própria para quem se retira para a Europa". Destas, apenas quinze mostram somente o rosto ou o busto do retratado, como o fez Henschel, o que indica que o foco maior de Christiano Júnior reside nas atividades dos escravizados de ganho, talvez para ele mais suscetíveis de despertar curiosidade entre a clientela que adquiria as fotos do que aquelas com apenas os "tipos" de negros.

No caso das mulheres, também a vestimenta parece atrair especialmente a atenção do fotógrafo português, numa época em que as joias das escravizadas, quando mostradas em seus retratos, são ainda modestas, dez anos antes das fotos de Henschel discutidas anteriormente, que revelam, por volta de 1875, joias muito mais ricas e de feitura característica baiana (fig. 27 e 28).

Duas imagens são exceção na produção de Christiano Júnior: a que mostra uma das muitas jovens lavadeiras que costumavam trabalhar de peito nu no Campo de Santana, na capital (fig. 29), e aquela com mãe e filha (fig. 30). Em ambas, a indumentária e os adereços parecem denotar que as modelos tinham chegado havia pouco da África, ainda que o tráfico tivesse cessado de vez em 1850 e essas moças já fossem provavelmente nascidas no Brasil.

Muito recentemente foi identificada uma nova imagem produzida por Christiano Júnior, até então desconhecida dos estudiosos, que mostra a mesma mãe, agora sem a filha e de peito nu. Esse retrato — do qual só se conhece esse exemplar recém-descoberto e que foi tirado no mesmo dia em que a modelo posou vestida, com a filha — é algo surpreendente e destoa da produção comercial do fotógrafo português, não tendo feito parte das muitas coleções de fotografias de negros realizadas por ele em estúdio e que hoje estão presentes em coleções institucionais e privadas. Por ser tão rara, essa foto pode indicar que o fotógrafo a teria realizado apenas por interesse pessoal, e não para divulgá-la com replicação em muitos exemplares, como no caso das outras imagens de sua autoria mostradas acima (fig. 31).

Christiano Júnior tem, na mesma época, em Salvador, um colega com proposta semelhante: João Goston. Deste se conhece um grupo de apenas dez imagens, entre as quais uma de uma preta, de corpo inteiro, que ostenta joias de feitura sofisticada já por volta de 1870 (fig. 32).

Pode agora ser enfim identificada também como de autoria de João Goston aquela que talvez seja a composição mais instigante entre as fotografias dos anos 1860 que mostram escravizados no Brasil. Trata-se de uma imagem que se tornou célebre desde que tive a oportunidade de descobri-la, há cerca de vinte e cinco anos, num álbum formado por um viajante inglês. Ela apresenta uma moça de impressionante beleza, integrante da aristocracia baiana, sentada numa liteira entre dois escravizados de postura oposta: um que parece subserviente, de chapéu na mão, e outro, mais desenvolto, quase *nonchalant*, de cartola na cabeça (fig. 33). Essa fascinante imagem de estúdio realizada no Brasil oitocentista revela, no piso do estúdio, o mesmo desenho característico de outras fotos que trazem o carimbo de Goston no verso, como a da preta de corpo inteiro mencionada anteriormente, o que permite, agora, confirmar a autoria desse retrato marcante.[5]

Logo, constata-se, no levantamento das imagens existentes, que apenas uma ínfima proporção das fotografias realizadas no Brasil, nos primeiros vinte anos após a popularização do retrato fotográfico entre nós, corresponde a imagens tiradas por iniciativa do próprio retratado quando este é de origem africana. Uma exceção talvez seja a dos oficiais negros libertos durante a Guerra do Paraguai, que, no auge da moda das *cartes-de-visite*, bem podem ter gastado parte de seu soldo para eternizar a imagem para os parentes, quem sabe diante da iminência da morte em combate (fig. 34 e 35).

Outra exceção é quando a escravizada preta aparece como coadjuvante no retrato de estúdio de uma criança branca encomendado pelos pais. É esse o caso da tocante imagem do menino abraçado à sua ama, produzida por Villela, no Recife, por volta de 1865 (fig. 36) e da criança loira com a sua babá, vestida à europeia, tirada em Pernambuco em 1874 (fig. 37). A primeira imagem tem no verso a identificação do menino, Augusto Gomes Leal, e pelo menos o primeiro nome de sua ama, Monica. No caso da segunda imagem, a criança é identificada no verso como Eugen Keller, mas, como esperado, ninguém se preocupou em registrar o nome da escravizada, que, tal como Florinda (mas muito antes dela), era babá.

Igualmente excepcionais são imagens como aquela do famoso rei africano Obá II, tido como amigo de d. Pedro II e cujo retrato em *carte-cabinet* foi encontrado em meio à coleção de fotografias

5. A observação dessa semelhança deve-se ao pesquisador Agenor Araújo Filho.

da princesa Isabel (fig. 38). Alguns membros negros do clero também foram ocasionalmente fotografados em estúdio nessa época, como o monsenhor Narciso numa *carte-de-visite* pouco anterior à sua morte, em 1870, também conservada pela princesa (fig. 39).

Naturalmente, nessa época, boa parte da burguesia era afrodescendente, em consequência da miscigenação que caracterizara a vida colonial. Muitos mestiços em posição de poder ou de destaque procuravam assimilar-se à elite de origem, cultura e tradições europeias, tanto na aparência como nos hábitos e no próprio modo de se vestir. É apenas nesse contexto que, a partir dos anos 1860, se observam, finalmente, alguns descendentes de africanos — sempre nascidos livres no Brasil — que procuram fixar na fotografia um reflexo que até então só lhes oferecia o espelho. Profissionais liberais pretos, formados sobretudo em Direito (como Luiz Gama) (fig. 40), Medicina, Engenharia (como André Rebouças), ou mesmo jornalistas (como José do Patrocínio) (fig. 41), começavam a frequentar os estúdios fotográficos, mas constituíam, ainda, uma pequena proporção da clientela.

É esse o caso do jovem Machado de Assis, que procurou o estúdio do melhor artista em atividade no Rio de Janeiro no início dos anos 1860, o mesmo Augusto Stahl, recém-agraciado com o título de Fotógrafo da Casa Imperial. A imagem, pouco conhecida e talvez o primeiro retrato de estúdio de nosso maior escritor, deve datar de 1862 (fig. 42). A fotografia mostra um rapaz muito magro, de pouco mais de vinte anos e trajado com elegância, uma vez que, graças ao próprio talento, já fora integrado à vida intelectual da capital, da qual logo se tornaria um expoente, bem aceito pelas elites, compostas à época por um maior número de afrodescendentes do que viriam a ser, proporcionalmente, no decorrer do século seguinte.

É a partir da evolução dos costumes e da situação socioeconômica da população negra no final do século XIX que se observa a iniciativa das sinhás pretas, desejosas de se tornarem freguesas dos estúdios fotográficos, que resultará no retrato encomendado por Florinda e naqueles de outras ex-escravizadas. Nesse ponto, apresentam-se como obstáculos à pesquisa de imagens algumas dúvidas recorrentes quanto à datação das fotografias e à sua atribuição segura aos fotógrafos, que as distribuíram numa época em que o direito autoral era fluido e em que os profissionais podiam apropriar-se de imagens que não haviam realizado.

Essas imprecisões envolvem os dois últimos fotógrafos mencionados, que desempenharam, ambos, papel de relevo na divulgação das imagens de negros produzidas em estúdio no Brasil das últimas décadas do século XIX: Marc Ferrez, o mais famoso artista do período, e Rodolpho Lindemann, atuante na Bahia e cuja produção foi disseminada sobretudo em cartões-postais na primeira década do século XX. O jovem Ferrez não parece ter aderido, nos anos 1870, à inclusão, em seu catálogo, de imagens de uma grande variedade de "tipos" de escravizados, tal qual fizeram Henschel e Christiano Júnior, pois só se conhecem duas imagens de estúdio, nesse estilo, de autoria de Ferrez (fig. 43 e 44).

Mais tarde, nos anos 1880/1890, três figuras de negras da Bahia tornaram-se carros-chefe da produção comercial de Ferrez e figuram em quase todos os seus álbuns (fig. 45, 46 e 47). Os negativos de vidro foram conservados pelo fotógrafo (e encontram-se hoje no Instituto Moreira Salles), o que prova a autoria de Ferrez mesmo em fotos publicadas mais tarde por Lindemann em cartões-postais.

Essas imagens aparecem sempre em dípticos nos numerosos álbuns de vistas do Brasil vendidos por Ferrez a turistas estrangeiros entre 1890 e 1915. Numa delas, a imagem intitulada *Negra da Bahia* é acoplada a outra chamada *Índia botocudo* (fig. 48). Nas imagens das sinhás pretas, nota-se agora uma abundância de joias que não se observava até 1880 (fig. 49 e 50).

Em vez das tiragens albuminadas, preferidas por Ferrez para compor seus álbuns, Rodolpho Lindemann, francês estabelecido em Salvador, fixa suas imagens num suporte diferente: o cartão-postal, que passa a ser o principal meio de divulgação dessas fotografias para os viajantes estrangeiros ou de outras províncias, os quais constituíam a principal clientela para as imagens de negros. Nota-se que duas modelos usadas por Lindeman (fig. 53 e 54) são as mesmas fotografadas por Ferrez (fig. 46, 47 e 48), mas o fato de posarem para os dois fotógrafos de destaque não lhes garantiu na época a saída do anonimato (fig. 51, 52, 53 e 54).[6]

Mesmo tendo sido usados, mais tarde, em cartões-postais, existem também retratos de estúdio realizados por Lindemann que emanam claramente do desejo das retratadas de terem seus traços, sua indumentária e suas joias eternizadas no papel. É o caso da imagem em que se observa uma baiana, de ar imperturbável, exibindo suas pulseiras, rendas, colares e balangandãs (fig. 55), e daquela em que duas amigas são fotografadas juntas, mais carregadas de ouro e de prata que em quaisquer outras imagens (fig. 56). Faceiras, com toda a justeza, ao serem retratadas dessa forma, uma delas chega mesmo a conceder ao fotografo um raro sorriso, nessa imagem enfim negociada em que infelizmente ambas permanecem sem nome.

As fotografias abordadas neste texto se prestam a muitas outras interpretações; e as joias reconhecíveis nos retratos, a uma

6. No caso da figura 53, houve quem interpretasse o guarda-chuva atravessado na trouxa que vai à cabeça da modelo como uma intenção deliberada do fotógrafo de ridicularizá-la. Discordamos dessa interpretação, pois há inúmeros relatos dessa prática entre as mulheres pretas no início do século, além de já ser costume nos anos 1860, como mostra a figura 27.

análise mais minuciosa. Mas isso fugiria ao escopo deste ensaio, que objetiva centrar-se na evolução do estatuto do modelo negro diante do fotógrafo branco que capta sua imagem em estúdio nas primeiras cinco décadas da fotografia produzida no Brasil.

Foi preciso, portanto, que um longo e árduo caminho fosse percorrido por uma legião de modelos impávidos e anônimos, para que se chegasse a imagens como as de Florinda Anna do Nascimento que abrem este texto, em que a retratada enfim recupera com orgulho sua história e sua identidade.

REFERÊNCIAS BIBLIOGRÁFICAS

ALVES, Aristides (org.). *A fotografia na Bahia: 1839-2006*. Salvador: Asa Foto, 2006.

ARAÚJO, Emanoel (org.). *Tradição e ruptura: síntese de arte e cultura brasileiras*. São Paulo: Fundação Bienal de São Paulo, nov. 1984 a jan. 1985.

ARAÚJO, Íris Morais. *Militão Augusto de Azevedo: fotografia, história e antropologia*. São Paulo: Alameda Editorial, 2010.

AZEVEDO, Paulo Cesar de; LISSOVSKY, Maurício (org.). *Escravos brasileiros do século XIX na fotografia de Christiano Júnior*. São Paulo: Ex-Libris, 1988.

BELTRAMIN, Fabiana. *Sujeitos iluminados: a reconstituição das experiências vividas no estúdio de Christiano Jr*. São Paulo: Alameda Editorial, 2013.

BITTENCOURT, Renata. *Modos de negra e modos de branca: o retrato "Baiana" e a imagem da mulher negra na arte do século XIX*. Dissertação de Mestrado em História da Arte e da Cultura. Instituto de Filosofia e Ciências Humanas, 2005.

BURKE, Peter. *Testemunha ocular: o uso de imagens como evidência histórica*. São Paulo: Editora Unesp, 2017.

CARDIM, Mônica. *Identidade branca e identidade negra: Alberto Henschel e a representação do negro no Brasil do século XIX*. Dissertação (Mestrado — Programa de Pós-Graduação Interunidades em Estética e História da Arte). São Paulo: Universidade de São Paulo. 2012.

CASTRO, Danielle Ribeiro de. *Photographos da Casa Imperial — a nobreza da fotografia no Brasil do século XIX*. Monografia (Especialização em História da Arte). São Paulo: Fundação Armando Álvares Penteado (FAAP). 2010.

CERON, Ileana Pradilla. *Marc Ferrez: uma cronologia da vida e da obra*. Rio de Janeiro: Instituto Moreira Salles, 2019.

DINIZ, Thales Valeriani Graña. *A construção imagética das elites brasileiras em contraposição a outros grupos sociais nas fotografias de Alberto Henschel e Revert Henrique Klumb: práticas socioculturais e suas produções de sentido*. Programa de Pós-Graduação em Comunicação (PPGCOM) da Universidade Estadual Paulista "Júlio de Mesquita Filho". Bauru: Faculdade de Arquitetura, Artes e Comunicação (FAAC). 2018.

ERMAKOFF, George. *O negro na fotografia brasileira no século XIX*. Rio de Janeiro: Casa Editorial, 2004.

ESCOREL, Silvia. *Vestir poder e poder vestir: o tecido social e a trama cultural nas imagens do traje negro (Rio de Janeiro — séc. XVIII)*. Dissertação (Mestrado em História Social). Instituto de Filosofia e Ciências Sociais (CFCH) da Universidade Federal do Rio de Janeiro, 2000.

FERREZ, Gilberto. *A fotografia no Brasil: 1840-1900*. Prefácio de Pedro Karp Vasquez. 2.ed. Rio de Janeiro: Funarte, 1985.

_____. *Bahia: velhas fotografias 1858-1900*. Rio de Janeiro: Kosmos, 1988.

GODOY, Solange de Sampaio. *Círculo das contas: joias de crioulas baianas/Band of beads: creole jewellery from Bahia, Brazil*. Salvador: Fundação Museu Carlos Costa Pinto, 2006.

GOMES, Flávio dos Santos; LAURIANO, Jaime; SCHWARCZ, Lilia Moritz. *Enciclopédia negra: biografias afro-brasileiras*. São Paulo: Companhia das Letras, 2021.

HIRSZMAN, Maria Lafayette Aureliano. *Entre o tipo e o sujeito: os retratos de escravos de Christiano Jr*. Dissertação (Mestrado em Artes). Escola de Comunicação e Artes da Universidade de São Paulo. 2011.

JOVINO, Ione da Silva. *Crianças negras em imagens do século XIX*. Programa de Pós-Graduação em Educação. Centro de Educação e Ciências Humanas da Universidade Federal de São Carlos. 2010.

KOSSOY, Boris; CARNEIRO, Maria Luiza Tucci. *O olhar europeu: o negro na iconografia brasileira do século XIX*. São Paulo: Edusp, 1994.

KOUTSOUKOS, Sandra Sofia Machado. *Negros no estúdio do fotógrafo: Brasil, segunda metade do século XIX*. Campinas: Editora da Unicamp, 2010.

LAGO, Bia Corrêa do. *Augusto Stahl: obra completa em Pernambuco e Rio de Janeiro*. Rio de Janeiro: Capivara, 2001. Coleção Visões do Brasil.

_____; LAGO, Pedro Corrêa do. *Os fotógrafos do Império: a fotografia brasileira no século XIX*. Trad. Lucia Jahn. Rio de Janeiro: Capivara, 2005.

_____. *Coleção Princesa Isabel: fotografia do século XIX: a descoberta de um tesouro cultural inédito, composto de mais de mil imagens brasileiras*. Rio de Janeiro: Capivara, 2013.

LAGO, Pedro Corrêa do; FERNANDES JUNIOR, Rubens. *O século XIX na fotografia brasileira. Coleção Pedro Corrêa do Lago*. São Paulo: FAAP/Livraria Francisco Alves Editora, 2000.

LEITE, Marcelo Eduardo. "Os múltiplos olhares de Christiano Junior". *Studium*, n. 10, Campinas, Departamento de Multimeios da Unicamp, 2002.

_____. "Typos de Pretos: escravos na fotografia de Christiano Jr.". *Visualidades*, v. 9, n. 1, pp. 25-47, Goiânia, jan.-jun. 2011.

MATTOSO, Katia M. de Queiroz. *Da Revolução dos Alfaiates à riqueza dos baianos no século XIX*. Salvador: Corrupio, 2004.

MOURA, Carlos Eugênio Marcondes de. *A travessia da Calunga Grande: três séculos de imagens sobre o negro no Brasil (1637-1899)*. São Paulo: Edusp, 2000.

RISÉRIO, Antonio. *As sinhás pretas da Bahia: suas escravas, suas joias*. Rio de Janeiro: Topbooks, 2021.

SANTOS, Isis Freitas dos. *"Gosta dessa baiana?": Crioulas e outras baianas nos cartões postais de Lindemann (1880-1920)*. Dissertação (Mestrado). Faculdade de Filosofia e Ciências Humanas da Universidade Federal da Bahia. Salvador, 2014.

TURAZZI, Maria Inez. *Poses e trejeitos: a fotografia e as exposições na era do espetáculo: 1839-1889*. Rio de Janeiro: Funarte/Rocco, 1995.

VASQUEZ, Pedro Karp. *O Brasil na fotografia oitocentista*. São Paulo: Metalivros, 2003.

_____. *Fotógrafos pioneiros no Rio de Janeiro: Victor Frond, George Leuzinger, Marc Ferrez e Juan Gutierrez (antologia fotográfica)*. Rio de Janeiro: Dazibao, 1990.

_____. *Revert Henrique Klumb: um alemão na corte imperial brasileira*. Rio de Janeiro: Capivara, 2001. Coleção Visões do Brasil.

WETHERELL, James; HADFIELD, William (eds.). *Brazil: Stray Notes from Bahia: Being extracts from letters, etc., during a residence of fifteen years by the late James Wetherell, esq., British vice-consul of Bahia, and latterly vice-consul of Paraíba*. Liverpool: 1860.

FIG. 1
FOTÓGRAFO DESCONHECIDO. *RETRATO DE DONA FLORINDA*. SALVADOR, [S.D.]. ACERVO DO INSTITUTO FEMININO DA BAHIA.

UNKNOWN PHOTOGRAPHER. *RETRATO DE DONA FLORINDA* [PORTRAIT OF DONA FLORINDA]. SALVADOR, [N.D.]. COLLECTION OF INSTITUTO FEMININO DA BAHIA.

PÁGINA AO LADO/RIGHT:
FIG. 2
FOTÓGRAFO DESCONHECIDO. *RETRATO DE DONA FLORINDA*. SALVADOR, [S.D.]. ACERVO DO INSTITUTO FEMININO DA BAHIA.

UNKNOWN PHOTOGRAPHER. *RETRATO DE DONA FLORINDA* [PORTRAIT OF DONA FLORINDA]. SALVADOR, [N.D.]. COLLECTION OF INSTITUTO FEMININO DA BAHIA.

PÁGINAS SEGUINTES/NEXT SPREAD:
FIG. 3
FOTÓGRAFO DESCONHECIDO. DIVERSOS RETRATOS NO FORMATO *CARTES-DE-VISITE*. SEGUNDA METADE DO SÉCULO XIX. COLEÇÃO PARTICULAR.

UNKNOWN PHOTOGRAPHER. SEVERAL "CARTES-DE-VISITE" PORTRAITS. SECOND HALF OF THE 19TH CENTURY. PRIVATE COLLECTION.

Général Bon de Berthois

Baronne de Berthois douair.

Bon de Berthois fils

Adèle de Hénin 1879

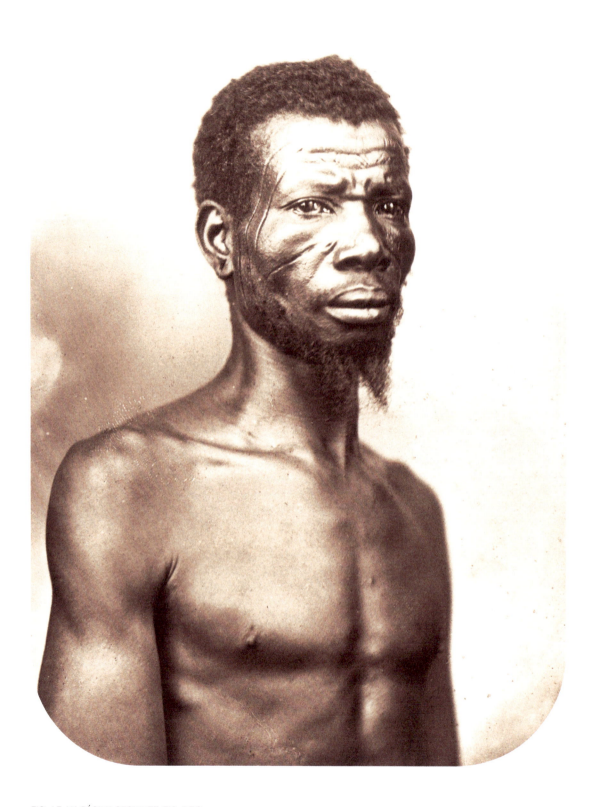

FIG. 4 E, NA PÁGINA SEGUINTE, FIG. 5 E 6
FOTÓGRAFO DESCONHECIDO. RETRATOS DE NEGROS ESCRAVIZADOS FOTOGRAFADOS CONTRA A VONTADE. BRASIL, FINS DO SÉCULO XIX. ACERVO INSTITUTO MOREIRA SALLES.
FIG. 4 AND, TO THE RIGHT, FIG. 5 AND 6
UNKNOWN PHOTOGRAPHER. PORTRAITS OF BLACK SLAVES PHOTOGRAPHED AGAINST THEIR WILL. BRAZIL, LATE 19TH CENTURY. COLLECTION INSTITUTO MOREIRA SALLES.

FIG. 7
R. H. KLUMB. *RETRATO DE UMA NEGRA EM TRAJES TRADICIONAIS DE SUA ETNIA*. BRASIL, FINS DO SÉCULO XIX. COLEÇÃO PARTICULAR.

R.H. KLUMB. *PORTRAIT OF A BLACK WOMAN IN TRADITIONAL ETHNIC COSTUME*. BRAZIL, LATE 19TH CENTURY. PRIVATE COLLECTION.

FIG. 8 (AO LADO) E FIG. 9 E 10 (NESTA PÁGINA)
RETRATOS DE NEGROS TIRADOS PELO FOTÓGRAFO AUGUSTO STAHL. BRASIL, FINS DO SÉCULO XIX. COLEÇÃO PARTICULAR.

FIG. 8 (PAGE ON THE LEFT) AND FIG. 9 AND 10 (ON THIS PAGE)
PORTRAITS OF BLACK PEOPLE TAKEN BY PHOTOGRAPHER AUGUSTO STAHL. BRAZIL, LATE 19TH CENTURY. PRIVATE COLLECTION.

FIG. 11

AUGUSTO STAHL. *RETRATO DE MULHER ENVOLTA NUMA MANTO E COM JOIAS À VISTA*. BRASIL, FINS DO SÉCULO XIX. COLEÇÃO PARTICULAR.

AUGUSTO STAHL. *PORTRAIT OF A WOMAN WRAPPED IN A CLOAK AND EXHIBITING JEWELLERY*. BRAZIL, LATE 19TH CENTURY. PRIVATE COLLECTION.

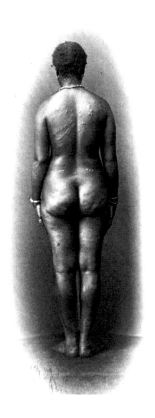  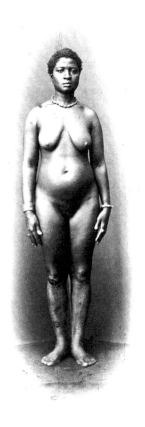

FIG. 12

AUGUSTO STAHL. *RETRATO DE UMA MULHER NUA; DE COSTAS, PERFIL E FRENTE*. CORTESIA DO MUSEU PEABODY DE ARQUEOLOGIA E ETNOLOGIA, UNIVERSIDADE DE HARVARD, CAMBRIDGE, EUA.

AUGUSTO STAHL. *PORTRAIT OF A WOMAN, NUDE; BACK, PROFILE, FRONTAL*. COURTESY OF PEABODY MUSEUM OF ARCHEOLOGY AND ETHNOLOGY, HARVARD UNIVERSITY, CAMBRIDGE, USA.

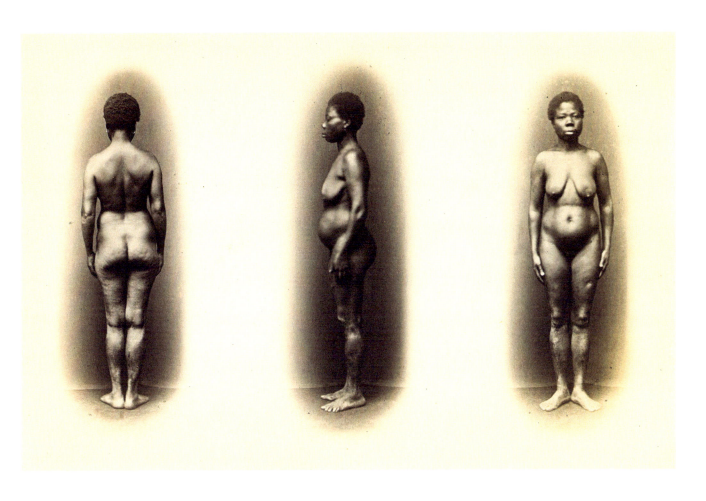

FIG. 13
AUGUSTO STAHL. *RETRATO DE UMA MULHER; DE COSTAS, PERFIL E FRENTE*. CORTESIA DO MUSEU PEABODY DE ARQUEOLOGIA E ETNOLOGIA, UNIVERSIDADE DE HARVARD, CAMBRIDGE, EUA.

AUGUSTO STAHL. *PORTRAIT OF A WOMAN; BACK, PROFILE, FRONTAL*. COURTESY OF PEABODY MUSEUM OF ARCHEOLOGY AND ETHNOLOGY, HARVARD UNIVERSITY, CAMBRIDGE, USA.

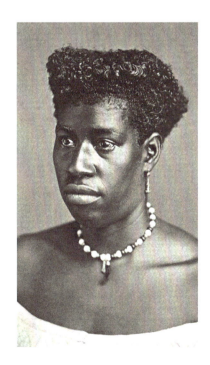

FIG. 14-20 (PÁGINA AO LADO E NESTA PÁGINA)
DIVERSOS RETRATOS DE NEGROS NO FORMATO *CARTES-DE-VISITE* TIRADAS PELO FOTÓGRAFO ALBERTO HENSCHEL. BRASIL, SEGUNDA METADE DO SÉCULO XIX. COLEÇÃO PARTICULAR.

FIG. 14-20 (PREVIOUS PAGE AND THIS PAGE)
SEVERAL PORTRAITS OF BLACKS IN *CARTE-DE-VISITE* FORMAT TAKEN BY PHOTOGRAPHER ALBERTO HENSCHEL. BRAZIL, SECOND HALF OF THE 19TH CENTURY. PRIVATE COLLECTION.

FIG. 21

ALBERTO HENSCHEL. RETRATO DE ESTÚDIO, EM FORMATO
CARTE-CABINET, COM MODELO NEGRA REPRESENTANDO
"ESCRAVA DE GANHO". RIO DE JANEIRO, BRASIL, SEGUNDA
METADE DO SÉCULO XIX. COLEÇÃO PARTICULAR.

ALBERTO HENSCHEL. STUDIO PORTRAIT, IN CARTE-CABINET
FORMAT, WITH A BLACK MODEL REPRESENTING A "ESCRAVA
DE GANHO" [FEMALE VENDOR SLAVE]. RIO DE JANEIRO,
RJ, BRAZIL, SECOND HALF OF THE 19TH CENTURY.
PRIVATE COLLECTION.

Frucht-Verkäuferin in Rio de Janeiro.

HENSCHEL & BENQUE  PHOTOGRAPHIA ALLEMÃ
RIO DE JANEIRO 40. RUA DOS OURIVES.

FIG. 22 (ESTA PÁGINA) E 23 (PÁGINA AO LADO)
RETRATOS DO ESTÚDIO DE AUGUSTO HENSCHEL, COM MULHERES EM EM TRAJES DE "GANHADEIRAS" EXIBINDO, ENTRE OUTRAS JOIAS, PULSEIRAS DE PLACAS MAIS ELABORADAS. RIO DE JANEIRO, BRASIL, C. 1975. COLEÇÃO PARTICULAR.

FIG. 22 (THIS PAGE) AND 23 (RIGHT)
PORTRAITS BY THE STUDIO OF AUGUSTO HENSCHEL, WITH WOMEN IN "GANHADEIRA" [VENDOR SLAVES] ATTIRE, DISPLAYING, AMONG OTHER JEWELLERY, MORE ELABORATE IDENTITY BRACELETS. RIO DE JANEIRO, BRAZIL, C. 1975. PRIVATE COLLECTION.

FIG. 24, 25 (ESTA PÁGINA) E 26 (AO LADO)
RETRATOS DE ESTÚDIO TIRADOS POR CHRISTIANO JÚNIOR,
NO FORMATO *CARTES-DE-VISITE*, DE ESCRAVIZADOS
EM TRAJES ASSOCIADOS A SEUS OFÍCIOS URBANOS.
RIO DE JANEIRO, DÉCADA DE 1860. COLEÇÃO PARTICULAR.

FIG. 24, 25 (THIS PAGE) AND 26 (RIGHT)
STUDIO PORTRAITS TAKEN BY CHRISTIANO JÚNIOR,
IN CARTE-DE-VISITE FORMAT, OF ENSLAVED PEOPLE IN
COSTUMES ASSOCIATED TO THE URBAN WORK THEY DID.
RIO DE JANEIRO, RJ, BRAZIL, 1860S. PRIVATE COLLECTION.

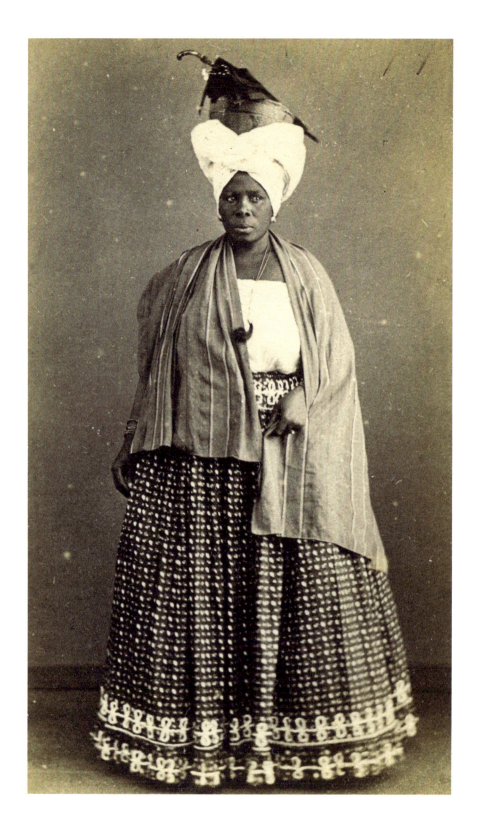

FIG. 27
RETRATO DO ESTÚDIO DE CHRISTIANO JÚNIOR COM NEGRA PORTANDO JOIAS DE ESTILO BAIANO. BRASIL, C. 1875. COLEÇÃO PARTICULAR.
PORTRAIT BY CHRISTIANO JÚNIOR'S STUDIO OF BLACK WOMAN WEARING BAHIAN-STYLE JEWELLERY. BRAZIL, C. 1875. PRIVATE COLLECTION.

FIG. 28
CHRISTIANO JÚNIOR. *ESCRAVA DE GANHO*. BRASIL, 1864/1865. ACERVO DO MUSEU HISTÓRICO NACIONAL/IBRAM (DIGITALIZADO POR JAIME ACIOLI).
CHRISTIANO JÚNIOR. *ESCRAVA DE GANHO* [VENDOR SLAVE]. BRAZIL, 1864/1865. COLLECTION MUSEU HISTÓRICO NACIONAL/IBRAM (DIGITIZED BY JAIME ACIOLI).

FIG. 29-31
RETRATOS DO ESTÚDIO DE CHRISTIANO JÚNIOR MOSTRANDO LAVADEIRAS QUE COSTUMAVAM TRABALHAR DE PEITO NU NO CAMPO DE SANTANA, RIO DE JANEIRO. NA FIG. 30 SÃO RETRATADAS MÃE E FILHA. BRASIL, SEGUNDA METADE DO SÉCULO XIX. COLEÇÃO PARTICULAR.

PORTRAITS BY CHRISTIANO JÚNIOR'S STUDIO SHOWING WASHERWOMEN WHO USED TO WORK BARE-CHESTED IN CAMPO DE SANTANA, RIO DE JANEIRO, RJ. FIG. 30 SHOWS PORTRAYED MOTHER AND DAUGHTER. BRAZIL, SECOND HALF OF THE 19TH CENTURY. PRIVATE COLLECTION.

AO LADO/RIGHT:

FIG. 32
JOÃO GOSTON. RETRATO DE CORPO INTEIRO DE MULHER NEGRA PORTANDO JOIAS SOFISTICADAS. BRASIL, C. 1870. COLEÇÃO PARTICULAR.

JOHN GOSTON. FULL-LENGTH PORTRAIT OF BLACK WOMAN WEARING SOPHISTICATED JEWELLERY. BRAZIL, C. 1870. PRIVATE COLLECTION.

FIG. 33
JOÃO GOSTON. *MOÇA DA ARISTOCRACIA BAIANA ACOMPANHADA DE DOIS ESCRAVOS*. SALVADOR/BA, DÉCADA DE 1860. COLEÇÃO PARTICULAR.

JOÃO GOSTON. *LADY FROM THE BAHIAN ARISTOCRACY ACCOMPANIED BY TWO SLAVES*. SALVADOR, BA, BRAZIL, 1860S. PRIVATE COLLECTION.

FIG. 34 E 35
FOTÓGRAFO DESCONHECIDO. RETRATOS DE NEGROS LIBERTOS PARA COMBATER NA GUERRA DO PARAGUAI, TIRADOS POR VONTADE DOS PRÓPRIOS RETRATADOS ANTES DE PARTIREM PARA O COMBATE. BRASIL, DÉCADA DE 1860. COLEÇÃO PARTICULAR.

FIG. 34 AND 35
UNKNOWN PHOTOGRAPHER. PORTRAITS OF BLACKS FREED TO FIGHT IN THE PARAGUAYAN WAR, TAKEN OF THEIR OWN VOLITION BEFORE THEY LEFT FOR COMBAT. BRAZIL, 1860S. PRIVATE COLLECTION.

PÁGINAS SEGUINTES/NEXT SPREAD:
FIG. 36
JOÃO FERREIRA VILLELA. AUGUSTO GOMES LEAL ABRAÇADO À SUA AMA DE LEITE, MONICA. RECIFE, C. 1865. COLEÇÃO PARTICULAR.

JOÃO FERREIRA VILLELA. AUGUSTO GOMES LEAL HUGGING HIS WET NURSE, MONICA. RECIFE, PE, BRAZIL, C. 1865. PRIVATE COLLECTION.

FIG. 37
JOÃO FERREIRA VILLELA. EUGEN KELLER ACOMPANHADO DA BABÁ (NÃO IDENTIFICADA), VESTIDOS À EUROPEIA. RECIFE, 1874. COLEÇÃO PARTICULAR.

JOÃO FERREIRA VILLELA. EUGEN KELLER ACCOMPANIED BY HIS NANNY (UNIDENTIFIED), BOTH DRESSED IN EUROPEAN STYLE. RECIFE, 1874. PRIVATE COLLECTION.

355

A. LOPES CARDOSO
PHOTOGRAPHO
BAHIA

FIG. 38
FOTÓGRAFO DESCONHECIDO. RETRATO DO REI AFRICANO OBÁ II, AMIGO DE D. PEDRO II. [S.L., S.D.] COLEÇÃO PRINCESA ISABEL.
UNKNOWN PHOTOGRAPHER. PORTRAIT OF THE AFRICAN KING OBÁ II, FRIEND OF D. PEDRO II. [N.P., N.D.] PRINCESS ISABEL COLLECTION.

FIG. 39
FOTÓGRAFO DESCONHECIDO. RETRATO NO FORMATO CARTE-DE-VISITE DE MONSENHOR NARCISO. [S.L.], C. 1870. COLEÇÃO PRINCESA ISABEL.
UNKNOWN PHOTOGRAPHER. PORTRAIT IN CARTE-DE-VISIT FORMAT OF MONSIGNOR NARCISO. [N.P.], C. 1870. PRINCESS ISABEL COLLECTION.

FIG. 40
FOTÓGRAFO DESCONHECIDO. RETRATO DO ADVOGADO
LUIZ GAMA. [S.L.], C. 1880.
UNKNOWN PHOTOGRAPHER. PORTRAIT OF THE LAWYER
LUIZ GAMA. [N.P.], C. 1880.

FIG. 41
FOTÓGRAFO DESCONHECIDO. RETRATO DO JORNALISTA
JOSÉ DO PATROCÍNIO. [S.L.], C. 1880.
UNKNOWN PHOTOGRAPHER. PORTRAIT OF JOURNALIST
JOSÉ DO PATROCÍNIO. [N.P.], C. 1880.

FIG. 42
AUGUSTO STAHL. POSSIVELMENTE PRIMEIRO RETRATO DE ESTÚDIO DO ESCRITOR MACHADO DE ASSIS. RIO DE JANEIRO, C. 1862. COLEÇÃO PARTICULAR.
AUGUSTO STAHL. POSSIBLY THE FIRST STUDIO PORTRAIT OF THE WRITER MACHADO DE ASSIS. RIO DE JANEIRO, RJ, BRAZIL, C. 1862. PRIVATE COLLECTION.

PÁGINAS SEGUINTES/NEXT SPREAD:
FIG. 43 E 44
DUAS FOTOGRAFIAS DE "TIPOS" ESCRAVIZADOS TIRADAS POR MARC FERREZ, EM SEU ESTÚDIO NO RIO DE JANEIRO, DÉCADA DE 1870. COLEÇÃO PARTICULAR.
TWO PHOTOGRAPHS OF ENSLAVED "CHARACTERS" TAKEN BY MARC FERREZ IN HIS STUDIO IN RIO DE JANEIRO, RJ, BRAZIL, 1870S. PRIVATE COLLECTION.

FIG. 45, 46 E 47
RETRATOS DE NEGRAS BAIANAS TIRADOS POR MARC
FERREZ EM SEU ESTÚDIO NAS DÉCADAS DE 1880-1890.
ACERVO INSTITUTO MOREIRA SALLES.

PORTRAITS OF BLACK WOMEN FROM BAHIA TAKEN BY MARC
FERREZ IN HIS STUDIO IN THE 1880S-1890S. COLLECTION
INSTITUTO MOREIRA SALLES.

FIG. 48, 49 E 50
CARTÕES POSTAIS PUBLICADOS ENTRE 1890 E 1915 POR
RODOLPHO LINDEMANN COM ALGUMAS DAS FOTOGRAFIAS
DE MARC FERREZ QUE APARECEM NAS PÁGINAS
ANTERIORES. COLEÇÃO PARTICULAR.

FIG. 48, 49 AND 50
POSTCARDS PUBLISHED BETWEEN 1890 AND 1915
BY RODOLPHO LINDEMANN WITH SOME OF THE
PHOTOGRAPHS BY MARC FERREZ THAT APPEAR ON THE
PREVIOUS PAGES. PRIVATE COLLECTION.

FIG. 51, 52, 53 E 54
RETRATOS DE NEGRAS TIRADOS POR RODOLPHO
LINDEMANN NO FIM DO SÉCULO XIX. COLEÇÃO PARTICULAR.

FIG. 51, 52, 53 AND 54
PORTRAITS OF BLACK WOMEN TAKEN BY RODOLPHO
LINDEMANN AT THE END OF THE 19TH CENTURY. PRIVATE
COLLECTION.

D. Creoula — Bahia

J. Creoula — Bahia

FIG. 55 E 56
RETRATOS DE BAIANAS TIRADOS POR RODOLPHO
LINDEMANN EM SEU ESTÚDIO NO FIM DO SÉCULO XIX.
COLEÇÃO PARTICULAR.

FIG. 55 AND 56
PORTRAITS OF BAHIAN WOMEN TAKEN BY RODOLPHO
LINDEMANN IN HIS STUDIO AT THE END OF THE 19TH
CENTURY. PRIVATE COLLECTION.

capítulo 8

BLACK MODELS IN BRAZILIAN 19TH CENTURY PHOTOGRAPHIC STUDIOS

Pedro Corrêa do Lago

1. Black, slave owning *senhoras*. [TN]

By gathering such diverse and valuable contributions on topics that, until recently, have been little explored—if not virtually ignored—by historiography, regarding the so-called *joias de crioula* [creole jewellery] worn by Black female freed slaves, particularly in Bahia, this book also allows for a discussion on the circumstances under which photographic studio images of Black people in Brazil were initially produced.

Indeed, the numerous portraits taken by professional photographers from the 1850s onwards show a growing amount of gold and silver adornments made by Brazilian goldsmiths, and worn by the Black women portrayed by the studios. Photography, therefore, played a vital historical and documentary role, as it recorded the different types of jewellery worn by Black women, and its increasing quantity worn by some in their everyday lives.

This context calls for an analysis of the development of studio portraits of the African diaspora people in Brazil between 1850 and 1900. Amidst this half-century-long process, the will of the Black population is largely ignored. This evolution began, then, without the assent of those who were portrayed, and it was only much later, toward the end of the 19th century, that this gradually changed, with portraits being now made according the own determination of their models.

It is essential to emphasize how long and bumpy was this road leading to a position where Afro-Brazilians could finally become more than merely passive subjects in front of the camera and start commissioning and producing their own personal images as they wanted to be portrayed, and not as others wanted them to be.

The initial idea of bringing together a range of contributions on the theme of the Black *sinhás*[1] and their jewellery came from a previously known but somewhat mysterious picture, whose secrets began to be unravelled only when the sitter's identity was found (fig.1). The name Florinda Anna do Nascimento finally led to its history, quite exemplary in this case.

Until the beginning of the millennium, even for scholars, the anonymous Black *sinhá* in this photograph had been just a "type" of Bahian whose figure had been captured by an unknown professional, on an uncertain date, but probably sometime in the early 20th century, perhaps to be used as a postcard to titillate tourists. The sheer quantity and lavishness of the gold and silver adornments flaunted by the woman were eye-catching, and gave this photograph its unique character.

Research over the past few decades has revealed that, in contrast to the Black sitters of the second half of the 19th century, Florinda, in the early 20th century, had almost certainly posed for this portrait of her own free will, as a client keen to be possessed of her own image to preserve it and share it with whomsoever she wanted. There is also a second image, taken the same day (fig. 2), in which her haughty gaze is fixed straight at the camera, with pride in her endurance and, above all, in her position, showing part of her heritage through her jewellery, which was also a symbol of her success.

It took decades to get to the stage where photographs were taken in such conditions, where the sitter exhibits control over their personal image; decades in which African-Brazilians were denied access to and control over their own likenesses, which were intended for others. It was only from the 1880s onwards that portraits of Black people taken in professional studios were no longer just the photographers' choice, and started, at least in part, to be taken at the behest of the sitter, who was able to participate in the construction of their own image.

A brief retrospective may help here to better understand how this process took place. Invented in 1839, photography was initially only able to create a single image using the daguerreotype, which was expensive at the time. With the development of paper photography in the 1840s, it became possible to make numerous identical prints from the same negative. This meant that around 1855 it became more accessible to a wider segment of the population, who were able to have their portraits taken at a more modest cost. In fact, from the late 1850s, with the popularity of the "carte-de-visite" format (6 cm × 10 cm), it became customary amongst the bourgeoisie to fill photo albums with small, low-cost images of family members and friends (fig. 3). The exchange of portraits between acquaintances soon turned into a craze, and hundreds of thousands of these still exist as part of museum and private collections.

Up until that point, having a portrait of oneself had been a luxury limited to only the wealthiest members of society, who were able to afford to pay an artist to draw or even paint them. For many centuries, it was unthinkable for the vast majority of the population to be able to eternalise their image, and this is why we do not know the faces of so many important figures from the past, who were not wealthy enough to pose for a portrait.

This innovation in the habits and aspirations of the majority of the population, especially in Europe and North America in the mid-19th century, became a phenomenon that ended up reaching similar proportions among the inhabitants of Brazil's major cities in the 1860s. It became financially viable for whole families to recognise themselves in those small pieces of card sold by the dozen by the photographers. Of course, although the cost was relatively affordable for the White population, these portraits were inaccessible to the large enslaved population, whose priorities were more immediate and considerably more basic.

Nevertheless, there remain today a large number of studio photographs (both "carte-de-visite" and other formats) of a significant sample of the Black, mostly enslaved population of Brazil. Those pictures were taken by some of the photographers of greatest repute—almost all of them foreigners who had settled in Brazil from the 1850s onwards.

What, nonetheless, were the circumstances in which Black people were photographed in Brazil in the 19th century? It seems clear that it was almost always due to the photographers' interests, ignoring the sitters' will. It was extremely rare, if ever, for pictures to be taken at the behest of the sitter when it was a Black person.

Almost all photographs of people of African origin in Brazil—up to the 1870s, were taken by imposition of White people, always confronted with a complete lack of interest, or even contempt, from their involuntary models. Challenging or disdainful gazes are common among the images of Black people photographed against their will (fig. 4, 5 & 6). These images, even though uncomfortable, were not disposed of. Rather, they were valued by the photographers, who considered them more unusual, and therefore more saleable.

It is well known that certain indigenous peoples were afraid of being photographed because they believed the process would steal their souls. However, while it is impossible to say whether African ethnic groups shared this belief, if it were the case, this would have made these forcibly taken images even more traumatic.

When the Black sitters in these photographs taken up to the 1870s are slaves, they are always passive. They know that the portrait will be stolen from them, even if they do manage to keep their souls. Their own images on that small card will never belong to them. At best, the enslaved sitters are indifferent, and pose in the same way as they would perform any other imposed task. The enslaved sitters are compelled to pose by their owners, but the resulting pictures are never consensual.

Why did photographers in Brazil want to take pictures of Black slaves? In general, it was due to the curiosity of visiting foreigners who wanted to take back to their countries, as souvenirs, "unusual" or "striking" images of Black slaves, as slavery was one of the most "exotic", astonishing—and certainly perverse—aspects of Brazilian society, mainly for Europeans, who made up the vast majority of foreign visitors to the country. These photographs were seen as "conversation pieces", intended to cause astonishment or surprise among the family and friends of those rare travellers who ventured to Brazil in the second half of the 19th century.

Several of the best-known foreign photographers working in Brazil between 1850 and 1900 took studio portraits of Black people; some only occasionally, while others produced series of dozens of images after realising the photographs' commercial potential—whether in keeping them in their catalogues or in selling them through stationery shops, as was the case of Casa Leuzinger, in Rio de Janeiro. In chronological order of production, these photographers were the Frenchman R.H. Klumb, the Alsatian Auguste Stahl, the German Alberto Henschel, the Portuguese Christiano Júnior, the French-Brazilian Marc Ferrez and the Frenchman Rodolpho Lindemann, whose images of Black people we will now look at more closely in order to illustrate the evolution of the Black studio portrait over the first fifty years of photography in Brazil.

João Ferreira Villela, in Recife, also occasionally portrayed Black people in his studio in the 1870s and 1880s, while Militão Augusto de Azevedo, by the same time, saw a clear change in the clientele of his portrait studio in São Paulo, as it incorporated the renewed classes of the city's Law School, which now assimilated students from all over Brazil, many with African ancestors. The Museu Afro-Brasil collected 150 images of Afro-Brazilians from Militão's catalogue from this period, of which a third are of women, most of whom were portrayed of their own will in this period closer to the Abolition, which happened in 1888.

With regard to photographers who took portraits of Black people in Brazil, R.H. Klumb seems to have been a pioneer. He was so trusted by the imperial family that he became the photography instructor to the Princesses Isabel and Leopoldina, daughters of

2. For that, she certainly had some complicity from Stahl, who must have considered that the sitter's request would not affect the parameters demanded by Agassiz, the scientist who commissioned these images.

Emperor Dom Pedro II. Klumb does not appear to have commercialised his images of Black people; however, there is one portrait of a Black woman in his work: a stereoscopic image of a beautiful young woman—perhaps one of his own or one of the palace's household slaves—in printed clothes associated with her ethnicity (fig. 7).

Next, chronologically, was the Alsatian Augusto Stahl, author of the few images of Black people that may perhaps show some empathy with the sitters (fig. 8, 9 & 10). For many, Stahl is the most talented photographer of 19th-century Brazil. He worked first in Pernambuco, until 1860; then he moved to the capital and was the first to shoot a series of images of slaves as part of his photographic collection for sale to tourists, while his previous production had consisted mostly of rural and urban landscapes.

Stahl is the artist behind some of the most sensitive portraits of slaves, and also of what is perhaps the most mysterious studio image of a Black woman in Brazil, from whom the photographer could extract a clear smile, presenting her in an elaborate pose wrapped in a mantle with eye-catching jewellery glimpsed on her left arm (fig. 11). Was this perhaps a rare example of an authorised image, and could the model, known to the photographer, have influenced the composition? It is unlikely that any document, still to be found, shall clarify it, but conjectures widen our view of a still obscure universe. Whatever the case, this image has always fascinated scholars, and remains open to various interpretations.

Stahl is also the photographer behind a series of disturbing images that had the declared "anthropological" purpose of showing Africans naked from the front, back and profile, in composite images intended for controversial scientific research of a racist nature and commissioned by the Swiss-American scientist Louis Agassiz, who visited Brazil in 1865 (fig. 12). Among these is a remarkable triptych of a woman forced to pose naked, but who wished to keep her necklace, bracelet and rings, in an extremely rare affirmation of her identity (fig. 13).[2]

Commercial motivation is behind almost all of the numerous images of Black people by both the German photographer Alberto Henschel and the Portuguese Christiano Júnior. These two photographers are responsible for the majority of the images of African descendants in the 1860s and 1870s that have reached us. Their interest is to register the diverse range of "types", with their wide variety of characteristics and tribal scarification.

There are two large series of these so-called "ethnographic pictures" by Henschel—who was active in Pernambuco, Bahia, and in Rio, particularly in the 1870s—which are now held by

German institutions (in Mannheim and Leipzig) with more than fifty different "carte-de-visite" portraits of Black people.[3] The German photographer seems to have been more interested in faces and, in general, the sitters are portrayed from the bust upwards. It is clear that Henschel's intention regarding this series of photos was to show the diversity of features among the Brazilian slaves, which could thus serve as a "scientific" basis for a study of the different African ethnic groups forcibly imported into Brazil (fig. 14, 15, 16, 17, 18 & 19).[4]

In Henschel's images almost all the women wear the simple jewellery they had access to, which the photographer seemed to have encouraged as it affirmed their ethnic origins and thus contributed to the appeal of his photographs (fig. 20).

However, what Henschel saw in these "cartes-de-visite" was their sales potential to foreigners, and his most ambitious studio image of the period (around 1870) was an elaborate *mise en scène* showing a working enslaved woman smoking a pipe and selling a wide variety of fruit from under a huge parasol in the street. For this composition, Henschel even chose a larger format known as "cabinet card". The bracelets, earrings and necklace of the slave were still simple and less ostentatious than the jewellery worn by the Black *sinhás* of the end of the century. Although in a scenario completely rebuilt in the studio, Henschel wants to represent in this photograph a typical "*escrava de ganho* [vendor slaves], one among thousands of Black women who, in the streets of the larger cities, set the Brazilian informal economy into motion (fig. 21). Two other commercial pictures from Henschel's studio, taken later (around 1875), show Black women seated, wearing opulent identity bracelets, certainly made by Brazilian goldsmiths (fig. 22 & 23).[5]

The poses are more varied in the works of Christiano Júnior, who was active in Rio de Janeiro, and in those of the Englishman John Goston, who worked in Bahia. Both were less keen on features, and more interested in the activities of the slaves, whom they tended to photograph full-body, forced to mimic their professional or principal duties in exchange for some coins (fig. 24, 25 & 26). (As the slaves did not belong to the photographers, they were likely to charge for their modelling, no matter how small this payment was.) The largest series of images of slaves in the 1860s was produced by Christiano Júnior. It totalled over eighty "cartes-de-visite" taken between 1864 and 1865 that made up his collection of "types of Blacks": "something ideal for those returning to Europe." Of these, only fifteen show the sitter's faces or busts, similar to the work of Henschel. This suggests that Christiano Júnior's main focus was in the activities of

3. Several other single copies also exist in Brazilian museums and private collections.

4. This is why the series was acquired in the 19th century by German ethnographic museums.

5. Some of those who study the so-called *joias de crioula* observed that such bracelets share similarities with handcuffs, as the necklaces to chains.

the working slaves, which he believed more likely to arouse curiosity among potential buyers than those of just Black "types".

Women's clothing (fig. 27 & 28) also seemed to attract the attention of the Portuguese photographer, at a time when the slaves' jewellery, as seen in their portraits, was still modest, ten years before Henschel's photographs that in around 1875 depict the much more elaborate jewellery that became characteristic of Bahia (fig. 22 & 23).

There are two images that are exceptions to Christiano Júnior's work: one that shows one of the many young washerwomen who worked in Campo de Santana, in Rio, naked from the waist up (fig. 29); and another showing a mother with her child (fig.30). In both pictures, the garments worn by the sitters seem to indicate that the models had arrived recently from Africa, even though trade had been abolished in 1850 and these young women had probably been born in Brazil.

Recently, a new image unknown to scholars has been identified as produced by Christiano Júnior. It shows the same mother, now without her daughter and bare-chested. This portrait—of which only this newly discovered copy is known and which was taken on the same day the model posed dressed, with her daughter—is somewhat surprising and dissonant to the commercial production of the Portuguese photographer, as it was not included in any of the many series of studio photographs of Black people taken by him and which are now present in institutional and private collections. Because it is so rare, this photo may indicate that the photographer would have taken it only for personal interest, and not to disseminate it, replicating it in many copies, as in the case of the other images of his authorship shown above (fig. 31).

At the same time in Salvador, Christiano Júnior's colleague João Goston had a similar approach. A group of only ten images of his authorship are known, and they include a full-length portrait of a Black women wearing sophisticated jewellery, from around 1870 (fig. 32).

It is also now also possible to identify João Goston as the photographer behind what is perhaps one of the most intriguing of Brazilian photographs of enslaved people in the 1860s. It is an image that has become famous since I came across it around twenty-five years ago in an album assembled by an English traveller. It shows an extremely beautiful young woman from the Bahian aristocracy sitting on a sedan chair between two slaves with contrasting bearings. One appears subservient with hat in hand, and the other, more casual, almost nonchalant, is wearing his top hat (fig. 32). This studio picture, amongst the most fascinating taken in Brazil in the 19th century, shows the same characteristic flooring design of other photographs bearing Goston's stamp, like the full-length portrait of the

Black woman mentioned before, and makes it now possible to confirm the authorship of this striking portrait.[6]

From a survey of existing images, one soon realises that only a tiny proportion of the photographs taken in Brazil in the first twenty years after portrait photography became popular in the country are pictures taken at the behest of the sitter, whenever they are of African origin. The exception is perhaps that of the Black soldiers freed during the Paraguayan War, who at the height of the "carte-de-visite" craze might have spent part of their pay to eternalise their images for relatives, perhaps due to the imminent threat of death in combat (fig. 34 & 35).

Another exception is when a Black slave woman appears as a secondary character in a studio portrait commissioned by the parents of a White child. This is the case for the beautiful image of a little boy holding on to his nursemaid, taken by Vilela in Recife around 1865 (fig. 36), and another one of a blond child with his nanny taken in Pernambuco in 1874 (fig. 37). The first picture carries the identification of the child, Augusto Gomes Leal, and at least the first name of his nursemaid, Monica. As for the second picture, the child is identified on the back as Eugen Keller but no one thought necessary to record the name of the slave, who, just like Florinda (as many other enslaved Black women before her), was a nanny.

There are also exceptional images such as that of the famous African King Obá, who was a friend of Dom Pedro II and whose "cabinet card" portrait was found among the Princess Isabel's photograph collection (fig. 38). Several Black members of the clergy at the time also had their photographs taken in a studio, including Monsignor Narciso, on a "carte-de-visite" portrait taken just before his death, in 1870, also preserved by the princess (fig. 39).

Of course, at the time, many of the bourgeoisie were also of African descent, due to the miscegenation that was characteristic of colonial life. Several mestizos who held positions of power or prominence sought to assimilate themselves into the dominant elite who valued its European origin, culture and traditions, both in appearance and customs, as well as in its dress code. It is only in this context, from the 1860s onwards, that one finds some people of African descent (those born free in Brazil) trying to establish through photographs a reflection that until then they had only seen in the mirror. Black liberal professionals, trained mainly in law (such as Luiz Gama) (fig. 40), medicine, and engineering (like André Reboucas), and even journalists (such as José do Patrocínio) (fig. 41), started to visit photographic studios, but they still formed a very small proportion of the clientele.

6. This similarity was observed by the researcher Agenor Araújo Filho.

This was also the case for the young Machado de Assis, who sought the services of one of the most well considered photography studios in Rio de Janeiro in the early 1860s, that of Augusto Stahl, who had just been awarded the title of photographer to the Royal household. This little-known image was perhaps the first studio portrait of our greatest writer, and is probably dated 1862 (fig. 42). It portrays an elegantly dressed, very slender young man in his early twenties who, due to his talent, had quickly integrated into the intellectual life of the capital, and was soon to become one of its principal exponents, accepted by the elite, which at the time consisted of a greater number of people of African descent than there were proportionally over the century to come.

It was in the late 19th century, with the evolution of the customs and socio-economic situation of the Black population, that the Black *sinhás* began to frequent photography studios, resulting in the portraits commissioned by Florinda and other former slaves. In this case, repeated uncertainties around the dates of the photographs and the names of the photographers make it difficult to research the images, as their authors distributed them at a time when copyright was a fluid concept, and professionals were able to appropriate for themselves images that they had not taken.

These inaccuracies apply to the last two photographers mentioned, who both played an important role in the dissemination of studio portraits of Black people in Brazil in the final decades of the 19th century: Marc Ferrez, the most famous photographer of the period, and Rodolpho Lindemann, who was active in Bahia and whose production was disseminated mainly in postcards in the first decade of the 20th century. In the 1870s, the young Ferrez did not appear to have championed the "carte-de-visite" craze and did not include images of "types" of slaves in his catalogue in the way that Henschel and Christiano Júnior had done, because only two studio images of this sort by Ferrez are known of (fig. 43 & 44).

Later, between 1880 and 1890, three Black women from Bahia appear to have become Ferrez's leading stars in his commercial production, as their images are present in almost all his albums (fig. 45, 46 & 47). The glass negatives were preserved by the photographer (and are now held in the Instituto Moreira Salles), which proves Ferrez's authorship, even if a few of the photos were later published as postcards by Lindemann.

These images always appear as diptychs in the numerous albums of Brazilian vistas sold to foreign tourists by Ferrez between 1890 and 1915. One image entitled *Negra da Bahia* [Black Woman from Bahia] is attached to another called *Índia botocudo* [Botocudo

Indian Woman] (fig. 48) and this double photograph appears in most albums. In Ferrez's pictures of the Black *sinhás*, there is an abundance of jewellery not found in photographs prior to 1880 (fig. 49 & 50).

Instead of the albuminated print runs preferred by Ferrez for his albums, Rodolpho Lindemann, a Frenchman based in Salvador, used to print his images on a different support: the postcard, which became the main means of sharing these photographs with foreign travellers and visitors from other provinces who were the main clients for images of Black people. It appears that two of the sitters used by Lindeman (fig. 53 & 54) are the same as those photographed by Ferrez (fig. 46, 47 & 48), but the fact that they posed for these two respected photographers was not enough to ensure they were no longer anonymous (fig. 51, 52, 53 & 54).[7]

Even though they were later used for postcards, there are also studio portraits taken by Lindemann that are clearly the product of the sitters' desire to have their features, clothing and jewellery eternalised on paper. This is the case for the image of a calm and collected Bahian woman showing off her bracelets, laces, necklaces and bangles (fig. 55), as it is for that in which two friends are photographed together (fig. 56), more heavily bedecked with gold and silver than in any of the other images. Rightly proud to be portrayed like this, one of them even flashes the photographer a rare smile in this finally granted image, however, both still sadly remain unnamed.

The photographs discussed here are open to numerous alternative interpretations, as the jewellery in the portraits justifies a more painstaking analysis. This, however, is beyond the scope of this essay, whose goal has been to focus on the evolving status of Black models who sat before White photographers that took their pictures in studios over the first five decades of photography in Brazil.

It was a long journey for a vast number of impassive, anonymous models before images like those of Florinda Anna do Nascimento that open these pages became possible—images in which the sitters slowly regained both their pride and their identity.

7. In the case of figure 54, there were those who interpreted the umbrella crossed in the bundle at the model's head as a deliberate intention by the photographer to ridicule her. We disagree with this interpretation, as there are numerous reports of this practice among Black women at the beginning of the century, in addition to being a custom in the 1860s, as shown in figure 27.

REFERENCES

ALVES, Aristides (org.). *A fotografia na Bahia: 1839-2006*. Salvador: Asa Foto, 2006.

ARAÚJO, Emanoel (org.). *Tradição e ruptura: síntese de arte e cultura brasileiras*. São Paulo: Fundação Bienal de São Paulo, nov. 1984 a jan. 1985.

ARAÚJO, Íris Morais. *Militão Augusto de Azevedo: fotografia, história e antropologia*. São Paulo: Alameda Editorial, 2010.

AZEVEDO, Paulo Cesar de; LISSOVSKY, Maurício (org.). *Escravos brasileiros do século XIX na fotografia de Christiano Júnior*. São Paulo: Ex-Libris, 1988.

BELTRAMIN, Fabiana. *Sujeitos iluminados: a reconstituição das experiências vividas no estúdio de Christiano Jr*. São Paulo: Alameda Editorial, 2013.

BITTENCOURT, Renata. *Modos de negra e modos de branca: o retrato "Baiana" e a imagem da mulher negra na arte do século XIX*. Master's Thesis in History of Art and Culture. Instituto de Filosofia e Ciências Humanas, 2005.

BURKE, Peter. *Testemunha ocular: o uso de imagens como evidência histórica*. São Paulo: Editora Unesp, 2017.

CARDIM, Mônica. *Identidade branca e identidade negra: Alberto Henschel e a representação do negro no Brasil do século XIX*. Dissertação (Mestrado — Programa de Pós-Graduação Interunidades em Estética e História da Arte). São Paulo: Universidade de São Paulo. 2012.

CASTRO, Danielle Ribeiro de. *Photographos da Casa Imperial — a nobreza da fotografia no Brasil do século XIX*. Monografia (Especialização em História da Arte). São Paulo: Fundação Armando Álvares Penteado (FAAP). 2010.

CERON, Ileana Pradilla. *Marc Ferrez: uma cronologia da vida e da obra*. Rio de Janeiro: Instituto Moreira Salles, 2019.

DINIZ, Thales Valeriani Graña. *A construção imagética das elites brasileiras em contraposição a outros grupos sociais nas fotografias de Alberto Henschel e Revert Henrique Klumb: práticas socioculturais e suas produções de sentido*. Programa de Pós-Graduação em Comunicação (PPGCOM) da Universidade Estadual Paulista "Júlio de Mesquita Filho". Bauru: Faculdade de Arquitetura, Artes e Comunicação (FAAC). 2018.

ERMAKOFF, George. *O negro na fotografia brasileira no século XIX*. Rio de Janeiro: Casa Editorial, 2004.

ESCOREL, Silvia. *Vestir poder e poder vestir: o tecido social e a trama cultural nas imagens do traje negro (Rio de Janeiro — séc. XVIII)*. Dissertação (Mestrado em História Social). Instituto de Filosofia e Ciências Sociais (CFCH) da Universidade Federal do Rio de Janeiro, 2000.

FERREZ, Gilberto. *A fotografia no Brasil: 1840-1900*. Prefácio de Pedro Karp Vasquez. 2.ed. Rio de Janeiro: Funarte, 1985.

_____. *Bahia: velhas fotografias 1858-1900*. Rio de Janeiro: Kosmos, 1988.

GODOY, Solange de Sampaio. *Círculo das contas: joias de crioulas baianas/Band of beads: creole jewellery from Bahia, Brazil*. Salvador: Fundação Museu Carlos Costa Pinto, 2006.

GOMES, Flávio dos Santos; LAURIANO, Jaime; SCHWARCZ, Lilia Moritz. *Enciclopédia negra: biografias afro-brasileiras*. São Paulo: Companhia das Letras, 2021.

HIRSZMAN, Maria Lafayette Aureliano. *Entre o tipo e o sujeito: os retratos de escravos de Christiano Jr*. Dissertação (Mestrado em Artes). Escola de Comunicação e Artes da Universidade de São Paulo. 2011.

JOVINO, Ione da Silva. *Crianças negras em imagens do século XIX*. Programa de Pós-Graduação em Educação. Centro de Educação e Ciências Humanas da Universidade Federal de São Carlos. 2010.

KOSSOY, Boris; CARNEIRO, Maria Luiza Tucci. *O olhar europeu: o negro na iconografia brasileira do século XIX*. São Paulo: Edusp, 1994.

KOUTSOUKOS, Sandra Sofia Machado. *Negros no estúdio do fotógrafo: Brasil, segunda metade do século XIX*. Campinas: Editora da Unicamp, 2010.

LAGO, Bia Corrêa do. *Augusto Stahl: obra completa em Pernambuco e Rio de Janeiro*. Rio de Janeiro: Capivara, 2001. Coleção Visões do Brasil.

_____; LAGO, Pedro Corrêa do. *Os fotógrafos do Império: a fotografia brasileira no século XIX*. Trad. Lucia Jahn. Rio de Janeiro: Capivara, 2005.

_____. *Coleção Princesa Isabel: fotografia do século XIX: a descoberta de um tesouro cultural inédito, composto de mais de mil imagens brasileiras*. Rio de Janeiro: Capivara, 2013.

LAGO, Pedro Corrêa do; FERNANDES JUNIOR, Rubens. *O século XIX na fotografia brasileira. Coleção Pedro Corrêa do Lago*. São Paulo: FAAP/Livraria Francisco Alves Editora, 2000.

LEITE, Marcelo Eduardo. "Os múltiplos olhares de Christiano Junior". *Studium*, n. 10, Campinas, Departamento de Multimeios da Unicamp, 2002.

_____. "Typos de Pretos: escravos na fotografia de Christiano Jr.". *Visualidades*, v. 9, n. 1, pp. 25-47, Goiânia, jan.-jun. 2011.

MATTOSO, Katia M. de Queiroz. *Da Revolução dos Alfaiates à riqueza dos baianos no século XIX*. Salvador: Corrupio, 2004.

MOURA, Carlos Eugênio Marcondes de. *A travessia da Calunga Grande: três séculos de imagens sobre o negro no Brasil (1637-1899)*. São Paulo: Edusp, 2000.

RISÉRIO, Antonio. *As sinhás pretas da Bahia: suas escravas, suas joias*. Rio de Janeiro: Topbooks, 2021.

SANTOS, Isis Freitas dos. *"Gosta dessa baiana?": Crioulas e outras baianas nos cartões postais de Lindemann (1880-1920)*. Dissertação (Mestrado). Faculdade de Filosofia e Ciências Humanas da Universidade Federal da Bahia. Salvador, 2014.

TURAZZI, Maria Inez. *Poses e trejeitos: a fotografia e as exposições na era do espetáculo: 1839-1889*. Rio de Janeiro: Funarte/Rocco, 1995.

VASQUEZ, Pedro Karp. *O Brasil na fotografia oitocentista*. São Paulo: Metalivros, 2003.

_____. *Fotógrafos pioneiros no Rio de Janeiro: Victor Frond, George Leuzinger, Marc Ferrez e Juan Gutierrez (antologia fotográfica)*. Rio de Janeiro: Dazibao, 1990.

_____. *Revert Henrique Klumb: um alemão na corte imperial brasileira*. Rio de Janeiro: Capivara, 2001. Coleção Visões do Brasil.

WETHERELL, James; HADFIELD, William (eds.). *Brazil: Stray Notes from Bahia: Being extracts from letters, etc., during a residence of fifteen years by the late James Wetherell, esq., British vice-consul of Bahia, and latterly vice-consul of Paraíba*. Liverpool: 1860.

capítulo 9

MIL IMAGENS, PALAVRA ALGUMA

Vik Muniz

"*I am a man!*", exclamava a placa portada por centenas de garis durante a emblemática greve dos trabalhadores sanitários de Memphis, nos Estados Unidos, no ano da graça e das desgraças de 1968. "Eu sou um homem! Uma pessoa!" A frase, que passou a simbolizar o movimento pelos direitos civis naquele país, por nos confrontar com a realidade da não pessoa, sempre ressonou em mim, branco e brasileiro, como uma intrigante proposta filosófica.

"Eu sou uma pessoa!" Mas o que isso significa de fato?

Lembro-me de mim à medida que ia me tornando uma pessoa, vagamente me orientando na direção do calor das vozes familiares que exclamavam meu nome e, depois, através das poucas imagens em que me reconheço ainda criança. Venho de uma família pobre que não possuía uma câmera fotográfica em casa e, por isso, a documentação da minha infância se resume a dez imagens: quatro clicadas por uma tia que nos visitava nos Natais; três na escola; uma no estúdio da Sears, no Paraíso, em São Paulo; uma em um tratorzinho de brinquedo na Praça Marechal Osório, na mesma cidade; e minha preferida, entre meus pais na festa de fim de ano da Companhia Telefônica Brasileira, onde minha mãe trabalhava como telefonista.

Talvez por nunca ter convivido com muitas fotografias pessoais, quando me mudei para os Estados Unidos, aos 21 anos, ao encontrar fotos de família sendo vendidas em brechós e antiquários, tive dificuldade de entender como aquelas imagens haviam se tornado órfãs das pessoas nelas retratadas. Foi aí que comecei a adotá-las — em excesso. Há mais de três décadas, sou obcecado por fotos e álbuns de família. A obsolescência desses registros físicos na era digital inundou o mercado de ofertas irresistíveis, e a grande quantidade de fotos que tive a oportunidade de adquirir só tornou meu hobby cada vez mais complexo e carente de explicações. A maioria das coisas que aprendi em trinta anos de profissão, como artista e fotógrafo, é produto da contemplação dessas imagens.

Em meu estúdio, em Nova York, passo parte do dia catalogando e organizando, de forma forense, vidas alheias em momentos perdidos. Trata-se de fragmentos dormentes de tempo, escondidos por décadas em caixas, gavetas e envelopes: cerca de 250 mil instantâneos que registram instantes que um dia significaram algo para alguém — casamentos, batizados, árvores de Natal, viagens, bichos de estimação, bêbados em festas, mulheres sentadas em canhões em alguma fortaleza à beira-mar, enfim, quase todo o espectro da vida social desde o momento da popularização da fotografia. E se digo quase é por perceber que as lacunas nesse complexo mosaico são tão reveladoras quanto as peças que nele se fazem presentes.

Em 2013, comecei a usar parte dessa coleção de imagens como material nas colagens de uma série intitulada Álbum. Eu queria criar imagens que conectassem a evolução dos rituais sociais à maneira como eles eram documentados e, por isso, para registrar algo invariável, algo que estivesse presente em todos os álbuns de família, procurei usar a maior diversidade possível nas fotos que compunham as colagens. Como o trabalho era predominantemente em preto e branco, percebi uma enorme dificuldade de encontrar imagens de afrodescendentes que não fossem coloridas e que fossem mais recentes. Fotos antigas de famílias negras são relativamente raras e só começaram a aparecer com mais frequência após a mecanização e popularização dos processos fotográficos a partir da década de 1960 — mesma época em que, talvez não por mera coincidência, os garis de Memphis clamavam com todas as letras: *I am a man!*.

Minha busca por essas fotos foi aos poucos se transformando em uma espécie de pesquisa imersiva. Percebi que a fotografia do afrodescendente representava uma evolução completamente distinta daquela encontrada na abundância de momentos documentados por famílias brancas.

Primeiro, a formalidade. São raras as imagens prosaicas e cotidianas. Nas fotos antigas de afrodescendentes, há sempre um significado e uma importância ainda não banalizados por conveniências técnicas ou econômicas. As fotos são ritualizadas, pensadas com antecedência e muitas delas feitas por fotógrafos profissionais, em estúdios, que por sinal tratavam de refletir não somente a aparência como também os anseios de sua clientela.

Segundo, a generalização. É como se fosse possível distinguir o grau de familiaridade entre o fotógrafo e o fotografado e a intenção do primeiro para com o segundo. Por vezes parece mesmo ser possível intuir se o fotógrafo é branco ou afrodescendente. Assim como as fotos encomendadas em estúdios chefiados por fotógrafos negros se revelam como espelhos, fotos de pessoas pretas realizadas a partir da intenção de fotógrafos brancos mais parecem imagens vistas através de um olho mágico; um sutil, porém patente, distanciamento formal que "reconhece" o sujeito sem a obrigação empática de valorizá-lo. A pessoa preta aos olhos do fotógrafo branco, na maioria dessas imagens, é em geral mais um *tema* do que uma *pessoa*.

E, finalmente, o anonimato. Fotos de afrodescendentes, embora distintamente mais formais do que as de pessoas brancas, raramente vêm acompanhadas de legendas ou anotações no verso ou mesmo nos álbuns. Lembrei-me das minhas dez fotos da infância e constatei que em nenhuma delas havia um nome, lugar ou data. O fato de serem escassas fazia com que não carecessem de muita organização.

A disparidade de minha coleção revelou, no mosaico que eu vinha compondo, um significante buraco, como uma enorme mancha em um espelho e que cobre uma parte de como devemos nos ver. Ficou cada vez mais evidente, para mim, que a iconografia pessoal do afrodescendente era algo como uma peça fundamental na evolução de nossa identidade coletiva. Em meio a uma infinidade de retratos de anônimos, deparei com a importância cabal de se associar um nome a uma pessoa para melhor entender a origem do conceito de individualidade.

Quando um nome passa a ser diretamente associado à própria imagem e semelhança, invariavelmente se estabelece uma relação de poder. Porém, a ideia de semelhança não é tão simples assim, pois tem se desenvolvido ao longo dos últimos 350 mil anos, a princípio em sons e gestos e, então, em formas mais perenes, resistentes ao curto ciclo de nossas vidas e capazes de serem transmitidas de geração a geração. Todas as imagens do mundo são peças da evolução dessa consciência e de sua trajetória, da simples marcação quantitativa e genérica dos humanos como espécie até a confecção do conceito de indivíduo. A ideia de individualidade desabrocha justamente quando a humanidade começa a associar a imagem ao poder.

Sargão da Acádia foi o primeiro imperador da história, no ano de 2330 a.C., e isso o sabemos não por reconhecermos sua face, mas, sim, porque era dele a única imagem humana não associada a nenhuma divindade. Mas foi Gudea, um governador local da Suméria, cerca de 150 anos mais tarde, um dos primeiros seres humanos a serem reconhecidos pela maneira como se vestiam. Suas estátuas, espalhadas pelos museus do mundo, são todas atribuídas a ele por causa de um chapeuzinho cilíndrico, que hoje pode até nos parecer ridículo, mas que ele, aparentemente, nunca tirava, como um dístico de individualidade.

Sempre que pensamos no grande Péricles, da Grécia, nos vem à mente a imagem de um homem com um capacete esquisito, o qual tinha a função de esconder uma malformação craniana congênita.

E também é fato bem conhecido que o presidente mexicano Benito Juarez nunca aparecia em público sem uma gravata borboleta. Mas as primeiras pessoas a serem identificadas por suas fisionomias, e não por generalizações estilizadas de moda ou de poder, foi, ironicamente, um belo casal de africanos. Akhenaton e Nefertiti protagonizaram a décima oitava dinastia egípcia no ano de 1353 a.C., não somente pela breve instituição do monoteísmo na religião local, mas por terem uma infinidade de estátuas, baixos-relevos e pinturas diretamente relacionadas a eles pela verossimilhança fisionômica que apresentam. Ironicamente, Akhenaton, tido como o "faraó herético", teve, após a morte, seu nome riscado e/ou apagado de todos os monumentos e, por um bom tempo, tornou-se um ilustre anônimo. Terá sido o primeiro cancelado da história?

Imagens de retratos realísticos relacionados a indivíduos — com a notável exceção das máscaras funerárias encontradas no oásis de Fayum, já no Egito Romano — não aparecem até o Império Romano, quando a fragmentação do poder em ocupações e classes começa a inspirar bustos e mosaicos de pessoas com menos poder do que o imperador. Ao contrário dos retratos de monarcas, os patrícios não tinham como simplificar suas efígies com símbolos de poder e, por isso, tinham de contar com o talento do retratista para que seus retratos fossem realmente verossímeis.

Com a queda do Império Romano, o realismo da figura humana e sua relação com a identidade e a individualidade passaram por um longo período de hibernação cultural, da qual só despertaria depois de quase mil anos, no berço do Renascimento europeu. E é nesse contexto eurocêntrico que a ideia da individualidade se expande, desenfreada e irregularmente, consolidando-se através da semelhança e da diferença. O universo ainda girava em torno da Terra, e a Terra era a Europa, que começava a dominar a realidade social através de um elaborado espetáculo de aparências e símbolos. A rápida profusão da imagem humana, realista, europeia, branca, permeou a iconografia cristã e alvejou todo traço mestiço, toda a cor da miscigenação de milênios de raças e culturas anteriores, em um processo que aflige a evolução da sociedade até os dias de hoje.

Na ignorância forjada e calculada dessa brancura nasce também o nefasto conceito do "exótico", do deslumbramento com a alteridade como um instrumento de edificação de identidade. O "outro" passa justamente a ser aquele cuja tradição pictórica de fisionomias genéricas se rende a uma conveniente abstração de suas qualidades individuais. O outro é sempre um tipo, uma espécie, nunca alguém. Ter um nome associado a uma cara é a condição primária para a possibilidade de qualquer forma de empatia.

Durante a Idade Média, a imagem do negro é frequente, principalmente na Igreja Ortodoxa, na qual mártires como São Maurício, São Moisés, o Etíope, e o rei mago Balthazar são celebrados com razoável realismo. Porém, são entidades idealizadas, imaginadas, e não retratos de pessoas vivas.

Por isso, o *Retrato de um africano*, de Jan Mostaert, em 1525, é tido como a primeira imagem de um afrodescendente específico na pintura europeia. O Rijks Museum, de Amsterdã, que abriga a obra, afirma que se trata do retrato de Christophle, o Mouro, um celebrado arqueiro na corte do imperador Carlos V. Outra notável exceção é o retrato de Don Miguel de Castro, emissário do Congo, pintado por Jasper ou Jeronimus Becx, em 1643, antes atribuído a Eckhout. Don Miguel era um diplomata congolês que visitou a Holanda, em nome do conde de Sonho (ou Soyo, cidade localizada na foz do rio Congo, em Angola), para acertar uma disputa com o rei Garcia II. Sua viagem contou com uma escala no Brasil holandês de Nassau, que recomendou que retratos do emissário fossem realizados durante sua breve estadia em Middelburg, capital da Zelândia, a uns 150 quilômetros de Amsterdã.

Uma recente descoberta em um leilão revelou o maravilhoso retrato do senegalês Ayuba Suleiman Diallo, pintado em 1733 por William Hoare e que foi arrematado pela National Portrait Gallery, de Londres. Retratos como os de Christiaan van Molhoop, de 1795, feito por Ozias Humphry, ou o de Ignatius Sancho, de 1768, por Thomas Gainsborough, ambos expostos na Tate Gallery, ou mesmo o formidável retrato de J. B. Belley, por Anne-Louis Girodet De Roucy-Trioson, em 1797, são representações flagrantes da raridade da identificação da pessoa negra na história da iconografia europeia. Porém, não faltam imagens de negros, anônimos, subservientes e menores, compondo meramente a identidade visual de retratos de brancos famosos.

A ambiguidade determinante dos termos "homem africano" ou "mulher africana" nos títulos de inúmeras pinturas prevalece ao longo dos séculos XVIII e XIX e nunca foi tão bem deflagrada como na brilhante exposição, de 2019, *Le Modèle noir, de Géricault à Matisse*, no Musée d'Orsay, na qual os organizadores inverteram os mecanismos tradicionais da configuração expositiva e montaram uma mostra baseada nos modelos, até então anônimos, que protagonizaram grande parte da história da pintura francesa.

Logo na primeira sala, dedicada ao haitiano Joseph, conhecemos talvez uma das pessoas mais retratadas de sua época. Muso inspirador de Géricault, Chasérriau e Brune, Joseph protagoniza nada menos que 3 dos 17 personagens do icônico quadro *Radeau de la Meduse* [A balsa da Medusa]. Mais adiante, somos finalmente apresentados à Laure, a misteriosa servente que eternamente apresenta um buquê de flores à Olympia na pintura homônima de Manet. Ela era amiga de Baudelaire e de Jeanne Duval e morava no número 11 da rue Vintimille, no Troisième Arrondissement, em Paris. A enorme exposição vindicou as identidades de inúmeros personagens conhecidos da história da pintura e, de forma brilhante, descontruiu a associação do retrato do negro com a pintura de gênero, com a tradição etnográfica e com o pressuposto anonimato da alteridade aferida aos afrodescendentes.

Segundo os organizadores, em meados do século XIX, o movimento populacional das colônias se intensifica em redutos da capital francesa, mais precisamente no Quartier des Batignolles, ao norte, onde grande parte dos artistas mantinha seus estúdios. O convívio do artista com a realidade e a importância da presença negra no contexto modernista se intensificou com a própria natureza processual que envolve o tempo e a qualidade de um retrato. Um retrato pintado documenta o espírito e a identidade do sujeito. O tempo que se leva para realizá-lo se transforma gradualmente em uma relação pessoal entre o artista e o retratado. Por mais que o anonimato ainda prevaleça na representação do negro na pintura do século XIX, existe um veemente contraste na maneira como sua individualidade se manifesta.

Na fotografia do século XIX, o negro aparece predominantemente anônimo e associado apenas à sua origem ou à sua ocupação. Nos Estados Unidos, porém, visionários como a jornalista e educadora Ida B. Wells (1862-1931) e, mais notadamente, o escritor e estadista Frederick Douglass (1818-1895) começam a se apoderar da estratégia do controle de suas imagens para promover a causa abolicionista. Douglass lamentava a frequente ausência de Daguerre, o inventor da fotografia, entre os mais proeminentes gênios da época, e sua admiração por essa arte fez dele o norte-americano mais retratado do século XIX. A produção e a disseminação de sua imagem tratavam deliberadamente de substituir os abundantes estereótipos racistas de afro-americanos. Douglass posou para não menos do que 160 retratos fotográficos. Abraham Lincoln, em comparação, só o fez 126 vezes.

No Brasil, a situação era bem distinta. Três séculos de escravidão trouxeram para o país 4,8 milhões de africanos, que representavam, segundo o censo de 1872, cerca de 15% da população nacional. O português, diferentemente de outros colonizadores, mantinha relações mais pessoais com os escravizados, que eram oriundos de regiões e culturas mais diversas do que em outros países. Isso possivelmente resultou em uma complexidade social que só veio a retardar a catalisação de uma identidade comum entre os povos de origem africana.

A imagem fotográfica que florescia em paralelo ao desenvolvimento econômico durante o período imperial nada fez senão perpetuar a parcialidade eurocêntrica ao não conferir ao negro o nome e a identidade que lhe renderiam o *status* de pessoa. "Eu sou uma pessoa" foi grito suprimido por séculos também nestes tristes trópicos. O escravizado era frequentemente retratado como propriedade ou ferramenta, ora em grupos, nos campos, ora em casa, realizando tarefas ou posando ao lado de seus respectivos senhores.

Alternativamente, a exemplo do que já começava a acontecer em outros países onde a escravidão já havia sido abolida, afro-brasileiros alforriados, livres e libertos começaram a utilizar a fotografia como forma de documentar sua liberdade. Nessas imagens, a apropriação dos códigos socioculturais prevalecentes conferia à imagem do negro uma afirmação de igualdade que, de certa forma, contrastava com a realidade de uma sociedade ainda excludente e extremamente racista.

Após a promulgação da Lei Áurea em 1888, o espectro de uma bolha de ressarcimentos para antigos proprietários de escravos fez Ruy Barbosa, então ministro da Fazenda, mandar queimar, em 1890, todos os livros de matrícula de escravos existentes nos cartórios das comarcas e os registros de posse e movimentação patrimonial envolvendo todos os escravizados. O gesto, que escusava a recém-fundada república positivista de conviver com a "mancha da escravidão no passado nacional", fez desaparecer por completo dos arquivos públicos toda a história da individualidade dos afrodescendentes: datas de nascimento, ascendência familiar, origem, enfim, tudo o que poderia servir como base para o estudo da história através do indivíduo, tudo se transformou em cinzas.

É nesse vácuo de referências que a identidade negra busca de forma empírica sua árdua e ainda sinuosa consolidação. A escassez de símbolos e códigos aproxima a confecção do personagem histórico à da construção de entidades sincréticas, arbitrariamente associando inúmeros ícones da história afro-brasileira a retratos de anônimos. Uma imagem de Alberto Henschel, *Mulher negra de turbante* (*c.* 1870), veio a "representar", por exemplo, as fisionomias de Luísa Mahin, de Maria Felipa e de Dandara dos Palmares. Já a imagem de Tereza de Benguela foi associada à da *Mulher negra sentada de frente*, do pintor francês Felix Valotton, uma tela pintada 150 anos depois da morte da protagonista. Já Aqualtune encarnou uma senhora fotografada por Marc Ferrez, Zumbi dos Palmares, retratos ora de Henschel, ora de Stahl, e Esperança Garcia, um estudo fisionômico realizado por Rugendas.

As escassas imagens fotográficas de figuras públicas como Luiz Gama, José do Patrocínio, André Rebouças, Tia Ciata ou Teodoro Sampaio são verdadeiros tesouros dispersos em um mar de imagens de brancos nem tão célebres. Da mesma forma que, historicamente, poucas imagens vieram a encontrar seus determinados donos, são inúmeras aquelas que permanecem mudas, herméticas a qualquer tipo de narrativa possível.

Famílias de imagens como as de mulheres negras trajando elaborados trajes de bordados richelieu, adornadas de correntes, anéis, brincos e largas pulseiras de ouro, compõem um rico filão imagético a inspirar tanto a curiosidade como a especulação historiográfica. As fotos de estúdio de "baianas" amalgamam-se desde o contexto etnográfico, de grande interesse comercial, até imagens encomendadas pelas próprias mulheres forras ou as ditas "escravas de ganho", que trabalhavam nos mercados por uma porcentagem dos lucros e que muitas vezes conquistavam recursos suficientes para comprar as próprias alforrias. O intrigante luxo ostentado por essas mulheres contrasta nitidamente com tudo o que se sabia da condição do afrodescendente escravizado até então. De fato, não existe nada semelhante em outras colônias ou mesmo em registros do continente africano, nem uma imagem sequer de um plebeu ou de uma plebeia ostentando tamanha suntuosidade.

As joias portadas orgulhosamente por essas mulheres diferem também de qualquer outro tipo de adorno visto à época no Novo Mundo. As pulseiras grandes, leves e de presença marcante parecem versões ornamentais das algemas (do árabe *al jahmad*, ou pulseira), e as correntes de anéis inspiram também os pesados ferros usados cruelmente para subjugar e punir o povo escravizado. No entanto, essas joias conferem a suas respectivas portadoras um ar sereno e confiante, como se se tratasse de amuletos mágicos.

Sabemos, hoje, que tanto as técnicas de extração do ouro como grande parte do conhecimento empregado na manufatura desses objetos vieram do continente africano, e que sua comercialização se dava majoritariamente pelas próprias portadoras. A joia era o pecúlio principal dessas mulheres que, por tradição e desconfiança, preferiam mantê-lo próximo ao corpo. Por isso é possível deduzir muita informação da aparente ingenuidade dessas imagens.

Voltando ao anonimato dessas distintas senhoras, que paradoxalmente convive e até mesmo suplanta o luxo e o esplendor de suas joias e roupas, essa vacuidade de conhecimento proveniente da falta de documentação e do desprezo pela condição social do negro fomentou uma infinidade de presunções tendenciosas — na grande maioria, de cunho racista — de que as mulheres nas fotos seriam uma espécie de veículo de ostentação de suas respectivas donas ou donos. Uma fantasia burguesa, pois não se vê, em pintura ou fotografia da época, nenhuma imagem de mulher branca portando algo remotamente comparável.

Quem eram então essas rainhas sem nome?

Uma delas, e das mais notáveis, chamava-se Florinda — Florinda Anna do Nascimento. Foi o que me indicou meu amigo e antiquário Itamar Musse, apontando para a capa de um catálogo, que ele acabara de me ofertar, de sua coleção de joias de crioula. Florinda é um nome forte e bonito e soou como um sino na minha cabeça. Quando o tilintar passou, restava ali uma imagem, dessa vez com um nome: Florinda, Florinda. Como ele descobrira o nome dela? Itamar me explicou que, pela falta de registros, tivera de encomendar uma pesquisa junto aos cartórios que abrigam os testamentos dessas senhoras e que havia chegado a Florinda cercando a *provenance* de suas joias através de um estudo iconográfico da Fundação do Instituto Feminino da Bahia, Museu do Traje e do Têxtil, que também é depositário de algumas de suas vestes.

Há ainda algumas monografias que exibem as fotos de Florinda, várias delas sem a devida identificação. Não se sabe precisamente a data de seu nascimento no Recôncavo Baiano, mas sabemos que, além de trabalhar como babá nas casas de família onde serviu, era também quituteira e cozinheira e que, ao falecer na casa de seus antigos patrões, no número 304 da rua Sete de Setembro, tinha 103 anos, de acordo com estimas do médico que lavrou o obituário.

Muito do que sabemos sobre Florinda e sobre outras mulheres como ela é produto do persistente trabalho da pesquisadora Zélia Bastos, que cruzou informações obtidas através de documentos fotográficos das joias com testamentos e outros registros disponíveis, para assim revelar a inefável complexidade das relações entre as distintas castas econômicas da Bahia pós-escravagista. A pesquisa é também mais uma evidência da importância de narrativas individuais na confecção do elaborado mosaico que é a impressão do passado. Através de Florinda e seus soberbos adereços desembaça-se a ótica simplista e binária das relações entre o escravizado e o colonizador, revelando assim um universo econômico muito mais adaptado à vida, à cultura e às tradições trazidas da África e moldadas ao longo de séculos de resistência e labuta.

A baiana, impávida, majestosa, firma-se como símbolo definitivo da cultura matriarcal que lavrou as primeiras ordens sociais puramente negras do Brasil. Irmandades que, apoiadas no sincretismo, consolidaram uma antes impensável miscigenação religiosa e que, quando enraizadas em suas próprias origens, germinaram a criação de uma nova crença, a intricada construção de um panteão de deuses africanos que é o candomblé. A Bahia é uma invenção desse indivíduo, o produto da necessidade de um lugar constantemente entre dois mundos. Quantos universos não cabem dentro de uma simples imagem?

Olhando para a foto de Florinda, imagino as experiências de milhões de vidas inteiras, de histórias perdidas na abstração do tempo. Não somente do tempo de figuras históricas como Mansa Musa, Francisco Felix de Sousa ou Haile Selassie, mas do tempo feito de gente, de carne, suor, cabelo e unhas, que não tiveram nem a sorte nem o privilégio de terem os nomes atrelados às suas aparências. A minha caixa de sapatos contendo as poucas fotos de famílias negras torna-se assim um Aleph, um portal para uma infinidade de possíveis narrativas capilares capazes de transformar a própria natureza do tempo. A história da individualidade do afrodescendente é, pois, uma finíssima membrana que cobre o espesso tempo da humanidade desde seu despertar.

A história mais antiga do mundo, mas que ainda está por começar.

JAN MOSTAERT. *RETRATO DE UM AFRICANO (CHRISTOPHLE LE MORE)*. ÓLEO SOBRE CARVALHO, 30,8 × 21,2 CM. COLEÇÃO MUSEU NACIONAL DA HOLANDA, AMSTERDÃ, HOLANDA.

JAN MOSTAERT. *PORTRAIT OF AN AFRICAN MAN (CHRISTOPHLE LE MORE)*. OIL ON OAK WOOD, 30.8 × 21.2 CM. COLLECTION RIJKSMUSEUM.

FÉLIX VALLOTTON. *NÉGRESSE ASSISE DE FACE*
[MULHER NEGRA SENTADA DE FRENTE]. ÓLEO SOBRE
TELA, 81 × 65 CM. 1911. COLEÇÃO PARTICULAR.

FÉLIX VALLOTTON. *NÉGRESSE ASSISE DE FACE*
[SEATED BLACK WOMAN, FRONT]. OIL ON CANVAS,
81 × 65 CM. 1911. PRIVATE COLLECTION.

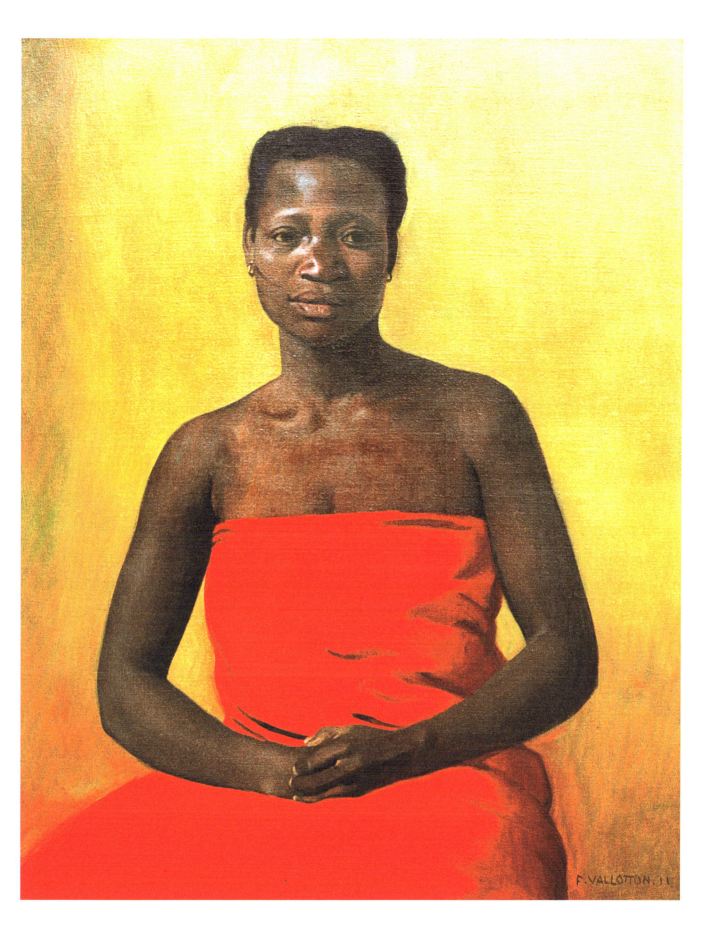

ALBERTO HENSCHEL. *RETRATO — TIPOS NEGROS*.
FOTOGRAFIA. RECIFE, C. 1869. INSTITUTO LEIBNIZ DE
GEOGRAFIA REGIONAL, LEIPZIG, ALEMANHA.

ALBERTO HENSCHEL. *PORTRAIT — BLACK TYPES*.
PHOTOGRAPHY. RECIFE, C. 1869. LEIBNIZ-INSTITUT FUER
LAENDERKUNDE, LEIPZIG, GERMANY.

VALENTINA FRAIZ. *A ADVOGADA ESPERANÇA GARCIA*.
ILUSTRAÇÃO. COLEÇÃO INSTITUTO ESPERANÇA GARCIA.

VALENTINA FRAIZ. *A ADVOGADA ESPERANÇA GARCIA*
[ATTORNEY ESPERANÇA GARCIA]. ILLUSTRATION.
COLLECTION ESPERANÇA GARCIA INSTITUTE.

JASPAR BECKX; ALBERT ECKHOUT. *DON MIGUEL DE CASTRO, EMISSÁRIO DO CONGO*. ÓLEO SOBRE PAINEL, 75 × 62 CM. C. 1640-1645. GALERIA NACIONAL DA DINAMARCA, COPENHAGUE.

JASPAR BECKX; ALBERT ECKHOUT. *DON MIGUEL DE CASTRO, EMISSARY OF KONGO*. OIL ON PANEL, 75 × 62 CM. C. 1640-1645. NATIONAL GALLERY OF DENMARK, COPENHAGEN.

OZIAS HUMPHRY. *CHRISTIAAN VAN MOLHOOP*. PASTEL SOBRE PAPEL, 725 × 610 CM. C. 1640-1645. COLEÇÃO TATE GALLERY, LONDRES, REINO UNIDO.

OZIAS HUMPHRY. *CHRISTIAAN VAN MOLHOOP*. PASTEL ON PAPER, 725 × 610 CM. C. 1640-1645. COLLECTION TATE GALLERY, LONDON, UK.

ANNE-LOUIS GIRODET DE ROUSSY-TRIOSON.
JEAN-BAPTISTE BELLEY, DÉPUTÉ DE SAINT DOMINIQUE À LA CONVENTION [JEAN-BAPTISTE BELLEY, DEPUTADO DE SÃO DOMINGOS NA CONVENÇÃO]. ÓLEO SOBRE TELA, 158 × 111 CM. 1797. ACERVO MUSEU NACIONAL DO PALÁCIO DE VERSALHES, FRANÇA.

ANNE-LOUIS GIRODET DE ROUSSY-TRIOSON.
JEAN-BAPTISTE BELLEY, DÉPUTÉ DE SAINT DOMINIQUE À LA CONVENTION [JEAN-BAPTISTE BELLEY, DEPUTY FOR SANTO DOMINGO AT THE CONVENTION]. OIL ON CANVAS, 158 × 111 CM. 1797. COLLECTION NATIONAL MUSEUM OF THE PALACE OF VERSAILLES, FRANCE.

SAMUEL J. MILLER. *FREDERICK DOUGLASS*. DAGUERREÓTIPO, 14 × 10,6 CM. C. 1847-1852. COLEÇÃO INSTITUTO DE ARTE DE CHICAGO, ILLINOIS, EUA.

SAMUEL J. MILLER. *FREDERICK DOUGLASS*. DAGUERREOTYPE, 14 × 10.6 CM. C. 1847-1852. COLLECTION THE ART INSTITUTE OF CHICAGO, ILLINOIS, USA.

SALLIE E. GARRITY. *IDA B. WELLS, AMERICAN JOURNALIST, CIVIL RIGHTS AND WOMEN'S RIGHTS ACTIVIST* [IDA B. WELLS, JORNALISTA NORTE-AMERICANA, ATIVISTA DOS DIREITOS CIVIS E DIREITOS DA MULHER]. FOTOGRAFIA (PAPEL ALBUMINADO). C. 1893. ACERVO GALERIA NACIONAL DE RETRATOS, INSTITUTO SMITHSONIAN, WASHINGTON, EUA.

SALLIE E. GARRITY. *IDA B. WELLS, AMERICAN JOURNALIST, CIVIL RIGHTS AND WOMEN'S RIGHTS ACTIVIST*. PHOTOGRAPHY (ALBUMEN SILVER PRINT). C. 1893. COLLECTION NATIONAL PORTRAIT GALLERY, SMITHSONIAN INSTITUTION, WASHINGTON, USA.

THÉODORE GÉRICAULT. *STUDY OF A MODEL* [ESTUDO DE UM MODELO]. ÓLEO SOBRE TELA, 47 × 38,7 CM. C. 1818-1819. ACERVO MUSEU J. PAUL GETTY, LOS ANGELES, EUA.

THÉODORE GÉRICAULT. *STUDY OF A MODEL*. OIL ON CANVAS, 47 × 38.7 CM. C. 1818-1819. COLLECTION THE J. PAUL GETTY MUSEUM, LOS ANGELES, USA.

WILLIAM HOARE. *AYUBA SULEIMAN DIALLO (JOB BEN SOLOMON)*. ÓLEO SOBRE TELA, 76,2 × 63,5 CM. 1733. COLEÇÃO NATIONAL PORTRAIT GALLERY, LONDRES, REINO UNIDO.
WILLIAM HOARE. *AYUBA SULEIMAN DIALLO (JOB BEN SOLOMON)*. OIL ON CANVAS, 76.2 × 63.5 CM. 1733. COLLECTION NATIONAL PORTRAIT GALLERY, LONDON, UK.

FOTÓGRAFO ANÔNIMO. *SOLDIER AND COMPANION* [SOLDADO E COMPANHEIRA]. FERROTIPIA COM FUNDO DE LATÃO E ESTOJO DE COURO, 8,9 × 6,4 CM. C. 1861-1865. INSTITUTO DE ARTES DE DETROIT, EUA.
ANONYMOUS PHOTOGRAPHER. *SOLDIER AND COMPANION*. TINTYPE WITH BRASS MAT AND LEATHER CASE, 8.9 × 6.4 CM. C. 1861-1865. DETROIT INSTITUTE OF ARTS, USA.

RAPHAELLE PEALE. *ABSALOM JONES*. ÓLEO SOBRE PAPEL, 76,2 × 63,5 CM. C. 1810. MUSEU DE ARTE DE DELAWARE, WILMINGTON, EUA.
RAPHAELLE PEALE. *ABSALOM JONES*. OIL ON PAPER, 76.2 × 63.5 CM. C. 1810. DELAWARE MUSEUM OF ART, WILMINGTON, USA.

PRÓXIMAS PÁGINAS:
EDOUARD MANET. *OLYMPIA*. ÓLEO SOBRE TELA, 130,5 × 190 CM. 1863. MUSEU D'ORSAY, PARIS, FRANÇA.
NEXT SPREAD:
EDOUARD MANET. *OLYMPIA*. OIL ON CANVAS, 130.5 × 190 CM. 1863. MUSÉE D'ORSAY, PARIS, FRANCE.

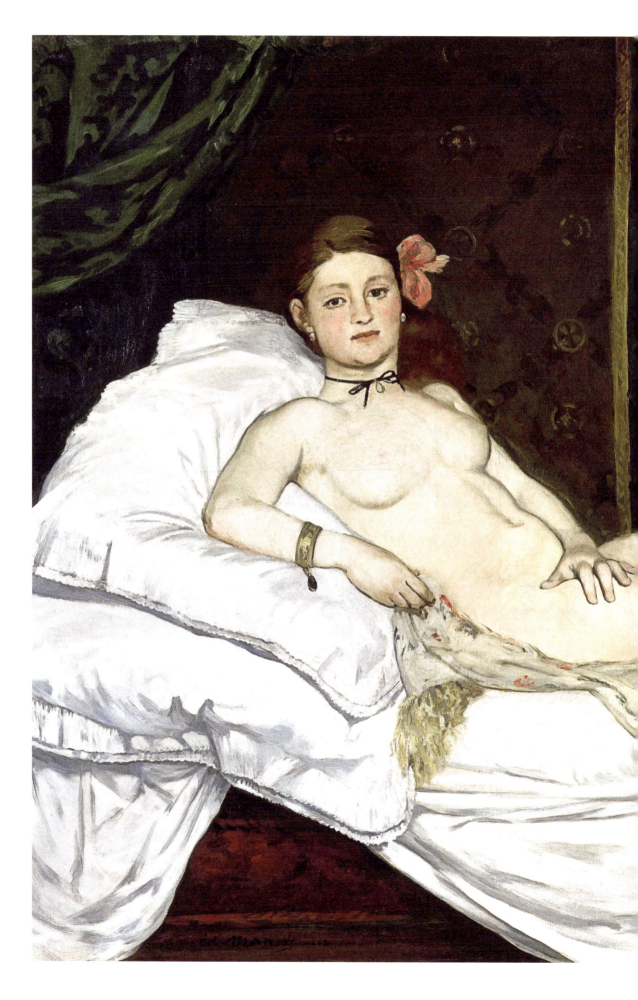

DIVERSOS RETRATOS DE FREDERICK DOUGLASS
(1817/1818?-1895)

SEVERAL PORTRAITS OF FREDERICK DOUGLASS
(1817/1818?-1895)

CRÉDITOS DOS RETRATOS DE FREDERICK DOUGLASS/
CREDITS FOR PORTRAITS OF FREDERICK DOUGLASS

REPRODUCTION/LIBRARY OF CONGRESS,
WASHINGTON D.C., USA

REPRODUCTION/NATIONAL PORTRAIT GALLERY,
SMITHSONIAN INSTITUTION, WASHINGTON, USA
J.C. BUTTRE/PRIVATE COLLECTION

REPRODUCTION/METROPOLITAN MUSEUM OF ART,
NEW YORK, USA

J.W. HURN/LIBRARY OF CONGRESS, WASHINGTON D.C., USA

B.F. SMITH SON/LIBRARY OF CONGRESS, WASHINGTON D.C., USA

GEORGE FRANCIS SCHREIBER/NATIONAL PORTRAIT GALLERY,
SMITHSONIAN INSTITUTION, WASHINGTON, USA

C.F. CONLY; G.K. WARREN/LIBRARY OF CONGRESS,
WASHINGTON D.C., USA

MATHEW B. BRADY/LIBRARY OF CONGRESS,
WASHINGTON D.C., USA

JOHN WESLEY; MOSS ENGRAVING COMPANY/LIBRARY
OF CONGRESS, WASHINGTON D.C., USA

chapter 9

A THOUSAND IMAGES, NO WORDS

Vik Muniz

"I am a man!" was the slogan on the signs carried by hundreds of street cleaners during the notorious sanitation workers' strike in Memphis, Tennessee, in the year of grace and disgrace 1968. "I am a man! A person!" This phrase, which came to symbolise the civil rights movement in the U.S., as it confronts the reality of a non-person, has always resonated with me, a White Brazilian male, as an intriguing philosophical question.

"I am a person!" But what does that actually mean?

I recall myself as I was becoming a person, slowly growing towards the warmth of familiar voices calling my name, and then later through the small number of images that show me as a child. I come from a poor family that did not have a camera at home, so the records of my childhood are limited to ten images: four taken by an aunt who used to visit us at Christmas; three at school; one in the Sears studio in Paraíso, São Paulo; one in a toy tractor in Praça Marechal Osório in the same city; and my favourite one in which I am between my parents at the Brazilian Companhia Telefônica new year's party, where my mother worked as an operator.

Perhaps because I had never lived with many personal photographs, when I moved to the United States at the age of 21, when I found family photos being sold in second-hand stores and antique shops, I found it hard to understand how those images had been orphaned by the people they portrayed. This is when I started to adopt them—too many of them. For more than three decades, I have been obsessed with family photos and albums. The obsolescence of these physical records in the digital age have flooded the market with irresistible offers, and the vast number of photos that I've been able to acquire have merely made my hobby more complex and inexplicable. Most of the things I have learned over the past thirty years as a professional artist and photographer have come from a close study of these images.

In my New York studio, I spend part of the day forensically cataloguing and organising the lives of strangers in lost moments. They are dormant fragments of time hidden away for decades in boxes, drawers and envelopes: around 250 thousand snapshots that record moments that at one point meant something to someone—weddings, christenings, Christmas trees, trips, pets, drunks at parties, women sitting on cannons at some seaside fortress or other, in short, nearly the whole spectrum of society as of when photography became popular. It is also important to point out that the gaps in this complex mosaic are just as revealing as the pieces that are present.

In 2013, I started using part of this collection of images as material for a set of collages in a series called Álbum. I wanted to create images that drew a connection between the evolution of social rituals and the way they are documented and record something fixed and present in every family album; so I tried to use as wide a range of photographs as possible in the photos that make up the collages. As the work was predominantly in black and white, I found it extremely hard to find images of Afro-descendants that weren't in colour and more recent. Old photographs of Black families are relatively rare and only began to appear more frequently after the mechanisation and popularisation of photographic processes in the 1960s—perhaps, by no coincidence, in the same era that the Memphis Street cleaners were protesting with their banners: "I am a man!".

My search for these photos gradually became a form of immersive study. I realised that photographs of Afro-descendants were distinctly different from those found in the abundance of moments documented by White families.

First is their formality—as it is rare to come across snapshots. There is always a meaning and importance to earlier Afro-descendent images that have not yet been trivialised by technical or economic rationales. The photos are ritualised, premeditated, and many were taken by professional studio photographers who sought to portray not only the physical appearance, but also the aspirations of their clientele.

Secondly, there is a tendency towards generalisation. Is it possible to perceive the degree of familiarity between the photographer and the sitter(s) or the intentions of the former towards the latter? On occasion, it is almost possible to tell if the photographers are White or Afro-descendant themselves. Just as the photographs taken in studios owned by Black photographers are like mirror images, photographs of Black people taken by White photographers are more like images seen through the mirror; a subtle, though distinct and formal distancing that "sees" the subject without any empathic obligation to it.

In most of these images taken by White photographers, Black people are usually more a *theme* than *people*.

And finally, there is anonymity. Photos of Afro-descendants, while clearly more formal than those of White people, are rarely accompanied by captions of annotations on the reverse, or even in the albums. I was reminded of my ten childhood photos and I realised that none of them had a name, place or date. The very fact there were so few meant they required little organisation.

In the mosaic that I had been forming, the variety of my collection revealed a glaring gap, like the desilvering in a mirror that obfuscates part of how we see ourselves. It became increasingly clear to me that the personal iconography of Afro-descendants was a fundamental part of the evolution of our collective identity. In the midst of a multitude of anonymous portraits, I realised how important it is to associate a name with a person in order to better understand the origins of the concept of individuality.

When names are directly associated with images and their likeness, this invariably establishes a relationship of power. However, the concept of likeness is not as simple as it seems, as it has evolved over the last 350 thousand years, first through sounds and gestures, and then, in more perennial forms that are more resistant to the short cycles of our lives and can be passed from generation to generation. Every image in the world is a part of the evolution of this awareness and its trajectory, from the simple quantitative and generic marking of humans as species, to the incipient concept of individuals. The idea of individuality flourishes precisely when humanity begins to associate images with power.

Sargão da Acádia was the first known emperor in 2330 BC, and we know this not because we recognise his face, but because his was the only human image not associated with any divinity. But it was only about 150 years later that Gudea, a Sumerian noble, became one of the first human beings to be recognised by the way they looked. The statues of him that are scattered throughout museums all over the world, are so attributed because of his cylindrical fitted hat, which while to modern eyes may seem peculiar, he appears to never have taken off, and which became a sign of his individuality.

If you think of Pericles of Greece, the image conjured up is of a man wearing a peculiar helmet, which appears to have been designed to hide a congenital cranial malformation. It is also well known that the president of Mexico, Benito Juarez never appeared in public without a bow tie. However, the first people to be identified by their physiognomy rather than by stylised generalisations of fashion or power, were, ironically, a beautiful African couple. Akhenaten and Nefertiti, the Pharaoh and queen of the eighteenth Egyptian dynasty in 1353 BC, are remembered not only for their brief introduction of monotheism in Egypt's traditional polytheistic religion, but also for the plethora of statues, bas-reliefs, and paintings directly related to them by their physiological similarities. Ironically, after his death, the name of Akhenaten, who became regarded as the "heretic king," was crossed out and/or erased from all monuments, and became an anonymous figure for a longtime. Was he the first such figure to be cancelled from history?

Images of realistic portraits related to individuals—with the notable exception of the funerary masks found in the Faiyum oasis, already part of the Roman Egypt—do not appear until the Roman Empire, when the fragmentation of power in occupations and classes led to the creation of busts and mosaics of people with less power than the emperor. Unlike the portraits of monarchs, these noblemen had no way to simplify their effigies with symbols of power, so they had to rely on the skills of the artist to portray them in a way that made their images true representations.

With the fall of the Roman Empire, the realism of the human figure and its relationship to identity and individuality went through a long period of cultural hibernation, which would only arise again after nearly a thousand years in the cradle of the European Renaissance. And it is in this Eurocentric context that the idea of individuality was unleashed, consolidating itself through similarity and difference. The universe still revolved around the earth, but the earth was Europe, which began to dominate social reality through an elaborate spectacle of appearance and symbols. The rapid expansion of realistic, Western, White, human imagery permeated Christian iconography and bleached out every mixed-race trait, any sign of the millennial miscegenation of previous races and cultures, in a process that even today afflicts the evolution of society.

With this artificially forged and calculated ignorance of Whiteness came also the abhorrent concept of the "exotic" and the concept of otherness as a tool for identity building. The "other" becomes precisely the one whose pictorial tradition of generic physiognomy provides a convenient abstraction of its individual qualities. The other is always a type, a species, and never some*one*. Having a name associated with a face is the primary condition for even the possibility of any form of empathy.

During the Middle Ages, images of Black people are common, especially in the Orthodox Church, in which martyrs like Saint Maurice, Saint Moses the Ethiopian, and the wise king Balthazar were celebrated with relative realism. However, these are idealised, imagined entities, not portraits of living people.

Therefore, it is *Portrait of an African Man* by Jan Mostaert in 1525, that is considered the first image of a named Afro-descendant in European painting. Amsterdam's Rijksmuseum, which houses the work, says it is the portrait of Christophle the Moor, a celebrated archer in the court of Emperor Charles V. Another notable exception is the portrait of Don Miguel de Castro, emissary of Congo, painted by Jasper or Jeronimus Becx in 1643, that had previously been assigned to Eckhout. Don Miguel was a Congolese diplomat who visited the Netherlands on behalf of the count of Soyo (a city located at the mouth of the Congo River in Angola), to settle a dispute with King Garcia II. His trip had a stop-over in Nassau's Dutch Brazil, who ordered portraits of the emissary to be painted during his brief stay in Middelburg, the capital of Zeeland, about 150 kilometres from Amsterdam.

A recent auction discovery revealed the wonderful portrait of the Senegalese Ayuba Suleiman Diallo, painted in 1733 by William Hoare, which has been bought by the National Portrait Gallery in London. Portraits such as those of Christiaan van Molhoop in 1795 by Ozias Humphry, and that of Ignatius Sancho in 1768 by Thomas Gainsborough—both of which are exhibited at the Tate Gallery—and even the formidable portrait of J. B. Belley by Anne-Louis Girodet de Roucy-Trioson in 1797, are all clear examples of the rare identification of Black people throughout the history of European iconography. Despite this, there is no lack of images of anonymous, subservient and "lesser" Black people, who are mere accessories to the composition of the visual identity of the portraits of famous White people.

The prevailing ambiguity of the terms "African man" or "African woman" in the titles of paintings continued through the 18th and 19th centuries. However, this was never made so clear as it was in the inspirational exhibition *Black Models: from Géricault to Matisse* shown at the Musée d'Orsay in 2019, in which the organisers reversed exhibition traditions and created a show based around the previously anonymous models who were so present in the history of French painting.

In the very first room, dedicated to the Haitian model Joseph, we are faced with someone who was perhaps one of the most portrayed people of his time. A muse who inspired Géricault, Chasérriau and Brune, Joseph is portrayed in no fewer than three of the seventeen characters in the iconic *Radeau de la Meduse* [The Raft of the Medusa]. Later in the exhibition, we meet Laure, the mysterious servant eternally presenting a bouquet of flowers to Olympia in the homonymous painting by Manet. She was a friend of Baudelaire and Jeanne Duval, and lived at 11 rue Vintimille, in the Troisième Arrondissement, Paris. This momentous exhibition vindicated the identities of numerous characters recognisable in the history of painting, and ingeniously deconstructed the association of Black portraits with certain kinds of genre painting, with ethnographic traditions, and with the presupposed anonymity of otherness that had been placed on Afro-descendants.

According to the curators, around the mid-19th century, the number of people moving from the colonies to France intensified around Paris, particularly in the Quartier des Batignolles, to the north of the city, where many of the artists had their studios. The artists' cohabitation and interaction with the reality and influence of the Black presence in this modernist context was intensified by the very nature of the process of portrait painting, which requires time and attention to detail. A painted portrait is supposed to represent the spirit and identity of the sitter. The time taken to complete the portrait gradually evolves into a personal relationship between the artist and the sitter. Despite the fact that anonymity continued to prevail in representations of Black people in 19th century painting, there was also a significant contrast in the way their individuality was manifested.

In 19th century photography, Black people are in general anonymous, and are associated only with their origin or occupation. In the United States, however, visionaries such as the journalist and educator Ida B. Wells (1862-1931) and, more notably, the writer and statesman Frederick Douglass (1818-1895) started to take control over their own images to promote the abolitionist cause. Douglass mourned the frequent absence of Daguerre, the inventor of photography, one of the most prominent geniuses of the time, and his admiration for the art form made him the most portrayed North-American of the 19th century. The production and dissemination of his image deliberately sought to replace the racist stereotypes of African-Americans. Douglass posed for no fewer than 160 photographs. In comparison, Abraham Lincoln sat only 126 times for photographs.

In Brazil, the situation was very different. Three centuries of slavery had taken 4.8 million Africans to the country, who, according to the 1872 census, represented about 15% of the national population. Unlike other colonisers, the Portuguese had more personal relations with the slaves, who came from more diverse regions and cultures than slaves in other countries. It is possible this resulted in a social complexity that delayed the catalysis of a common identity among Afro-descendants.

The photographic imagery that flourished in parallel with economic development during the imperial era did little else but perpetuate Eurocentric bias by not naming or identifying Black people, and thus depriving them of the state of being a person. "I am a person" was a cry suppressed for centuries, and particularly in these tragic tropics. Slaves were often portrayed as property or tools, sometimes in groups working in the fields, or alternatively at home, doing chores or posing next to their masters.

In contrast, just as in other countries where slavery had already been abolished, free emancipated Afro-Brazilians used photography as a way of documenting their freedom. In these images, the appropriation of prevailing sociocultural codes affirmed the image of Black people as equals, which was in contrast to the reality of a society that was still exclusionary and extremely racist.

After the *Aurea* Law of 1888, the spectre of compensation payments to former slave owners caused Ruy Barbosa, the then Minister of Finance, to burn all the registration books and records of ownership and patrimonial documentation of slaves in the department offices. This move, which freed the newly-founded positivist republic from having to pay for and live with the "historic national stain of slavery," meant that the history of the individuality of Afro-descendants was virtually wiped from public archives: dates of birth, family descent, origins, and ultimately anything that could have provided a basis for the study of individuals' history—it all ended up in ashes.

It is within the framework of this lacuna of references that Black identity continues to seek its arduous and winding resolution. The paucity of symbols and codes brings the creation of historical characters closer to the construction of syncretic entities that arbitrarily associate a myriad of icons from Afro-Brazilian history with portraits of anonymous individuals. A photograph by Alberto Henschel, *Black woman in a turban* (*c.* 1870), came to "represent", for example, the physiognomies of Luísa Mahin, Maria Felipa and Dandara dos Palmares. The image of Tereza de Benguela was associated with that of *Seated Black woman, front view,* by the French painter Felix Valotton which was painted 150 years after her death. The Princess Aqualtune was portrayed by Marc Ferrez, Zumbi dos Palmares was portrayed by Henschl and/or Stahl, and Esperança Garcia sat for a study by Rugendas.

The limited number of photographs of public figures such as Luiz Gama, José do Patrocínio, André Reboucas, Tia Ciata and Teodoro Sampaio are true treasures from a sea of images of relatively unprepossessing White people. Though historically some images have been linked to their owners, there are still countless ones that are mute and resistant to any potential narrative.

Groups of images such as those of Black women dressed in elaborate clothing with Richelieu embroidery, adorned with gold chains, rings, earrings and bangles, form a rich imagery that inspires curiosity as well as historiographical speculation. The more commercially viable ethnographic studio portraits of "Bahian women" are muddled together with those that show images commissioned by the freed women and the *ganhadeiras* who worked in the markets for a percentage of profits and who often earned enough to buy their own freedom. The intriguing luxury of the apparel of these women is in sharp contrast to everything understood to have been the condition of enslaved Afro-descendants. In fact, there is nothing similar in other colonies or even in records from the African continent itself, and there is not even an image of a commoner flaunting such sumptuous garments.

The jewellery worn so proudly by these women also differs from other types of adornment worn in the New World at the time. The large, light, striking bangles resemble ornamental versions of handcuffs (in Portuguese *algemas*, which comes from the Arabic *al jahmad*, or bracelet), and the chains also echo the heavy iron ones used so cruelly to subdue and punish the slaves. However, this jewellery gives its wearers a serene and confident air, almost as if the pieces were magic amulets.

We know today that both gold extraction techniques and much of the knowledge employed in the manufacture of these objects came from the African continent, and that their commercialisation was mainly due to the wearers themselves. This jewellery represented the wealth of these women who, according to tradition and their distrust of others, chose to keep it close to their bodies. This knowledge makes it possible to deduce much more than these seemingly simple images would suggest.

Returning to the anonymity of these distinguished women—who paradoxically lived with their masters, yet who surpassed them through the wealth and splendour of their jewellery and clothes—this lacuna in our knowledge left by the dearth of documentation and the contempt for the social condition of the Black population has engendered numerous prejudiced and racist presumptions, and assume that these women in the photos were actually vehicles used to display the wealth of their respective masters. This can only be a bourgeois fantasy, because there are no images of White women wearing anything even remotely comparable in paintings and photographs at the time.

Who then were these nameless queens?

One—and the most notable—was called Florinda: Florinda Anna do Nascimento. That was what my friend the antiquarian Itamar Musse told me, pointing to the cover of a catalogue for his collection of creole jewellery that he had just given me. Florinda is a strong and beautiful name and it sounded like a bell in my head. When the chiming passed, an image remained, but this time with a name: Florinda, Florinda. How did he discover her name? Itamar explained to me that because there were no records, he had had to start researching together with the registry offices that hold the wills of these women, and that he had found Florinda through the provenance of her jewellery and through an iconographic study with the Fundação do Instituto

Feminino da Bahia, Museu do Traje e do Têxtil [Foundation of the Female Institute of Bahia, Museum of Clothing and textiles] which has some of her garments.

There are also some papers with the photos of Florinda, several of them without proper identification. The date of her birth in the Recôncavo Baiano is lost in time, but we know that, in addition to working as a nursemaid in the homes in which she served, she also worked as a confectioner and cook, and we know that when she died in the house of her former master at 304 rua Sete de Setembro, according to the physician who signed the death certificate, she was 103 years old.

Much of what we know about Florinda and about other women like her is the result of the tireless work of researcher Zélia Bastos, who cross-referenced information obtained through photographic documents of their jewellery with wills and other available records in her mission to uncover the extraordinary complex relations between different economic levels of post-slavery Bahia. Her research also shows the importance of individual narratives in piecing together the elaborate mosaic that form our impression of the past. Florinda and her stunning adornments disrupt simplistic and binary views of the relationships between slaves and colonisers, and reveal an economic world that had adapted to daily life and the culture and traditions brought from Africa and shaped over centuries of resistance and toil.

This impassive, majestic Bahian woman is a definitive symbol of the matriarchal culture predominant in the first Black social orders of Brazil. Sisterhoods—that through syncretism, embraced a previously unimaginable religious miscegenation and that, with roots in their own origins, led to the creation of a new belief, the intricate construction of a pantheon of African gods that is candomblé. Bahia is an invention of this individual, the product of the need for a place constantly between two worlds. How many universes can be found in a simple image?

Looking at Florinda's photo, I imagine the experiences of millions of lives lived, and their stories lost in the abstraction of time. Not only from the time of historical figures such as Mansa Musa, Francisco Felix de Sousa or Haile Selassie, but from the time made of people, of flesh, sweat, hair and nails, who had neither the good fortune nor the privilege of having names attached to their appearances. My shoe box with its few photos of Black families thus becomes an Aleph, a portal to a myriad of possible arterial narratives that are capable of transforming the very nature of time. The history of the individuality of Afro-descendants is like a delicate membrane that covers the expanse of human time.

It is the oldest story in the world, but, in truth, it is only just beginning.

capítulo 10

ÇARTA
À FLORINDA

Giovana Xavier

Querida Florinda,

Quem te escreve é Giovana Xavier. Com a mente florescendo com conexões passado-presente, eu adentro, com palavras, um território inexplorado no qual nós duas podemos nos olhar através das posições que tanto caminhamos para conquistar. Enquanto olho para ti — de turbante e brincos, escolhidos com esmero para proteger seu *orí*. Braços, pescoço e dedos tomados, nessa ordem, por braceletes, colares e anéis que iluminam ainda mais tua pele retinta —, tenho desejo de contigo partilhar pensamentos íntimos que tua presença em mim evoca. Penso em conceitos-chave: legado, liberdade, esperança.

Mas antes de continuar, esboçando um sorriso, pergunto-te: Florinda, ao ser fotografada, por acaso sentiste medo de ter a alma capturada pelas lentes do fotógrafo? Historiadora dos passados-presentes, aprendi que essa era uma verdade do teu tempo e, pensando bem, acredito que se aplique também ao meu agora, no qual nos encontramos escravizadas por telas de computadores e celulares, das quais é raro desviarmos o olhar por um instante que seja.

Voltando às tuas joias, permite-me dizer: Uau, que joias! Mas sabes que, apesar do brilho hipnótico que delas transluz, eu me recuso a crer que te adornavas com elas para ostentar riqueza? Estou certa de que teu propósito era muito maior. Creio que a escolha de cada pingente, o clicar dos braceletes sendo fechados e o atarraxar dos brincos ecoavam uma forma revolucionária de cuidar de si, reverenciando, em silêncio ou na companhia de amigas, beleza pura, poder pessoal, coragem e demais atributos que tua imagem segue imprimindo com todo o encanto e o fulgor. Que maravilha ver-te assim, plena e gloriosa em uma época na qual insistiam em afirmar que não éramos humanas!

Nutro essas certezas quando miro tua fotografia, na qual te vejo a sorrir com a boca fechada — não por silenciamento, mas pela sagacidade de quem aprendeu a escolher a hora certa para lançar palavras, olhares, sorrisos. E a tua imagem, de perfil, mirando o horizonte, enquanto tudo isso acontece, me lembra do pássaro sankofa, a quem cabe olhar para o futuro sem deixar de fitar o passado. Vejo-me em ti, ao reparar em tuas unhas, curtas como as minhas. E emociono-me com a criatividade com que combinas crucifixos, bolas, estrelas, patuás e medalhas, independentemente de opiniões alheias.

São tantos os adereços — dispostos em harmoniosa desordem, como que para lembrar que existem muitas versões de mulheres negras, dispersas em diversos tempos e espaços, que refletem distintos legados de esperança e liberdade —, e todos eles me remetem ao *abebé*, o espelho sagrado da deusa do amor. Com isso, tu, Florinda, generosamente me levas a um de meus ítans favoritos do candomblé: aquele que nos ensina que "Oxum lava primeiro suas joias para depois cuidar de seus filhos".

Se na perspectiva eurocêntrica, focada no individualismo, o fato de Oxum priorizar suas joias é associado ao egoísmo e ao desleixo materno, nas cosmogonias africanas o zelo da yabá por seus adornos expressa a alma livre e talentosa de uma artesã da vida, comprometida em ensinar mulheres negras a amarem a si mesmas e a protegerem seu maior patrimônio: o poder espiritual plantado por nossas ancestrais em seus jardins. Um poder por meio do qual conseguiram transcender seus corpos, mantendo acesa a criatividade necessária para imaginar um futuro que não estava ao alcance delas. Mas que tu, matreira, fizeste questão de deixar entreaberto nessa cortina diáfana para que pudéssemos atravessá-la com a escrita de nossas histórias.

Lembrando a escritora afro-americana Alice Walker: nossas ancestrais "dançavam ao som de uma música ainda inexistente. E esperavam. Esperavam pelo dia em que o desconhecido que traziam dentro de si se revelaria". Florinda, sinto essas palavras ao te ver senhora de ti, assentada em tua história, mirando, com o olhar firme e enigmático, o futuro desconhecido que cultivavas dentro de ti. Um futuro que ornaste com fartura de joias de ouro que guardam histórias da genialidade com a qual nos ensinaste a beleza negra do amor.

Querida Florinda, *modupé*!

Um beijo com amor e boas energias,

chapter 10

LETTER
TO FLORINDA

Giovana Xavier

Dear Florinda,

My name is Giovana Xavier. With my mind blossoming with past-
-present connections, I enter with words a brand-new world, one
where we can look at each other from the perspectives that we have
walked so far to conquer. Meanwhile, I look at you—with your turban and earrings, chosen so carefully to protect your *orí*. Your arms,
neck and fingers—in that order—covered in bracelets, necklaces
and rings that illuminate your skin even more. I would love to con-
fide in you the private thoughts that your presence evokes in me.
I am thinking of key concepts: legacy, liberty, hope.

But before I continue, with a smile I ask you: Florinda, when
you were photographed, were you by chance fearful of your soul
being captured by the photographer's lenses? Historian of the past-
present, I learned this was a truth of your times and, to be honest, I
believe it also applies to mine, where we find ourselves enslaved by
computer screens and mobile phones from which we are rarely able
to turn our eyes for even an instant.

To get back to your jewellery, let me just say this: Wow, what
jewellery! But do you know that, despite their hypnotic glow, I refuse
to believe that you would adorn yourself with them merely to show
off your wealth? I am sure your purpose was much greater. I believe the choice of each pendant, the click of bangles closing, and
the jangle of earrings, represented a revolutionary way of caring for
your *self*, and, in silence or in the company of friends, revering pure
beauty, personal power, courage and all the other attributes that
your image contains with such grace and radiance. How wonderful
to see you like this, glowing and glorious, at a time when society
insisted on saying that we were not humans!

I feel sure of this when I look at your photo, which shows you smiling with your lips together—not silenced, but with the wisdom of someone who has learned when is the right time to speak, to gaze, to smile. Your profile, looking at the horizon while all this takes place, reminds me of the Sankofa bird, responsible for surveying the future while never forgetting to observe the past. I see myself in you, when I notice your nails, short like mine. And I am touched by your creative combination of crucifixes, *bolas*, stars, amulets and medallions, heedless of other people's opinions.

There are so many adornments—arranged in harmonious disorder as if a reminder that there are numerous versions of Black women, scattered through different times and spaces, who reflect alternative legacies of hope and freedom. And they all lead back to the *abebé*, the sacred mirror of the goddess of love. With this, you, Florinda, generously carry me to one of my favourite candomblé sayings: the one that teaches us "Oshun first washes her jewellery, and then takes care of her children."

While from an individualistic Eurocentric perspective, Oshum's prioritisation of her jewellery may be associated with selfishness and maternal neglect, in African cosmogonies the Yabá's zeal for her adornments represents the talented free spirit of a craftswoman of life, committed to teaching Black women to love themselves and protect their greatest heritage: the spiritual power sown by our ancestors in their gardens. A power through which they were able to transcend their physicality and access the creativity needed to imagine a future not yet within reach. And you, so astute, made a point of leaving this diaphanous curtain half open, so we can cross over with the writing of our own stories.

As the African-American writer Alice Walker put it, our ancestors "danced to the sound of music that did not yet exist. And they waited. They waited for the day when the unknown within them would reveal itself." Florinda, these are the words I feel when I look at you, sitting in your history, looking out with an unerring and enigmatic gaze, towards the unknown future you cultivated within you. A future you adorned with an abundance of gold that holds stories of the brilliance with which you taught us the Black beauty of love.

Dear Florinda, *modupé*![1]

A kiss with love and positive energy,

1. "For the grace of god!," in Yoruba language. [TN]

SOBRE OS AUTORES/ ABOUT THE AUTHORS

SHEILA DE CASTRO FARIA

É professora aposentada da Faculdade de História e ainda atuante no Programa de Pós-Graduação em História da Universidade Federal Fluminense (UFF), especializada em História do Brasil colonial e imperial, com enfoque na escravidão e na alforria. Foi aprovada em concurso público para o cargo de professora titular em História do Brasil com a tese *Sinhás pretas, damas mercadoras: as pretas minas nas cidades do Rio de Janeiro e de São João Del Rey (1700-1850)*, no prelo. Organizou, com Adriana Dantas Reis, o livro *Mulheres negras em perspectiva. identidades e experiências de escravidão e liberdade no espaço atlântico (séculos XVII-XIX)*, editora Cantagalo e UEFS Editora. Publicou *A Colônia em movimento, fortuna e família no cotidiano colonial*, pela editora Nova Fronteira, livros didáticos, como *História.doc* e *Humanitas.doc*, da editora Saraiva, além de dicionários, como os *Dicionários do Brasil colonial e imperial*, editora Objetiva, livros paradidáticos e capítulos de livros, no Brasil e no exterior.

Sheila de Castro Faria is a retired professor from the Faculty of History at the Universidade Federal Fluminense (UFF, and continues to be active in the Post-graduate History Programme there, where she specialises in Brazilian colonial and imperial history with a focus on slavery and emancipation. Her professorship in Brazilian History was approved by public tender with her thesis *Sinhás pretas, damas mercadoras: As pretas minas nas cidades do Rio de Janeiro e de São João Del Rey (1700-1850)* [Black sinhás, female traders: Black women from the Golden Coast in the cities of Rio de Janeiro and São João Del Rey (1700-1850)] (forthcoming). Together with Adriana Dantas Reis, she co-edited the book *Mulheres negras em perspectiva: identidades e experiências de escravidão e liberdade no espaço atlântico (séculos XVII-XIX)* [Black women in perspective: identities and experiences of slavery and freedom in the Atlantic world (17th-19th centuries)], published by Cantagalo and UEFS Editora. She has also authored *A Colônia em movimento, fortuna e família no cotidiano colonial* [The Colony in motion: fortune and family in colonial everyday life], published by Nova Fronteira, as well as textbooks such as *História.doc* and *Humanitas.doc* by Saraiva. In addition, she has contributed to dictionaries including the *Dicionários do Brasil colonial e imperial* [Dictionaries of Colonial and Imperial Brazil] published by Objetiva; and written text books and book chapters, both in Brazil and abroad.

EDUARDO BUENO

É escritor, jornalista, editor e tradutor. Autor de mais de trinta livros, com mais de 1,5 milhão de exemplares vendidos, ajudou a popularizar a história do Brasil, despertando um interesse até então inédito sobre o tema. Editou mais de trezentos títulos, a maior parte deles até então inédita em português. Traduziu *On the Road*, de Jack Kerouac, dando início à publicação dos autores da geração Beat no Brasil. Como jornalista, trabalhou nos principais jornais e TVs do país. Recebeu inúmeros prêmios, dentre eles o Jabuti e a Ordem do Mérito Cultural. Ainda seguindo seu objetivo de tornar a história do Brasil mais acessível, instigante e provocadora para todos, atualmente, mantém no YouTube o canal Buenas Ideias, com mais de 1 milhão de inscritos e 200 milhões de visualizações.

Eduardo Bueno is a writer, journalist, editor and translator. Author of more than 30 books, with more than 1.5 million copies sold, he helped popularise the history of Brazil, arousing a new interest in the subject. He has edited more than 300 titles, most of them previously unpublished in Portuguese. He translated Jack Kerouac's *On the Road* into Portuguese, opening space for the publication of authors of the Beat generation in Brazil. As a journalist, he has worked in the main newspapers and TV channels in the country. He has received numerous awards, including the Jabuti and the Order of Cultural Merit. Still pursuing his goal of making the history of Brazil more accessible, thought-provoking and interesting for everyone, he currently hosts the Buenas Ideias channel on YouTube, with more than 1 million subscribers and 200 million views.

LILIA MORITZ SCHWARCZ

É professora titular do Departamento de Antropologia da USP. Foi professora visitante em Oxford, Leiden, Brown, Columbia e Princeton, onde foi professora global e é professora visitante desde 2010. Em 2017, obteve a John Simon Guggenheim Foundation Fellow. Em 2010, recebeu a Comenda da Ordem do Mérito Científico Nacional.

É autora de *Retrato em branco e negro* (1987 — prêmio APCA), *O espetáculo das raças* (Companhia das Letras, 1993; Farrar Straus & Giroux, 1999), *Racismo no Brasil* (Publifolha, 2001), *As barbas do Imperador* (Companhia das Letras, 1998 — Prêmio Jabuti/Livro do Ano; Farrar Strauss & Giroux, 2004), *A longa viagem da biblioteca dos reis* (Companhia das Letras, 2002), *O sol do Brasil* (Companhia das Letras, 2008 — Prêmio Jabuti, categoria biografia, 2009), *Brasil: uma biografia* (com Heloisa Murgel Starling; Companhia das Letras, 2015 — indicado entre os dez melhores livros Prêmio Jabuti de Ciências Sociais) e *Lima Barreto: triste visionário* (Companhia das Letras, 2017).

Foi curadora de uma série de exposições, como *A longa viagem da biblioteca dos reis* (Fundação Biblioteca Nacional, 2002), *Nicolas-Antoine Taunay e seus trópicos tristes* (Museu de Belas Artes do Rio de Janeiro e Pinacoteca do Estado de São Paulo, 2008), *Histórias mestiças* (Instituto Tomie Ohtake, 2015). Desde 2015, atua como curadora-adjunta para histórias e narrativas no Masp e é colunista do jornal *Nexo*.

Lilia Moritz Schwarcz is a Professor at the Department of Anthropology at University of São Paulo (USP). She has been a Visiting Professor at Oxford, Leiden, Brown, Columbia and Princeton, where she has been Global and Visiting Professor since 2010. In 2017, she was awarded the John Simon Guggenheim Foundation Fellow. In 2010, she received the Commendation of the Order of National Scientific Merit.

She is the author of *Retrato em branco e negro* (1987 — APCA Award), *The Spectacle of Races* (Farrar Straus & Giroux, 1999), *Racismo no Brasil* (Publifolha, 2001), *The Emperor's Beard: Dom Pedro II and His Tropical Monarchy in Brazil* (Farrar Strauss & Giroux, 2004), *A longa viagem da biblioteca dos reis* (Companhia das Letras, 2002), *O sol do Brasil* (Companhia das Letras, 2008 — Jabuti Prize, 2009), Brazil, a Biography (Penguin, 2018 — co-written with Heloisa Murgel Starling), and *Lima Barreto: triste visionário* (Companhia das Letras, 2017).

She has curated a series of exhibitions, including *A longa viagem da biblioteca dos reis* (Fundação Biblioteca Nacional, 2002), *Nicolas-Antoine Taunay e seus trópicos tristes* (Museu de Belas Artes do Rio de Janeiro and Pinacoteca do Estado de São Paulo, 2008), *Histórias mestiças* (Instituto Tomie Ohtake, 2015). Since 2015, she has been an assistant curator for stories and narratives at São Paulo Museum of Art (Masp) and is a columnist for the news outlet *Nexo*.

MARY DEL PRIORE

Formada em História pela PUC/SP, doutora pela USP e duas vezes pós-doutora na École des Hautes Études en Sciences Sociales, é autora de 53 livros de história do Brasil e vencedora de mais de vinte prêmios literários, entre os quais quatro Jabutis. Lecionou no Departamento de História da USP e da PUC/RJ. Sócia-titular do IHGB, integra outras associações, entre as quais o IHGRJ, Pen Clube do Brasil, Real Academia de História de España, Academia Carioca de Letras, Academia Paulista de Letras. Colabora com revistas e jornais científicos e não científicos, nacionais e internacionais, além de prestar consultoria a renomados diretores de cinema, como Daniela Thomas, Beto Amaral, Estevão Ciavatta e Theresa Jerossoulm.

Mary Del Priore holds a degree in History from Pontifical Catholic University (PUC) of São Paulo, a PhD from the University of São Paulo (USP) and has twice held postdoctoral roles at École des Hautes Études en Sciences Sociales. She is the author of 53 books on Brazilian history and has won more than twenty literary awards, including four Jabutis. She taught at the Department of History at USP, in São Paulo, and PUC, in Rio, and is a member of the Instituto Histórico e Geográfico Brasileiro (IHGB), IHGRJ, Pen Clube do Brasil, Real Academia de História de España, Academia Carioca de Letras, Academia Paulista de Letras, among others. She collaborates with national and international scientific and non-scientific journals and periodicals, in addition to consulting with renowned film directors, such as Daniela Thomas, Beto Amaral, Estevão Ciavatta and Theresa Jerossoulm.

GIOVANA XAVIER

Mãe do Peri, professora da UFRJ, doutora em história, escritora da história de mulheres negras. Autora dos livros *Você pode substituir "mulheres negras como objeto de estudo" por "mulheres negras contando sua própria história"* (Malê, 2019), *Maria de Lourdes Vale Nascimento: uma intelectual negra do pós--abolição* (EDUFF, 2020) e *História social da beleza negra* (Rosa dos Tempos, 2021).

Peri's mother, professor at Federal University of Rio de Janeiro (UFRJ), PhD in History, writer of the history of Black women and author of the books *Você pode substituir "mulheres negras como objeto de estudo" por "mulheres negras contando sua própria história"* [You might consider replacing "Black women as an object of study" with "Black women telling their own story"] (Malê, 2019), *Maria de Lourdes Vale Nascimento: uma intelectual negra do pós-abolição* [Maria de Lourdes Vale Nascimento: a post-abolition Black intellectual] (EDUFF, 2020) and *História social da beleza negra* [Social history of Black beauty] (Rosa dos Tempos, 2021).

CAROL BARRETO

Artista visual, designer de moda autoral, professora adjunta do Departamento de Estudos de Gênero e Feminismo da Universidade Federal da Bahia (UFBA), trabalha com a relação entre moda e ativismo político feminista e antirracista. Já apresentou suas criações em passarelas de Senegal, França e Angola e em galerias de arte nos EUA, no México, no Canadá, na Colômbia e no Brasil e assinou o figurino do filme *A Marvellous Entanglement*, sobre Lina Bo Bardi, e do musical *Brasilis: Circo Turma da Mônica*. Sua obra transita entre a moda e a arte pelo mundo. É criadora do "Uniforme que nunca existiu", homenagem da Centauro à atleta Aída dos Santos, e autora do livro documental *Coleção Colaborativa Modativismo: uma experiência de ensino aprendizagem em Moda Afro-brasileira*, 2021.

Visual artist, creative fashion designer, associate professor at the Department of Gender and Feminism Studies at the Federal University of Bahia (UFBA), Carol Barreto works with the relationship between fashion and feminist and anti-racist political activism. She has already presented her creations as in fashion shows in Senegal, France and Angola, as in art galleries in the USA, Mexico, Canada, Colombia and Brazil, besides having designed the costumes for the film *A Marvelous Entanglement*, about Lina Bo Bardi, and the musical *Brasilis: Circo Turma da Mônica* [Brasilis: Monica's Gang Circus]. Her work travels the world, moving back and forth from fashion to art. She's the creator of the "Uniform that never existed", a tribute to the athlete Aida dos Santos made by Brazilian sports brand Centauro, and author of the documentary book *Coleção Colaborativa Modativismo: uma experiência de ensino-aprendizagem em Moda Afro-brasileira* [Collaborative collection of fashion activism: a teaching/learning experience in Afro-Brazilian fashion], 2021.

PEDRO CORRÊA DO LAGO

É mestre em Economia e autor de mais de vinte livros sobre temas da cultura brasileira. Bibliófilo, colecionador, livreiro e editor, foi também curador de diversas mostras no Brasil e no exterior (como na Bienal de São Paulo, no Museu D'Orsay e no Museu do Louvre). De 2003 a 2005 presidiu a Fundação Biblioteca Nacional. Em 2006, publicou com sua esposa, Bia Corrêa do Lago, *Frans Post: obra completa*. Nos anos seguintes colaborou com a organização dos catálogos *raisonnés* de Debret, Taunay e Pallière e editou os de Rugendas e Eckhout. Em 2008, novamente com Bia, publicou *Coleção Princesa Isabel*, vencedor do Prêmio Jabuti daquele ano, e em 2009 lançou *Brasiliana Itaú* e organizou o catálogo *raisonné Vik Muniz 1987-2009*. Sócio-titular do Instituto Histórico e Geográfico Brasileiro (IHGB), organizou em 2014 o livro *Brasiliana IHGB*. Em 2015, organizou a segunda edição da obra completa de Vik Muniz em *Tudo até agora* e escreveu, em 2017, *Oswaldo Aranha: uma fotobiografia*. Em 2018, expôs uma seleção de sua coleção de manuscritos na Morgan Library, em Nova York.

Pedro Corrêa do Lago has a master's degree in Economics and is the author of more than twenty books on Brazilian cultural topics. A bibliophile, collector, bookseller and publisher, he was also the curator of several exhibitions in Brazil and abroad (at the São Paulo Biennial, the Musée d'Orsay, the Louvre, and others). From 2003 to 2005, he chaired the National Library Foundation. Along with his wife, Bia Corrêa do Lago, he published in 2006 *Frans Post: obra completa* [catalogue raisonné]. In the following years he collaborated on the organisation of the catalogues raisonnés of Debret, Taunay and Pallière, and edited those of Rugendas and Eckhout. In 2008, again with Bia, he published *Coleção Princesa Isabel* [Princesa Isabel's collection], which won the Jabuti Prize that year, and in 2009 he released *Brasiliana Itaú* and organised the catalogue raisonné *Vik Muniz 1987-2009*. A member of the Instituto Histórico e Geográfico Brasileiro (IHGB), he edited the book *Brasiliana IHGB* in 2014. In 2015, he organised the second edition of the complete work of Vik Muniz in *Tudo até agora* and wrote, in 2017, *Oswaldo Aranha: uma fotobiografia*. In 2018, he exhibited a selection of manuscript from his collection at the Morgan Library, in New York.

VIK MUNIZ

Nascido em São Paulo, em 1961, vive e trabalha em Nova York e no Rio de Janeiro. Seu trabalho está presente nas coleções de grandes museus internacionais, como Art Institute of Chicago, J. Paul Getty Museum, Metropolitan Museum of Art, Museum of Modern Art (Nova York), Museu de Arte Moderna de São Paulo (MAM-SP) e Victoria and Albert Museum, em Londres.

Além da sua atividade artística, Vik participa de projetos sociais e educacionais no Brasil e nos Estados Unidos. Seu documentário *Lixo extraordinário* foi indicado ao Oscar de melhor documentário e ganhou o premio do público no Festival de Sundance como melhor filme. Em 2011, foi nomeado pela Unesco como Embaixador da Boa Vontade e, em janeiro de 2013, recebeu o Crystal Award do World Economic Forum. Em 2014, iniciou a construção da Escola Vidigal, uma escola de arte e tecnologia para crianças da comunidade do Vidigal, no Rio de Janeiro. Em 2015, foi convidado pela Gates' Foundation para fazer parte do projeto global "A Arte de Salvar Vidas", com a série *Colonies*.

Vik tem feito conferências, como convidado, em grandes universidades, museus e eventos, como Oxford, Harvard, Yale, TED Talks, the World Economic Forum, the Museum of Modern Art (Nova York), Museum of Fine Arts (Boston), entre outros, e em programas de residência no Massachusetts Institute of Technology (MIT) e na Skowhegan School of Painting and Sculpture. Ele também atua como escritor e tem obras publicadas pelas editoras Aperture e Ivorypress, entre outras.

Born in São Paulo in 1961, Vik lives and works in New York and Rio de Janeiro. His pieces are part of collections of major international museums, such as the Art Institute of Chicago, J. Paul Getty Museum, Metropolitan Museum of Art, Museum of Modern Art (New York), Museum of Modern Art of São Paulo (MAM-SP), and Victoria and Albert Museum, London.

In addition to his artistic activity, Vik participates in social and educational projects in Brazil and the United States. His documentary *Lixo extraordinário* was nominated for an Oscar (Best Documentary) and won the Sundance Audience Award for Best Picture. In 2011, he was named a UNESCO Goodwill Ambassador, and in January 2013 he received the Crystal Award from the World Economic Forum. In 2014, Vik started the construction of Escola Vidigal, an art and technology school for children in the Vidigal community in Rio de Janeiro. In 2015, he was invited by the Gates' Foundation to be part of the global project "The Art of Saving Lives" with the *Colonies* series.

Vik has lectured as a guest at major universities, museums and events, such as Oxford, Harvard, Yale, TED Talks, the World Economic Forum, the Museum of Modern Art (New York), Museum of Fine Arts (Boston), among others, and in residency programs at the Massachusetts Institute of Technology (MIT) and the Skowhegan School of Painting and Sculpture. He also works as a writer and has books published by Aperture, Ivorypress, and others.

LUVA/ BOOK SLEEVE
Florinda, Vik Muniz, impressão jato
de tinta em papel arquivo, 108,5 × 101,6 cm,
2/6 + 4 PA, Rio de Janeiro, 2022

Florinda, Vik Muniz, inkjet print
on archival paper, 108.5 × 101.6 cm,
2/6 + 4 PA, Rio de Janeiro, 2022

CAPA/ COVER
Florinda Anna do Nascimento,
fotografia vintage, autoria desconhecida,
Instituto Feminino da Bahia, Salvador,
segunda metade do século XVIII

Florinda Anna do Nascimento,
vintage photograph, author unknown,
Instituto Feminino da Bahia, Salvador,
second half of the 18th century

QUARTA CAPA/ BACK COVER
Irmandade de Nossa Senhora da Boa Morte,
Pierre Verger, fotografia, Fundação Pierre
Verger/ Fotarena, Salvador, Bahia

Sisterhood of Our Lady of Good Death,
Pierre Verger, photography, Pierre Verger
Foundation/ Fotarena, Salvador, Bahia

DADOS INTERNACIONAIS DE CATALOGAÇÃO NA PUBLICAÇÃO (CIP) (CÂMARA
BRASILEIRA DO LIVRO, SP, BRASIL)

PRECIOSA FLORINDA/ LILIA MORITZ SCHWARCZ...[ET AL.] ; ORG. EDUARDO BUENO ;
EDITOR CHARLES COSAC ; TRADUÇÃO/ TRANSLATIONS JULIET ATTWATER. —
SÃO PAULO, SP : COSAC, 2023.
OUTROS AUTORES: MARY DEL PRIORE, GIOVANA XAVIER, PEDRO CORRÊA
DO LAGO, CAROL BARRETO, SHEILA DE CASTRO FARIA.
ED. BILÍNGUE: PORTUGUÊS/ INGLÊS.
ISBN 978-65-5590-004-0

1. BRASIL — HISTÓRIA — CICLO DO OURO 2. BRASIL — PERÍODO COLONIAL
3. FOTOGRAFIAS 4. JOALHERIA — BRASIL — HISTÓRIA 5. JOIAS — BAHIA —
HISTÓRIA 6. JOIAS — BRASIL — HISTÓRIA 7. MULHERES NEGRAS — BIOGRAFIA
8. NASCIMENTO, FLORINDA ANNA DO, 1828-1931 9. OURIVESARIA LITÚRGICA
10. OURIVESARIA POPULAR I. SCHWARTZ, LILIA MORITZ. II. DEL PRIORE, MARY.
III. XAVIER, GIOVANA. IV. LAGO, PEDRO CORREIA DO. V. BARRETO, CAROL.
VI. BUENO, EDUARDO. VII. COSAC, CHARLES.

22-123905   CDD-739.220981

ÍNDICES PARA CATÁLOGO SISTEMÁTICO:
1. BRASIL : MULHERES NEGRAS : PERÍODO COLONIAL : OURIVESARIA : ARTES :
HISTÓRIA   739.220981

ELIETE MARQUES DA SILVA — BIBLIOTECÁRIA — CRB-8/9380

COSAC

Editor/Publisher
Charles Cosac

Conceito/Concept
Itamar Musse

Org.
Eduardo Bueno

Edição de textos/Copy-editing
Richard Sanches

Editora-assistente/Assistant editor
Maria Eugênia Régis

Revisão de provas [pt]/Proof-reading [pt]
Eloah Pina

Revisão de provas [en]/Proof-reading [en]
Juliet Attwater

Design
Raul Loureiro

Pesquisa/Research
Zélia Bastos e Joilda Fonseca

Tradução/Translation
Juliet Attwater

Pesquisa iconográfica/Picture researching
**tempocomposto.com.br
Vinícius Bonifácio Santos Alves**

Direitos autorais/Legal
Trevisan & Mattar

Produção gráfica/Printing producer
Lilia Góes

Impressão e tratamento de imagens/
Printing and image processing
Ipsis Gráfica e Editora [SP]

N.B. Na edição de ambos os livros optamos por repetir
algumas fotografias com o intuito de evitar remissões cruzadas.

N.B. When editing both books, we chose to repeat
some photographs in order to avoid cross-remissions.

COSAC EDIÇÕES
ALAMEDA CAMPINAS, 463, CJ.33
JARDIM PAULISTA
SÃO PAULO—SP
CEP 01404-902
TEL. +55 11 3297 3321

CONCEPÇÃO E EDIÇÃO   PROJETO E PRODUÇÃO   PATROCÍNIO   REALIZAÇÃO

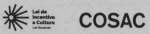